全本全注全译丛书

中华经典名著

王世舜　王翠叶◎译注

尚　书

中华书局

图书在版编目（CIP）数据

尚书/王世舜,王翠叶译注. —北京:中华书局,2012.1
(2025.3 重印)
(中华经典名著全本全注全译丛书)
ISBN 978-7-101-08303-3

Ⅰ.尚… Ⅱ.①王…②王… Ⅲ.①尚书-注释②尚书-译文
③中国-古代史-商周时代 Ⅳ.K221.04

中国版本图书馆 CIP 数据核字(2011)第 217718 号

书　　名	尚　书
译 注 者	王世舜　王翠叶
丛 书 名	中华经典名著全本全注全译丛书
责任编辑	刘胜利
责任印制	管　斌
出版发行	中华书局
	（北京市丰台区太平桥西里 38 号　100073）
	http://www.zhbc.com.cn
	E-mail:zhbc@zhbc.com.cn
印　　刷	北京盛通印刷股份有限公司
版　　次	2012 年 1 月第 1 版
	2025 年 3 月第 22 次印刷
规　　格	开本/880×1230 毫米　1/32
	印张 16⅛　字数 270 千字
印　　数	188001-198000 册
国际书号	ISBN 978-7-101-08303-3
定　　价	42.00 元

目　录

夏　书

商　书

周　书

前　言

一　《尚书》产生的过程及其流传

　　《尚书》各篇,最早当成于史官之手,并作为档案被各代政府保存下来。《墨子·贵义》:"昔者周公旦朝读书百篇。"足见周代之前,夏、商两代政府档案积存的数量已经相当可观。周公是一位极为重视总结历史经验的政治家,受周公的影响,有周一代的政府档案积存的数量恐怕比夏、殷两代还要多。正因为如此,在周代便已经设立了保存这类档案及书籍的机构叫"守藏室",并为这个机构设立长官叫"守藏室之史",著名哲学家老子就曾经担任过这样的长官。

　　史官在远古时代有过一段显赫的历史。《尚书·皋陶谟》:"钦四邻。"《尚书大传·皋陶谟》:"古者天子必有四邻,前曰疑,后曰丞,左曰辅,右曰弼。天子有问,无以对,责之疑;可志而不志,责之丞;可正而不正,责之辅;可扬而不扬,责之弼。其爵视卿,其禄视次国之君也。"丞,就是史官。《大戴礼记·保傅》:"及太子既冠成人,免于保傅之严,则有司过之史,有亏膳之宰。太子有过,史必书之。史之义,不得不书过,不书过则死。过书,而宰彻去膳。夫膳宰之义,不得不彻膳,不彻膳则死。于是有进膳之旞,有诽谤之木,有敢谏之鼓,鼓史诵诗,工诵正谏,士传民语;习与智长,故切而不攘;化与心成,故中道若性;是殷、周所以长有道也。"四邻又称四圣"其爵视卿,其禄视次国之君也",地位之高、权力之大,可以想见。《大戴礼记·保傅》所记是周初的历史,史的地位虽较远古有所下降,但权力依然很大。随着集权于中央的帝制日趋巩固以及君主与权臣权力的无限膨胀,史官的地位日趋下降。到了春秋时代下降的趋势更加严重,深受后人崇敬的齐大史兄弟二人因直书"崔杼弑其君"而付出了生命的代价。另外,史籍的保存也成了严重问题。《孟子·万章下》:"诸侯恶其害己也,而皆去其籍。"这些史籍因"恶其害己"而遭到诸侯的销毁。这种情况当然不会自孟子始,恐怕在春秋时代就已经存在了。面对这种情况,史籍的散佚就更加不可避免。《墨子·贵义》:"子墨子南游使卫,关中载书甚多。"《庄子·天下》:"惠施多方,其书五车。"墨子和惠子能够拥有那么多的书,当然与史籍的散佚有关。

古代的史官制度造就了史官这一特殊的文化团体。而这一文化团体随着社会变迁也在不断地沉浮变迁。在这种沉浮变迁中造就了一批优秀的史官,《尚书》各篇就是在这批优秀史官手中被保存下来,而且经过他们一代又一代人的加工、润色、整理,使之日臻完美。

《尚书》的编纂并非自孔子始,早在孔子之前就已经有人编纂了。《左传·僖公二十七年》:"于是乎蒐于被庐,作三军。谋元帅。赵衰曰:'郤縠可。臣亟闻其言矣,说礼乐而敦《诗》、《书》。《诗》、《书》,义之府也。礼乐,德之则也。德义,利之本也。《夏书》曰:'赋纳以言,明试以功,车服以庸。'君其试之。"僖公二十七年为公元前633年,赵衰以郤縠"说礼乐而敦《诗》、《书》"为由推荐他为三军元帅,并明确指出"《诗》、《书》,义之府也",可见在此之前《诗》、《书》早就已经编纂成书了,早于孔子至少在一百年以上。其具体内容虽不可确考,既然这部《书》被赵衰称之为"义之府",所引《夏书》文字又见于今文《尚书·皋陶谟》,可以推断,其中当有不少篇章也被孔子收入所编纂的《书》之中。

孔子是一位首开私人讲学之风的教育家,大约在三十岁左右就已经开始授徒讲学。既要讲学,就必须要有教材。可以想见,孔子为了教学的需要不断搜集资料,这些教材是在教学中根据搜集来的资料经过不断地补充修订逐渐完备的。《史记·孔子世家》:"阳虎由此益轻季氏。季氏亦僭于公室,陪臣执国政,是以鲁自大夫以下皆僭离于正道。故孔子不仕,退而修诗书礼乐,弟子弥众,至自远方,莫不受业焉。"据此,孔子正式而系统地编纂《尚书》当在四十余岁之后。

《尚书》孔安国《序》说:"先君孔子……讨论坟典,断自唐虞以下迄于周。芟夷烦乱,剪截浮辞,举其宏纲,撮其机要,足以垂世立教,典、谟、训、诰、誓、命之文,凡百篇。"这段话大体上是符合《尚书》实际情况的。"芟夷烦乱,剪截浮辞"说明孔子在编纂《尚书》时,对《尚书》各篇又作了润色和修改。"垂世立教"说明编纂《尚书》不但是为了教学,更是为了总结历史经验以教育后人。

《尚书》在流传中,经历了秦始皇"焚书坑儒"的浩劫,今天我们所能见到的只是残本而非全貌了。这个残本得以流传至今,其功首推伏生、孔安国二人,其次则是孔颖达。两汉时代虽有多种《尚书》版本流传,但流传至今的却只有伏生所传今文二十八篇,孔安国所传古文二十五篇。今文二十八篇在西汉时代立于学官,受官方支持公开传授,古文二十五篇未立于学官,加上其内容为官方所忌,只能私下传授。东晋时为豫章内史梅赜所献的《尚书》为今、古文合编本,唐代初年孔颖达奉唐太宗之命修《五经正义》,于《尚书》所使用的就是梅赜所献的本子。《汉书·艺文志》著录《尚书古文经》四十六卷为五十七篇(实为五十八篇,见颜师古注),为了凑够五十八篇之数,梅本从今文《尧典》中分出《舜典》、从《皋陶谟》中分出《益稷》、从《顾命》中分出《康王之诰》,又将《盘庚》分作上、中、下三篇,这样一来,今文《尚书》便从二十八篇变成三十三篇,与古文《尚书》二十五篇合在一起恰好为五十八篇。其实即便五十八篇也是残本并非先秦的旧本,何况将汉代公开传授的只有今文《尚书》二十八篇,割裂为三十三篇已非汉本之旧,实在没有必要。为了尊重事实,不如仍将今、古文分开为妥。故本书恢复汉代今文《尚书》的旧本二十八篇,并与古文《尚书》二十五篇分开处理。

二　《尚书》的内容

　　首先谈今文《尚书》的内容。今文《尚书》虽只有二十八篇,但内容却十分丰富,本次出版,限于篇幅只涉及思想,文学方面从略。就思想方面而言,只谈到"敬天保民"。这的确是今文《尚书》思想内容十分突出、十分重要的一点;但仅限于这一点是不够的,借此次出版机会补充三点:

　　一、"知稼穑之艰难","知小人之依"。这是周公在《无逸》篇中告诫成王的两句话。这两句话有其内在联系:只有了解稼穑的艰难,才能了解老百姓的疾苦。在周公看来这是圣明君主所必须具备的品德,并以此谆谆告诫成王;同时还要特别注意以宽广的襟怀和同情人民疾苦的心态了解民意民情以察知执政得失。值得细加体味的是最后一段话,兹将这段话的译文引述于下:

　　　　周公说:"唉! 从殷王中宗,到高宗,到祖甲,到我们的周文王,这四人是圣明的君主。有人告诉他们说:'小人在怨你骂你。'他们便更加恭敬地按照规矩办事。他们有了过错,便毫不掩饰地说:'这是我的过错。'实在是这样,他们不但不敢含怒,而且很愿意听到这样的话,以便察知自己政治上的得失。不听这些话,人们之中有的就会互相欺骗诈惑。如果有人告诉你:'小人在怨你骂你。'你应当认真考虑这些话。可是,如果你却这样执政:不把法度放在心里,不宽绰自己的胸怀,乱罚那些无罪的人,妄杀那些无辜的人。这样,必然会民心同怨,人们便会把愤怒的情绪聚集在你的身上。"周公说:"唉! 王啊,你可要以这些作为鉴戒啊!"

多么令人深思! 从《无逸》全篇来看,此篇较之周公其他各篇诰文更为深刻。

　　二、礼让。这也是圣明君主所必须具备的品德。《尧典》:"允恭克让。"这是说尧所具备的品德。不但尧具有这种品德,在《尧典》、《皋陶谟》中我们可以看到当尧禅位于舜,舜禅位于禹时,尧、舜、禹均表现出真诚的"礼让"。在尧、舜任命大臣的时候,大臣们也都表现出这种真诚的"礼让"。而这种"礼让"说明这些人都没有把"权位"看成是个人私产!这种崇高品质可以永远垂范后世,也是古人留给后世的最有价值的精神遗产!

三、知过而能改。从政者在执政过程中出现错误是不可避免的,问题在于出现错误之后是文过饰非,还是知过而能改,这是对执政者一个非常重要的考验。今文《尚书》最后一篇《秦誓》所写的秦穆公便是一个知过而能改的典型。秦穆公对所犯错误怀着极其沉痛的心情作了诚恳的检讨而且深刻地总结经验教训。特别是最后一句话:"邦之杌陧,曰由一人;邦之荣怀,亦尚一人之庆。"作为国君位高而权重,他与一般人不同,其错误所影响的是一个国家的安危,远非一般人可比。秦穆公能够认识到这一点,的确值得肯定。孔子将此篇作为末篇收入《尚书》,其用意之深远也是显而易见的。

其次谈古文《尚书》的内容。古文《尚书》的内容同样十分丰富,这里也仅从思想角度来谈。古文《尚书》第一篇是《大禹谟》,此篇是记录舜禅位于禹一事的重要文献。舜在禅位于禹时说了这样的四句话:"人心惟危,道心惟微,惟精惟一,允执厥中。"对这四句话在此篇"题解"中已作简要分析,需要指出的是,自宋、明以后对这四句话,相当多的学者提出质疑,认为这是古文《尚书》的伪造者拼凑而成。这种见解,笔者不敢苟同。笔者认为《尧典》所载"蛮夷猾夏,寇贼奸宄",便是"人心惟危"的写照。《皋陶谟》所说的"九德"以及《大禹谟》所说"德惟善政,政在养民"就是"道心"。尧、舜、禹执政的实践和体验,正是对"道心惟微,惟精惟一,允执厥中"最为扼要的总结。就思想角度而言,这四句话正是古文《尚书》的总纲和精要所在。所谓社会,就政体而言无非由君、臣、民三种人组成。什么样的人可以为君,什么样的人可以为臣,君和臣各以什么样的理由和地位存在着,与君、臣相对应的民应当具有什么样的地位。这些问题,古文《尚书》各篇从不同方面作了回答。

首先谈"君"。"惟天生民有欲,无主乃乱"(《仲虺之诰》),这句话肯定了"君"存在的理由及必要性。"一人元良,万邦以贞。君罔以辩言乱旧政,臣罔以宠利居成功,邦其永孚于休"(《太甲下》),"一人"指君而言,就是说只有好的("元良")国君才能导致国家永远美好。这样的国君是怎样产生的呢?"天佑下民,作之君,作之师,惟其克相上帝,宠绥四方"(《泰誓上》),就是说天为了佑民而"作之君",这个说法表面看来似乎虚无缥缈,其实不然。"天矜于民,民之所欲,天必从之"(同上),在这里"天意"与"民欲"完全统一了起来。"天意"即"民欲","民欲"即"天意"。而且"皇天无亲,惟德是辅。民心无常,惟惠之怀"(《蔡仲之命》),"天意"与"民心"无亲无常而是"惟德是辅"、"惟惠之怀"。就是说君的资格是由"民意"、"民心"决定的。孟子说:"桀纣之失天下也,失其民也。失其民者,失其心也。得天下有道:得其民,斯得天下矣。得其民有道:得其心,斯得民矣。得其心有道:所欲与之聚之,所恶勿施尔也。"(《孟子·离娄上》)这个说法就是从古文《尚书》发展而来。在《伊训》、《周官》等篇中提出君(也包括臣)应当遵守的规范,就是据此制定的。

其次谈"臣"。这是古文《尚书》最具特色一面。古文《尚书》中的《商书》共十篇,其中五篇是伊尹的诰文或训文,三篇是关于傅说的命文。分量之重以伊尹为最,其次为傅说。就身份而言,二人均为大臣;就出仕的情况来看,也有共同点:均是由君主主动"求"来的。当然,"求"的方式各有不同。对于伊尹,按汤的说法是"聿求元圣"(《汤诰》),就是说商汤以大圣人的规格将伊尹"求"来的。至于"求"的具体情况,古文《尚书》没有具体说明,而墨子与孟子则有所补充。先看墨子的补充:"昔者汤将往见伊尹,令彭氏之子御,彭氏之子半道而问曰:

'君将何之?'汤曰:'将往见伊尹。'彭氏之子曰:'伊尹,天下之贱人也。若君欲见之,亦令召问焉,彼受赐矣。'汤曰:'非女所知也。今有药此,食之则耳加聪,目加明,则吾必说而强食之。今夫伊尹之于我国也,譬之良医善药也。而子不欲我见伊尹,是子不欲吾善已。'因下彭氏之子,不使御。"(《墨子·贵义》)再看孟子的补充:"伊尹耕于有莘之野,而乐尧、舜之道焉。非其义也,非其道也,禄之以天下弗顾也,系马千驷弗视也。非其义也,非其道也。一介不以与人,一介不以取诸人。汤使人以币聘之,嚣嚣然曰:'我何以汤之聘币为哉?我岂若处畎亩之中,由是以乐尧、舜之道哉?'汤三使往聘之,既而幡然改曰:'与我处畎亩之中,由是以乐尧、舜之道,吾岂若使是君为尧、舜之君哉?吾岂若使是民为尧、舜之民哉?吾岂若于吾身亲见之哉?天之生此民也,使先知觉后觉也。予,天民之先觉者也,予将以斯道觉斯民也,非予觉之而谁也?'思天下之民,匹夫匹妇有不被尧、舜之泽者,若己推而内之沟中,其自任以天下之重如此,故就汤而说之以伐夏救民。"(《孟子·万章上》)按孟子的说法"伊尹耕于有莘之野",按《墨子》的记载"伊尹,天下之贱人也"。"耕于有莘之野"说明伊尹的身份原本就是农民,墨子的御者称之为"贱人",两处记载大体相同。至于傅说原本是筑于傅岩的"胥靡"(刑徒),地位更低,然而在高宗的心目中却是"良弼"且"良臣惟圣"(参见《说命》三篇及其"题解"),并且是使"百工营求之野""求"来的。在平民、"胥靡"中出现"圣人",这是古文《尚书》给我们提供的一个亮点。尤其值得注意的是伊尹、傅说在与各自君主的交往中所体现出的君臣关系。伊尹和君主的关系主要体现在伊尹和太甲二人身上。太甲是商汤的长孙,继位为王之后,不遵其祖成汤之法,肆意妄为。伊尹在屡谏不听的情况下,采取断然措施,将太甲流放于桐宫,使其悔过自新。这期间伊尹代行天子职权,三年之后,太甲诚心悔过,伊尹又还政于太甲。孟子对伊尹的作为给予极高的评价,赞誉为"圣之任者也"(《孟子·万章下》)不为过誉。再者伊尹还政于太甲时,竟然互行"稽首拜手"之礼,可见在古文《尚书》中君与臣的关系是对等的。这一点在傅说与高宗的关系中也清楚地表现出来。高宗不仅把傅说当作可以完全信赖的大臣看待,更把傅说当作老师看待,对傅说的恭敬简直到了无以复加的程度! 这是古文《尚书》给我们提供的又一个更为突出的亮点。

最后谈"民"。"民惟邦本,本固邦宁"(《五子之歌》),"民"是国家的根本,这是古文《尚书》对"民"的定位。随着定位而来的便是对"民"的态度。"民可近,不可下"(同上),就是说对"民"的态度只能是亲爱而不能轻视疏远。这比今文《尚书》"敬天保民"的思想似乎又进了一步,同时还规定了了解民意的方法和渠道:"每岁孟春,遒人以木铎徇于路,官师相规,工执艺事以谏,其或不恭,邦有常刑。"(《胤征》)

由以上可以看出古文《尚书》针对君、臣、民组成的社会架构提出了完整的施政方针和具体措施。这些方针和措施包涵着系统而又深邃的政治理念,它应该不是靠简单的拼凑便可以伪造出来的。它是中华民族的祖先留给我们的珍贵文化遗产,我们应当倍加珍惜,似不可弃之如敝屣!

《尚书》所涉及的问题错综复杂,决非一篇短文能够说清楚。本书"前言"仅就编纂流传、思想内容两个方面的要点加以概述。

本书以《十三经注疏》(中华书局影印本)为底本而略有改动。首先,无论今文或古文仍按底本分为《虞书》、《夏书》、《商书》、《周书》四部分。今文篇目则按本书体例将《尧典》、《舜典》合为一篇,篇名为《尧典》,并将《舜典》前多出的二十八字删去;《顾命》、《康王之诰》合为一篇,篇名为《顾命》;《盘庚》虽分作上、中、下,但仍为一篇不作三篇。今文、古文分开后,各篇仍以底本顺序排列,仅存篇名而无正文者则不再列出篇名。其次,今文二十八篇既为伏生所传,各篇之前的《孔序》则应予删除。古文二十五篇为孔安国所传,各篇前的《孔序》在"题解"中列出,并列出《史记》中相关记载以供参考。最后,无论今文、古文各篇正文均以底本为据,不过有些地方也酌取古、今学者的校勘成果,对此相关注释中均有说明,请读者注意参阅。

疏漏之处在所难免,祈予鉴谅并指正!

王世舜

2011 年 7 月

于京郊守拙斋

今文尚书

王世舜　译注

虞书

尧　典

【题解】

《尧典》一文，虽在今文二十八篇之内，但文字的真伪及其写作年代，仍然是聚讼未决的问题。古人以为出于尧时，这当然是不足信的。因为，根据目前考古学所掌握的材料，尧时还不可能有文字记载。同时文章开始的"曰若稽古"四字，也清楚地告诉我们，其中史实，是后人依据传闻整理而成，决非当时记录。

今人对《尧典》文字的真伪及其写作年代有以下几种意见：一、郭沫若先生以为是战国时代的东西，作于子思之徒（《十批判书》第2页）；二、范文澜先生以为"大概是周朝史官掇拾传闻，组成有系统的记录"（《中国通史简编》修订本第93页）；三、顾颉刚先生认为《尧典》是秦汉时的作品（张西堂《尚书引论》第174页引）。当然，这些意见都仅仅是推测，究竟作于何时，恐怕是很难确定的。

根据上面几种意见，《尧典》的写作最早不早于殷末周初，最晚不晚于秦汉。我们可以把这个时期当作《尧典》的流传时期。在流传过程中，由于后人的不断润色或附益，因而也就有了从殷末周初到秦汉这一时期的不同阶段的时代色彩。

《尧典》究竟有没有史料价值？我们认为尽管文中有后人的增益或润色，但其中也确有真实的记录，不能完全抹杀其史料价值。范文澜先生说,"其中'禅让'帝位的故事,在传子制度实行已久的周朝,不容有人无端发此奇想,其为远古遗留下来的史实,大致可信"。我们认为这个意见是公允的,恰当的。竺可桢先生依据《尧典》中四仲中星的研究,认为那是殷末周初的天文记录。法国人卑奥根据马融以前对《尧典》的四仲中星的解释,推断出那是公元前2357年的二分二至的所在点,从而证明《尧典》中的四仲中星确实是尧时的天文记录(详见高鲁《星象统笺》)。胡厚宣先生在《甲骨文四方风名考证》一文中认为,《尧典》"所谓四方之民与鸟兽者,亦与甲骨文及《山海经》之四方名及风名合"。其次,文中"出日"、"入日"、"河宗"、"岳宗"和日月星的祭典,甲骨文中也有记载。由此可见,《尧典》的内容并非全无事实依据。

《尧典》中所记的,基本是尧和舜的事迹,因此可以分为两部分:第一部分从开始至"帝曰钦哉",是尧的事迹。这一部分可分作四段:第一段,概括地介绍了尧的品德及其功劳;第二段,介绍当时制定历法的情况;第三段,记叙当时选拔官吏的情况;第四段,写了议定酋长候选人的情况。头一段是总叙,下面三段分别记载了尧一生中的三件大事。第二部分从"帝曰钦哉"以下,所记都是舜的事迹。可分三段:第一小段记叙舜在经受许多考验后,即位就职的情况;第二小段记叙了巡守,区划疆土,制定刑法,以及处罚共工、驩兜、鲧,战胜三苗等大事;第三小段写任用百官的情形。

这些记载大体上反映了我国"公天下"时期的真实情况,除了上面所说的禅让帝位的事情之外,还有两点值得注意,一是百官的任命以及君主入选的议定,都是经过大家商议之后才决定的,这是后代君主一人专断的"私天下"社会所不可能出现的情形;二是人民群众对功劳卓著的大酋长的衷心爱戴,比如文中记载尧死时"百姓如丧考妣,三载,四海遏密八音",这件事清楚地说明了当时功绩卓著的大酋长在人民群众中享有怎样崇高的敬意。恩格斯说:"文明国家底一个最低级的警官,都有比氏族社会的全部机关总计起来还要大的'权威',但是文明时代底最有势力的王公和最伟大的政治家或统帅,也许要羡慕那对待极平凡的氏族首长的自发的及无可争辩的尊敬。"(《家庭、私有制和国家的起源》1954 年人民出版社版第 165 页)以上三件事,给我们提供了了解当时社会生活的重要资料,应当予以重视。

其次,与苗人的战争以及刑法的制定,也是不容忽视的史实。根据先秦古书的记载,与苗人的战争是当时社会生活中的大事。尧、舜、禹三代都曾和苗人发生过战争,而且都以苗人失败告终。值得注意的是,本文说尧和舜曾经"窜三苗于三危",又曾经"分北三苗",对失败者不是残酷的杀戮而是采取流放的办法。这种处理方式与古文《尚书·大禹谟》所提出的"好生之德,洽于民心"的理念是完全吻合的。文中"象以典刑"以及皋陶作士的记载,也是这种理念的反映。孔子依据中国古代社会发展史,将中国古代社区分为"大同"和"小康"两种类型。尧舜时代显然就是"大同"时代,而夏、商、周三代,显然就是孔子所说的"小康"时代。"三代之英",按孔子的说法显然就是"禹、汤、文、武、成王、周公",孔子又把这六人称为"六君子"。禹居于首位,禹的时代应当就是从"大同"时代到"小康"时代的过渡时代(参见《礼记·礼运》)。

此外,文章中还记载了劳动人民在长期艺术创作实践中积累起来的宝贵经验——"诗言志,歌永言"。这条经验为以后文学艺术的发展指出了健康的现实主义的道路,对我国古代文学艺术的发展,起到了深刻的良好影响。

当然,文中的史实也有许多是后人增益的,反映封建社会的成分还很多,比如大一统的思想、统一律度量衡的记载,以及五服制度等都属这一类,因此在使用本文所提供的历史资料时,是需要慎重地加以甄别的。

曰若稽古①,帝尧曰放勋。钦明文思安安②,允恭克让③,光被四表④,格于上下⑤。克明俊德⑥,以亲九族⑦。九族既睦，平章百姓⑧。百姓昭明，协和万邦。黎民于变时雍⑨。

【注释】

①曰若稽古：古时成语，常作发语词，用于称述前代著名人物言行的开端。曰若，语词无义。稽，考。古，指古时传说。

②钦：郑玄说："敬事节用谓之钦。"敬事，指处理政务严肃恭谨。明：指明察。安安：温和。《尚书考灵耀》作"晏晏"。《尔雅·释训》："晏晏，柔也。"

③允：诚实。恭：恭谨，对自己的职责不敢懈怠。克：能够。让：让贤。《国语·晋语》："让，推贤也。"郑玄说："推贤尚善曰让。"

④光：郑玄作"光耀"解。王引之不同意郑的解释，根据戴震的意见并加以修正，以"光"当作"广"字解（《经义述闻》卷三）。其实"光"的本意就是光明。《说文》："光，明也，从火在人上，光明意也。"这个字在甲骨文中也是由"火"和"人"二字组成的。再者，细味原文也觉不必从假借角度训释，而径作"光明"讲于义为长，故舍戴、王所立之新义而从郑注。四表：四方极远的地方。

⑤格：至。上：指天。下：指地。

⑥克：能够。明：显明，此处谓任用提拔，以资表彰。俊德：才德兼备的人。俊，才智过人者称俊。

⑦九族：今古文两家所说不同。据《左传·桓公六年》"亲其九族"的注疏所引，今文家夏侯、欧阳以为九族系异姓亲族，即父族四、母族三、妻族二。汉代今文学家重要典籍《白虎通》一书的《宗族篇》取此说。东汉古文学家马融、郑玄的《尚书》注，郑玄《诗·小雅·常棣》笺，《礼记·丧服小记》注均以九族为同宗，即以自己为本位，上推四代（父、祖、曾祖、高祖），下推四代（子、孙、曾孙、玄孙），合称九族。《孔传》采此说。此后封建社会立宗法、定丧

服,皆以此为准。译文采古文家说。

⑧平:当为"釆"(biàn,非"采"),因字形相近致误。釆,辨别(采曾运乾《尚书正读》说,另见《辞源》商务印书馆版第四册第3143页)。章:章明。百姓:百官族姓。

⑨黎民于变时雍:《史记》无此句,或以为衍文。黎民,众民。黎,众。于变,意指随尧的教化而变。时,通"是"。雍,和。

【译文】

　　考察古时传说,帝尧的名字叫做放勋。他恭敬地处理政务并注意节约,明察是非,态度温和,诚实恭谨,能够推贤让能,因此他的光辉照耀四海,以至于上天下地。他能够举用同族中德才兼备的人,使族人都亲密地团结起来;族人和睦团结了,便又考察百官中有善行者,加以表彰,以资鼓励。百官中的事务处理得妥善了,又努力使各个邦族之间都能做到团结无间,亲如一家。天下臣民在尧的教育下,也都和睦相处起来。

　　乃命羲和①,钦若昊天②,历象日月星辰③,敬授民时④。分命羲仲,宅嵎夷⑤,曰旸谷⑥。寅宾出日⑦,平秩东作⑧。日中⑨,星鸟⑩,以殷仲春⑪。厥民析⑫,鸟兽孳尾⑬。申命羲叔,宅南交⑭,曰明都⑮。平秩南讹⑯,敬致⑰。日永⑱,星火⑲,以正仲夏。厥民因⑳,鸟兽希革㉑。分命和仲,宅西,曰昧谷。寅饯纳日㉒,平秩西成㉓。宵中㉔,星虚㉕,以殷仲秋。厥民夷㉖,鸟兽毛毨㉗。申命和叔,宅朔方㉘,曰幽都㉙。平在朔易㉚。日短㉛,星昴㉜,以正仲冬。厥民隩㉝,鸟兽氄毛㉞。帝曰:"咨!汝羲暨和。期三百有六旬有六日㉟,以闰月定四时㊱,成岁。允厘百工㊲,庶绩咸熙㊳。"

【注释】

①羲和:羲与和是同族两氏,分别为重与黎的后代,相传重黎氏世
掌天地之官,故尧使其后代中的贤能者继续担负这种职务(详见
《国语·楚语》)。

②钦:敬。若:顺。昊(hào)天:上天,当指上帝。

③历:推算岁时的方法。象:动词,意谓观察天象。日月星辰:这里
当指其运行规律,省略中心词。

④敬授民时:指制定历法。民,《孔传》本作"人"。《史记》、《汉书》
及《大传》郑玄注均作"民",从之。

⑤宅:居住。嵎(yú)夷:东方之处。古人说法不一,现在无从确考
其处。

⑥旸(yáng)谷:亦传说中之地名,相传为日出之处。

⑦寅:敬。宾:迎接。

⑧平:与"平章百姓"的"平"一样是"采"字之误。下文"平秩南讹"、
"平秩西成"、"平在朔易"的"平"同为"采"字之误。秩:次第。
作:兴起。此处兼含二义:指太阳升起,又指生产劳动。

⑨日中:古时称春分为日中,因为春分这天,白昼与夜晚时间相等,
故称日中。

⑩星鸟:即二十八宿中的星星。不说星星而说星鸟,是为避免重
词。古人分二十八宿为四象,每象包括七宿,星宿是南方朱雀七
宿中的一宿,朱雀为鸟名,故说星宿是星鸟。

⑪殷:正,谓确定。仲春:春季第二月。一年为四季,每季三个月,
第二个月称为仲。

⑫厥:其。析:分散开来。

⑬孳(zī)尾:生育繁殖。《孔传》:"乳化曰孳,交接曰尾。"《列子·黄
帝》:"孳尾成群。"张湛注:"孳尾,牝牡相生也。"

⑭宅:住。交:有两种解释,一种认为"交"是指交趾,因为古书中有

一些关于尧抚交趾的记载;一种认为是指春夏之交,即时季交接
的开始。这两种说法都可讲通,不过《尧典》所说的地方多渺茫
难于稽考,故译文从第二种说法。

⑮日明都:近人曾运乾说:"'日明都',依郑注增。郑云:'夏不言
"日明都"三字,摩灭也。'按依上下文'日旸谷'、'日昧谷'、'日幽
都'例,'宅南交'下必实指其地名。郑知为'日明都'三字,必有
所据,今未知其审。"(《尚书正读》)

⑯讹:发动。《诗·小雅·无羊》:"或寝或讹。"传:"讹,动也。"此处
当是指太阳的运转。

⑰致:当作"至",犹言到来。

⑱日永:即夏至,因为夏至这天白昼最长,所以古人称夏至为日永。

⑲星火:即火星,是二十八宿中的心星。古人以为黄昏时,心星出
现在南方便是仲夏。

⑳因:谓就高地而居。

㉑希革:意言毛稀,夏天暑热,故鸟兽毛稀。希,稀疏。革,皮。

㉒寅:敬。饯:送行。纳日:入日,落日。

㉓西:指太阳向西运转的情况。成:谓秋天收获之事。

㉔宵中:秋分时昼夜时间相等且气温适中,古人因称秋分为宵中。

㉕星虚:即虚星,属二十八宿,古人根据虚星的运行情况,考定仲秋
的节气。

㉖夷:平,此处当指平地。夏天人们就高地而居,秋天人们又回到
原野上,从事秋天的劳作。

㉗毨(xiǎn):《玉篇》解作毛更生;《说文》解作仲秋鸟兽毛盛,可选取
以为器用。两说均通。

㉘朔方:九州的极北处。

㉙幽都:指幽州。

㉚在:观察。朔易:指太阳从南向北运转。朔,北方。易,变易,此

处意为运转。

㉛日短：古人称冬至为日短，因为这天白昼最短。

㉜星昴（mǎo）：即二十八宿中的昴星。

㉝隩（yù）：内，谓冬天入室内居住，避寒取暖。

㉞氄（rǒng）：指密细之毛。

㉟期（jī）：一周年。有：通"又"。

㊱以闰月定四时：古历一年是十二个朔望月，大月三十天，小月二十九天，总计是三百五十四天，比一年的实际天数少十一天又四分之一天，积三年便相当一个月以上的时间，所以必须置闰。

㊲允：信。厘：治。百工：百官。

㊳庶：众。熙：兴。

【译文】

　　于是便命令羲和，恭谨地遵循上天的意旨行事，根据日月星辰的运行情况来制定历法，以教导人们按时令节气从事生产活动。又命令羲仲，住在东方海滨，名叫旸谷的地方。恭敬地等待着日出，并通过观察来辨别不同时期日出之特点。以昼夜平分的那天作为春分，并以鸟星见于南方正中之时作为考定仲春的依据。这时人们分散在田野里劳作，鸟兽也顺时生育繁殖起来。又命令羲叔，住在太阳由北向南转移的地方，这地方叫做明都。在这里观察太阳向南移动之次第，以规定夏天所应该从事的工作，并恭敬地等待着太阳的到来。以白昼时间最长的那天为夏至，并以这天火星见于南方正中之时，作为考定仲夏的依据。这时人们住在高处，鸟兽的毛也都稀疏起来。又命令和仲，住在西方名叫昧谷的地方，以测定日落之处，恭敬地给太阳送行，并观察太阳入山时的次第，以规定秋季收获庄稼的工作。以秋分这天昼夜交替的时候和虚星见于南方正中的时候，作为考定仲秋的依据。这时，人们离开高地而住在平原，从事收获庄稼的劳动，这时鸟兽毛盛，可以选用。又命令和叔，居住在北方叫做幽都的地方，以观察太阳从南向北运行的情况。以白昼最短的那天作为冬至,并以昴星见于南方正中的时候,作为考定仲冬的依据。这时,人们都住在室内取暖,鸟兽为了御冬,毛长得特别密细丰盛。尧说:"唉! 羲与和啊! 望你们以三百六十六日为一周期,剩下的天数,每三年置一闰月,以推定春夏秋冬四时而成岁。由此规定百官的职务,这样许多事情便可以顺利进行了。"

帝曰:"畴①,咨②,若时登庸③?"放齐曰④:"胤子朱⑤。启明⑥。"帝曰:"吁⑦! 嚚讼⑧,可乎?"

【注释】

①畴:疑问代词,谁。

②咨:语气词,表示叹息。

③若:顺。时:四时。登:得。庸:功。依据传统说法,尧之末年,羲和的几个儿子都已老死,无人担任司天授时的职务,所以尧征询大家的意见,选择贤能的人来担任这项职务。

④放齐:人名。尧的臣子。

⑤胤(yìn):后嗣。朱:即尧的儿子丹朱。

⑥启明:指智慧通达。启,开。

⑦吁:语气词,表示惊讶。

⑧嚚(yín):口不道忠信之言。讼:《史记》易为"顽",谓愚鲁。

【译文】

尧说:"唉! 谁能顺应四时的变化获得功绩呢?"放齐说:"你的儿子丹朱,聪明能干,可以让他担任这项职务。"尧说:"唉! 像他那样愚鲁而不守忠信的人,可以担任这种职务吗?"

帝曰:"畴,咨,若予采①?"驩兜曰②:"都③! 共工方鸠僝功④。"帝曰:"吁! 静言庸违⑤,象恭滔天⑥。"

【注释】

①若:顺从。予:我。采:事,办理政务。

②驩兜(dōu):人名。尧时大臣,相传他与共工互相吹捧,狼狈为奸,为四凶之一。

③都:表示赞美的语气词。

④方:读如"旁",大。鸠:聚集。僝(zhàn)功:功事已显现,犹言取得一定成绩。僝,显现。

⑤静言:漂亮而巧伪的话。静,善美,引申为巧伪。庸:用。违:指做违背命令的坏事。

⑥恭:谓貌似恭敬。滔天:谓轻慢国君。滔,通"慆",轻慢。天,指国君。

【译文】

尧说:"唉! 谁能够根据我的意见来办理政务呢?"驩兜说:"哦! 还是共工吧! 他现在在安集民众方面已经取得一定功效了。"尧说:"唉! 这个人很会说些漂亮而巧伪的话,但却阳奉阴违,貌似恭敬,实际上对国君十分轻慢。"

帝曰:"咨! 四岳①,汤汤洪水方割②,荡荡怀山襄陵③,浩浩滔天④。下民其咨,有能俾乂⑤?"佥曰⑥:"於⑦! 鲧哉⑧。"帝曰:"吁! 咈哉⑨,方命圮族⑩。"岳曰:"异哉⑪,试可乃已⑫。"帝曰:"往! 钦哉。"九载,绩用弗成。

【注释】

①四岳:原是古代的一座丛山,这里为官名或臣名。

②汤汤（shāng）：水流动。方：通"旁"，普遍。割：害。

③荡荡怀山襄陵：《孔传》："荡荡，言水奔突有所涤除。怀，包。襄，上。"

④浩浩：水势盛大。滔：漫，遮蔽。

⑤俾（bǐ）：使。乂（yì）：治理。

⑥佥（qiān）：都。

⑦於（wū）：叹词。

⑧鲧（gǔn）：神话人物，尧时大臣。

⑨咈（fú）：违背，乖戾。

⑩方命：郑玄解释说："谓放弃教命。"孙星衍说：汉时俱读"方"为"放"。圮（pǐ）：毁。

⑪异：不同。

⑫试可乃已：《史记》作"试不可用而已"。钱大昕说，古人语急，以不可为可。

【译文】

尧说："唉！四方诸侯之长啊！奔腾呼啸的洪水普遍为害，吞没一切的洪水包围了大山，冲上了高冈，水势大极了，简直要遮蔽天空。在下的臣民都愁苦叹息，有谁能治理洪水，使人们得以安居乐业呢？"大家都说："哦！还是让鲧来担负这项责任吧！"尧说："唉！这个人常常违背法纪，不遵守命令，危害同族的人。"四方诸侯之长说道："我们听到的情况和你说的不一样，还是让他试一试，如果实在不行，再免去他的这项职务。"尧说："去吧！鲧，可要恭敬地对待你的职务啊！"鲧治水九年，毫无功绩。

帝曰："咨！四岳。朕在位七十载，汝能庸命巽朕位①？"岳曰："否德忝帝位②。"曰："明明扬侧陋③。"师锡帝曰④："有鳏在下⑤，曰虞舜。"帝曰："俞⑥！予闻，如何？"岳曰："瞽子⑦。父顽,母嚚,象傲。克谐,以孝烝烝⑧,乂不格奸⑨。"帝曰:"我其试哉!"女于时⑩,观厥刑于二女⑪。厘降二女于妫汭⑫,嫔于虞⑬。帝曰:"钦哉!"

【注释】

①汝:你们。"汝"本指单数,此处作复数。庸命:郑玄注:"顺事用天命。"庸,用。巽:通"践"。《史记·五帝本纪》作"践"。

②否(pǐ):鄙陋。忝(tiǎn):谦词,辱,犹言不配。

③明明:前一个"明"是动词,谓明察;后一个"明"是形容词,谓贤明。扬:选拔举用。侧:古体"仄"。《说文》:"仄,侧倾也,从人在厂下。"陋:《尔雅·释言》:"陋,隐也。"故"侧陋"合言之,则有隐伏卑微之意。

④师:郑玄解作"诸侯之师"。《孔传》及《正义》均解作"众",犹今语"大家"。译文从后一说。锡:赐,此处指赐言,犹今语提出意见。按,古时下对上也称"锡",如《禹贡》:"九江内锡大龟。"

⑤鳏(guān):古注均说无妻叫"鳏",就字义而言,这种解释并无不妥。今人方孝岳据《尔雅·释诂》解作"病"(见所著《尚书今语》),这种解释比解作"无妻之人"合乎情理,故译文从之,译作"困苦"。

⑥俞:对话时表示肯定意义的副词。

⑦瞽(gǔ):瞎子。相传舜的父亲是个瞎子,名瞽瞍(sǒu),担任乐官。

⑧烝烝:王引之说:"谓之烝烝者,言孝德之厚美也。"(详见《经义述闻》江苏古籍出版社影印本第70页)

⑨乂(yì):治理,指处理家务。格:至。奸:邪恶。

⑩女(nù):将女嫁人。时:通"是",指示代词,当指舜。

⑪观:观察。刑:法。"刑"借为"型",古时铸器之法称作"型",故"刑"有法度之意。二女:尧的两个女儿。

⑫厘（lí）：饬，命令。妫（guī）：河水名。汭（ruì）：河的弯曲处。《水经注》："河东郡南有历山，舜所处也，有舜井，妫汭二水出焉，南曰妫水，北曰汭水，西径历山下。"把妫汭分作两条河，恐不妥。汉儒马融及晋代皇甫谧等也都说是一条河。清代学者如王夫之、胡渭等均力主"汭"非水名。妫水在现在山西永济的南面六十里，源出历山。

⑬嫔（pín）：嫁人为妇。虞：舜的姓氏。

【译文】

尧说："唉！四方诸侯之长啊！我在位七十年，你们之中有谁能够顺应上帝的命令，代替我登上天子大位的吗？"四方诸侯之长回答说："我们的德行鄙陋，不配登上天子的大位。"尧说："应该考察贵戚中的贤人，或是隐伏在下面，地位虽然低贱，实际上却是贤能的人，还是使贤德之人登上帝位吧。"大家告诉尧说："在民间有一个处境困苦的人，名字叫做虞舜。"尧说："是啊，我也听说过这个人，但他的德行到底怎样呢？"四方诸侯之长回答说："他是乐官瞽瞍的儿子。其父心术不正，其母善于说谎，其弟象十分傲慢，对舜的态度很不友好。而舜和他们却能和睦相处，以自己的孝行美德感化他们，家务处理得十分妥善，家人也都改恶从善，使自己的行为不至流于奸邪。"尧说："让我考验考验吧！"于是决定把两个女儿嫁给舜，通过两个女儿考察他的德行。尧命令在妫河的弯曲处举行婚礼，让两个女儿做了虞舜的妻子。尧说："恭谨地处理政务吧！"

慎徽五典①，五典克从。纳于百揆②，百揆时叙③。宾于四门④，四门穆穆⑤。纳于大麓⑥，烈风雷雨弗迷。帝曰："格⑦！汝舜。询事考言⑧，乃言厎可绩⑨，三载，汝陟帝位⑩。"舜让于德，弗嗣。

【注释】

①慎：诚。徽：美。五典：此处指五常之法，即《左传》所谓父义、母
　慈、兄友、弟恭、子孝(见《左传·文公十八年》)。

②纳：赐予职务。百揆：意即总理一切事务，后世本此称宰相为首
　揆。或谓"揆"与"官"双声通用，《史记》"百揆"径作"百官"，亦
　通。揆，掌管，管理。

③时叙：王引之解作"承顺"，犹言服从领导。

④宾：动词，谓迎接宾客。四门：指明堂四门。

⑤穆穆：和睦相处。

⑥麓：山脚。

⑦格：来。

⑧询：谋。考：考核。

⑨乃：你，指舜。厎(zhǐ)：致，求得。绩：功绩。

⑩陟(zhì)：升，登。

【译文】

　　舜诚心诚意地推行德教，教导臣民以父义、母慈、兄友、弟恭、子孝
五种美德指导自己的行动，臣民都能听从这种教导而不违背。然后又
让舜总理百官，百官都服从命令，使百事振兴无一荒废。又让舜在明堂
的四门，负责接待四方前来朝见的诸侯，使诸侯们都能和睦相处。最后
让舜进入山麓的森林中，经受风雨的考验，舜在烈风雷雨中也不迷失方
向。尧说："来吧！舜啊。你谋事周到，提的意见也都十分正确，经过三
年考验，你的确取得不少成绩，你现在可以登上天子的大位了。"舜以为
自己的德行尚差，推让不愿就位。

　　正月上日①，受终于文祖②。在璇玑玉衡③，以齐七政④。
肆类于上帝⑤，禋于六宗⑥，望于山川⑦，遍于群神。辑五
瑞⑧，既月乃日⑨，觐四岳群牧⑩，班瑞于群后⑪。

【注释】

①上日：马融说"上日"是"朔日"，即初一。

②受终：《史记·五帝本纪》："于是帝尧老，命舜摄行天子之政。"据此，可以推知所谓受终，盖即指禅位大典。终，指尧结束帝位。文祖：尧的太庙。

③在：观察。璇玑玉衡：有两种解释：一谓星名，就是北斗；一谓仪器，马融和郑玄都说是浑天仪。以情理度之，当以前一种解释为妥。舜时，恐难以制成比较精密的观测天象的仪器。此说目前尚无文献或出土文物可征，故从前一种说法。

④以：表示并列关系的连词，有的解作介词，非是。齐：在这里指排比整理。日月五星运行情况不同，必须把观察中得来的情况加以排比整理，才能据以制定历法。七政：指日、月和金、木、水、火、土五星。也有的以四季、天、地、人为七政。《尚书大传》："七政者，谓春、秋、冬、夏、天文、地理、人道，所以为政也。"译文采前一说。"在璇玑玉衡，以齐七政"，目的都是为了制定历法。

⑤肆：于是。类：《五经异义》："非时祭天谓之类。"可见"类"也是一种祭祀的礼节。这次祭祀当是向上帝报告摄位之事。

⑥禋（yīn）：祭祀。六宗：马融以为指天地四时。

⑦望：祭祀山川的礼节。

⑧辑：聚敛。五瑞：即五玉，是诸侯所执的作为信符用的玉器。玉器分五等：公执桓圭，侯执信圭，伯执躬圭，子执谷璧，男执蒲璧。

⑨既月乃日：《史记·五帝本纪》作"择吉月日"。

⑩觐（jìn）：朝见天子称觐。牧：官员。

⑪班：通"颁"，颁发。后：指诸侯国君。

【译文】

正月初一这天，在尧的太庙举行禅位典礼，舜代尧接受了天子的大命。舜继位后，便考察了北斗七星的运行规律。接着便举行了祭天的大典，把继位之事报告给上帝，然后又精心诚意地祭祀天地四时，祭祀山川和群神。随后聚敛了诸侯的信圭，择定吉月吉日，召见四方诸侯君长，举行隆重的典礼，把信圭颁发给他们。

　　岁二月，东巡守，至于岱宗，柴①，望秩于山川②。肆觐东后③，协时月正日④，同律度量衡⑤。修五礼、五玉、三帛、二生、一死贽⑥。如五器⑦，卒乃复⑧。

【注释】

①柴：一种祭祀的礼节。马融说："积柴加牲其上以燔之也。"

②望：祭祀山川的礼节。秩：次第。

③肆：于是。东后：指东方诸侯之国君。

④协：合。时月正日：意指根据自然运行确定月数与日数。

⑤同：统一。律：音律。度：丈尺。量：斗斛。衡：斤两。

⑥五礼：指公、侯、伯、子、男五等礼节。五玉：即上文所说的五瑞。三帛：郑玄说："三帛所以荐玉也。受瑞玉者，以帛荐之。帛必三者，高阳氏之后用赤缯，高辛氏之后用黑缯，其余诸侯皆用白缯。"二生：即二牲，指生羊羔及生雁。一死：指死雉。《周礼·大宗伯》："以禽作六挚……士执雉。"注："雉，取其守介而死，不失其节。"贽：指贽礼，即朝见时的贡献。

⑦如：连词，犹而。五器：即五玉（采马融说）。

⑧卒：指礼毕。乃：于是，然后。复：还给。《尚书大传》："诸侯执所受圭与璧以朝于天子，无过者得复其圭以归其国。"

【译文】

　　这一年的二月，舜到东方进行视察，到了泰山，举行了祭祀泰山的典礼，对于其余的山川，都根据其大小给予不同的祭祀。于是便召见了东方的诸侯，首先根据对天象的观察，使月日的纪时，与自然运行的实际情况相符,并且统一了律、度、量、衡。制定了公、侯、伯、子、男五等礼节,和相应的五种信圭,规定了诸侯以红、黑、白三种颜色的丝织物作为朝见时的贡献,卿大夫则以活的羊羔和雁作为朝见时的贡献,士则以一只死雉作为朝见时的贡献。朝见的典礼结束之后,便把三种颜色的丝织物及信圭退还给诸侯。

五月南巡守,至于南岳,如岱礼。八月西巡守,至于西岳,如初。十有一月朔巡守,至于北岳,如西礼。归[①],格于艺祖[②],用特[③]。

【注释】

①归:指巡行归来。

②格:至。艺祖:即上文所说的"文祖"。

③特:一头牛。

【译文】

五月在南方巡行视察,到了衡山,像祭祀泰山一样祭祀衡山。八月在西方巡行视察,到了华山,也像祭祀泰山一样祭祀华山。十一月初一在北方巡行视察,到了恒山,像祭祀华山一样祭祀恒山。回朝之后,到了尧的太庙,用一头牛作了祭祀。

五载一巡守。群后四朝,敷奏以言,明试以功,车服以庸[①]。

【注释】

①车服以庸:意谓用车服来表彰其功劳。每隔五年,都要进行一次全面的巡行视察。四方诸侯分别在四岳朝见天子,向天子报告

自己的政绩;天子也认真地考察诸侯国的政治得失,把车马衣服
奖给有功的诸侯。庸,功。

【译文】

每隔五年,都要进行一次全面地巡行视察。四方诸侯分别在四岳
朝见天子,向天子报告自己的政绩;天子也认真地考察诸侯国的政治得
失,把车马衣服奖给有功的诸侯。

肇十有二州①,封十有二山,浚川②。

【注释】

①肇:当作"兆",龟壳灼炙后所呈的裂纹称兆,可引申为划分,此处
　指划分区域。十有二州:舜时天下分为十二州。有,通"又"。

②浚:疏通。川:河道。

【译文】

开始划定十二州的疆界,在十二座大山上封土为坛,作祭祀之用,
并分别作为十二州之镇,同时又疏通河道。

象以典刑①,流宥五刑②,鞭作官刑③,扑作教刑④,金作
赎刑。眚灾肆赦⑤,怙终贼刑⑥。钦哉,钦哉,惟刑之恤哉!

【注释】

①象以典刑:这句话有两种解释:一谓古时无肉刑,只有象刑,指在
　犯人的衣服上画着不同的图形以示惩罚。又谓象刑是把五种刑
　罚的形状画在器物上,使人有所儆戒。译文从后一说。象,刻
　画。典刑,常刑,亦即五刑。典,常。

②流:流放。宥:宽宥。

③鞭作官刑:孙星衍说:"庶人在官有禄者,过则加之鞭笞也。"

④扑:即槚(jiǎ)楚,是古时学校中用作体罚的一种器具。

⑤眚(shěng):过失。肆:遂。

⑥怙(hù)终:是说有所仗恃而终不悔改者。怙,恃。贼刑:意谓如是杀人之刑则不赦免。贼,杀。

【译文】

在器物上画着五种刑罚的形状,使人民有所儆戒。用流放的办法代替五刑,以表示宽大。庶人做官而又有俸禄者,犯了过错,罚以鞭刑。掌管教化的人,使用刑罚时,则用扑刑。犯了过错可以出金赎罪。如果犯了小错,或过错虽大,只是偶一为之,可以赦免;如果犯的罪过较大而又不知悔改,便要给予严厉的惩罚。小心啊! 小心啊! 在使用刑罚时,可要十分谨慎啊!

流共工于幽州①,放驩兜于崇山②,窜三苗于三危③,殛鲧于羽山④,四罪而天下咸服。

【注释】

①幽州:《史记正义》引《括地志》说:"故龚城,在檀州燕乐县界。故老传云舜流共工幽州,居此城。"燕乐县,东魏时所置之县,故城在今北京密云东北七十里。

②崇山:难以确考其处。《通典》说:沣阳县有崇山即放驩兜之所。沣阳县为晋所置,北周废,其故治在今湖北黄陂南。

③窜:迁逐。三苗:古国名。舜时为南方民族,其所居约在湖南、江西境内。三危:在今甘肃敦煌。

④殛(jí):流放。羽山:有两说:一谓在江苏东海西北九十里,赣榆与山东郯城交界处;一谓在山东蓬莱东南三十里。未知孰是。

【译文】

把共工流放到幽州,把驩兜流放到崇山,把三苗驱逐到三危,把鲧流放到羽山,并命令他至死不得回朝;罪人都受到了应得的惩罚,天下的人便都心悦诚服了。

二十有八载①,帝乃殂落②。百姓如丧考妣③,三载,四海遏密八音④。月正元日,舜格于文祖,询于四岳,辟四门,明四目,达四聪。

【注释】

①二十有八载:当指禅位后的二十八年。有,通"又"。

②殂(cú)落:死亡。

③百姓:百官。丧:死。考:死去的父亲。妣:死去的母亲。此句极言臣民对尧的爱戴。

④四海:泛指全国。遏:绝。密:静。八音:金、石、丝、竹、匏、土、革、木,泛指一切音乐演奏。

【译文】

当舜摄理政务二十八年的时候,帝尧便死去了。百官和民众好像死去父母一样的悲痛,在三年中,全国上下不奏音乐。守丧三年以后的正月初一,舜到了文祖庙,和四方诸侯之长共商国家大事,开明堂的四门,明察四方政务,倾听四方意见。

咨十有二牧①,曰:"食哉惟时②!柔远能迩③。惇德允元④,而难任人⑤,蛮夷率服。"

【注释】

①咨：叹词。十有二牧：十二州的君长。牧，长。

②食：衣食。一说，食，通"饬"。《说文》："饬，从人从力，食声。"《匡谬正俗》："饬者，谨也，敬也。"（见杨筠如《尚书覈诂》）时：指制定历法。

③柔：安抚。能：郑玄说："能，恋也。"恋，顺从。

④惇（dūn）：厚。允：信。元：善。全句是说政务处理得好。

⑤难：疏远。《尔雅·释诂》："阻，难也。"阻，含有远意，故《史记》径作"远佞人"。任人：品行不端的人。《尔雅·释诂》："任，佞也。"蔡沈《尚书集传》（以下简称《集传》）："任，古文作'壬'，包藏凶恶之人也。"

【译文】

舜对十二州的君长叹息着说："只有衣食才是百姓的根本，因而重要的在于颁布历法！安抚远方的臣民，爱护近处的臣民，并顺从他们的意志去处理政务。德行厚，才能取信于人，才能使政务达到至善的地步，拒绝任用那些花言巧语的人，边远地方的民族才能都对你表示臣服。"

舜曰："咨！四岳。有能奋庸熙帝之载①，使宅百揆②，亮采惠畴③？"佥曰④："伯禹作司空⑤。"帝曰："俞！咨禹，汝平水土，惟时懋哉⑥！"禹拜稽首，让于稷、契暨皋陶。帝曰："俞！汝往哉！"

【注释】

①奋：起。庸：功业。熙：广。载：事。

②宅：担任一定官职。百揆：官名。负责统率百官。

③亮:辅助。采:事。惠:顺。畴:类。

④佥,皆,都。

⑤伯禹:《孔传》:"禹代鲧为宗伯。"因称伯禹。司空:平水土之官。
　　意思是说禹担任这项职务很有功劳,可以担任统率百官的职务。

⑥时:通"是",这,指上面所说的职务。懋(mào):勉励其努力。

【译文】

　　舜说:"唉!四方诸侯之长啊,有谁能够奋发努力,以发扬光大先帝的事业,能够主持政务率领百官,并帮助百官使他们遵循大法行事呢?"大家都说:"伯禹担任司空,工作做得很好。"舜说:"好吧!禹啊,你治理水土很有功劳,希望你再努力地承担起这份责任吧!"禹行礼拜谢,并且谦逊地让稷、契和皋陶来担任这项职务。舜说:"你的态度很好,不过这项职务还是让你去担任吧!"

帝曰:"弃,黎民阻饥①,汝后稷②,播时百谷③"。

【注释】

①阻:俞樾以为是"且"的假借字。《说文》:"且,荐也。"《诗·大雅·云汉》:"饥馑荐臻。"毛传:"荐,重。"所谓"重",即"还"或"仍",意思是说:现在大水虽已退去,但百姓还是困于饥饿。又《释诂》:"阻,难也。"《广雅·释丘》:"阻,险也。"是"阻"又可作"艰难"解。

②后:主持。稷:官名。负责种庄稼的事。

③播:播种。时:通"莳",动词,作移植解。

【译文】

　　舜说:"弃啊!现在百姓苦于没有饭吃,你担任后稷这项职务,教导百姓种植庄稼吧!"

　　帝曰："契，百姓不亲，五品不逊^①，汝作司徒^②，敬敷五教^③，在宽。"

【注释】

①五品：指君臣、父子、夫妇、长幼、朋友。又郑玄说："五品，父、母、兄、弟、子也。"逊：顺。

②司徒：官名。负责教化。

③敬：恭谨。敷：传播。五教：教以遵守父子有亲、君臣有义、夫妇有别、长幼有序、朋友有信五种道德规范。

【译文】

　　舜说："契啊！现在百姓很不友好，君臣之间，父子之间，夫妇之间，长幼之间，朋友之间，不能恭顺，你担任司徒这种官职，对他们进行五常教育，推行这些教育的时候，一定要本着宽厚的原则。"

　　帝曰："皋陶，蛮夷猾夏^①，寇贼奸宄^②。汝作士^③，五刑有服^④，五服三就^⑤。五流有宅^⑥，五宅三居^⑦。惟明克允^⑧。"

【注释】

①蛮夷：南方少数民族。猾：乱。《广雅·释诂》："猾，乱也。"夏：《说文》："夏，中国之人也。"

②寇贼奸宄：郑玄解释说："强取为寇，杀人为贼，由内为奸，起外为宄。"宄，《史记》作"轨"，读音与"轨"同。

③士：马融说是狱官之长；郑玄说"士"作"察"解，负责狱讼的事情。

④五刑：墨、劓（yì）、剕（fèi）、宫、大辟（pì）。服：用。

⑤五服三就：指使用五种刑罚的时候，可在野、朝、市三个地方。《国语·鲁语》载臧文仲的话说："大刑用甲兵，其次用斧钺，中刑

用刀锯,其次用钻筚,薄刑用鞭扑,以威民也。故大者陈之原野,
小者致之市朝,五刑三次,是无隐也。"按,次即就,三次即言
三就。

⑥流:流放。宅:居。

⑦五宅三居:马融说:"君不忍刑,宥之以远。五等之差,亦有三等
之居。大罪投四裔,次九州之外,次中国之外。"郑玄说:"三处
者,自九州之外至于四海,三分其地,远近若周之夷、镇、蕃也。"

⑧惟明克允:《集传》:"必当致其明察,乃能使刑当其罪,而人无不
信服也。"允,公允,恰当。

【译文】

舜说:"皋陶啊! 外族部落,时常来侵扰我们,他们在我国境内到处
为非作歹,抢夺人们的财产。望你担任法官,根据犯人罪情的大小使用
五种刑罚。罪情大者,便带到原野上行刑;罪情轻者,可分别带到市、朝
内行刑。把他们的罪情彰示出来,使人有所儆戒,或者为了表示宽大,
也可以用流放来代替;流放也要根据罪行大小分为五种,把犯人放居在
远近不同的所在。这些地方可在九州之外,四海之内,并分作三等以区
别其远近。只有明察案情,处理得当,百姓才会信服。"

帝曰:"畴若予工①?"佥曰:"垂哉!"帝曰:"俞! 咨垂。汝共
工。"垂拜稽首,让于殳、斨暨伯与②。帝曰:"俞! 往哉,汝谐③。"

【注释】

①畴:谁。若:善。工:百工之官。

②殳(shū)、斨(qiāng):人名。和伯与同为舜的臣子。暨:同"及"。

③谐:通"偕",一同去。

【译文】

舜说:"谁来担任百工这项职务?"大家都说:"还是让垂来担任吧!"

舜说:"好吧! 垂啊,你来担任百工的职务吧!"垂行礼拜谢,并表示谦让,让殳、斨和伯与来担任这项职务。舜说:"好吧! 让他们也和你一起去受理这项职务吧!"

帝曰:"畴若予上下草木鸟兽①?"佥曰:"益哉!"帝曰:"俞! 咨益,汝作朕虞②。"益拜稽首,让于朱虎熊罴③。帝曰:"俞! 往哉,汝谐。"

【注释】

①"畴若予"句:意即命其担任山泽之官。上,指山上。下指低洼有草有水的地方。

②虞:官名。负责掌管山泽。

③朱虎熊罴(pí):《孔传》以为朱虎、熊罴是二臣名。孙星衍据《左传》和《古今人表》认为是四个人的名字。二说孰是,似不必拘泥。

【译文】

舜说:"谁能替我掌管山林川泽中的草木鸟兽?"大家都说:"让益来担任这项职务吧!"舜说:"好吧! 益啊,你来担任我的虞官吧!"益叩头拜谢,并谦逊地表示把这项职务让给朱、虎、熊、罴。舜说:"好吧! 让他们和你一起去负责这项工作吧!"

帝曰:"咨! 四岳。有能典朕三礼①?"佥曰:"伯夷②。"帝曰:"俞! 咨伯。汝作秩宗③。夙夜惟寅④,直哉惟清⑤。"伯拜稽首,让于夔、龙。帝曰:"俞,往,钦哉!"

【注释】

①典:主持。三礼:郑玄说是指天事、地事、人事之礼。

②伯夷:人名。《国语•郑语》说他是"礼于神以佐尧"的人。

③秩宗:官名。郑玄说:"主次秩尊卑。"《集传》:"秩,序也;宗,祖庙也。秩宗,主叙次百神之官,而专以秩宗名之者,盖以宗庙为主也。《周礼》亦谓之宗伯。"

④夙:早。夜:晚。寅:敬。

⑤直:正直。清:清明。

【译文】

舜说:"唉! 四方诸侯之长啊! 有谁能替我主持三礼?"大家都说:"伯夷可以。"舜说:"好吧! 伯夷,你来担任祭祀鬼神的职务吧。一早一晚都要恭敬地去祭祀鬼神;祭祀时的陈辞,要正直而清明。"伯夷叩头拜谢,谦逊地要把这项职务让给夔和龙。舜说:"好吧! 还是让你去担任这项职务吧,可要恭敬啊!"

帝曰:"夔! 命汝典乐①,教胄子②。直而温,宽而栗,刚而无虐,简而无傲。诗言志,歌永言③,声依永,律和声④。八音克谐⑤,无相夺伦⑥,神人以和⑦。"夔曰:"於! 予击石拊石⑧,百兽率舞。"

【注释】

①典:掌管。乐:乐官。

②胄子:郑玄解作"国子",即指太子并包括公卿大夫之子弟。按,胄,《说文》引作"育"。"胄"、"育"古时声近通用。王引之认为胄子是育子,即稚子(详见《经义述闻》卷三)。《史记•五帝本纪》作"教稚子",故胄子可解作"年轻人"。舜时所教育者未必仅限

于国子,这是郑玄用汉代的眼光解释舜时社会的情形,恐不可从。

③永:同"咏"。

④律:谓标准音。声:指歌唱的声音。唱出的歌声要合乎音律,叫律和声。

⑤八音:泛指一切音乐演奏。谐:和。

⑥夺:侵夺,此处含有干扰之意。伦:次。

⑦和:此处谓高兴。

⑧击、拊:敲击。石:乐器,当属磬类。

【译文】

舜说:"夔啊!命令你主持乐官,去教导那些年轻人。要把他们教导得正直而温和,宽大而谨慎,性情刚正而不凌人,态度简约而不傲慢。诗是用来表达思想感情的,歌则借助语言把这种感情咏唱出来,歌唱的声音既要根据思想感情,也要符合音律。八类乐器的声音能够和谐地演奏,不要弄乱了相互间的伦次,让神人听了都感到快乐和谐。"夔说:"好啊!让我们敲着石磬,奏起乐来,让那些无知无识的群兽都感动得跳起舞来吧!"

帝曰:"龙!朕堲谗说殄行①,震惊朕师。命汝作纳言②,夙夜出纳朕命,惟允。"

【注释】

①堲(jí):憎恶。殄(tiǎn):尽,灭绝。郑玄解释说:"所谓色以仁而行违,是惊动我之众臣,使之疑惑。"

②纳言:官名。郑玄解释说:"如今尚书,管王喉舌也。"

【译文】

舜说:"龙啊!我非常讨厌那种说坏话和阳奉阴违的人,因为这种人常常以一些错误的话使我的民众震惊。命令你负责纳言的官职，一早一晚，或代我发布命令，或向我汇报下面的意见，都必须忠诚老实。"

帝曰："咨！汝二十有二人，钦哉，惟时亮天功^①。三载考绩。三考黜陟幽明。"庶绩咸熙，分北三苗^②。

【注释】

①时：承。亮：帮助。

②北：古与"背"同字。

【译文】

舜说："唉！你们二十二人，都要恭敬地对待自己的职务，时刻想着接受上天的命令并帮助上天治理臣民。每隔三年，就要检查一下你们的政绩。经过检查，凡是有功的人，便用提拔的办法来表彰他；凡是有过错的人，便用罢免的办法来惩罚他。"经过这番整顿，许多工作都振兴起来了，并命令三苗离开故土，把他们流放到边远地方。

舜生三十征庸^①，三十在位，五十载陟方乃死^②。

【注释】

①征庸：被任用。

②陟（zhì）：升。方：方岳，即四岳，四岳为四方之岳，故称方岳。这里指南岳衡山。相传舜时南方衡山一带有苗为乱，舜因之南征有苗，远至苍梧之野并死在那里。这句话的断句和关于舜一生事迹的纪年，各书不一。"三十"，或以为"二十"之误。《史记·五帝本纪》："舜年二十以孝闻，年三十尧举之，年五十摄行天子事，年五十八尧崩，年六十一代尧践帝位。践帝位三十九年南巡

狩,崩于苍梧之野,葬于江南九疑,是为零陵。"《大戴礼·五帝
德》:"舜之少也,恶顿劳苦,二十以孝闻乎天下,三十在位嗣帝所,
五十乃死,葬于苍梧之野。"这些说法比较合理。

【译文】

舜三十岁时被征用,三十年后接替了尧的帝位,五十年后南巡,登
上了衡山,并在那里去世。

皋陶谟

【题解】

本篇是舜、禹、皋陶（yáo）等人在一次会议上的讨论记录，也是后人依据古代传闻整理而成，篇首"曰若稽古"四字便是明证。这次会议的中心发言人是舜的大臣皋陶，讨论的中心问题是如何继承尧的光荣传统，把国家治理得更好。所以本篇取名为《皋陶谟》。我们可以把本篇看作《尧典》的姊妹篇。

本文可以分作三大段。

第一大段，所记的主要是皋陶的言论。皋陶提出了以下几点意见：一、继承尧的光荣传统；二、修身；三、知人；四、安民；五、诸侯要摒弃私欲，谨慎处理政务，并且要任人惟贤，使百官各称其职；六、整顿人与人之间的伦常关系和等级制度。

这六条意见是按原文的先后顺序排列的，细味之，中心当在安民。第一条意在指出效法的榜样；二、三、五、六四条当是安民的手段。文中对于"修身"和"知人"两条又特别作了详细的阐述，提出了"九德"作为修身的准则，也作为天子选拔诸侯、百官的准则，亦即知人的准则。在皋陶看来，只有按照这些意见行事，才能保持住尧的光荣传统，把国家治理好。

第二大段，写的基本上是舜和禹的对话。这段对话除了开始一段是禹陈述自己的功绩之外,下面都是他们互相勉励、互相支持、互相严格要求的言论。从这里我们还能约略看出当时社会酋长和官员之间的平等关系,以及由此而产生的亲密无间的情景。他们谈论的要点仍旧是放在治国安民上。在这里他们提出了君和臣分别应当遵循的准则:做君主的,应当谨慎对待自己的职位,做自己应做的事情,使大臣们做到公平正直,要举贤任能,要广泛地听取意见,赏罚要严明得当。做臣子的,应该是君主的膀臂和耳目,应直言敢谏,不要阳奉阴违,要团结左右大臣,政务的处理要严明得当,要广泛听取群众意见,对于正确意见要及时反映,否则便要受到惩罚,在他们看来,只有君臣之间如此团结一致,同心同德,而且各尽本分,努力做自己应该做的事,政务才能处理好。

当然这些言论也有一些是出于后人润色,并不完全是舜和禹的真实思想,但我们也不应完全视之为凭空臆造,因为文章中虽然有一些阶级社会的色彩(如注重等级制度等),但从整个谈话来看,这还不是主要的,仔细体会这些言论,似乎他们考虑问题的出发点,主要的不是为了维护自己的地位,而是为了"安民"。如果把这段言论和商书、周书比较,便明显可以看出其间的差别了。在商书和周书那里,统治者考虑问题的出发点,完全是放在如何维护自己的统治权上,虽然他们也常常提出一些安民措施,但那只不过是维护统治权的手段罢了(这一点在周公的言论里表现得最为明显)。这些都可以帮助我们了解当时社会的情况,从这点看,它仍然有比较重要的史料价值。

第三大段,可分作四个小段:第一段是舜的言论,舜在这里申述了惩罚丹朱的理由,并指出应以此为戒,不要犯丹朱那样的错误。第二小段,禹再一次陈述自己的功绩,并提出苗人尚未完全征服,告诫舜说:"苗顽弗即工,帝其念哉!"从这里我们可以看出当时南北民族之间的严重矛盾。第三小段,记叙了讨论结束时,举行祭礼的情况。第四小段记叙举行祭礼之后,君臣作歌娱乐,并互相勉励的情况。这两段充满了和谐愉快的气氛,也多少反映了当时社会的真实。

曰若稽古,皋陶曰:"允迪厥德①,谟明弼谐②。"禹曰:"俞③!如何?"皋陶曰:"都④!慎厥身⑤,修思永⑥。惇叙九族⑦,庶明励翼⑧,迩可远在兹。"禹拜昌言曰⑨:"俞!"

【注释】

①允:信。迪:导,遵循。厥:代词,其,指古代贤帝王,当指尧。德:道德。

②谟:通"谋",指治国方略。明:《尔雅·释诂》:"明,成也。"弼:辅弼,指大臣。谐:和谐,团结一致。

③俞:表示肯定意义的副词。

④都:叹词。

⑤慎厥身:谓努力提高修养。慎,谨慎。厥,其,指自身。

⑥修:治,指品德锻炼。永:久。

⑦惇(dūn):厚。叙:《史记》作"序",次第。九族:指同族的人。

⑧庶:众。明:圣明。励:努力。翼:辅助。

⑨昌言:美言。

【译文】

传说皋陶和禹在帝舜面前,讨论治理国家的事情。皋陶说:"相信并按照先王的道德处理政务,这样就能够使谋略实现,大臣之间也就能团结一致,同心同德了。"禹说:"对啊!如何才能这样呢?"皋陶说:"都应当严格地要求自己,努力提高品德修养,在提高品德修养的时候,应当从大处着眼,从长远考虑。以宽厚的态度对待同族的人,使他们也贤明起来,努力辅佐你治理国家,由近及远,先从自身做起。"禹非常佩服这种高明的见解,说:"对啊!"

皋陶曰："都！在知人，在安民。"禹曰："吁！咸若时①，惟帝其难之②。知人则哲，能官人。安民则惠，黎民怀之。能哲而惠，何忧乎驩兜，何迁乎有苗，何畏乎巧言令色孔壬③？"

【注释】

①咸：皆。时：通"是"。

②惟：连词，用与"虽"同（杨树达《词诠》）。

③"何忧乎"三句：是反诘语，所指的史实可参考《尧典》。巧言，善于说话（贬义词）。令色，指脸面上表现出巴结谄媚的颜色。孔，程度副词，甚。壬（rén），奸佞。

【译文】

皋陶说："重要的在于知人善任，在于把臣民治理好。"禹说："哎呀！完全做到这些，连帝尧都感到困难啊！知人善任，那才是有智慧的人，有智慧才能用人得当。能够把臣民治理好，便是给他们以恩惠，这样臣民当然会把恩惠记在心里。既然聪明而有恩德，还怕什么驩兜，何必迁徙流放苗民，又何必害怕讲那些花言巧语搞献媚取宠的坏人呢？"

皋陶曰："都！亦行有九德①。亦言其人有德，乃言曰，载采采②。"禹曰："何？"皋陶曰："宽而栗③，柔而立④，愿而恭⑤，乱而敬⑥，扰而毅⑦，直而温⑧，简而廉⑨，刚而塞⑩，强而义⑪。彰厥有常吉哉！

【注释】

①亦：段玉裁作"大"解，犹言"大凡"。行：德行。九德：见下文。

②"乃言曰，载采采"二句：是说，考察一个人的言论要举许多事例

以为验证,不能没有事实作根据,便评判一个人的好坏。乃言,皮锡瑞说,今文"乃言"一作"丂言",即考言。载,为。采采,指许多事。采,事。

③宽而栗:大凡宽宏大量的人遇事常犯毫不在乎的毛病,因而必须补之以"栗"。宽,宽宏大量。栗,通"慄",严肃恭谨。

④柔而立:性情温和的人大都有不敢坚持意见的毛病,因而必须补之以"立"。柔,指性情温和。立,指有自己的主见,并能不畏强暴,敢于坚持自己的主见。

⑤愿而恭:谨慎怕事的人常常好同流合污,因而必须补之以"恭"。愿,小心谨慎,含有怕事之意。恭,庄重。

⑥乱而敬:具有治理能力的人常常仗恃自己的才干而办事疏忽,因此必须补之以"敬"。乱,治,指具有排乱解纷,治理国家的才干。敬,指办事认真。

⑦扰而毅:善听取别人意见的人常常失之于优柔寡断,因此必须补之以"毅"。扰,柔顺,意指能听取别人意见。毅,果断。

⑧直而温:正直的人,往往态度生硬,因而必须补之以"温"。直,正直。温,指态度温和。

⑨简而廉:《孔传》说:"性简大而有廉隅。"简,大。廉,廉约。孙星衍说:"简大似放,而能廉约。"

⑩刚而塞:意思是说能从多方面考虑问题,性情刚正而不鲁莽。刚,刚正。塞,充实。

⑪强而义:《孔传》:"无所屈挠,动必合义。"《集传》:"强勇而好义也。"义,善。

【译文】

皋陶说:"都!大凡人的德行有九种。说某人有美好的德行,这样说,必须以许多事实作为依据。"禹说:"什么叫做九德?"皋陶说:"态度豁达,毫不拘束,又能恭敬谨慎;性情温和而又有主见;行为谦逊而又严肃认真;虽有才干,但办事仍不马虎疏忽;能够接受别人的意见,又不为纷杂的意见所迷惑,而能刚毅果断;行为正直而态度温和;从大处着眼又能从小处着手;刚正而不鲁莽;勇敢而又善良。能够在自己的行为中表现出这九种德行来,就能够常常把事情办好了。

"日宣三德,夙夜浚明有家①。日严祗敬六德,亮采有邦②。翕受敷施③,九德咸事④,俊乂在官⑤,百僚师师⑥,百工惟时⑦。抚于五辰⑧,庶绩其凝⑨。

【注释】

①夙:早。夜:晚。浚:恭敬。明:努力。有家:指可以做卿大夫。

②亮:佐。采:事。有邦:指可以为诸侯。邦,国。

③翕(xī)受:指含三德与六德而并用。翕,含。敷施:普遍推行。敷,溥,普遍。施,行。

④九德咸事:意指凡行为合于九德者,都让他担任一定的事务。咸,皆。事,谓担任事务。

⑤俊乂(yì):指特别有才德的人。俊,才德超过千人者。乂,才德超过百人者。在官:指俊乂之人可任以公卿的官职。

⑥百僚:指众大夫。师师:互相学习和效法。

⑦百工:指士。时:善。

⑧抚五辰:古人依据对天象的观测来确定四时,所谓"抚五辰",即指根据四时的变化来处理政务(可参阅《尧典》中"敬授民时"一段)。抚,顺从。五辰,指金、木、水、火、土五星,这里当泛指天象。

⑨庶:众。绩:功绩。凝:成就。

【译文】

"每天都能在自己的行为中表现出九种德行中的三德来,并且无论早晚,都能恭敬努力地按照这些道德规范行事,那就可以做卿大夫了。每天都能庄重而恭敬地按九种德行中的六德来约束自己的行动,那就可以协助天子处理政务而为诸侯了。如果天子能够合三德六德而并用之,并以之布施政教,大凡依据九德行事的人都给以一定的职务,有特殊才能的人都给以公卿的官位,大夫们都能互相学习,各方面具体事务的负责人也都能办好自己分内的事情。大家都能够根据五辰的运行、四时的变化来处理政务,这样,许多功业便都可以建成了。

"无教逸欲有邦①,兢兢业业,一日二日万几②。无旷庶官③,天工,人其代之。

【注释】

①逸:安逸。欲:私欲。邦:指诸侯。

②一日二日:言天天。万几:万端。此句指一天之内发生的事情之多。

③旷:空。庶官:众官。《论衡·艺增》:"毋空众官,置非其人与空无异,故言空也。"

【译文】

"做诸侯的不使自己产生私欲而贪图享受,要兢兢业业地处理政务,要知道一国之内每天都要发生上万件事体,千万不能麻痹大意。在各种职位中,都不要任用不称其职的人,因为所有的官职都是上帝设立的,怎么可以让那些不称其职,无所作为的人来代替上帝行事呢?

"天叙有典①,敕我五典五惇哉②! 天秩有礼③,自我五礼有庸哉④! 同寅协恭和衷哉⑤! 天命有德,五服五章哉⑥! 天讨有罪,五刑五用哉! 政事懋哉⑦! 懋哉!

【注释】

①叙：指君臣、父子、兄弟、夫妇、朋友之间的伦次。典：常，即五常。

②敕(chì)：命令。五典：五常，即上述君臣、父子、兄弟、夫妇、朋友之间的伦次典常。惇：厚。

③秩：次。礼：五种礼节。

④我：指天子。庸：用，意指推行五礼。

⑤同寅：指君臣之间互相尊重。寅，敬。协恭和衷：即同心同德，团结一致。

⑥服：指服装。章：显示。

⑦懋(mào)：勉励。

【译文】

"上帝既然安排了君臣、父子、兄弟、夫妇、朋友之间的伦常次序，便应当顺从上帝的意旨整顿上述五者之间的关系，并使这种关系深厚起来啊！上帝为了区别人们之间的等次而传下来天子、诸侯、大夫、士、庶人这五种人分别应该遵从的礼节，做天子的便应大力推行这五种礼节，使君臣之间互相尊重，同心同德办好政务啊！上帝为了使有德的人各称其职，便制定了天子、诸侯、大夫、士、庶人五种服装制度，以分别表彰他们的不同的德行！上帝为了惩罚有罪的人，便制定了五种刑罚，分别用来惩罚五种罪人。这些，都应当认真执行啊！为了搞好政务，君臣之间可要互相勉励啊！

"天聪明，自我民聪明。天明畏，自我民明威，达于上下，敬哉有土①。"

【注释】

①有土：指保持国土，也就是保持国王的地位。

【译文】

"上天听取意见、观察问题，都是从民众中间听取意见、观察问题的；上天表彰好人、惩罚坏人，也是依据民众的意见来表彰和惩罚的。上天和下民之间是互相通达的。因此，只有恭敬地处理政务，才能保持住国土。"

皋陶曰："朕言惠可厎行①。"禹曰："俞！乃言厎可绩②。"皋陶曰："予未有知，思日赞赞襄哉③！"

【注释】

①朕：我。惠：顺。厎(zhǐ)：必，一定。

②厎(zhǐ)：致，求得。

③日：《孔传》本作"曰"，非是，当作"日"。与下文"予思日孜孜"句法正同（采杨筠如说，见《尚书覈诂》）。赞：佐。襄：治理。

【译文】

皋陶说："我的话都是顺从天意，一定可以实行的。"禹说："对啊！你的话是可以实行并获致功绩的。"皋陶说："其实我又知道什么呢？我只是成天想着如何协助国王治理国家啊！"

帝曰："来！禹，汝亦昌言。"禹拜曰："都！帝，予何言？予思日孜孜。"皋陶曰："吁！如何？"禹曰："洪水滔天，浩浩怀山襄陵，下民昏垫①。予乘四载②，随山刊木③，暨益奏庶鲜食④。予决九川距四海⑤，浚畎浍距川⑥；暨稷播⑦，奏庶艰食鲜食⑧。懋迁有无化居⑨。烝民乃粒⑩，万邦作乂⑪。"皋陶曰："俞！师汝昌言⑫。"

【注释】

①下民昏垫:郑玄:"昏,没也;垫,陷也。"言"下民"为洪水所吞没。
　于省吾先生认为"垫"是"埶"之讹,今作"艺","昏艺"之"艺",读
　"溺"。下民昏溺,即下民昏没沉溺(详见《尚书新证》卷一)。可
　备一说。译文仍从郑注。

②四载:四种乘载工具。据《史记·河渠书》和《汉书·沟洫志》的
　解释,陆行乘车,水行乘舟,泥行乘橇,山行则梮。按如淳的说
　法,橇"谓以板置泥上以通行路也"。梮(jú),又作"桥","谓以铁
　如锥头,长半寸,施之履下,以上山不蹉跌也"。

③刊:指砍削木槎,插在山路上以作标记,故《史记》作"行山表木"。

④暨:同"及",和。益:人名。即伯益。奏:进。庶:众,指众民。鲜
　食:指新鲜的肉食品。鸟兽新杀谓鲜。

⑤决:疏通。九川:王肃说是九州之川。距:至。

⑥浚:疏通。畎(quǎn):田间小沟。

⑦稷:即《尧典》中教民播种的稷。播:指播种庄稼。

⑧艰:马融本作"根",按《释名》:"艰,根也。"则艰即指根生植物,亦
　即百谷。所谓艰食,就是用粮食做成的食品。清人俞樾说:"艰"
　当读为"馑",《说文》"艰"字重文作"鳝","鳝"、"馑"同声,故得通
　用,亦谓用粮食制成的食品。鲜食:肉食。洪水之后,人们生活
　依然十分困难,虽然播种百谷,收获很少,所以要靠猎取禽兽以
　补充食品之不足。

⑨懋:通"贸",贸易。化:同"货"。

⑩烝民:众民。烝,众多。粒:王引之说:"'粒'当读为《周颂》'思文
　王立我烝民'之'立'。立者,成也,定也。"

⑪万邦:指诸侯。万,言其多。作:始。乂:治。

⑫师:通"斯",指示代词,此。《史记·夏本纪》译此句为"此而美也"。

【译文】

　　舜说:"来吧! 禹,你也讲一讲你的高见吧。"禹拜谢说:"唉! 王啊,我说些什么呢? 我只不过整天考虑怎样孜孜不倦地工作罢了。"皋陶说:"那么,你所努力从事的是一些什么工作呢?"禹说:"大水遮蔽了天空,那浩大的洪水啊,包围了大山,冲上了陵冈,地上的人们都被洪水吞没。我乘坐着四种交通工具,随着勘察的山路,插上木桡作为标记,并且和益一起把打猎得来的鸟兽,分发给人们。我领导民众疏通了九州的大河,使水都流到大海里去;又疏通了田间小沟,使田地中的水都流到大河中去;又和稷一起,教百姓们播种百谷,给人们提供了粮食和肉食。又发展贸易以互通有无。人们才得以安居乐业,千万个诸侯国才得以治理。"皋陶说:"对啊! 你的这些话真是不错呀!"

　　禹曰:"都! 帝,慎乃在位。"帝曰:"俞!"禹曰:"安汝止①,惟几惟康②。其弼直③,惟动丕应④。徯志以昭受上帝⑤,天其申命用休⑥。"

【注释】

　①安:安分。止:通"职",职分,职事。郑康成说:"安汝之所止,无妄动,动则扰民。"(见孙星衍《尚书今古文注疏》引)
　②惟:思。几:危。康:安。
　③弼:辅佐,指大臣。直:正直。
　④丕:大。应:和。意谓行动都很合乎道德规范。
　⑤徯(xī):待。志:心志。昭:清明。
　⑥申:重。休:美。

【译文】

　　禹说:"唉! 王啊,你也要谨慎地对待你的职位啊。"舜说:"是啊!"禹说:"做你应做该做的事情,常常从坏处打算,就能够得到平安了。要使得大臣公平正直,不管做什么事情都能处理得当。这样才能以清醒明智的头脑,等待接受上帝的命令,上帝就会一再嘉奖你,非常放心地再把大命交付给你。"

帝曰:"吁! 臣哉邻哉①,邻哉臣哉。"禹曰:"俞!"

【注释】

①邻:近。

【译文】

舜说:"唉! 正直的大臣,才是最可亲近的人啊! 最可亲近的人,只有那正直的大臣啊!"禹说:"是啊!"

帝曰:"臣作朕股肱耳目①。予欲左右有民②,汝翼③。予欲宣力四方④,汝为。予欲观古人之象⑤,日月星辰山龙华虫作会,宗彝藻火粉米黼黻绨绣⑥,以五采彰施于五色作服⑦,汝明。予欲闻六律五声八音⑧,在治忽⑨,以出纳五言⑩,汝听。予违汝弼⑪,汝无面从,退有后言。钦四邻⑫。

【注释】

①朕:我。股:腿部。肱(gōng):手臂,以之比喻左右大臣。耳目:此处与股肱义同。

②左右:帮助引导。有:抚,保护,扶持。孙星衍说:"有者,抚也。《释诂》'有'、'抚'转相训。"

③翼:帮助,辅佐。

④宣:布。力:意指治理国事并兼指战功。

⑤象:画在衣物上的图饰。

⑥"日月星辰"二句：这里所写的是十二种东西的形状，这些形状都是礼服上的绘饰。古人以礼服上绘饰的不同表示地位的高低，究竟怎样用这些不同的绘饰来表示地位的高低呢？前人说法不一，难以确信。郑玄认为从日月至黼黻共十二章，都是天子用来绘饰礼服的。日月星辰山龙华虫是画在上衣上的。"作会"的"会"，郑玄以为当作"绘"，画的意思。由"宗彝"至"黼黻"六种是绣在衣服的下身上的。古时谓上衣曰衣，衣服的下身曰裳。宗彝，即是虎和蜼（wèi），蜼是长尾猿。古时宗庙的祭器上常常饰有虎和长尾猿两种动物的形状，而宗庙的祭器即称为宗彝，故以"宗彝"作为虎和长尾猿的代称。藻，水草。粉米，白米。黼（fǔ），指斧形。黻（fú），两弓相背的形状。缔（chī）绣，郑玄说："读为黹，黹，紩也。"黹（zhǐ）紩（zhì），缝制。绣，刺绣。

⑦五采：五种颜色。采，指颜色，郑玄说性曰采，施曰色。意思是说未用的时候叫采，已用便叫做色。制作礼服的人根据这十二种物形制成五种不同的礼服。天子的礼服要绘画并刺绣这十二种物体的形状；公的礼服要绘绣山龙以下九种物体的形状；侯伯的礼服绘绣华虫以下七种物体的形状；子男的礼服绘绣藻火以下五种物体的形状；卿大夫的礼服绘绣粉米以下三种物体的形状。利用这五种不同的服装来辨明地位的高低。作服：制成服装。

⑧六律：相传黄帝时的音乐家伶伦，把竹子截出竹筒，以竹筒的长短来区分声音的高下清浊，各种乐器的声音便以此为准则。经过试验，确定为十二种高低不同的标准音，叫做十二律。这十二律各有固定的名称：黄钟、大吕、太蔟、夹钟、姑洗（xiǎn）、中吕、蕤（ruí）宾、林钟、夷则、南吕、无射（yì）、应钟。十二律又分两大类，单数的六律为阳律，称作六律；双数的六律为阴律，称作六吕。五声：指五种高低不同的音阶，其名称是宫、商、角、徵（zhǐ）、羽。

八音:指八种不同材料制成的乐器,这些材料是金、石、丝、竹、匏、土、革、木。这些材料发出的声音各不相同,因称八音。

⑨在:察。治:治理。忽:指政事荒怠。

⑩出:发布。纳:采纳。五言:五种不同的言语。前人多谓五言为五常之言,或比附为五声之言。这些解释非常牵强。今人方孝岳说:"'五言',即《王制》所云'五方言语'。"这种解释较为允当。按《礼记·王制》:"五方之民,言语不通,嗜欲不同,达其志,通其欲,东方曰寄,南方曰象,西方曰狄鞮,北方曰译。"

⑪违:违背。弼:辅助。

⑫钦:敬,此处可引申为团结。四邻:指四辅。郑玄以为是左辅右弼,前疑后丞,此处当泛指左右大臣。

【译文】

舜说:"正直的大臣应当是我的膀臂和耳目。我想求得帮助我治理臣民的人,希望你就做我的这样的助手。我打算拿出所有的力量治理好政务,讨伐叛逆,成就武功,你就应当努力去完成。我打算观察古人的图画,看他们是怎样用五种颜色把日、月、星、辰、山、龙、华虫、虎和长尾猿、水藻、火、白米、大斧和几种图形绣在丝织品上,以制成各种颜色的服装;你负责这件事,要从衣服的颜色和画图上表示出地位的高低。我要听到各种不同声调不同乐器的音乐演奏,从音乐中考察政治得失,并听取各地群众的反映,你负责这件工作。我假如不同意你的意见,你也不要当面屈从我,背后再散布一些表示不满的话。做我最亲近最得力的助手,把左右大臣都紧紧地团结起来吧!

"庶顽谗说①,若不在时②,侯以明之③。挞以记之④,书用识哉⑤,欲并生哉。工以纳言⑥,时而飏之⑦,格则承之庸之⑧,否则威之⑨。"

【注释】

①庶：众。顽：愚。谗说：谗媚之说。

②若：语词。在：察。时：通"是"，指示代词，指上文"庶顽谗说"。

③侯：诸侯国君。

④挞（tà）：击。记：令其不忘惩罚。

⑤书：书写其罪状于大方板，并把方板放在犯人的背上，或去掉犯人的帽子把罪状写在犯人的背上以示惩罚（据《周官·大司寇》注）。

⑥工：官。纳言：采纳意见。

⑦时：善。飏：表彰。

⑧格：正。承：进。庸：用。

⑨否：闭塞。《广雅·释诂》："否，隔也。"

【译文】

"一些心术不正的坏人，常常散布流言，又反过来谄媚上司，这种情形不是一个人能够看清的，因此上帝设立诸侯国君作为天子的耳目，明察各种弊端。凡是犯了错误，便给以应得的惩罚；或者把他的错误记下来，写在大方板上，再把方板放在犯人的背上，使犯人知道耻辱从而改正错误，这样做是为了使犯人不再犯罪而陷于死刑。做官的应该广泛地听取群众的意见，凡是好的意见便加以表彰；凡是正确的意见便提上来，以便采纳运用；否则，如果做官的封闭下情，便要给予惩罚。"

　　禹曰："俞哉！帝光天之下，至于海隅苍生①，万邦黎献②，共惟帝臣。惟帝时举③，敷纳以言④，明庶以功⑤，车服以庸⑥，谁敢不让，敢不敬应？帝不时，敷同日奏⑦，罔功。"

【注释】

①海隅：海角。隅，角落。苍生：黎民。《孔传》："光天之下，至于海

隅……言所及广远。”

②万：言其多。邦：当指诸侯或部落。黎：众。献：贤。

③时举：谓举时。时，善。

④敷：普遍。纳：采纳。

⑤明：察。功：事功。

⑥车服以庸：意谓以车服表彰其功劳。庸，功劳。

⑦敷同：谓不分善恶。敷，同"溥"，普遍。奏：进用。

【译文】

禹说："对啊！你的光辉照耀天下，海内的黎民、万国的贤人，都亲身领受你的恩泽，做你的臣子。如果你能够举用贤人，广泛地听取意见，根据处理政务的情况，实事求是地考察其功德，并根据功劳的大小，分别赐予车马服装，表彰其功德。那么，谁敢不互相谦让？言辞应对之间，谁敢不恭敬地据实回报而敢于弄虚作假呢？如果你不是举用贤人，而使好人坏人同样进用，这样就无法建立功业把国家治理好了。"

帝曰①："无若丹朱傲②，惟慢游是好③，傲虐是作④。罔昼夜额额⑤，罔水行舟⑥。朋淫于家⑦，用殄厥世⑧，予创若时⑨。"

【注释】

①帝曰：孙星衍曰："古文今文俱有'帝曰'二字，《伪传》脱之也。史公有之。"（详《尚书今古文注疏》卷二）孙说甚是，今从之。

②丹朱：尧的儿子。傲：傲慢。

③惟：只。慢：懒惰。好：喜好。

④虐：同"谑"，嬉戏。作：为。

⑤罔：不。额额(é)：《集传》："不休息之状。"

⑥罔水行舟：郑玄解释说："丹朱见洪水时，人乘舟；今水已治，犹居

舟中使人推行之。"当是在浅水中使人推船行走以为乐。如果过分拘泥,理解为在无水的陆地上行舟,则与情理不合。所谓"罔水",意思是说水浅得好像没水一样,并非真的没有水。

⑦朋:读为"风",雌雄相互引诱叫风。

⑧用:因。殄(tiǎn):灭绝。厥:其。世:父子相继。

⑨创:惩。若:顺。时:指示代词,通"是",犹这。

【译文】

舜说:"不要像丹朱那样骄傲。丹朱只知道恣情游玩,他的行为放纵轻浮,不分昼夜使人用船在浅水中推着他游玩。在家内更是纵情声色,奢靡腐化,因此,我严厉地惩罚了他,灭绝了他的后代,使其父子不得相继。为了警戒别人,我不能迁就这种恶劣的行为。"

"予娶涂山①,辛壬癸甲②。启呱呱而泣,予弗子③,惟荒度土功④。弼成五服⑤,至于五千,州十有二师⑥。外薄四海⑦,咸建五长⑧。各迪有功⑨,苗顽弗即工⑩。帝其念哉!"帝曰:"迪朕德⑪,时乃功惟叙⑫。"皋陶方祗厥叙⑬,方施象刑惟明。

【注释】

①予娶涂山:据《史记》、《论衡》,句前应增"禹曰"二字。涂山,指涂山氏,即居住在涂山的部落。涂山的说法有四:一、会稽,二、渝州,三、濠州,四、当涂。《越绝书》认为禹娶亲的涂山在绍兴附近(即会稽);《华阳国志》以为是江州涂山(按,《华阳国志》所说的江州即渝州,就是现在的重庆东,俗名真武山即《华阳国志》所说的涂山);《清一统志》以为在寿春当涂。均属传说性质,究竟在何处,不必拘泥。

②辛壬癸甲:古时以干支记日,辛壬癸甲指四天。相传禹结婚之后
　三天,即前往治水。

③子:当是"字"。字,抚问。

④惟:只。荒:大。土功:指治理水土的事情。

⑤弼:辅佐。五服:五种服役的地区。

⑥州:指十二州。相传禹治水后,分中国为九州(详见《禹贡》)。舜
　又分冀州为幽州、并州,分青州为营州,共为十二州。故《尧典》
　也作十二州。

⑦薄:迫近。

⑧咸:皆。五长:每五个诸侯国便立一长以为统率,这是九州之外
　边远地区的编制(采郑玄说)。

⑨迪:道。

⑩苗:南方少数民族,其时与中原民族对抗。顽:对抗。弗即工:谓
　因其顽抗不使就官。弗,不。即,就。工,官。

⑪迪朕德:倒装句,应为"朕德迪"。迪,导。德,教。

⑫时乃功惟叙:倒装句,当作"惟叙时乃功"。时,通"是",这。乃,
　你,指禹。功,功劳。叙,顺,意指百姓顺从教导。

⑬祗:敬。厥:其,仍指禹。叙:通"绪",事(采杨筠如说见《尚书覈
　诂》)。此事当为考虑使用刑罚之事。《史记·夏本纪》意译此句
　为:"皋陶于是敬禹之德,令民皆则禹。不如言,刑从之。舜德大
　明。"可供参考。

【译文】

　禹说:"我娶了涂山氏的女儿为妻,婚后仅仅三天便出发治水。待到
儿子启生下时,一落地便呱呱地哭着,我虽从门前经过,却不曾进去看看
他,因为我用全力忙于治理水土的事情。经过苦心经营,我帮助国王开
辟疆土,划分行政区域,规定各地朝贡物品,在王畿之外,根据远近不同分
出五种服役地区,一直到距离王城五千里的地方,把全国分为十二州,每

州各选定诸侯中之贤者为州长。疆土扩展，广至四海，并在每五个诸侯国中选定诸侯国君中之贤者为长。这些诸侯之长都能够根据要求建立功业，只有苗民负隅顽抗，不肯服役，因此不能给予官职。王啊！你可要把顽抗不顺的苗民放在心里呀！"舜说："我仍要以德教开导他们，如果他们能听从德教，这便是你的功劳了。"皋陶正在发布命令，命令全体臣民都要听从禹的领导，同时在考察案情使用刑罚时也务求公允得当。

　　夔曰："戛击鸣球、搏拊、琴瑟①，以咏。"祖考来格②，虞宾在位③，群后德让④。下管鼗鼓⑤，合止柷敔⑥。笙镛以间⑦，鸟兽跄跄⑧；箫韶九成⑨，凤皇来仪⑩。夔曰："於⑪！予击石拊石，百兽率舞。"

【注释】

①戛(jiá)：敲击。鸣球：乐器的一种，即玉磬。搏拊(fǔ)：皮制的乐器，形状如小鼓。琴瑟：乐器名，于奏乐结束时击之。

②祖：指颛顼。考：指尧。这里说的是他们的灵魂。格：至。

③虞宾在位：指前代帝王的后裔，这些人对舜来说当为贵宾。

④群后：指诸侯国君。德：升。让：揖让。

⑤下：指吹管者在堂下。管：竹制乐器的总名。鼗(táo)鼓：两旁有耳的小鼓。

⑥合：谓合乐。郑玄说："合乐用柷，柷状如漆筒，中有椎，合之者投椎于其中而撞之，所以节乐。"止：谓止乐，止乐用敔。柷(zhù)：古乐器，形如方斗，于奏乐开始时击之。敔(yǔ)：乐器，形如伏虎，于奏乐结束时击之。

⑦笙：乐器。镛：大钟。间：指笙和镛互相代替着演奏。

⑧鸟兽：当由人扮成。跄跄(qiāng)：跳舞。

⑨萧韶：舜所制之乐。九成：每次乐曲完结后，再变更另奏，变更九次，奏乐才算最后结束。成，终。

⑩凤皇：传说中的神鸟。仪：成双成对。

⑪於（wū）：感叹词。

【译文】

夔说："演奏起玉磬、搏拊、琴瑟以作为歌咏的配乐吧！"先王的灵魂来到了，贵宾们也都就位了，诸侯国君都走上礼堂，互相揖让着坐下来。堂下吹起竹制乐器，敲起大鼓和小鼓，击起柷以作为演奏的开始，击起敔以作为演奏的结束。笙和大钟分别在堂下更换着演奏，鸟兽都轻盈地跳起舞来；箫韶的音乐演奏了九次，凤凰便成对地飞起来。夔说："啊！让我敲着石磬，奏起乐来，让那些无知无识的群兽都感动得跳起舞来吧！"

庶尹允谐①，帝庸作歌曰："敕天之命，惟时惟几②。"乃歌曰："股肱喜哉③！元首起哉④！百工熙哉⑤！"皋陶拜手稽首飏言曰⑥："念哉！率作兴事⑦，慎乃宪⑧，钦哉！屡省乃成⑨，钦哉！"乃赓载歌曰⑩："元首明哉，股肱良哉，庶事康哉⑪！"又歌曰："元首丛脞哉⑫，股肱惰哉，万事堕哉！"帝拜曰："俞！往，钦哉！"

【注释】

①庶：众。尹：官。允：信。谐：和谐。

②惟时惟几：《集传》解释说："惟时者，无时而不戒敕也。惟几者，无事而不戒敕也。"意思是说时时事事都要提高警惕。几，小事。

③股肱：指大臣。喜：谓乐于尽忠。

④元首：国王。起：兴起。

⑤百工：百官。熙：振作。

⑥拜手：跪下之后，两手拱合，俯首至手与心平，而不至地，因称拜手。稽（qǐ）首：一种隆重的跪拜礼，行礼时叩头至地。飏（yáng）：通"扬"，继续。

⑦率：表率，言元首当为大臣的表率。

⑧宪：法。

⑨屡：多次。省：省察。

⑩赓（gēng）：继续。载：为。

⑪庶：众。康：安。

⑫丛脞（cuǒ）：烦琐。

【译文】

　　百官互相信任，和睦团结。舜因而作歌道："努力地按照上帝的命令行事，时时事事都要小心谨慎。"又歌唱道："大臣们从内心里乐意办好政务！国王的事业就振兴起来啊，百官也就振作啊。"皋陶叩头行礼，接着便继续说道："应该把国君的教导记在心里啊！国王处处作为臣民的表率，百事就振兴起来，谨慎地对待你自己立下的法度，对于法度可要恭敬啊！不断地检查自己，事业就会获得成功，可要恭敬啊！"于是又继续歌唱道："国王圣明啊，大臣贤能啊，诸事安宁啊！"又歌唱道："国王把精力放在微不足道的小事上，大臣们懈怠下来，政务必定要办坏！"舜行礼答谢说："对啊！望你们恭谨地各司其职吧！"

禹 贡

【题解】

《禹贡》是我国最早的地理著作，它的写作年代，经过长期探讨，目前仍未取得一致的意见。概而言之，大致有以下几种说法：一、辛树帜先生推测，《禹贡》成书时代，应在西周的文、武、周公、成、康全盛时代，下至穆王为止。它是当时太史所录，决不是周游列国足迹"不到秦"的孔子，也不是战国时"百家争鸣"时的学者们所著(详见所著《禹贡新解》)。二、王成组先生从地理学的角度加以研究，认为是春秋时代周游列国博学多才的孔子所作(晚清思想家康有为也是这个看法，日本学者在对《山海经》的研究中也提出了这种看法)。三、顾颉刚先生认为《禹贡》是战国时代的作品，顾先生的意见似乎得到比较多的学者的赞同。四、地质学家翁文灏先生早年赞同疑古学家以为《禹贡》出于汉儒之手的意见(见师大《地理月刊》第一册《翁氏讲演录》)，后来翁氏又改变看法，赞同"战国说"(见《禹贡新解》第82页)。有的外国学者如三十年代柏林大学教授赫尔曼也以为"似在汉高统一以后的时代"(见《禹贡》第二卷第五期王光玮《禹贡土壤的探讨》一文引)。日本著名汉学家内藤虎次郎在《禹贡制作年代考》一文中认为："《禹贡》实为战国末年利用极发达的地理学知识而行编纂亦未可知。"又认为："今本《禹贡》多含有非汉代则不能得之材料。故在大体上，是从战国至汉初关于地理学一种

产物之传说,渐次发展,乃有此种之记事甚明。"(见江侠庵编译《先秦经籍考》)

当然,这些意见都是一家之言,目前对于这个问题还没有定论。

尽管学者们对于《禹贡》的创作年代没有一致的意见,但大多数学者都认为《禹贡》是一篇价值很高的著作。文中详细地记载了古代政治制度,九州的划分,山川的方位和脉络,物产分布,土壤性质等等,总结了古代劳动人民对于土壤的深刻认识以及水土治理的丰富经验,内容是十分丰富的。再加上体系之完整,结构之严密,诚为远古时代不可多得的地理名著。尤其可贵的是,《禹贡》在内容上基本上抛弃了神话迷信的成分,其中记载大都凿凿有据,因而开创了地理学征实派的先河,对后世地理学的发展,有一定的影响,因此这篇文献数千年来一直受到人们的重视。就我国而言,历代研究《禹贡》的学者,不下数百家,著述十分丰富。其中的代表作有程大昌的《禹贡论》及《禹贡山川地理图》,傅寅的《禹贡说断》等。清代的学者胡渭,又总结了前人的研究成果,详加考证,写成《禹贡锥指》一书,更是研究《禹贡》的重要论著。近代,由于科学事业的发展,不仅一些历史学者研究它,一些自然科学界的学者也在研究它。学者们分别从不同方面对《禹贡》作了深入的探讨,成就更是大大地超过前人。

本文在内容上可分四段。第一段,开始三句,是序言,概括地介绍了全文的主要内容。第二段,由"冀州"至"不距朕行",这一段是全文的主要部分。第三段,由"五百里甸服"至"二百里流",所介绍的纯系后人假托的五服制度。第四段,是最后六句,这六句歌颂了禹的大功,为全文作了总结。

第二段因是全文主要部分,所以篇幅最长。为了理解的方便起见,还可以把这一段分为四层。第一层把全国的情况按九州分别加以介绍,每州的介绍顺序先是四至,接着是水利治理的情况,然后是土质,再后是赋税的等级,再后是应该进贡的物品,最后是贡道的路线。这一层的内容特别丰富,我们在研读本文时,应给予特别注意。第二层是"导山"。所谓"导山",就是开凿大山的意思,而开凿大山完全是为了疏通河道的需要。对于"导山"部分,前人有所谓"三条"和"四列"的说法。"三条"和"四列"都是就山的脉络而言的,汉代学者马融和曹魏时代的王肃主张三条,即以导岍为北条,导西倾为中条,导嶓冢为南条;汉代另一位学者郑玄主张四列,即导岍为阴列,导西倾为次阴列,导嶓冢为次阳列,导岷山为正阳列。这些说法虽不免穿凿附会,但由于这些说法意在把"导山"部分的眉目勾画得更加清楚,对我们理解这段文字仍是很有启发的。第三层是"导水",在这里以十一条大河流为主线,分别加以介绍,其实禹最为致力的恐怕只有黄河。第四层,是对以上三层的小结。

根据上面的介绍,我们可以看到,《禹贡》在结构和体系上该是怎样的严密了。

《禹贡》的记载,虽然有不少夸张成分,但也决非全无事实根据。范文澜先生说:"《诗·大雅》说丰水东流(《文王有声》篇)、梁山巨大(《韩奕》篇),都是禹治水的功绩。《尚书·吕刑》篇说禹平水土。春秋时人说,如果没有禹治水,我们这些地方只有鱼,哪里还有人呢!铜器铭文里也说禹是平水土定九州的人,足见洪水是一个很悠久很普遍的神话,禹是古帝中最被崇拜的一人。许多古老民族都说远古曾有一次洪水,是不可抵抗的大天灾。独在黄炎族神话里说是洪水被禹治得'地平天成'了。这种克服自然、人定胜天的伟大精神,是禹治水神话的真实意义。考洪水的有无或禹是否治洪水,都是不必要的。战国时人作《禹贡》篇,系统地说明山川土壤物产贡赋,治水神话发展成为一篇珍贵的古代地理记载。孔子说禹'尽力乎沟洫'(《论语·泰伯》),大概禹在原始灌溉工程上尽了力,大有益于农业,因之为后世所歌颂并夸大为治洪水的神人。"范老的主张可供参考。

禹敷土①,随山刊木②,奠高山大川③。

【注释】

①敷:分。

②刊:砍削木楂,插在山路上以作标记。

③奠:定,意思是为高山大川命名。《孔传》以为"高山"即指五岳
（嵩、岱、衡、华、恒）,"大川"即指四渎(长江、黄河、淮水、济水)。

【译文】

禹为了区分九州的疆界,便在经过的山上插上木桩作为标记,并负
责为高山大河命名。

冀州①:既载壶口②,治梁及岐③。既修太原④,至于岳
阳⑤;覃怀底绩⑥,至于衡漳⑦。厥土惟白壤⑧,厥赋惟上上
错⑨,厥田惟中中⑩。恒、卫既从⑪,大陆既作⑫。岛夷皮服⑬,
夹右碣石入于河⑭。

【注释】

①冀州:为禹所区划的九州之一,其地约当现在河北、山西两省。

②既:已经。载:事,这里当指壶口的水利工程。壶口:山名。在今
山西吉县西南七十里。王鸣盛《尚书后案》说:"壶口山,上连孟
门,下控龙门,当路束流,为河之扼要处,故禹首辟之。"

③梁:山名。在今陕西韩城西北。梁山在壶口的南面,所以要想疏
通壶口一带的黄河河身,必先疏凿梁山,使其下游通畅而水有归
宿。岐:山名。在今陕西岐山境内,地处渭河上游。为什么要开
凿岐山呢?前人认为如果壶口梁山一带的河身疏通,黄河的水
势必通过龙门向南流去,不采取必要措施,河水必将溢而四溃。
因此大禹便开凿岐山,使关中一些河流的水顺着渭河东流,形成
一股强大的洪流,迫使黄河的水向东流入大海。

④既修:已经修好。太原:即现在山西太原一带,处在汾河上游。当时首都设在平阳(今山西临汾),前人以为禹的父亲鲧治水时,为了保障首都安全,必然对太原加意防范,现在禹已把梁山和岐山一带的水利工程修好,使黄河的水东流入海,故又治理太原一带的水利工程,使积在太原一带的洪水,顺着汾河流入黄河,并顺流入海,这样便彻底保障了首都平阳的安全。

⑤岳阳:岳即太岳山,在今山西霍州东。阳,山的南面。

⑥覃怀:地名。在今河南武陟西。厎(zhǐ)绩:获致功绩。厎,致,获得。前人以为覃怀一带是黄河北岸的沃土,地势平坦,北靠太行山,南面靠黄河,西面是沁(jì)水,东面是淇水,易受水患,如果这个地方能免除水患,那就说明附近的河道如洛河等便都治理好了。

⑦衡:通"横",谓漳水横流。漳:漳水,在覃怀北面相距约五百余里。

⑧厥:这。惟:是。白壤:据今人研究,这里的土壤属盐渍土,洪水退去之后,盐分因水分蒸发而凝聚起来,使地面略呈白色,故古人称为白壤。壤,古人解释很多,《孔传》:"无块曰壤,水去土复其性,色白而壤。"马融说:"壤,天性和美也。"颜师古说:"柔土曰壤。"

⑨赋:指赋税。上上:第一等。古人分别根据九州作物生长状况和土地的肥瘠,把赋税分作九等。错:杂,指杂出第二等赋税。冀州是首都所在地,故入赋不贡。

⑩田:郑玄说:"地当阴阳之中,能吐生万物者曰土。据人功作力竟得而田之,则谓之田。"中中:也是按等次而言,指田地的高下和肥瘠的等次,一共是九等,中中是第五等。

⑪恒:水名。《汉书·地理志》说这条河在曲阳境内,源出恒山,曲阳即今河北曲阳。卫:水名。发源于河北灵寿东北十四里良同

村,向南流到灵寿的东南与滹沱河合流,胡渭的《禹贡锥指》以为卫河即滹沱河。恒、卫在大禹时代,均当是大河。既从:指由黄河入海。

⑫大陆:大陆泽,在今河北钜鹿西北,为河北省著名的内陆湖泊。作:意指开始动工。

⑬岛:海中之山。此当指沿海地区。夷:古人称东方边远地区的人为夷。皮服:为这个地区所贡的物品。

⑭夹右:非地名,右即指碣石山,所谓夹右,苏轼解释说:"夹,挟也,自海入河,逆流而西,右顾碣石,如在挟掖也。"碣石:山名。其地古人说法不一,难于确考。《汉书·地理志》:"右北平骊城县,大碣石山在西南。"骊城,即现在河北乐亭,有些古书以为在河北昌黎境,禹时当黄河入海之处。这句说的是贡道路线。

【译文】

冀州:壶口的工程已经结束了,便开始开凿梁山和岐山。太原附近的河道也修理好了,一直修到太岳山的南面;覃怀一带的水利工程,也取得很大成绩,从这向北一直到横流的漳水,一些河道也都得到了治理。这里是一片白色而土质松软的田地,这里的臣民应出一等赋税,也可间杂出二等赋税,这里的土地属第五等。恒水、卫水也都已疏通,其水可以流入大海,大陆泽的工程也已经开始动工。沿海一带诸侯进贡皮服时,可从碣石入黄河来贡。

济、河惟兖州①。九河既道②,雷夏既泽③,灉、沮会同④。桑土既蚕⑤,是降丘宅土⑥。厥土黑坟⑦,厥草惟繇⑧,厥木惟条⑨。厥田惟中下,厥赋贞⑩。作十有三载⑪,乃同。厥贡漆、丝⑫,厥篚织文⑬。浮于济、漯⑭,达于河。

【注释】

①济、河惟兖州:《孔传》说:"东南据济,西北距河。"《尚书正义》对这句话又作了如下解释:"此下八州,发首言山川者,皆谓境界所及也。据,谓跨之;距,至也。济、河之间相去路近,兖州之境跨济而过,东南越济水西北至黄河也。"

②九河:指黄河下游的九道河,当时黄河上游水势特大,所以禹在黄河下游疏通九条河,使上游的大水得以迅速注入东海。九道河的名字是:徒骇、太史、马颊、覆釜、胡苏、简、洁、钩盘、鬲津。春秋时齐桓公塞之合为一条河。既道:是说河道已经开通,水可畅流而下。

③雷夏:大泽名。其地当在今山东菏泽东北面黄河南岸。

④灉(yōng):是由黄河分出来的一条支流,现在俗称为赵王河,这条河至菏泽与沮水会合入雷夏泽。沮(jū):为灉河的支流,也叫清水河。会同:谓合为一流而同入雷夏泽。

⑤桑土:意谓土地上可以种植桑树。今人辛树帜以为桑土非仅指宜桑,而是洪流退后所现出的一种地貌。未知确否,仅录以备考。

⑥丘:无石的小土山。宅:动词,居住。

⑦坟:土地肥沃。马融说:"坟,有膏肥也。"《国语·晋语》:"公祭之地,地坟。"韦昭注:"坟,起也。"今人辛树帜说:"坟为高起之地而有膏肥,似指丘陵土壤而不尽肥沃;埴坟显指黏质丘陵土壤。考其所在,则兖为今之山东西部,丘陵地多为棕壤;惟禹贡称兖州'厥草惟繇,厥木惟条',想见当时草长林茂,土壤中黑色腐殖质必多,或于古代为灰棕壤,即所称黑坟。"(《禹贡新解》第128页)

⑧繇(yáo):马融说:"抽也。"指发芽。一说,茂盛。

⑨条:小枝。

⑩厥赋贞:孔颖达说:"诸州赋无下下,贞即下下,为第九也。此州

治水最在后毕,州为第九成功,其赋亦为第九。列赋于九州之差,与第九州相当,故变文为贞,见此意也。""贞即下下"的说法较为可信,但解释较牵强。金履祥《尚书表注》说贞本作"下下",篆文重字,但"于"字下作"二"。兖赋下下,古篆作"下二",或误作"正",遂讹为"贞"。这种解释,比较可信。

⑪作:耕作,当指开垦而言。载:或亦作"年"。

⑫漆:当是手工业发达时的产品,恐非禹时所能产,当为流传中后人所增。

⑬篚(fěi):圆形的盛物竹器。织文:把丝织品染成各种花纹。

⑭浮:《孔传》:"顺流曰浮,因水入水曰达。"《集传》:"舟行水曰浮。"济、漯(tà):二水名。济,古时"四渎"之一,其源出河南济源王屋山,东南流于猪龙河,入黄河。其故道本过黄河而南,向东流至山东,在黄河南面与黄河平行入海,即今之小清河。漯,又名大清河,也是古时黄河的一个支流,其故道是从黄河北岸的河南武陟分出,经河北流至山东,从黄河南面东流入海。胡渭《禹贡锥指》:"以今舆地言之,浚县、滑县、开州、清丰、观城、濮州、范县、朝城、莘县、堂邑、聊城、清平、博平、禹城、临邑、济阳、章丘、邹平、齐东、青城、高苑诸州县界中,皆古漯水之所经。自宋世河决商胡,朝城流绝,而旧迹之存者鲜矣。"

【译文】

济河与黄河一带是兖州地区。黄河下游的九条河道疏通了,雷夏泽的工程也完成了,灉河、沮河会合流入雷夏泽。水退之后土地能够种植桑树,因而可以养蚕了,因此人们便从小土山上搬下来,住在平地上。这里是一片黑色的沃土,这里的草已经冒出新芽,树木也已经长出小小的枝条。这里的土地属第六等,这里的人们缴纳第九等赋税。开垦十三年之后,再和其他州的赋税相同。这里的人们应当入贡漆和丝一类的物品,并且要将丝织品染成各种花纹,放在竹篮子里贡来。入贡的道路,可由济河、漯河乘船顺流入黄河。

　　海岱惟青州①。嵎夷既略②,潍、淄既道③。厥土白坟④,海滨广斥⑤。厥田惟上下,厥赋中上。厥贡盐、绨⑥,海物惟错⑦。岱畎丝、枲、铅、松、怪石⑧。莱夷作牧⑨,厥篚、檿丝⑩。浮于汶,达于济⑪。

【注释】

①海:渤海。岱:泰山,古音"岱"、"泰"声相近。《孔传》解释说:"东北据海,西南距岱。"孔颖达又作进一步解释:"海非可越而言据者,东莱东境之县,浮海入海曲之间,青州之境,非至海畔而已,故言据也。"当时辽河以东地区均属青州,舜分青州的辽东之地为营州,所以《孔传》解作"据海"。

②嵎夷:即《尧典》中"宅嵎夷曰旸谷"的"嵎夷"。古书说法不一,难以确考,其地大致当在渤海沿岸。《孔传》:"东表之地称嵎。"马融说:"嵎,海嵎也;夷,莱夷。"《后汉书·东夷传》以为"九夷"便是"嵎夷"。胡渭认为是朝鲜,薛士龙认为是登州,苏轼则笼统地说在东方海上。这些说法有的失之含糊笼统,有的也仅是推测,不可尽信,仅录以备考。略:孔颖达说:"略是简易之义,故用功少为略也。"

③潍:潍水,发源于山东莒县东北潍山,伏流至箕屋山复见,流经诸城、高密、安丘、潍县、昌邑入海。淄:淄河,发源于山东莱芜东北、博山西二十五里之原山北麓,东北经博山、益都、临淄、广饶、寿光入清水泊,再向北与小清河会合,其支流从羊角沟入海。既道:言复其故道。道:通"导",谓疏通。

④厥土白坟:今人辛树帜先生说:"青为今之山东半岛,丘陵地多为

棕壤,惟于古代亦多森林,所积腐殖质因沿海湿润而较丰,但为酸性,成为灰壤,或即所称白壤。"(《禹贡新解》第128页)

⑤斥:即盐卤地。孔颖达说:"《说文》:'卤,碱地也。东方谓之斥,西方谓之卤。'海畔迥阔,地皆斥卤,故云广斥。言水害除,复旧性也。"

⑥绤(chī):细葛布。

⑦海物:指海鱼一类可以食用的海产。错:错杂,言种类繁多。

⑧畎(quǎn):山谷,当指泰山一带的山谷。枲(xǐ):大麻的一种,不结实,其纤维可作麻布的原料。铅:孔颖达说:"铅,锡也。"怪石:怪异、美好似玉的石头。

⑨莱夷:颜师古说:"莱山之夷。"胡渭《禹贡锥指》:"今莱州登州二府皆禹贡莱夷之地……三面频海,皆为斥卤,五谷不生。"作牧:开始从事放牧的工作。前人有的解作贡牧养之物,不是莱夷可以放牧。胡渭不同意这种意见,他说:"其可耕者无几,齐地负海潟卤少五谷,况莱夷乎?耕田不足以自给,故必兼畜牧而后可以厚其生。……且经凡书作,皆为耕作,此不当独异。"胡渭说较近情理,译文从之。

⑩柘(yǎn):山桑,其材可制弓。

⑪浮于汶,达于济:此句殊费解。按,济水本为古时"四渎"之一,即今之小清河,应在汶水之北。如果从贡道来看,青州一带的贡物由汶水直接进入黄河即可,若由汶水向北入小清河,便是拐了一个很大的弯子,实在不合情理,所以胡渭也说:"达于济,则由漯以入河可知矣,其东北境径浮济,不必从汶也。"不过,这种说法仍很牵强,因为漯水本在黄河以北,入山东境虽在黄河之南,但仍在汶水以北,不由汶水直接入河,而向北入漯水再进入黄河,还是于理不合。据《汉书·地理志》,汶水出泰山莱芜原山,西南,入泲,泲即济。这就是说在汶水之南也有一条济水。山东郓

城之沮水古时也称济水,沮水正好在汶水之南,窃疑由汶入济的
"济",似应指沮水。

【译文】

横跨渤海向东至泰山,这是青州地区。嵎夷的水利工程,只花了较
少的力量便完成了。潍河与淄河的故道,都已经疏通。这里是一片地
势较高的灰白色的土壤,沿海的广大地区都是这种盐卤之地。这片土
地的质量在九州中属第三等,其赋税是第四等。这里的人们应该进贡
盐、细葛布和各种各样的海产。泰山一带要进贡丝、大麻、锡、松树和奇
特美好的怪石。莱夷一带可以从事放牧了,还要把山桑和丝放在筐内
运来作为贡品。进贡的路线由汶水直入济水。

海岱及淮惟徐州①。淮、沂其乂②,蒙、羽其艺③,大野既
猪④,东原厎平⑤。厥土赤埴坟⑥,草木渐包⑦。厥田惟上中,
厥赋中中。厥贡惟土五色⑧,羽畎夏翟⑨,峄阳孤桐⑩,泗滨
浮磬⑪,淮夷蠙珠暨鱼⑫,厥篚玄纤缟⑬。浮于淮、泗,达
于河⑭。

【注释】

①海岱及淮:《孔传》:"东至海,北至岱,南及淮。"

②淮:即淮河,古时"四渎"之一。沂:沂水,发源于山东沂水北。乂
　(yì):治。

③蒙:蒙山,在山东蒙阴西南。羽:羽山,在江苏赣榆西南。其:时
　态副词,将要。艺:种植庄稼。

④大野:即钜野泽,在今山东钜野境内。猪:今作"潴",水停聚处。
　马融说:"水所停止,深者曰猪。"

⑤东原:即今山东东平地区。厎(zhǐ)平:孔颖达说:"致功而地平,

言其可耕也。"厎,致,意指此处的水利工程也已完成。平,指
平地。

⑥赤埴坟:辛树帜先生说:"徐为今之苏北及皖鲁边区,丘陵地每为
发育于第四纪洪积红色黏土层之棕壤,或即所称赤埴坟。"(《禹
贡新解》第128页)埴,黏土。《孔传》说:"土黏曰埴。"《庄子·马
蹄》:"我善治埴。"《释文》引司马彪注:"埴土可以为陶器。"

⑦包:通"苞",草木丛生。

⑧土五色:五色土,指青、红、白、黑、黄五种不同颜色的土,古时帝
王分封诸侯仪式的用品。王肃说:"王者取五色土为大社,封四
方诸侯,各割其方色,王者覆四方。"据《太平寰宇记》所载,彭城
(今江苏铜山)北面赭土山产五色土。

⑨羽:羽山,即上文"蒙、羽其艺"的"羽"。畎:山谷。夏翟:有五种
颜色的羽毛,五色曰夏,山雉尾长者叫翟,古人用作舞饰或旌旗
上的装饰。

⑩峄阳:峄山,在江苏邳县西南八十里,一名"邳绎",又名"峄阳",
俗又称"距山",所产的梧桐制琴最好。孤桐:桐树中之特优者称
孤桐。

⑪泗滨浮磬:《孔传》说:"泗滨,水涯;水中见石,可以为磬。"孔颖达
又进一步解释说:"石在水旁,水中见石,似若水中浮然;此石可
以为磬,故谓之浮磬。"磬,古代乐器。

⑫蠙(pín)珠:珠名。孔颖达说:"蠙是蚌之别名,此蚌出珠,遂以蠙为
珠名。"

⑬玄:黑缯。纤:细。缟:白缯。

⑭浮于淮、泗,达于河:金履祥说:"达于河,《古文尚书》作'达于
菏',《说文》引《书》亦作'菏',今俗本误作'河耳'。菏泽与济水
相通,徐州浮淮入泗,自泗达菏也。书达于菏,则达济可知。"按,
泗水发源于山东泗水陪尾山。胡渭的《禹贡锥指》说:"以今舆地

言之,泗水出泗水县,历曲阜、滋阳、济宁、邹县、鱼台、滕县、沛县、徐州、邳州、宿迁、桃源至清河县入淮,此禹迹也。"

【译文】

东起大海,北到泰山,南至淮河,这是徐州地区。淮河和沂水都已经治理好了,蒙山和羽山一带的土地,也将要种植庄稼了,大野泽已容贮四周的流水,东原一带的土地也可以耕种了。这里是一片高起的土性较黏的红土地,草木也逐渐茂盛地生长起来。这里土地的质量在九州之中属第二等,应该缴纳第五等的赋税。这里的人们应该进贡五色土,羽山的山谷要进贡夏翟的羽毛,峄山的南面要进贡其特产——桐树,泗水边的人们要进贡泗水中可以制磬的石料,淮河一带的人们进贡蠙珠和鱼,同时还要把纤细的黑缯和白缯放在筐内作为贡物献来。进贡的路线由淮水入泗水而后入菏泽,由济水入黄河。

　　淮海惟扬州。彭蠡既猪①,阳鸟攸居②。三江既入③,震泽底定④。筱簜既敷⑤,厥草惟夭⑥,厥木惟乔⑦。厥土惟涂泥⑧,厥田惟下下,厥赋下上上错。厥贡惟金三品⑨,瑶琨筱簜⑩,齿革羽毛惟木⑪,岛夷卉服⑫,厥篚织贝⑬,厥包橘柚锡贡⑭。沿于江海,达于淮、泗⑮。

【注释】

①彭蠡:即现在江西境内的鄱阳湖,古时称为'彭蠡泽'。猪:今作"潴",水停聚处。

②阳鸟攸居:此句殊费解,前人注释说法不一。《孔传》:"彭蠡,泽名,随阳之鸟,鸿雁之属,冬月所居于此泽。"郑玄和孔颖达也都是这种说法。后来宋人林之奇提出疑义,他说:"阳鸟攸居,谓雁来居此蠡之泽,诸儒说同而窃有疑。治水详见九州之下,山泽川

陵,平陆原隰,莫非地名。此州上既言彭蠡既猪,下言三江既入,
震泽底定,皆是地名。独此三句间言阳鸟攸居,九州亦无此例。
古之地名取诸鸟兽,如虎牢、犬丘之类多矣。《左传·昭公二十
年》'公如死鸟',杜注云:'死鸟,卫地。'以是观之,安知阳鸟之非
地名乎? 郑有鸣雁在陈留雍丘县,汉北边有雁门郡,皆以雁之所
居为名。阳鸟意类此,盖雁南翔所居,故取以为名。攸居者,水
退,其地可居也。然久远无考,虽疑,未敢以为必然也。"这仅仅
是一种推测,连他本人也感到没有把握。所以清人胡渭驳难说:
"此当与'桑土既蚕'、'三苗丕叙'作一例看,不必致疑。阳鸟为
地名,终无根据,影响揣度之言,亦何足信耶!"胡渭的态度自然
是谨慎的,但未免失之迂阔。近人曾运乾说:"阳鸟,郑云:谓鸿
雁之属,随阳气南北。今按禹贡全文,无以禽兽表地者,又经文
先序州界,次言山川原泽,次言夷服,亦无舍地望而先言鸟兽者。
鸟当读为岛。《说文》所谓海中往往有山,可依止,曰岛,是也。
本经皆假鸟为之。'岛夷皮服',古今文本皆作鸟。郑释冀州鸟
夷云:东方之民搏食鸟兽者也。《后汉书·度尚传》注:鸟语,谓
语音似鸟也。引《书》'岛夷卉服'殆于望文生义矣。晚出《孔传》
读鸟为岛,云海曲谓之岛,与《说文》合。本文阳鸟鸟字,亦当读
为岛。阳岛,即扬州附海岸各岛。大者则台湾、海南是也。云阳
岛者,南方阳位也。"这种说法,虽然未必是定论,但理由比较充
分,故译文从之。其他说法也一并录以备考。

③三江:指长江,长江下游,支流较多。三,言其多,不是说只有三
　条江。既入:指入于海。

④震泽:即现在江浙之间的太湖。底:致。

⑤筱(xiǎo):小竹。荡(dàng):大竹。敷:普遍。

⑥夭:长,言草长得很茂盛。

⑦乔:高。

⑧涂泥：辛树帜先生说："土湿如泥，斯指黏质湿土。考其所在，则荆、扬为今之湖南、湖北、江苏、浙江、皖南，乃我国主要湿土分布所在，正相符合。"

⑨三品：金、银、铜三种。品，指等次，黄金为上等，白银为中等，铜为下等。

⑩瑶琨：美玉。

⑪惟木：此二字，文例与全篇不协，《史记》和《汉书》引《禹贡》均无此二字。江声和王先谦都认为这二字是衍文。从之。

⑫岛夷：指东南沿海附近各岛。卉服：说法不一，有人以为是蓑衣和草帽之类的东西，这些都是草制品，故称卉服。卉，草的总名。

⑬织贝：郑玄说："贝，锦名也，《诗》云：'成是贝锦。'凡为织锦者，先染其丝而织之，即成文矣。"贝锦，贝纹图案之锦。

⑭包：包装。橘：橘子。柚：柚子，都是南方所产的水果。锡：赐予，此处与"贡"为同义词叠用。

⑮沿于江海，达于淮、泗：沿，循江海而行。《孔传》说："沿江入海，自海入淮，自淮入泗。"禹时沿内陆河道可以顺流入黄河，不必由海路，且禹时交道工具简陋，海道险难，恐怕没有弃平安易行的内河水路而走艰难险阻的海路的道理。孙星衍说："沿，顺也……盖言傍水陆行，不谓顺流而下，故经文变言沿，不言浮。自暴秦元季，始有海运之事，古昔盛时所必无也。"曾运乾对这句话所说的路线更作如下推测："沿江上下，自江入淮，自淮入泗，江淮之通，始见于《禹贡》之导江会于淮，继见于《孟子》之禹排淮泗而注之江，不自吴王沟通江淮始也。……所谓沿于海者，即岭外各地附海诸岛之贡道也。其程沿海入江，溯江入淮，由淮达泗，转由菏济而达于河也。"这两种推测大同小异，比较合乎情理，故录以备考。译文从曾运乾说。

【译文】

北至淮河,南至大海,这是扬州地区。彭蠡泽已经贮存了又多又深的水,南方岛屿上的人们也可以在上面安居了。浩浩的长江已经流入大海,震泽的水利工程也已获得成功。小竹和大竹普遍地生长起来,原野的草生长得很茂盛,树木也都长得很高。这里是一片低洼潮湿的土地,土地的质量在九州中属第九等,这里的人们缴纳第七等赋税,也可以间杂缴纳第六等的赋税。其贡品是金、银、铜三种金属,美玉、小竹和大竹、象牙、犀牛皮、鸟羽和旄牛尾,海岛一带进贡草制的衣服,还要把丝织品放在筐内,把橘子和柚子打成包裹作为贡品进献。进贡的路线沿长江两岸者由长江入淮河,由淮河入泗水;沿海各地则顺着海岸进入长江,由长江入淮河,再由淮河入泗水。

荆及衡阳惟荆州[①]。江、汉朝宗于海[②],九江孔殷[③],沱、潜既道[④],云土梦作乂[⑤]。厥土惟涂泥,厥田惟下中,厥赋上下。厥贡羽毛齿革惟金三品[⑥],杶榦栝柏[⑦],砺砥砮丹[⑧],惟箘簵楛[⑨]。三邦厎贡厥名[⑩],包匦菁茅[⑪],厥篚玄纁玑组[⑫],九江纳锡大龟[⑬]。浮于江、沱、潜、汉,逾于洛[⑭],至于南河[⑮]。

【注释】

①荆:荆山,在今湖北南漳西面。衡阳:衡山的南面。《孔传》:"北据荆山,南及衡山之阳。"

②江、汉朝宗于海:《孔传》:"二水经此州而入海,有似于朝。百川以海为宗。宗,尊也。"顾颉刚先生说:"从前诸侯见天子春见称朝,夏见称宗。这里是把海比作天子,江、汉比作诸侯,说江汉二水合流以后归于大海。"(《中国古代地理名著选读》第20页)江,长江。汉,汉水。

③九江：古来注家，说法不一，聚讼纷纭，莫衷一是。综合言之，约有五种：(一)认为长江在荆州界，分而为九，即现在湖北广济、黄梅及安徽宿松、望江诸县境的江水。《孔传》、《汉书·地理志》主此说。(二)认为九江从山溪所出，这九条江分别有自己的发源处，下游合流于长江。郑玄主此说。(三)以乌白江、蚌江、乌江、嘉靡江、畎江、源江、廪江、提江、箘江为九江。《寻阳地记》主此说。或以三里江、五州江、嘉靡江、乌土江、白蚌江、白乌江、箘江、沙堤江、廪江为九江。张须元的《缘江图》主此说。此二说均主张湖北、江西两省间入江的河水为九江。(四)认为湖汉九水入彭蠡为九江。刘歆主此说。(五)认为沅、渐、元、辰、叙、酉、澧、资、湘皆合于洞庭，称九江。蔡沈主此说。前四种说法，前人多有否定者，宋代朱熹著《九江辨》驳之甚详，他的学生蔡沈在《尚书集传》中提出九江合于洞庭之说，后人多因之。近人曾运乾说："说九江者惟宋蔡氏为允。"但曾氏虽赞成蔡沈的意见，而不为蔡沈所囿，又进一步说："谓之九江者，九为数之终，古人数之极多者皆终之以九，必因《尔雅》有九河之名，于九江亦必实指其名以配之，则邻于凿矣。"辛树帜先生也认为不是实数而是虚数，这种意见似较之朱、蔡又胜一筹。

④沱：水名。长江的支流。潜：水名。汉水的支流(《禹贡》第三卷第二期黄席群《沱潜异说汇考》一文考证甚详，可供参考)。

⑤云土梦：指云梦泽。

⑥惟：与。

⑦杶(chūn)：木名，可制琴。榦：陆德明《经典释文》："本又作'幹'，故旦反。"即柘(zhè)木，是一种落叶灌木，木质坚固宜作弓箭。栝(kuò)：木名，即桧。柏：柏树。

⑧砺砥：磨刀石。砮(nǔ)：可以做箭头的石头。丹：朱砂，是一种水银与硫黄的天然化合物，以湖南辰州所产为最好，因而又叫辰

砂,呈鲜红色,可作颜料也可作药物。

⑨惟:与,表并列关系的连词。箘(jùn):竹笋。辂(lù):美竹。楛(hù):木名,与荆相仿,表面呈红色,可做矢干。

⑩三邦:《孔传》:"近泽三国常致贡之,其名天下称善。"窃意以为三邦应指州内诸国,不必确指近泽三国。贡厥名:当谓贡其名产,也不必实指三物。书中常以三、九表示多数,如果理解为实数,就近于拘泥了。

⑪匦(guǐ):匣子。菁茅:一种有毛刺的茅草,用以缩酒者。缩酒,滤去酒中的渣滓,使之更加清洁。

⑫玄:黑色。纁(xūn):浅红色。玑:珍珠类。组:绶类,一种丝带子。

⑬锡:给予。

⑭逾于洛:由水登岸陆行曰逾。洛水和汉水的支流本不相通,中间相距约数十里,故说"逾于洛"。

⑮南河:指黄河。曾运乾说:"禹时,黄河东折处,盖称为南河。"顾颉刚先生说:"春秋时河曲以北,秦、晋两国分界处大率叫西河;河曲以南,折而东经周、郑界则为南河;更折而东北,穿入卫、齐界则为东河。"(《中国古代地理名著选读》第23页)

【译文】

　　从荆山到衡山南面是荆州地区。长江和汉水共同流入大海,许多长江支流的流水集中在洞庭湖一带,水势大极了!长江的支流和汉水的支流也都已经疏通了,云梦泽一带的土地也大都可以耕种了。这里也是一片低洼潮湿的土地,土地的质量在九州中属第八等,应该缴纳第三等赋税。应该进贡鸟羽、牛尾、象牙、犀牛皮和三种金属,以及梓、楛、栝、柏四种木材,还有磨刀的石头、制箭头的石头、丹砂和竹笋、美竹、楛树等。州内各国,都贡上当地的名产,将带有毛刺的茅草放在匣内包装起来,把黑色的、浅红色的丝织品和珍珠、丝带子一类东西放在竹筐内,一并贡来。沿江一带及长江的许多支流地区还要贡上大龟。进贡的路线由长江顺流入其支流,再由长江的支流进入汉水的支流,由汉水的支流入汉水,然后登岸由陆路到洛水,再由洛水进入黄河。

　荆河惟豫州①。伊、洛、瀍、涧既入于河②。荥波既猪③。导菏泽④,被孟猪⑤。厥土惟壤⑥,下土坟垆⑦。厥田惟中上,厥赋错上中。厥贡漆、枲、绤、纻⑧,厥篚纤纩⑨,锡贡磬错⑩。浮于洛,达于河。

【注释】

①荆:荆山,见"荆州"注①。河:黄河。《孔传》说:"西南至荆山,北距河水。"距,至。

②伊:伊河,发源于河南卢氏东南闷顿岭,东北流经嵩县、汝阳、洛阳、偃师南面入洛水。洛:洛水,发源于陕西洛南冢岭山,东北流至河南巩义入黄河。瀍:瀍水,发源于河南孟津任家岭,向南流经洛阳东面入洛水。涧:涧水,发源于河南渑池东北白石山,东流经新安至洛阳西南入洛水。《周书·洛诰》所谓"我乃卜涧水东,瀍水西",指的就是这两条水。这两条河水在洛水汇合后再流入黄河。

③荥波:即荥播。郑玄说:"沈水溢出河为泽也。"可见荥波也是一个大泽,其地当在今河南荥阳境内。猪:今作"潴",水停聚处。

④菏泽:《禹贡》所说的菏泽究竟在何处,古人说法不一。《孔传》:"菏泽在胡陵",班固的《汉书》以为在定陶东。后来诸家或主《孔传》说,或主班固说。有的则调和两说以为"盖在定陶者其泽也,在胡陵者其流也"(见胡渭《禹贡锥指》引)。这些意见仅供参考,目前难于确考其处(按,"胡陵"亦作"湖陵",故城在山东鱼台东南六十里)。

⑤孟猪：或作"孟诸"、"望诸"，其地在河南商丘东北，与虞城交界。
　被：覆被，溢漫。

⑥厥土惟壤：辛树帜先生说："豫为今之河南。平原多为石灰性冲
　积土，或即所称壤。"（《禹贡新解》第128页）

⑦坟垆：辛树帜先生说："分布于豫州，与前述之坟皆为壤之下土即
　底层。许慎著《说文》释垆为黑刚土，土坚刚而色黑，或指分布于
　河南低地石灰性冲积土底层之深灰黏土与石灰结核；结核多者
　连接成层。今河南、山西、山东人民尚有称之为垆者，亦称砂姜；
　继为丘陵土与次生黄土所掩覆。无论就地区所在言或就土层排
　列言，皆属符合。"（《禹贡新解》第128页）

⑧枲(xǐ)：大麻的一种，不结实，其纤维可作麻布的原料。绤(chī)：
　细葛布。纻(zhù)：麻类，可用于纺织。

⑨纤纩(kuàng)：孔颖达说：纩是新绵，纤是细；纤纩即是细绵。

⑩错：治玉石。

【译文】

　　从荆山到黄河，这是豫州地区。伊水、瀍水、涧水都会集于洛水而流入黄河。荥波泽已经治好，可以贮存大量的河水，使河水不致横溢了。菏泽与孟猪泽之间也疏通了，只有水势极大的时候才可以覆被孟猪泽。这里是一片石灰性的冲积土，土的底层是砂姜。这片耕地在九州之中属第四等，应该缴纳第二等赋税，间或缴纳第一等赋税。应该进贡漆、大麻、细葛布、纻麻，还要把细绵用筐子包装起来和治琢好的磬一并贡来。进贡的路线由洛水直入黄河。

　　华阳黑水惟梁州①。岷、嶓既艺②，沱、潜既道③，蔡、蒙旅平④，和夷厎绩⑤。厥土青黎⑥，厥田惟下上，厥赋下中三错。厥贡璆铁银镂砮磬⑦，熊罴狐狸织皮⑧。西倾因桓是来⑨，浮于潜，逾于沔⑩，入于渭，乱于河⑪。

【注释】

①华:华山。阳:山南曰阳。黑水:古人说法不一,综计之,大约有七种说法:(一)以张掖河为黑水。孔颖达的《尚书正义》主此说。(二)以大通河为黑水。《括地志》主此说。(三)以党河为黑水。班固《汉书·地理志》主此说。(四)以丽水为黑水。唐代樊绰《蛮书》主此说。并谓丽水即金沙江。薛士龙以泸水为黑水,胡渭以为泸水也是金沙江,汉时名泸水,唐以后名金沙江。(五)以澜沧江为黑水。李元阳《黑水辨》主此说(《地学杂志》第 176 期滇人《禹贡黑水考》:"禹贡黑水,即今之澜沧江。"同意李元阳的意见而又加辨正,可供参考)。(六)以西洱河为黑水。程大昌主此说。(七)以怒江上源哈拉乌苏河为黑水。陈澧主此说。上述七说中似以陈澧说为近是。按,哈拉乌苏为蒙古译音,哈拉的意思是黑,乌苏的意思是河。顾颉刚先生以为黑水和弱水一样都是古代传说中假想的水,南海也是假想的海,可备一说。

②岷:岷山,在四川北部。嶓:嶓冢山,在今陕西宁强东北。

③沱:沱河,长江上游的支流,即四川境内之沱江。潜:这里指的是梁州的潜水,有三种说法:(一)以西汉水为潜水。郑玄主此说。(二)以四川广元的龙门水为潜水。郭璞、《括地志》等主此说。胡渭说:"潜水自此至巴县入大江,禹通谓之潜,后人称为西汉水,至唐又称嘉陵江。"(三)以四川渠县渠江为潜水。《汉书·地理志》主此说(《禹贡》第三卷第一期陈家骥《梁州沱潜考》一文可供参考)。

④蔡:蔡山,胡渭以为即峨眉山。蒙:蒙山,在四川雅安、名山、芦山三地交界处。旅:治。

⑤和:可能指涐水,即今之大渡河。夷:古时对边远地区少数民族的称呼。厎:致。

⑥青黎:指土地颜色而言,即黑色。辛树帜先生说:"不言地质与地

形,而惟记其色泽,是或以当时梁州即今之四川,开发未久,情况欠明之故。古所谓青黎皆指黑色。试就成都平原言,今仍为深灰色石灰性冲积土,适相符合;即就四川盆地丘陵言,今虽为紫色土,但当时情形,如《汉书·地理志》所称'巴、蜀广漠,土地肥美,有江水沃野,山林竹木疏果之饶',可证土壤中腐殖质必丰,色泽必黑,今则因密集耕作而腐殖质消失矣。"(《禹贡新解》第129页)

⑦璆(qiú):可以制磬的美玉。镂:刻,指质地坚硬可用刻镂的一种金属,所以《孔传》释作"刚铁"。砮(nǔ):可用以制作箭头的石料。

⑧熊羆(pí)狐狸织皮:《孔传》说:"贡四兽之皮,织金罽。"孔颖达解释说:"与织皮连文,必不供生兽,故云贡四兽之皮。"按,罽(jì),毛织品。

⑨西倾:山名。在甘肃与青海的交界处,东面为洮河的发源处。桓:桓水,又名白水江,南流入嘉陵江。

⑩沔(miǎn):孔颖达说:"传云:泉始出为漾水,东南流为沔水,至汉中东行为汉水,是汉上曰沔。"由此可知沔水即汉水。《通典》也认为禹导漾水到汉中金牛县的嶓冢山为汉水也叫做沔水。

⑪乱:横渡。

【译文】

从华山的南面西至黑水,是梁州地区。岷山和嶓冢山都已经能够种庄稼了,沱江和潜水也都疏通了,蔡山和蒙山的工程也已完工,和水一带的民众也前来报告治理的成绩。这里是一片黑色的土地,土地的质量在九州之中属第七等,应缴纳第八等赋税,也可间或缴纳第七等与第九等赋税。要进贡美玉、铁、银、刚铁、硬石和磬,以及熊、羆、狐、狸四种兽皮。这里的贡道可由西倾山区顺着桓水前来,经过潜水和沔水,然后舍舟登陆,陆行至渭水,由渭水横渡入黄河。

黑水西河惟雍州①。弱水既西②，泾属渭汭③，漆、沮既从④，沣水攸同⑤。荆、岐既旅⑥，终南、惇物，至于鸟鼠⑦。原隰底绩⑧，至于猪野⑨。三危既宅⑩，三苗丕叙⑪。厥土惟黄壤⑫，厥田惟上上，厥赋中下。厥贡惟球琳琅玕⑬。浮于积石⑭，至于龙门西河⑮，会于渭汭⑯。织皮昆仑、析支、渠搜，西戎即叙⑰。

【注释】

①黑水：见"梁州"注①。西河：《孔传》说："西距黑水，东据河，龙门之河，在冀州西。"

②弱水既西：弱水在今甘肃北部。据胡渭《禹贡锥指》，弱水出山丹卫西南穷石山，东北入居延津，其下流不知所归。按，弱水《说文》作"溺水"，穷石山即今之祁连山，山丹卫即今甘肃山丹。弱水由山丹向西北流经张掖、高台、金塔、额济纳旗入居延海。

③属：马融说："属，入也。"汭（ruì）：《孔传》："水北曰汭，言治泾水入于渭。"

④漆：漆水，发源于陕西同官（今陕西铜川）东北大神山，西南流至耀州。沮：沮水，发源于陕西耀州北境的分水岭，一名宜水，东南流与漆水汇合为石川河，又东南流经富平南注入渭河。

⑤沣水：发源于陕西宁陕东北秦岭，北流入渭，其故道已尽失。"沣"一作"丰"或"酆"。同：同于渭水。

⑥荆：荆山，《孔传》："此荆在岐东，非荆州之荆。"《汉书·地理志》："《禹贡》北条荆山在冯翊怀德县南。"按，怀德县，为两汉时所置之县，故城在今陕西富平西南十里。岐：岐山，在今陕西岐山东北六十里。旅：古时的一种祭山的礼节，这里当指二山治理好之后所行的祭礼，故"旅"在这里是表示已经治理好了。

⑦终南、惇物、鸟鼠:三者均山名。终南山,在陕西境内,东至蓝田,西至眉县,长约八百余里,今名秦岭。惇物,有两解,胡渭认为即太乙山的北峰。按,古时太乙山即今之秦岭。程大昌以为终南山(秦岭)高而且广,多出物产,所以说终南惇物,非指山名。鸟鼠,在甘肃渭源西,《孔传》说:"鸟鼠其为雄雌,同穴处此山,遂名山曰鸟鼠。"一名青雀山。

⑧原隰(xí):即齚地。按,齚地在今陕西旬邑、彬县境内。

⑨猪野:即猪野泽,可能是现在甘肃民勤的青土湖或白亭海。

⑩三危:地名。在今甘肃敦煌。

⑪三苗:古国名。舜时为南方民族,其所居约在今湖南、江西境内。丕:大,程度副词。叙:指安置就绪。

⑫黄壤:辛树帜先生说:"则雍为今之陕西,多为淡栗钙土,系发育于原生黄土,或即所称黄壤。"(《禹贡新解》第128页)

⑬球琳琅(láng)玕(gān):郑玄以为球指美玉,琳指美石,琅玕指珠类,一说琅玕指仅次于玉的美石。

⑭浮:是说由此处入黄河应行水路。积石:山名。在今青海和甘肃二省交界处,黄河流经积石山的东面。

⑮龙门:山名。在今陕西韩城北。西河:因为龙门处的黄河古时在冀州西,故称这段黄河为西河。

⑯会:《孔传》:"逆流曰会,自渭北涯,逆水西上。"此说误。胡渭已有驳正,他说:"传云'逆流曰会',不必泥。"又说:"'自渭北涯,逆水西上','西'当作'而',谓南船出渭之后,逆河水而上,与北船相会也,孔疏不知为误字,释曰:'禹自帝讫。从此西上,更入雍州界。'真是郢书燕说!"

⑰昆仑、析支、渠搜:均西戎国名。古时称西方少数民族为西戎。《孔传》说:"织皮,毛布。有此四国,在荒服之外,流沙之内,羌髳之属,皆就次叙,美禹之功及戎狄也。"曾运乾以为昆仑即葱岭,

在今新疆西部。析支,在今青海境内。渠搜即古时车师,为一声之转,今新疆的吐鲁番地区即其地(详见《尚书正读》)。

【译文】

从黑水到西河是雍州地区。弱水在疏通之后,便向西流去;泾水已经疏通,从北面流入渭水;漆水和沮水在疏通之后,从北面流入渭水,沣水从南面流入渭水。荆山和岐山的工程已经完工,终南山、惇物山,一直到鸟鼠山的水利工程都已经全部竣工。平原一带一直到猪野的水利工程取得了很大成绩。三危这个地方已经可以住人了,因而三苗的民众得到很好的安置。这里是一片黄色的土壤,土地的质量在九州中属第一等,这里的百姓应该缴纳第六等赋税。应该进贡美玉、美石和宝珠一类物品。进贡的路线由积石山附近进入黄河,顺流至龙门,所有运送贡物的船只会集在渭河的弯曲处。昆仑、析支、渠搜等西戎国家都要按照规定进贡皮制衣料。

导岍及岐①,至于荆山②,逾于河③,壶口、雷首至于太岳④。底柱、析城至于王屋⑤,太行、恒山至于碣石⑥,入于海。

【注释】

①导:疏通。岍(qiān):山名。在陕西西部陇县西南。岐:山名。在陕西岐山东北。顾颉刚先生说:"导水必先导山,岍、岐、荆三山皆在雍州区域内,雍州地高,又是汧水所出,岐、荆为漆、沮与渭水所经,所以先自岍、岐说起。"(《中国古代地理名著选读》第33页)

②荆山:山名。非荆州之荆山。其地在陕西富平西南和岐山以东,《帝王世纪》:"禹铸鼎于荆山。"即是这座山。

③逾于河:是指山断绝了河水,与上文贡道所说的"逾"有分别。

逾,舍舟登陆。

④壶口:山名。在山西吉县西。雷首:山名。在山西永济东南。太岳:山名。在山西霍州东。

⑤底柱:山名。在山西平陆东五十里的黄河中游,南面与河南陕县交界,现在的三门峡即其地。析城:山名。在山西阳城西南。王屋:山名。在山西阳城西南,南跨河南济源,西跨垣曲,山有三重,形状似屋,故名王屋。

⑥太行:山名。南起河南济源,北至河北井陉、获鹿,在今河南、山西、河北的交界处。恒山:古时在河北曲阳西北,为五岳中的北岳,又名“大茂山”,汉时避文帝讳改名为“常山”,后复名“恒山”。明朝时,遂定山西浑源南面的玄岳为恒山,但秩祀仍在曲阳。清朝初年便改岳祀于浑源,即现在的恒山。碣石:山名。其地难以确考。

【译文】

疏通了岍山和岐山,一直疏凿到荆山,穿过黄河,其间从壶口山、雷首山一直到太岳山都得到了疏凿。从底柱山、析城山到王屋山,再从太行山、恒山一直到碣石的水利工程都得到了相当的治理,黄河得以畅流入海了。

西倾、朱圉、鸟鼠至于太华①;熊耳、外方、桐柏至于陪尾②。

【注释】

①西倾:山名。在甘肃与青海的交界处。朱圉:山名。在甘肃甘谷西南,属于秦岭山脉。《孔传》:“朱圉在积石以东。”胡渭《禹贡锥指》:“吾尝亲经其山,在今伏羌县西南三十里,山色带红,石勒四大字曰‘禹奠朱圉’。”鸟鼠:山名。在甘肃渭源西。太华:山名。

在陕西华阴南十里,亦即五岳中的西岳,因为西面有少华山,故
此山称太华山。《水经·河水注》说,华山,远观之如花状。

②熊耳:山名。在今河南卢氏西南,因为和南洛河有关,所以要疏
凿;以其斜出两峰如熊耳,故名。外方:山名。即今河南登封之
嵩山。桐柏:山名。在河南桐柏西。陪尾:有两种说法:(一)在
今湖北安陆东北。班固、郑玄、蔡沈、王鸣盛皆主此说。(二)在
今山东泗水东。金履祥、吴澄、胡渭、蒋廷锡等主此说。揆之情
理似以前一说为妥。

【译文】

由西倾山、朱圉山、鸟鼠山到太华山;再由熊耳山、外方山、桐柏山
一直到陪尾山的水利工程都得到了治理。

导嶓冢①,至于荆山②,内方③,至于大别④。

【注释】

①嶓冢:嶓冢山,在今陕西宁强东北。

②荆山:《孔传》:"荆山在荆州。"马融、王肃都以为此处荆山是南
条,实即湖北荆山,在南漳和当阳之间,为沮水和漳水的发源地。

③内方:山名。在湖北钟祥西南,逾汉水与荆门接界,今名章山,又
名马良山或马仙山。

④大别:即今河南、湖北、安徽交界处之大别山。

【译文】

从嶓冢山到荆山,从内方山到大别山也都得到了疏通和开凿。

岷山之阳①,至于衡山②,过九江③,至于敷浅原④。

【注释】

①岷山之阳：岷山，在四川松潘西北。阳，山南曰阳。曾运乾说：
"此云岷山之阳，则今乌蒙山脉，东走为苗岭山脉，又东为五岭山
脉者也。不举山名，而言岷山之阳者，自衡山以上，未有其名，故
略言其方向而已。"

②衡山：旧注指南岳，主峰在湖南衡山西北。胡渭认为南岳衡山距
长江甚远，旧注必误无疑。顾颉刚先生认为在河南南召，但南召
仍与"导江"无涉。衡山究竟指何处，目前只能存疑。

③过：曾运乾说："水言过者，过其流也；山言过者，过其源也。"九
江：解说不一，见前"荆州"注③。

④敷浅原：山名。前人所见不同，或以为在今庐山，或以为在今江
西德安境。待考。

【译文】

从岷山的南面到衡山，越过九江，一直到鄱阳湖一带的水利也都得
到了治理。

导弱水①，至于合黎②，余波入于流沙③。

【注释】

①弱水：详见前"雍州"注②。

②合黎：古人说法不一，概言之约有三说：（一）马融以合黎为地名；
（二）郑玄以合黎为山名；（三）《孔传》以合黎为水名。现在的张
掖河即古时合黎水，合黎水东面即合黎山，故三说虽不同，其实
并无多大差别。

③余波：即河的下游。弱水从张掖向西北流，至金塔折向东北流，
经内蒙古的沙漠地带入居延海，故云余波入于流沙。

【译文】

把弱水疏通到合黎,下游流入沙漠地带。

导黑水①,至于三危②,入于南海③。

【注释】

①黑水:见前"梁州"注①。

②三危:山名。在今甘肃敦煌境内。

③南海:曾运乾采陈澧说,以黑水为怒江,怒江南流则为萨尔温江,
　　曾氏认为三危即萨尔温的转音,黑水经此入南海。

【译文】

把黑水疏通到三危,下游流入南海。

导河积石①,至于龙门②;南至于华阴③,东至于底柱④;
又东至于孟津⑤,东过洛汭⑥,至于大伾⑦;北过降水⑧,至于
大陆⑨;又北播为九河,同为逆河⑩,入于海。

【注释】

①积石:山名。和雍州"浮于积石"的"积石"同。在今青海和甘肃
　　二省交界处。

②龙门:即龙门山,在陕西境内。

③华阴:即华山北面,山北为阴,今陕西华阴一带。

④底柱:山名。在山西与河南的交界处。

⑤孟津:在今河南孟县南十八里。

⑥洛:这里洛水为东洛水,在河南境内。汭(ruì):河流的弯曲处。

⑦大伾(pī):山名。在河南荥阳氾水镇西北,三国时魏人张揖以为

即成皋县山。

⑧降水:其说有三:一以淇水为降水;一以漳水的徙流为降水;一以
　浊漳为降水,胡渭主此说,今人多从其说。顾颉刚先生认为降水
　入河处当在今肥乡、曲周间(见《中国古代地理名著选读》第39
　页)。降,亦作"洚"。

⑨大陆:即大陆泽,见前"冀州"注⑫。

⑩"又北播"二句:黄河下游水势浩大,所以分成很多支流以杀其
　势。播,分散。九,言其多,不必拘泥,旧注附会成说,不足据。
　逆,迎而承受。

【译文】

　　又疏导黄河,先在积石山施工,一直疏凿到龙门山;又向南到华山
的北面,然后向东经过底柱山;又向东经过孟津、洛水的弯曲处到大伾
山;然后又折转向北,经过降水,到大陆泽;再向北分为九条支流,这九
条支流共同承受着黄河的大水,把它顺利地导入大海。

　　嶓冢导漾①,东流为汉,又东为沧浪之水,过三澨②,至于
大别;南入于江,东汇泽为彭蠡③,东为北江④,入于海。

【注释】

①嶓冢:嶓冢山,在陕西宁强东北,属秦岭山脉。漾:水名。一作
　"养",系汉水上源。发源于嶓冢山。顾颉刚先生认为这条河东
　北流经陕西勉县西南合沔水,又东经襄城南郑,称为汉水。

②三澨(shì):《孔传》、郑玄均以为是水名。《史记索隐》:"今竟陵有
　三参水,俗云是三澨水。"按,澨水源出湖北京山之潼关山,又名
　司马河,西流折南流至天门,名为汊(chà)水,又东流至汉川界入
　汉水。除《孔传》、郑玄之说外尚有不同解释,如《说文》认为澨是
　水涯;《集传》以为水名,在襄阳附近的魔石山;金履祥《尚书表

注》以为即泌河。

③汇:回,言汉水与长江相斗,水势转向东流成彭蠡泽。彭蠡:旧注以为即今之鄱阳湖。顾颉刚先生不同意旧说,认为"彭蠡或是今安徽怀宁、宿松、湖北黄梅、广济长江北岸一带的湖泊,如花官湖、泊湖、漳湖等"(《中国古代地理名著选读》第41页)。未知孰是。

④北江:指汉水,因为这里说的是疏通汉水,又因汉水在长江北面,故称北江。

【译文】

从嶓冢山开始疏导漾水,向东流则为汉水,再向东流便是沧浪水,经过三澨水,到大别山;向南流入长江,向东便汇成大泽,即彭蠡泽,向东称北江,然后由长江流入大海。

岷山导江①,东别为沱②,又东至于澧③;过九江,至于东陵④,东迤北会于汇⑤;东为中江⑥,入于海。

【注释】

①岷山:在四川省北部。江:指岷江,古时以岷江为长江正源。

②沱:是长江支流,其上源与岷江相接。岷江由岷山向东南流至四川省的灌县,然后分出一支流向东与沱水相连接,故云"东别为沱"。

③澧:澧水,有南北中三源,三源会合后,由桑植城西,东南流,然后历大庸、慈利、石门、澧县入洞庭湖。

④东陵:地名。有三说:(一)《汉书·地理志》注:"卢江郡,金兰西北有东陵乡。"《水经·决水注》:"灌水注之,其水导源卢江金兰县西北东陵乡大苏山。"按,金兰,汉初有此县,后废,所以《汉志》没有记载。晋、南朝宋时又恢复此县,故郦道元注有此县。据以上记载,可推断其地当在今河南固始西南。(二)《集传》:"东陵,

巴陵也,今岳州巴陵县也。"按,岳州即现在湖南岳阳。(三)王鸣盛以为在今湖北黄梅境内。

⑤迤(yǐ):斜行,长江由岳阳斜向东北行,至武昌则斜行东南,至湖北的黄梅复又斜行东北。北会于汇:有二解,(一)孔安国、胡渭等人均谓与汉水相会,然后汇成彭蠡,与上文"东汇泽为彭蠡"是一个意思。(二)曾运乾以为:"北会为汇者,汇,为淮之假借字,两大水相合曰会。江淮势均力敌,故云会;古江淮本通,孟子言'禹决汝汉排淮泗而注之江'是也。久而湮塞,故春秋时吴城邗沟通江淮;云沟通者,复禹之旧迹也。或谓汇即彭蠡,非也。彭蠡,已见上导汉章,不应此章重见,当云东会,不当云北会;又经凡言会者皆水名,汇非水名,与例不谐,故知非彭蠡也。"揆之情理,似以曾说为妥。

⑥中江:即长江,因北有汉水(上文称北江),南有彭蠡,故称长江为中江。

【译文】

从岷山开始疏导长江,向东则别出一条支流称沱水,再向东到澧水;经过九江到了东陵,然后蜿蜒斜行而东和淮水相会;向东则为长江,然后流入大海。

导沇水①,东流为济,入于河,溢为荥②;东出于陶丘北③,又东至于菏④;又东北会于汶⑤,又北东入于海⑥。

【注释】

①沇(yǎn):水名。发源于山西王屋山,至河南武陟入黄河。

②溢为荥(xíng):河水流溢形成荥泽。荥泽在今河南荥阳北,在东汉以前即淤为平地,东汉时荥阳人民犹称其地为荥播。

③出:曾运乾说:"出于地也。"陶丘:在山东定陶西南七里。《尔

雅·释丘》:"丘再成曰陶。"又名釜口,《竹书纪年》:"魏襄王十九
年,薛侯来会于釜口。"即其地。

④菏:即山东菏泽,菏泽为古时大泽之一。

⑤又东北会于汶:秦继宗说:"'又东,北会于汶',当于东字一读;
'又北,东入于海',当于北字一读。"汶,指汶水。

⑥又北东入于海:《汉书·地理志》:"济水自荥阳东至琅槐入海。"
琅槐,西汉时所置之县,后废;故城在今山东广饶东北一百一
十里。

【译文】

疏导沇水,东流则名为济水,然后流入黄河,河水流溢而成为荥泽;
然后自陶丘的北面向东流去,一直流入菏泽;再向东北和汶水相会,又
向北流,然后折转向东流入大海。

导淮自桐柏①,东会于泗、沂②,东入于海。

【注释】

①淮:淮河,发源于河南桐柏山东部。自:介词。这句是说从发源
处开始疏通。

②泗:泗河。沂:沂河。淮河至江苏的淮阴,泗河便合沂河之流水
南来与淮河相会,然后南流由高邮、江都入长江,再由长江入海。

【译文】

从桐柏山开始疏导淮河,向东和泗水、沂水相会,再向东流入大海。

导渭自鸟鼠同穴①,东会于沣②,又东会于泾③;又东过
漆、沮④,入于河。

【注释】

①渭：渭水，发源于甘肃渭源西鸟鼠山。相传鸟鼠于此山雌雄同穴，故名鸟鼠山。

②沣：古时的一条小河，发源于陕西宁陕东北秦岭，西北流经长安，纳滈水，又西北分流，一起注入渭河。由于历代建都长安，凿引关中诸河，因而沣河故道尽失。

③泾：渭河支流，发源于宁夏固原六盘山东麓，东南流经平凉、泾川、泾阳，至高陵南注入渭河。

④漆：漆水，发源于陕西同官（今陕西铜川）东北大神山，西南流至耀州。沮：沮水，发源于陕西耀州北境的分水岭，一名宜水，东南流与漆水汇合为石川河，又东南流经富平南注入渭河。

【译文】

从鸟鼠山开始疏导渭水，向东和沣水相会，再向东和泾水相会；然后经过漆水、沮水流入黄河。

　　导洛自熊耳①，东北会于涧、瀍②；又东会于伊③，又东北入于河④。

【注释】

①熊耳：山名。在今河南卢氏西南，为洛水之发源地。这里的洛水为东洛水，在河南境内。

②涧（jiàn）、瀍（chán）：洛水疏通后东北流至河南洛阳，涧水从洛阳城的西北来会，瀍水则从北面流来于洛阳城东注入洛水。

③又东会于伊：洛水东流至偃师，伊水自南来会。

④又东北入于河：洛水会伊水后再向东北流去，于河南巩义北入黄河。

【译文】

从熊耳山开始疏导洛水，向东北则与涧水、瀍水相会；又向东和伊水相会，然后从东北流入黄河。

九州攸同①，四隩既宅②。九山刊旅③，九川涤源④，九泽既陂⑤。四海会同⑥，六府孔修⑦。庶土交正⑧，厎慎财赋⑨，咸则三壤成赋⑩。中邦锡土姓⑪。祗台德先⑫，不距朕行。

【注释】

①九州攸同：这一句是总叙。攸，所，下面叙述的便是所同的具体事项。

②隩（yù）：通"墺"，四方之上可居住之地。宅：居。

③九山：与下文"九川"、"九泽"的"九"均指九州而言，意指九州的山、川、泽。刊：除，指辟除妨碍洪水流转的障碍。旅：王引之说："治也。"

④涤源：孙星衍说："涤源者，谓疏达其水源也。"

⑤陂：《说文》："泽障。"即指堤防，筑上堤防使之不致决溢。

⑥四海会同：《国语·周语》："合通四海。"注："使之同轨也。"这里"四海会同"也应当是这个意思，古代统治者使海内道路通达，主要是为辖制人民以及为各地进贡的方便。

⑦六府：《左传·文公七年》："水火金木土谷，谓之六府。"府，贮藏财物之处，水火金木土谷为财货所聚，所以称六府。孔：甚，程度副词。修：治。

⑧庶土：泛言海内众多的土地。庶，众。交正：《孔传》说："交，俱也，众土俱得其正，谓壤、坟垆。"意思是说通过考察，勘定各处土地质量的好坏。正，正确，适可。

⑨厎（zhǐ）：致，获得。慎：谨，郑玄说："众土美恶及高下，得其正矣，

亦致其贡筐,慎奉其财物之税,皆法定制而入之也。"

⑩咸:皆。则:法,可理解为根据。成赋:意即交纳赋税。

⑪中邦锡土姓:中邦,中即指九州;邦即城邦,为天子所建。郑玄说:"中即九州也;天子建其国,诸侯祚之土,赐之姓,命之氏。"

⑫祗台(yí)德先:倒装句,应作"先祗台德",意言把敬重我的德行放在首位。祗,敬。台,第一人称代词,我。

【译文】

九州水利工程都已经完工,四方的土地都可以居住了。九州的大山都已经开凿治理,九州的河流也都疏浚而使之通达了,九州的大泽也都筑起堤防,不至于决溢了。海内的贡道都畅通无阻了,六府的政务都治理得非常好。九州的土地都得到了正确的考察,并根据各地区土地质量,谨慎地规定了不同的赋税,各地百姓都要根据土质优劣的三种规定交纳赋税。九州之内的土地都分封给诸侯并赐之以姓氏。诸侯们应该把尊敬我的德行放在首要地位,不准违背我所推行的德教。

五百里甸服①。百里赋纳总②,二百里纳铚③,三百里纳秸服④,四百里粟,五百里米。

【注释】

①甸服:即天子的领地。《王制》注:"治田出谷税也。"所谓甸服,即指在天子的领土上服各种劳役。甸,王田。

②总:指全禾,意思是说把庄稼完整地交出去。

③纳铚(zhì):铚,农具,即短镰。割下的庄稼要用短镰削下穗头,故此处以"铚"来代表庄稼的穗。所谓纳铚,即入贡穗头。

④秸(jiē)服:郑玄曾对"甸服"作总的解释说:"甸服者,尧制。赋其田使入谷,禹弼其外百里者,赋入总,谓入刈禾也;二百里铚,铚,断去稿也;三百里秸,秸,又去颖也;四百里入粟,五百里入米者,

远弥轻也。"秸,马融说:"秸,去其颖。"颖即芒尖。

【译文】

王城以外的五百里属于甸服。相距王城一百里者,将割下的庄稼贡来;二百里者,将庄稼的穗头贡来;三百里者,将庄稼脱去芒尖贡来;四百里者贡粟;五百里者贡米。

五百里侯服①。百里采②,二百里男邦③,三百里诸侯④。

【注释】

①侯服:侯,当作"候",即斥候。孔颖达说:"斥候,谓检行险阻,伺候盗贼。此五百里主为斥候而服事天子,故名侯服。"

②采:事。指为天子服各种差役。

③男邦:《史记·夏本纪》作"任国"。按,古音"男"、"任"声相近,故古书多通用;任,负担。《孔传》解释说:"男,任也;任王事者。"孔颖达则据此进一步解释说:"任王事者,任受其役,此任有常,殊于不主一也。"译文据此。

④三百里诸侯:《孔传》:"三百里同为王者斥候。"

【译文】

甸服以外五百里为侯服。其间百里者,百姓为国王服各种劳役;二百里者,百姓为国王服规定的劳役;三百里以外者,百姓主要担任戍守之责。

五百里绥服①。三百里揆文教②,二百里奋武卫③。

【注释】

①绥服:意谓安服天子的政教。绥,安。

②揆(kuí)：掌管，管理。文教：这里指设立管理文教事务的官员。

③奋武卫：熟习武事，保卫天子。

【译文】

侯服以外的五百里为绥服。其间三百里以内者要设立掌管文教的官来推行文教；三百里以外的人民要勤奋地熟悉武事，以便保卫国王。

五百里要服①。三百里夷②，二百里蔡③。

【注释】

①要服：江声解作："要结好信而服从之。"

②夷：《孔传》说："守平常之教，事王者而已。"

③蔡：郑玄说："蔡之言杀，减杀其赋。"按，"蔡"、"杀"古时声相近，有时通用，如《左传·昭公十年》："蔡蔡叔。"即杀蔡叔。

【译文】

绥服以外的五百里为要服。其间三百里以内的百姓要遵守与其他地方大体相同的政令；三百里以外的百姓，可以依次减轻其赋税。

五百里荒服①。三百里蛮②，二百里流③。

【注释】

①荒：马融说："政教荒忽，因其故俗而治之。"

②蛮：马融说："蛮，慢也，礼简怠慢。"

③流：流动无定居。

【译文】

要服以外的五百里为荒服。对其间三百里以内的百姓的各种要求可以从简，三百里以外的百姓可以流动迁徙。

东渐于海^①,西被于流沙^②,朔南暨声教^③,讫于四海。禹锡玄圭^④,告厥成功。

【注释】

①渐:入。

②被:及。

③朔:北。暨:江声说:"日颇见也。"意谓凡日所能照临的地方皆为王者的声教所化育。

④锡:赐。玄圭:《史记》作"元圭"。圭,美玉。

【译文】

东面到大海,西面到沙漠地带,从北方到南方,四海之内都领受了国王的德教。因此帝舜赐给禹以元圭,用以表彰禹所完成的巨大功业。

甘　誓

【题解】

　　这是一篇战争动员令,也是后人依据传闻写成的。写作的时代,有人以为在商代,有人则以为在战国,当然这也都是难于作为定论的推测。

　　这一篇在《墨子·明鬼篇》(下)的引文中作《禹誓》。征之古书,既有禹伐有扈的记载,也有启伐有扈的记载,事实之谁属,似不必过分拘泥。

　　这次战争发生在大同社会(公天下)向小康社会(私天下)的过渡时期,因而具有显著的历史意义。启所确立的制度,遭到了以有扈氏为代表的势力的反抗,启为了维护自己的统治,便发动了讨伐有扈氏的战争。战争的结果,有扈氏遭到失败,启得到了胜利。有扈氏的失败,标志着大同社会已经结束,同样启的胜利也表明了历史已经过渡到小康社会。应当说其历史意义具有划时代的性质。

　　值得注意的是文中提到了“五行”,这是“五行”一词的最早记载。由于时代太早,又没有别的材料可资证明,对于它的可靠性,我们当然只好抱着存疑的态度。

　　不过,根据一些学者的研究,“五行”的思想产生于殷末周初。原来的意思是指金、木、水、火、土五种物质的存在和变化。那么,这篇文章的执笔者以后出的"五行"一词,去记载古人语言中的类似的概念也是可能的。如果这个推断可以成立,那么,对于这次战争的性质,我们便又可以得到进一步的理解。在本文中,启列举了有扈氏的两条罪状,一是"威侮五行",二是"怠弃三正"。对于"威侮"二字,我们认为王引之解作"轻慢"是正确的。在启看来有扈氏的罪状首先便是轻视五行,亦即轻视运用物质力量的发展为人民造福,阻挡了社会的发展。这就是说以有扈氏为首的势力,在当时已经成为生产发展和社会进步的障碍;这样一来启的战争动员,得到群众的支持,并从而获得胜利,也就可以理解了。

大战于甘①,乃召六卿②。

【注释】

①甘:地名。在今陕西户县西南。

②六卿:郑玄以为指六军的将领。古制,天子有六军。

【译文】

将要在甘进行一场大规模的战争,于是夏启便召集了六军的将领。

王曰:"嗟!六事之人,予誓告汝:有扈氏威侮五行①,怠弃三正②。天用剿绝其命③。今予惟恭行天之罚④。左不攻于左,汝不恭命⑤;右不攻于右,汝不恭命;御非其马之正⑥,汝不恭命。用命,赏于祖⑦;弗用命,戮于社。予则孥戮汝⑧。"

【注释】

①威侮:陵虐侮慢。王引之说:"威,疑当作'威';威者,蔑之假借

也。蔑,轻也,蔑侮五行,言轻慢五行也。"五行:即金、木、水、火、土,所谓轻视五行,意思当指轻视或违背自然和社会的运行规律。

②怠弃三正:意指不奉正朔。一岁的第一个月为正,一月的第一天为朔,所以正朔即正月初一。相传古时王者易姓有改正朔的事情。《尚书大传·略说》:"夏以十三月(孟春建寅之月)为正,色尚黑,以平旦为朔。殷以十二月(季冬建丑之月)为正,色尚白,以鸡鸣为朔。周以十一月(仲冬建子之月)为正,色尚赤,以夜半为朔。"三正,既然包括殷周,夏时便用"怠弃三正"的话来指责有扈氏,显然于情理不合。但是,此篇既系后人追述,当和篇中"五行"的用法一样,均系后人以当时流行的观念叙述古事。奉正朔为古时大典,故后人以"三正"作为正朔大典的代名。三正,马融以为"三正"指建子、建丑、建寅。郑玄及《孔传》认为"三正"指天、地、人之正道。于省吾先生认为:正,长,官长;三正即三公亦谓三卿(见《尚书新证》卷一)。以上诸说,均有可取之处,故录之以供参考。译文从郑玄及《孔传》说。

③用:因而。剿:灭绝。

④恭:通"龚",奉行。段玉裁《古文尚书撰异》辨之甚详。可供参考。

⑤"左不攻"二句:古时战车共乘三人,左右各一人,中一人。左一人负责用箭射杀敌人,右一人负责以矛刺杀敌人,当中一人负责驾车。攻,善。恭,通"龚"。《说文》:"龚,给也。"孙星衍说:"给亦具也,义与共通,史公作共者,《释诂》云:'共,具也。'"故"恭"在这里谓具备。

⑥正:《吕氏春秋·顺民篇》:"汤克夏而正天下。"高诱注:"正,治也。"这里当指驾驭马的技术。

⑦赏于祖:古时天子亲征,随军带着祖庙的神主和社神的神主,凡

　　赏赐必于祖庙的神主之前,凡惩罚必于社神的神主之前,表示不
　　敢专行。

⑧孥:颜师古《匡谬正俗》卷二:"按孥戮者,或以为奴,或加刑戮,无
　　有所赦耳。此非孥子之孥。"戮:辱,惩罚。

【译文】

　　王说:"啊! 诸位将领和士兵,我向你们发出以下的命令:有扈氏轻
蔑地违背自然和社会的运行规律,怠慢甚至放弃了天、地、人之正道。
上帝因此要废弃他的大命,现在我奉行上帝的意志去惩罚他们。兵车
左边的兵士,如果不善于用箭射杀敌人,便是不具备完成命令的本领;
兵车右边的兵士,如果不善于用矛刺杀敌人,便是不具备完成命令的本
领;驾驶战车的兵士,如果不懂得驾驭战马的技术,便是不具备完成命
令的本领。努力完成命令的,便在先祖的神位面前颁行赏赐;不努力完
成命令的,便在社神的神位面前给予惩罚。我要把你们这些不努力完
成命令的人变作奴隶,以表示惩罚。"

商书

汤 誓

【题解】

　　和《甘誓》一样，这也是一篇战争动员令，文字比较浅显，有人怀疑是战国时的作品。证据不足，不可信。

　　汤是商代的第一个国君，他的始祖名契，是居住在黄河下游的一个部落的首领。相传契曾作过舜的司徒，负责推行教化（见《尧典》）。由契至汤凡十四代，经过长期发展，商族已成为黄河下游一个比较强大的部落。

　　汤时，夏朝的内政已经十分腐败。桀是夏朝的最后一代国君，同时也是历史上出名的暴君。他的残暴统治，引起民众的强烈反对。商汤在此时，向黄河上游发展自己的势力，先消灭附近的部落和小国，接着又消灭了韦、顾、昆吾等比较强大的部落，拆除了夏的屏障，随后便发动了灭夏的战争。

　　这篇战争动员令，据《书序》的说法，是在"鸣条之野"亦即灭夏战争开始时发布的。

　　动员令首先解释了发动灭夏战争的理由，在这里，汤痛斥夏桀的暴政，说明讨伐夏桀是为了解除民众疾苦，从而取得民众的拥护。

　　相传商汤的灭夏战争，由于取得民众的支持，迅速地取得了胜利，灭掉了夏朝，建立起了殷商王朝。

　　王曰:"格尔众庶^①,悉听朕言。非台小子敢行称乱^②,有夏多罪,天命殛之^③。

【注释】

①格:来。众庶:犹今语"大家"或"诸位"。

②台(yí):我。小子:对自己的谦称。称乱:即发难。称,举。

③殛(jí):诛杀。

【译文】

　　王说:"来吧! 诸位。你们都要听我的话。不是我小子大胆发动战争,是因为夏王犯了许多罪行,上天命令我前往讨伐他。

　　"今尔有众,汝曰:'我后不恤我众^①,舍我穑事而割正夏^②?'予惟闻汝众言,夏氏有罪。予畏上帝,不敢不正。

【注释】

①我后不恤我众:这是汤揣度众人的话。后,国君。恤,忧悯,犹体贴。

②穑(sè)事:指农事。割(hé):疑问代词,曷。正:纠正偏差曰正。意思是说放弃农事便是最大的错误,既然自己犯了错误,又怎样能够去纠正别人呢? 夏:当为衍文,《史记》引文无"夏"字。

【译文】

　　"现在,你们大家常说:'我们的国王太不体贴我们了,把我们种庄稼的事都舍弃了,犯了这样的大错,怎么可能纠正别人呢?'我听到你们说了这些话,但我知道夏桀犯了许多罪行。我怕上帝发怒,不敢不讨伐夏国。

"今汝其曰:'夏罪其如台^①?'夏王率遏众力^②,率割夏邑^③,有众率怠弗协^④,曰:'时日曷丧^⑤,予及汝皆亡^⑥!'夏德若兹,今朕必往。

【注释】

①"夏罪"句:此句也是汤揣度众人的话,设为问答。下面即答辞。如台(yí),如何。台,疑问代词。

②"夏王"句:大意是说夏王君臣相率为劳役之事,以竭尽民力。率,相率。遏,绝。众力,指民力。

③割:割剥,指残酷地剥削。

④有众:指臣民。率:大都。怠:指怠工,不为夏的统治者办事。协:和。

⑤时:通"是",这。日:此处用以比喻夏桀。曷:指何时。丧:亡失。

⑥皆:都,犹一起。

【译文】

"现在你们将要问我说:'夏桀的罪行究竟怎样呢?'夏桀一直要百姓负担沉重的劳役,百姓的力量都用光了,还在国内残酷地剥削压迫百姓。百姓对夏桀的统治非常不满,大家都怠于奉上,对国君的态度很不友好,说:'你这个太阳呀,什么时候才能消失呢?我愿意和你一块死去!'夏国的政治,已经坏到这种程度,现在我下决心要去讨伐它。

"尔尚辅予一人,致天之罚,予其大赉汝^①。尔无不信,朕不食言^②。尔不从誓言,予则孥戮汝^③,罔有攸赦。"

【注释】

①赉(lài):赏赐。

②食言:指不讲信用,不履行诺言。

③孥戮汝:给予做奴隶的惩处。

【译文】

"你们只要辅助我,奉行上天的命令讨伐夏国,我就要大大地赏赐你们。你们不要不相信,我是决不会失信的。假若你们不听从我的话,我就要惩罚你们,让你们当奴隶,决不宽恕。"

盘 庚

【题解】

　　《盘庚》三篇，在商书中是史料价值较高的作品。范文澜先生说："《盘庚》三篇是无可怀疑的商朝遗文（篇中可能有训诂改字）"（《中国通史简编》修订本第 114 页）。从《尚书·多士篇》"惟殷先人，有典有册"的话看来，我们认为范老的意见是可信的。

　　三篇的内容都是谈盘庚迁都的事情，从文中记载来看，迁都的原因有两条：一是水患，另一条则是为了和缓当时的社会矛盾。后一条是应特别加以注意的。由于当时贵族的日趋腐化，残酷地剥削人民，社会矛盾逐渐尖锐起来，为了继续维持其统治，盘庚不得不在这时采取断然措施——迁都。后人说盘庚的迁都是为了"去奢行俭"，这种说法仅供参考。

　　三篇的次序似有颠倒。上篇从"盘庚迁于殷，民不适有居"的话看来，盘庚的这段谈话应在迁都之后。中篇篇首说："盘庚作，惟涉河以民迁。乃话民之弗率，诞告用亶。"篇末盘庚说："往哉，生生！今予将试以汝迁，永建乃家！"可见这段话是说在未迁之前。下篇一开始就说："盘庚既迁"，毫无疑问，这段话是说在既迁之后。这种颠倒可能是错简所致。

　　三篇都是盘庚对"众"和"民"所发布的谈话与命令。究竟"众"是怎样的一种人,史学家们还没有一致的意见。从甲骨文和金文的记载来看,"众"很显然带有奴隶的性质。有的史学家参考甲骨文和金文并根据中篇"奉畜汝众"一语,认为文中所说的"众"是奴隶;可是,有的史学家却认为《盘庚》中提到的"众"是"邦伯"、"师长"、"百执事"等执政者,也就是说他们是贵族。不过多数学者仍倾向于前一种说法。至于"民",盘庚说这些人的生命完全操纵在自己的手里,他们毫无人身自由,很显然这些人是属于被统治者。他们在统治者的压迫下,担负着沉重的劳动,他们是当时物质财富的生产者。

上篇是盘庚对执政者的谈话。由于他们是统治者上层,所以盘庚在谈话中,虽然对他们的贪图安逸不愿迁徙的行为严加训斥,但总的说来还是劝说的口吻。中篇谈话的对象是"民",是被统治者,因而盘庚的话便说得声色俱厉。盘庚恐吓他们说如果不听话,就要把他们杀掉,并且还要杀掉他们的后代,不使他们的后代在新邑里繁衍。从这里我们可以看到当时社会的阴森画面。下篇和上篇一样是对执政者的谈话,在这里盘庚进一步解释了迁都的原因,并对他们加以慰勉,提出希望,要求他们不要聚敛财货,而要恭谨地办理政务,勤奋地率领臣民建立家园。这三篇相当完整地记叙了盘庚迁都的经过,说明了迁都的原因,并围绕迁都问题,反映了统治者内部的尖锐斗争以及统治者和人民群众之间的矛盾,对我们了解当时的社会情况有很大帮助。

传说由于盘庚成功迁殷,缓和了当时的矛盾,推动了生产的发展,使摇摇欲坠的殷商统治得以持续并振兴起来,因而盘庚也就成了商代著名的国君。盘庚死后,殷商的统治又衰颓下去,"百姓思盘庚,乃作盘庚三篇"(《史记·殷本纪》),可见这三篇文字乃是后代百姓为了追怀这位功绩卓著的国君而作。不过应当指出的是,这里说的"百姓"乃是贵族。因为在当时只有贵族才有姓,至于被统治的人民则是没有姓的。盘庚为殷商统治者立了大功,从而赢得统治者的怀念也是情理中事。

盘庚上

盘庚迁于殷①,民不适有居②,率吁众戚出矢言③。曰:"我王来④,既爰宅于兹⑤,重我民,无尽刘⑥。不能胥匡以生⑦,卜稽曰⑧,其如台⑨?先王有服⑩,恪谨天命⑪,兹犹不常宁⑫。不常厥邑,于今五邦。今不承于古,罔知天之断命⑬,矧曰其克从先王之烈⑭。若颠木之有由蘖⑮,天其永我命于兹新邑,绍复先王之大业⑯,厎绥四方⑰。"

【注释】

①殷:旧注认为在亳,不确。按,商代都城多次迁徙,其地不一,多称亳。此处称殷,经考古材料证明,即今河南安阳的殷墟。

②适:孙星衍说:"适者,《一切经音义》引《三苍》云:'悦也。'言民不悦新邑。"杨筠如说:"适,《说文》:'之也。'《释诂》:'往也。'"亦通。有:语助词,无实义。

③率:用,犹因此。戚:指贵戚。矢:陈述。

④我王:系盘庚自指。

⑤爰宅:指变更住址。爰,易。兹:指示代词,这,指新邑。

⑥无尽刘:是比喻的话。盘庚迁都前本居住在耿(一作"邢",今山西河津),相传耿地迫近山水,当时常常发生水灾,所以孙星衍释此句说:"言我民若为水所害,是我杀之,所谓思天下有溺,由己溺之,毋令其尽厄于水也。"刘,杀害。

⑦胥:互相。匡:救助。

⑧卜:指龟卜。稽:稽考。

⑨其:时间副词,表未来,犹将。其如台(yí):犹言将如何。台,疑问代词。

⑩先王:指殷代的先王。服:法令制度。

⑪恪:敬。谨:顺从。

⑫兹犹:犹言因此。

⑬断命:指决断的意见。

⑭矧(shěn):况。克:能够。烈:事业,功绩。

⑮颠:扑倒。由:《说文》作"粤",指枯木再萌芽。蘖:指伐木所剩下的地方再萌芽。句中"颠木"比喻旧都,"由蘖"比喻新都。

⑯绍:继续。复:指复兴。

⑰底(zhǐ):定。绥:安。

【译文】

盘庚迁都于殷,臣民都不高兴住在新邑,于是盘庚便把那些贵戚近臣全都叫来并和他们一起出去向臣民陈述自己的意见。说:"我把你们带到这里来,变更了居住的地方而住在这里,这是重视我的臣民生命,不使你们完全遭到杀害。假如大家不能互相帮助而求得生存,就是研究了占卜的结果,又将如何呢?按照先王的制度,必须恭敬地顺从天的命令,因此他们不敢永久居住一个地方。由于不永久居住在一个地方,因此从立国到现在,已经迁徙五次了。如果现在不去继承先王的遗志,不了解上天决断的意见,那还谈什么继承先王的事业。譬如那被伐倒的树木,干枯的地方可以冒出新芽,砍伐剩下的地方也可以冒出新芽,上天将要使我们的生命在这新邑里永远绵延下去,要我们在这里继续复兴先王的伟大事业,安定四方。"

盘庚敩于民^①,由乃在位^②,以常旧服^③,正法度^④,曰:"无或敢伏小人之攸箴^⑤。"王命众,悉至于庭。

【注释】

①敩(xiào):觉悟。

②在位：指大臣。

③旧服：指先王的旧制。

④正：整顿。

⑤无：不要，否定副词带有命令语气。伏：隐匿。小人：指平民。
攸：所。箴(zhēn)：规诫。

【译文】

盘庚觉悟到臣民不愿迁移，是在位大臣以浮言鼓动的缘故，便打算用先王的制度，来整顿当时的法纪，于是告诫大臣说："我所规诫小民的语言，无论是谁都不许隐瞒起来！"于是王命令众人到王庭上来。

王若曰："格汝众①，予告汝训汝，猷黜乃心②，无傲从康③。

【注释】

①格：来。汝众：你们大家。

②猷(yóu)：同"由"，犹言为了。黜(chù)：除去。乃：你们。心：指私心。

③傲：傲慢。康：安逸。

【译文】

王说："你们来！我要告诫你们，教训你们，为的是要去掉你们的私心，使你们不致倨傲放肆而又追求安逸。

"古我先王，亦惟图任旧人共政①。王播告之修②，不匿厥指③。王用丕钦④，罔有逸言⑤，民用丕变⑥。今汝聒聒⑦，起信险肤⑧，予弗知乃所讼⑨！

【注释】

①惟：思。图：谋划，犹言考虑。任：任用。旧人：指世代做官的人。
　共政：共理政事。

②王：指先王，定语从上文省。播：谓公布命令。修：治。

③匿：隐瞒。于省吾先生认为"匿"应读作"慝"，即忒，变更（《尚书
　新证》卷一）。也可备一说。厥：其，指先王。指：通"旨"，意旨。

④用：因此。丕：大。钦：敬重。

⑤逸：错误。

⑥民用丕变：意思是说由于大臣们顺从王的意旨行事，人民也就起
　了很大的变化，变得对国王颇为顺从。用，因此。丕，大。

⑦聒聒（guō）：大嚷大叫，或谓拒善自用。

⑧起：谓编造出话来。信（shēn）：通"伸"，申说。险：指邪恶之言。
　肤：指浮夸之言。

⑨讼：争辩。

【译文】

"从前我们的先王，也总是考虑任用世家旧臣，和他们共同管理政
事的。先王向群臣发布政令，群臣都不敢隐匿先王的意旨而不下达。
因此先王对那些臣子们非常看重，大臣们不敢说越轨的话，因而民众的
行动都大有变化。现在你们大嚷大叫，编造出一些邪恶浮夸的话来，蛊
惑人心，我真不知道你们所要争辩的是什么！

"非予自荒兹德①，惟汝含德②，不惕予一人③。予若观
火④，予亦拙谋⑤，作乃逸⑥。

【注释】

①荒：废失。

②含：藏，怀。德：好意，此处当指政令。

③惕：通"施"，给予。

④观：通"爟"(guàn)，爟火，指热火。以热火比喻威严。

⑤拙：本作"炪"(zhuō)，形容烟盛而火光甚微。这也是比喻，意言
  我像爟火一样把热火藏在内里，只露出烟，因而外表看，好像没
  有赫赫的威严。谋：或从下读。

⑥乃：你们。逸：放纵。

【译文】

"我根据先王的法度办事，我没有失德之处，只是你们隐瞒我的政令，不把我的政令告诉给每一个人。我的威严好像热火一样旺盛，只是没对你们发出这种威严，便使得你们大为放肆起来。

  "若网在纲①，有条而不紊②。若农服田力穑③，乃亦有秋④。汝克黜乃心，施实德于民，至于婚友，丕乃敢大言⑤，汝有积德！乃不畏戎毒于远迩⑥，惰农自安⑦，不昏作劳⑧，不服田亩⑨，越其罔有黍稷⑩。

【注释】

①若网在纲：以纲比君，以网比臣，若网在纲，比喻臣民要听从君主
  的命令。

②有条而不紊：谓如果能够这样，那么政务就会有条理而不紊
  乱了。

③若：比如。农：此处泛指农业生产。服田：在田野上劳作。服，
  治。力穑(sè)：努力收获庄稼。穑，收获庄稼。

④乃：副词。杨树达说："于是也，然后也，始也。今语言'这才'。"
  (《词诠》中华书局版第71页)有秋：到秋天才会有好收成。

⑤丕乃：犹岂不。大言：大话，谓大言不惭。

⑥戎:大。毒:毒害。远迩:远近,省略中心词,指远近臣民。

⑦惰:懒惰。安:心安理得。

⑧昏:通"暋"(mǐn),努力。

⑨服:治。

⑩越:在。其:那里,指上文田亩。

【译文】

　　"譬如只有把网结在纲上,才会有条理而不至于紊乱。譬如农夫,只有尽力耕作,才会有秋天的好收成。假如你们能够除去私心,把真实的好意留给百姓,以至于你们的亲戚朋友,那么你们岂不就可以大言不惭,说你们一向是积德的!你们不怕你们大言不惭的言论会大大地毒害远近的臣民,心安理得地做一个怠惰的农民,不努力做劳苦的事,不在田亩中种庄稼,这样便不会获得黍稷一类的谷物的。

　　"汝不和吉言于百姓①,惟汝自生毒②。乃败祸奸宄③,以自灾于厥身。乃既先恶于民④,乃奉其恫⑤,汝悔身何及!相时憸民⑥,犹胥顾于箴言⑦,其发有逸口⑧,矧予制乃短长之命⑨!汝曷弗告朕而胥动以浮言⑩?恐沉于众⑪,若火之燎于原⑫,不可向迩,其犹可扑灭?则惟汝众自作弗靖⑬,非予有咎!

【注释】

①和:宣布。吉言:好话,即指迁都时的话。

②惟:是。自生毒:自己种下的祸根。

③败祸奸宄(guǐ):犹言恶迹败露而遭祸害。败,败露。奸宄,作恶在外为奸,在内为宄。

④先恶于民:谓导民于恶。

⑤奉:承受。恫:痛苦。

⑥相:看。时:通"是",这。恔(xiān):小。

⑦犹:尚,还。胥:相。顾:看。箴(zhēn)言:规诫的话。

⑧发:犹言说出。逸口:从口中说出错话。逸,过错。

⑨矧(shěn):况。制:操纵,掌握。短长之命:指生死之命。

⑩曷弗:何不。朕:我。胥:相。浮言:没有根据的话。

⑪恐沉于众:在群众中造成深刻的影响。沉,深。

⑫向:朝着,对着。迩:近。

⑬惟:因为。靖:善。

【译文】

"你们不把我的善言向百姓宣布,这是你们自取祸咎。你们所做的一些坏事已经败露,这样会害了你们自身。你们既然引导民众做了坏事,痛苦也当然应该由你们来承担,到了那时你们再后悔也就来不及了!你们看,一般小民还顾及我所规诫的话,恐怕嘴里说错了话,何况我操纵着你们的生杀之权!你们有话为什么不事先来告诉我,竟用没有根据的话去蛊惑人心呢?人心是容易蛊惑的,这好像大火在原野上燃烧起来,连接近都无法接近,还能够扑灭吗?这种情形是因为你们做了许多坏事造成的,不是我的过错。

"迟任有言曰①:'人惟求旧,器非求旧,惟新②。'

【注释】

①迟任:古代贤人。

②器非求旧,惟新:器旧则敝,故不用。江声说:"以喻国邑圮毁,当徙新邑也。"江说可供参考。

【译文】

"迟任曾经说过:'用人应该专用世家旧臣,不能像使用器具一样,

不用旧的而用新的。'

"古我先王,暨乃祖乃父①,胥及逸勤②,予敢动用非罚③?世选尔劳④,予不掩尔善。兹予大享于先王⑤,尔祖其从与享之。作福作灾,予亦不敢动用非德⑥。

【注释】

①暨:及,与。

②胥:相与,皆。逸:安乐。勤:勤劳。

③敢:不敢。非罚:指不合乎法度的惩罚。

④选:清俞樾以为"选"与"纂"通,纂,继续(见《群经平议》卷四)。劳:劳绩。

⑤享:祭祀。

⑥非德:不合乎道理的惩罚或赏赐。

【译文】

"过去我的先王和你们的前辈,大家在一起过着安乐和勤劳的生活,我怎敢对你们动用非分的刑罚呢?如果你们能够把你们祖先世代的勤劳传统继承下来,我决不会掩盖你们的美德。现在我要大祭先王,你们的祖先也将一同跟着受祭。你们作善受福,作恶受灾,都由先王和你们的祖先来处置,我也不敢动用非分的刑罚和赏赐。

"予告汝于难,若射之有志①。汝无侮老成人②,无弱孤有幼③,各长于厥居,勉出乃力,听予一人之作猷④。

【注释】

①志:准的,目标。

②无:不要。侮:欺侮。老:指年老的人。成人:成年人。

③弱孤:欺凌,轻视(采杨筠如说)。幼:幼年人,年轻人。

④予一人:盘庚自指。作猷:或行或止。猷,段玉裁据《尔雅·释
　诂》解作"已",已,止。

【译文】

"我告诉你们行事的困难,比如射箭,必须中的,才算恰到好处。你
们不许轻慢上年纪的人,也不许藐视年少的人,你们要各自长久地居住
在新居,勤奋地使出你们的力量,或行或止,听我一人决定。

"无有远迩①,用罪伐厥死,用德彰厥善。邦之臧②,惟汝
众;邦之不臧,惟予一人有佚罚③。

【注释】

①无有:无论。远迩:指关系的亲疏。

②邦:国家。臧:善。

③佚:失,过错。

【译文】

"无论亲疏,都一例对待,以刑罚惩其罪行,以爵禄赏赐、表彰其善
行。国家治理好了,是你们大家的功劳;治理得不好,是我一人的过失。

"凡尔众,其惟致告①:自今至于后日,各恭尔事②,齐乃
位③,度乃口④。罚及尔身,弗可悔!"

【注释】

①致告:犹言转达。

②恭:通"共",可作"奉"解。

③齐:整,严肃认真。位:职事。

④度:通"杜",意即杜塞浮言之口。

【译文】

"你们应当把我的话互相转告:从今以后,你们应该努力做好职分以内的事,不许乱说乱道。否则,惩罚就会用到你们身上,到那时再后悔也就来不及了!"

盘庚中

盘庚作①,惟涉河以民迁②。乃话民之弗率③,诞告用亶④。其有众咸造⑤,勿亵在王庭⑥,盘庚乃登进厥民⑦。

【注释】

①作:制作。郑玄说"作渡河之具"。

②惟:谋划。涉河以民迁:倒装,意思是把人民迁过黄河去。

③乃:才。话:会集。杨筠如说:"按话假为佸。《说文》:'佸,会也。'"民之弗率:指臣民中不愿遵命者。率,遵循。

④诞:大。亶:诚。

⑤其:那。有众:指上文那些不愿遵命的人。咸:都。造:至。

⑥亵(xiè):轻慢。

⑦登:升。进:走到前面来。

【译文】

盘庚制造了一些船只,打算把臣民迁过黄河去。于是集合了那些不愿迁徙的人,准备尽心地讲出一番至诚的话。许多臣民都来了,恭敬地来到王廷,盘庚便把这许多臣民都叫到自己的面前来。

曰:"明听朕言①,无荒失朕命②。呜呼! 古我先后,罔不惟民之承。保后胥戚③，鲜以不浮于天时④。

【注释】

①明：勉力。

②荒：废。失：江声说应读为"佚"，"佚"有"轻忽"义。

③后：国王。胥：相。戚：忧虑。

④鲜：通"斯"（见俞樾《群经平议》卷四）。不浮于天时：意即不见罚
于天。浮，罚。

【译文】

盘庚说道："你们要努力听我的话，不要轻忽我的命令。啊！从前
我的先王，无不顺承百姓的心理和意见去办事。而百姓也都能体贴先
王的用心，因此没有遭到上帝的惩罚。

"殷降大虐①，先王不怀厥攸作②，视民利用迁。汝曷弗
念我古后之闻？承汝俾汝③，惟喜康共④，非汝有咎比于
罚⑤。予若吁怀兹新邑⑥，亦惟汝故，以丕从厥志⑦。今予将
试以汝迁，安定厥邦。

【注释】

①殷：前人以为"殷"作"殷国"解，如郑玄说："殷者，将迁于殷，先正
其号名。"既然盘庚迁都后才称殷，那么未迁之前便称自己的国
家为殷，似于理未合，窃疑"殷"仍应作"大"解。大虐：指商代累
世河患。

②怀：安。厥：其，指先王。攸：所。作：为。

③承：顺。俾：从。

④康：安。共：同。

⑤咎:罪过。比于罚:意即像惩罚有罪那样,惩罚你们。比,类。

⑥怀:安。兹:这。

⑦丕:大。从:顺从。厥:你们,指臣民。志:心愿。

【译文】

"过去上天把大祸降给我国,先王不安于自己的住所,根据百姓的利益去迁徙。你们为什么不想一想我们先王的这些事情呢?现在我也应当像先王那样顺从你们,希望你们都能得到安乐的生活,不是因为你们有罪便这样惩罚你们。我这样呼吁你们到新邑,正是为了你们,大大地顺承你们这种愿望。现在我要把你们迁徙过去,希望在那里好好地创建你们的国家。

"汝不忧朕心之攸困①,乃咸大不宣乃心,钦念以忧,动予一人②。尔惟自鞠自苦③,若乘舟,汝弗济,臭厥载④。尔忧不属⑤,惟胥以沉⑥。不其或稽⑦,自怒曷瘳⑧?汝不谋长以思乃灾,汝诞劝忧。今其有今罔后,汝何生在上?

【注释】

①忧:忧虑,可理解为体贴。攸:所。困:困苦。

②钦念以忧,动予一人:前人注解,多不可通。窃意以为此句倒装,应作"予一人钦念以忧动"。钦念,是盘庚自谓对臣民的态度,上文所说"承汝俾汝","亦惟汝故,以丕从厥志"都是这个意思。忧,是对"钦念"的进一步形容。大意是说:敬顺臣民的心理是非常诚恳的。故联系上下文译作:你们不为我敬顺民意的诚心所感动。钦,敬。忧,诚。动,感动。

③惟:只。鞠(jū):穷。

④臭:朽。厥:其,指上面所说的船。载:指货物。这是一个比方,

言不迁徙到新邑里去,就仿佛载着货物的船停在河中而不前进,坐待朽败。

⑤尔忧不属:语倒,应作"不属尔忧",言不独你们沉没。忧,通"沉"。属,马融说:"属,独也。"

⑥惟:语词无义。胥:皆。

⑦稽:考察,此处指考察沉没的原因。

⑧曷:何,什么。瘳(chōu):本义谓病愈,此处谓补益。

【译文】

"你们不体谅我的苦衷,你们不把你们内心向我暴露,不为我敬顺民意的诚心所感动。你们真是自寻穷困,自找苦吃,譬如乘舟,坐上船后却不愿渡过河去,坐待船的朽烂。这样不独你们要沉没,大家也都要跟着你们一起沉没。而你们不去检查沉没的原因,却一味愤怒,哪能得到什么好结果呢?你们不作长远打算,想办法除去灾害,只劝我不必忧愁。这样,虽然现在还能过下去,向后便没有活路,你们有什么办法在这片土地上继续过下去呢?

　　"今予命汝一,无起秽以自臭①,恐人倚乃身②,迁乃心③。予迓续乃命于天④,予岂汝威⑤,用奉畜汝众⑥。

【注释】

①"无起秽"句:字面义是说不要把脏东西拿来放在鼻子跟前闻,用以比喻浮言不可听信。秽,脏东西。臭,嗅。

②倚乃身:意言利用你身上的缺点。倚,同"掎"。《说文》:"掎,偏引也。"

③迁:回。

④迓(yà):迎接。

⑤岂:犹哪里。汝威:应作"威汝"。威,以势凌人。

⑥用：以。奉：助。畜：养。

【译文】

"我现在要求你们专一听从我的意见，不要为浮言所欺骗，否则，恐怕坏人就要利用你们身上的毛病，使你们回心转意。我要求上天，使你们能继续生存下去，我哪里是要用我的威势去压迫你们，我是为了养育你们啊！

"予念我先神后之劳尔先①，予丕克羞尔②，用怀尔然③。失于政，陈于兹④，高后丕乃崇降罪疾⑤，曰：'曷虐朕民！'汝万民乃不生生⑥，暨予一人猷同心⑦。先后丕降与汝罪疾，曰：'曷不暨朕幼孙有比⑧！'故有爽德⑨，自上其罚汝，汝罔能迪⑩。

【注释】

①先神后：即先王。神，神圣，用以表示崇敬。后，王。劳：动。尔先：你们的先祖。

②丕：大。克：能够，此处谓应该。羞尔：曾运乾云："羞尔，犹今言贡献意见于尔也，下篇'羞告尔于朕志'可证。"羞，进献。

③怀：念。尔：你们。然：犹焉，代词，指群臣的祖先。

④陈：久。兹：这，指未迁都以前的旧都。

⑤高后：指前代国王。后，国王。丕乃：犹言于是。崇：重。

⑥生生：曾运乾说："自营其生为生生。"清儒孙星衍说："生者，《诗传》云：财业也。"

⑦暨：与。猷：谋。

⑧曷不暨朕幼孙有比：这是盘庚假托先王说的话。曷不，同"何不"。朕，指先王。幼孙，指盘庚。比，亲附。

⑨爽：差错。

⑩迪：逃（采曾运乾说）。

【译文】

"我想我的先王曾经役使过你们的祖先，因此我很应该向你们提出上面的意见，用以表示我对你们祖先的怀念。既然在这里不能把我们的国家治理好，长久地住在这里，先王便要降下罪责说：'为何虐待我的臣民！'你们这无数臣民，不肯去营谋幸福的生活，不跟我一心，听从我的谋划。这样先王就会大大地惩罚你们说：'为什么不跟我的幼小孙儿和好！'所以，有了差错，上帝便会重重地惩罚你们，你们是无法逃脱这些惩罚的。

"古我先后既劳乃祖乃父，汝共作我畜民①。汝有戕则在乃心②，我先后绥乃祖乃父③。乃祖乃父乃断弃汝，不救乃死。

【注释】

①畜：曾运乾说："畜谓顺于德教也。"

②戕（qiāng）：贼害，此处谓恶毒的念头。

③绥：曾运乾说："绥，安也。引申之安人以言亦曰绥。下文'绥爰有力众'，即告于有众也。《大诰》'绥予曰'，即告予曰也。本文'绥乃祖乃父'，即告乃祖乃父也。"

【译文】

"从前我的先王，既然役使过你们的先祖先父，你们当然都是顺从我的德教的臣民。如果你们心里藏着恶毒的念头，先王就会把他的意见告诉你们的先祖先父。你们的先祖先父就会抛弃你们，不把你们从死罪中救出来。

"兹予有乱政同位①,具乃贝玉②。乃祖乃父丕乃告我高后曰③:'作丕刑于朕孙!'迪高后丕乃崇降弗祥④。

【注释】

①乱政:指乱政的大臣。同位:指一同理政。

②具:动词,备。贝:指货币,古时用海介虫贝壳做货币。

③乃父:《孔传》本,唐代开成石经均作"先父"。段玉裁据《经典释文》以为当作"乃父",从之。

④迪:导。丕乃:于是。崇:重。

【译文】

"现在那些乱政的大臣,执掌权柄,只知道聚敛财货,他们的先祖先父便竭力要求我的先王说:'快些用严厉的刑罚给我的子孙吧!'从而引导先王,大大地把不祥降给他们。

"呜呼!今予告汝不易①,永敬大恤②,无胥绝远③。汝分猷念以相从④,各设中于乃心。乃有不吉不迪⑤,颠越不恭⑥,暂遇奸宄⑦,我乃劓殄灭之⑧,无遗育⑨,无俾易种于兹新邑⑩!

【注释】

①不易:谓迁都的计划不会变更。易,变更。

②恤:忧。

③胥:相。绝远:谓疏远。

④"汝分"句:意谓你们要同心同德团结一致。分,汉石经作"比",当从。比,亲近。猷,谋。

⑤乃有:若有。吉:善。迪:道。

⑥颠:狂。越:逾,指不法行为。

⑦暂遇奸宄(guǐ):王引之说:"暂,读曰'渐',诈欺也;……'遇'读'隅','隅智故'之'隅'。字或作'偶',《淮南子·原道训》曰:'偶智故,曲巧诈伪。'皆奸邪之称也。"(详见《经义述闻》卷三)奸宄,做坏事。在外曰奸,在内曰宄。

⑧劓(yì):割鼻的刑罚。殄:灭绝。

⑨育:读为"胄",指后代。

⑩俾:使。易种:当指生息繁衍。易,延。杨筠如说:"易,当读为'施',《诗·何人斯》:'我心易也。'《韩诗》作'施',是其证矣。《鲁语》:'譬之如疾,吾恐易焉。''易'亦谓'施'。《诗·葛覃》:'施于中谷。'谓迤延也。"

【译文】

"啊!现在我告诉你们,迁徙的计划是不会变更了,你们应当体谅我的忧虑,不要互相疏远。你们应当同心同德按照我的意见行事,把正道放在心里。假如你们行为不善,不按正道办事,猖狂放肆,违反法纪,不尊敬国王,曲巧诈伪,胡作乱为,我就要把你们杀掉,并且还要杀掉你们的后代,不使你们的后代在新邑里繁衍。

"往哉,生生!今予将试以汝迁,永建乃家。"

【译文】

"去吧,去寻求幸福的生活吧!我将要把你们迁走,在新邑重建你们的家园。"

盘庚下

盘庚既迁,奠厥攸居,乃正厥位①,绥爰有众②,曰:"无戏怠,懋建大命③。今予其敷心腹肾肠④,历告尔百姓于朕志⑤。罔罪尔众,尔无共怒,协比谗言予一人⑥。

【注释】

①乃:就,于是。正:辨正。相传古时建立宗庙宫室,先由天官辨正其方位。

②绥:告。爰:于。

③懋(mào):勉力。大命:指重建家园。

④敷:布。心腹肾肠:指内心的话。

⑤历告:尽情相告。历,数。旧说"历"属上读,非是。

⑥协:合。比:勾结。谗言:坏话。

【译文】

盘庚迁民于新邑之后,首先安定他们的住地,其次辨正宗庙朝廷的方位,然后告诉大家说:"不要玩乐和怠惰,要努力完成重建家园的大业。现在我要披肝沥胆,把我的意见全都告诉给你们。我没有惩罚你们,希望你们不要心怀不满,互相勾结在一起,说我的坏话。

"古我先王①,将多于前功②,适于山③,用降我凶德嘉绩于朕邦④。今我民用荡析离居⑤,罔有定极⑥。

【注释】

①先王:指成汤。

②多:通"侈",大。前功:前人的功劳。

③适于山:迁往山地,山指亳一带的山谷,由于地势高亢可避水患,所以成汤徙居这个地方。适,往。

④用:因此。我凶德:曾运乾认为此三字为衍文,下文"罔有定极"

句下又误夺"用降我凶德"五字,此处衍、夺当为错简所致。联系
上下文来看,曾氏所说很有道理,故录以备考。

⑤用:因。荡析:离散。此时所住耿地,地势较洼,常患水灾。

⑥极:止,至。

【译文】

"古时我的先王成汤,他的功劳当大大超过前人,他把百姓迁到山
地,因此得到上天的嘉美,使我们的国家繁荣昌盛。现在,我们所居住
的耿地,地势凹陷,因此上天把大祸降给我们,使我们的臣民由于水灾
的关系而流离失所,没有一定的住处。

"尔谓朕曷震动万民以迁,肆上帝将复我高祖之德①,乱
越我家②。朕及笃敬③,恭承民命④,用永地于新邑。

【注释】

①肆:今。高祖:指成汤。

②乱:治。越:于。

③及:犹汲,急迫。笃敬:指恭谨地对待天命。笃,厚。

④民命:也指天命,古有天民合一的观念,如"天聪明自我民聪明",
"天明威自我民明威"。

【译文】

"你们责问我为什么要兴师动众地让无数臣民迁到远处去,这是因
为现在上帝将恢复我高祖成汤的大业,把我们的国家治理好。我当然
要急迫地、恭谨地根据上天的意见拯救臣民,因此我们要永久地居住在
新邑。

"肆予冲人①,非废厥谋②,吊由灵各③。非敢违卜,用宏

兹贲④。

【注释】

①肆:今。冲人:指年幼的人。

②厥:代词,指大家。

③吊:善,意指迁都善事。灵各:即灵格,专门负责占卜的人。当时对这种人非常看重,认为他可以传达上帝命令,当面跟上帝接触,以沟通天人意见,故称为灵格。灵,极知鬼事曰灵。格,格知天命。

④宏:宏大。兹:这。贲(fén):殷周间的大宝龟名,用以占卜。按,本文上篇,群臣以卜兆为理由反对迁都,当时盘庚即反驳说:"不能胥匡以生,卜稽曰,其如台!"此处则是进一步说明迁都正是上帝的旨意,故迁都正是彰显宝龟的灵异,遵奉上帝的命令,并非不采纳大家的意见。

【译文】

"现在我这年幼的人,不是不听从大家的意见,迁都之意实在是上帝通过深知天命的人传达下来的。因此迁都新邑不仅不是违背卜兆,正是大大彰露卜兆的灵异!

"呜呼!邦伯、师长、百执事之人①,尚皆隐哉②。予其懋简相尔③,念敬我众④。

【注释】

①邦伯:犹言邦长,指各方诸侯。师长:公卿大臣。百执事:负责具体事物的百官。

②隐:度,考虑。

③懋:勉。简相:可引申为视察或考察。简,阅。相,视。尔:你们。

④众:指众民。

【译文】

"啊! 各位诸侯、各位大臣、各位官员,你们应该各自考虑自己的责任。我将要视察你们的工作,看你们是否听从我的命令,恭谨地治理民事。

"朕不肩好货①,敢恭生生②,鞠人谋人之保居③,叙钦④。今我既羞告尔于朕志若否⑤,罔有弗钦⑥。无总于货宝⑦,生生自庸⑧,式敷民德⑨,永肩一心⑩。"

【注释】

①肩:任用。好货:谓贪财聚敛之人。

②恭:举用,与上文"不肩"对言。生生:谓使穷困的人能够获得生存而安于所居。《孔传》:"人之穷困能谋安其居者,则我式序而敬之。"

③鞠:养。保:安。

④叙:次。钦:敬。

⑤羞告尔:犹言给你们提供意见。羞,进。志:心愿。若否:犹言主张什么和反对什么。若,顺。否,反对。

⑥钦:敬。

⑦总:聚敛。

⑧庸:功劳。

⑨式:用。敷:施。德:德教。

⑩肩:克,能够。

【译文】

"我不任用那些贪财聚货的人,而任用努力为臣民生财致富的人，凡能养育百姓并能想办法使臣民安于所居的人，我都按照他们的贡献大小而依次尊敬他们。现在我既然把主张什么反对什么告诉给你们，就是希望你们对这些意见，没有不顺从的。不要贪婪地聚敛财货，而努力经营臣民的幸福吧！广布德教，永远同心同德建立新的家园！"

高宗肜日

【题解】

高宗的声望,在殷商的帝王中,大约比盘庚还要大。他是盘庚的侄子。盘庚死后,其弟小辛、小乙相继为王(按,殷代的王位继承有兄终弟及的制度)。在这两代中,殷的国势又再一次衰颓下来。小乙死后,其子武丁立,即为高宗。高宗在商王朝的发展中,起着重要作用。

根据《尚书·无逸》篇记载,高宗年少时曾行役于外,并曾和平民一起参加过劳作,比较了解民间疾苦和稼穑的艰难,因此即位之后,政治比较开明。当时统治阶级已经腐败不堪,高宗擢用奴隶出身的傅说为相,励精图治,国势大振,社会矛盾得到了一定程度的缓和。

国力的增强,同时也激发了高宗对外侵略的野心,根据卜辞的记载,他曾大力向西北伸张势力,多次大举用兵,打败了舌方、土方、鬼方等敌对国家,把势力伸展到现在的河北、山西、陕西和内蒙古的一部分,为殷王朝的发展奠定了坚实的基础。武丁之后,商王朝又曾向南方发展它的势力,现在在湖南、江西等地都曾发现商代的遗址、遗物,可见当时疆域是大大扩展了,商王朝遂成为当时世界上的文明大国之一。

这篇文章,据《史记》记载,是帝祖庚时祖己所作,因其文字不如《盘庚》古奥,学者们多有怀疑,有人推断为东周时的作品。郭沫若先生认为文中"王司敬民,罔非天胤"的民本观念,"在当时是不能够有的"。又因"卜辞中没有见到民字以及从民的字",所以《高宗肜日》一篇也是不可信的"(《青铜时代》第7页)。这些说法仅供参考。

文章所记载的主要是祖己的言论,言论中除了提出"敬民"之外,还提出了所谓"义"和"德"。"义"和"德"在这里可以作为同义词看待。"德"字在《盘庚》中已经屡次提出,本文中出现"德"字,毫不足怪。

为什么祖己要提出"德"并对它特别加以强调呢?其实,也不难理解。在高宗以前,商代社会是时盛时衰的。贵族们为了保持其奢侈腐化的寄生生活,残酷地剥削劳动人民,这种残酷的剥削阻碍了生产的发展,必然要引起劳动人民的反抗。这样,国势也就自然要衰败下来。其发展趋势一定会趋于灭亡。高宗距盘庚很近,正是"殷鉴不远",统治者中头脑比较清醒的人从这一系列残酷的斗争中,总结出一条教训,这就是"典厥义"、"正厥德"。他们深深感到要想维系国家的安定,就必须要"敬民"。

高宗肜日①,越有雊雉②。祖己曰:"惟先格王③,正厥事。"乃训于王,曰:"惟天监下民④,典厥义⑤。降年有永有不永,非天夭民,民中绝命。民有不若德⑥,不听罪⑦,天既孚命正厥德⑧,乃曰其如台⑨。呜呼!王司敬民⑩,罔非天胤⑪,典祀无丰于昵⑫。"

【注释】

①肜(róng):祭之明日又祭曰"肜"。清代学者孙诒让认为"肜日"当为"易日"之讹,并说:"易日,犹言更日。"即更改日期。"易"在甲骨文中作'᠀',与"肜"形近致误(说见所著《契文举例》)。又徐中舒《甲骨文字典》第1063页所列"易"字甲骨文字形中有"᠀"、"᠀",与

"肜"字形更为相近。此事众说纷纭，莫衷一是。王国维说："经言祖己训于王，如王斥高宗，则以子训父，于辞为不顺。若释为祖己诫祖庚，则如伊尹训太甲，于事无嫌。盖孝己既放，废不得立，祖庚之世，知其无罪而还之。孝己上不怼其亲，下则友其弟，因雊雉之变而陈正事之谏，殷人重之，编之书。然不云兄己、父己，而云祖己，则其纳谏虽在祖庚之世，而其著于书帛必在武乙之后。"此说较妥，故录之以供参考。

②越：于。雊(gòu)：雉鸣。古人以为是变异之兆。

③格王：指端正王的心思。格，格正，犹今语端正。

④监：视，考察。

⑤典厥义：意即考察他是否按照道理行事。典，主。义，按照道理行事曰义。

⑥若：顺。

⑦听：服。

⑧孚：曾运乾说："孚读为罚，《礼·投壶》：'毋忧毋傲，若是者浮。'注：'浮，罚也。'是'孚'、'罚'声近义通之证。"

⑨如台(yí)：如何。台，何。

⑩司：《史记》作"嗣"，当从。孙星衍说："王司者，言王嗣位也。"敬民：盖指不要对人民过分盘剥。

⑪罔非天胤：意指人民也是天的后代，对人民过分盘剥便是违犯天意。天胤，天的后代。胤，后代。

⑫典：常。昵(nǐ)：通"祢"，父庙。古制，生日父，死日考，入庙曰昵。

【译文】

在祭祀高宗的第二天，又举行祭祀，这时鼎的耳上有飞来的野鸡在鸣叫。祖己说："要首先端正王心，然后端正祭典。"于是训诫国王，说："上天考察下民，主要看他是否遵循义理行事。上天赐予人的年龄有长有短，不是上天有意缩短人的生命，而是臣民自己行为不合义理招致短命的。臣民中有的不按照义理办事,又不认识自己的罪过,上天便惩罚他以端正他的德行,他却说:'应该怎么办啊?'这不晚了吗? 唉! 王啊,要恭敬地对待上天赐给你的臣民,他们都是上帝的后代,祭祀的时候,在自己的父庙中祭品不要过于丰盛。"

西伯戡黎

【题解】

根据《史记》记载,西伯指周文王,戡黎的时间,《史记》的《殷本纪》与《周本纪》所记,稍有出入。根据《殷本纪》的记载推算,当在文王四年;据《周本纪》的记载推算,当在文王五年。宋人林之奇、吴棫认为祖伊的话说得十分急迫,足见形势危急,因而认为戡黎当是武王时事,西伯亦当指武王(见《尚书表注》引)。黎,殷诸侯之一,在今山西长治西南。

有人认为文中有"天既讫我殷命"的话,预先知道殷代的灭亡,于理未合,因而断为后人追记,非当时所作。有的人更推测是东周时的作品。

当时,周经过太王(古公亶父)、王季(季历)、文王(姬昌)三代经营,已从一个落后的小国发展成为各方面都比较先进的大国。周国势力的增强,对殷商是一个极大的威胁,当时周据说已占天下的三分之二,乘殷商政治日趋腐败,内部矛盾日益加深的时机,大力向东方扩展势力,因此戡黎一事引起殷商贵族的极度恐惧,便不难理解了。

根据古书记载,纣是一个极其残暴的国王,他的奢侈腐化和残暴统治给人民群众带来了极大的灾难,这样便不能不引起人民群众的强烈反抗。祖伊说:"今我民罔弗欲丧,曰:'天曷不降威!'"当是当时情况的真实反映。从这里我们可以看出当时的矛盾尖锐到何等程度。

值得注意的是祖伊的思想。纣对祖伊的警告全不放在眼里,认为"我生不有命在天",以为既然接受了上天的大命做了天子便可以为所欲为。而祖伊则不然,他认为虽然大命是天的赐予,但是如果沉湎于淫戏之中便会遭到上天的遗弃而失掉大命。"天弃我,不有康食","大命不挚",说的都是这个意思,但他仍然是相信天和天命的。到了周人那里就不同了,周人从现实的斗争中已经明确地认识到"天不可信"了。

西伯既戡黎,祖伊恐,奔告于王。曰:"天子,天既讫我殷命①。格人元龟②,罔敢知吉。非先王不相我后人③,惟王淫戏用自绝④。故天弃我,不有康食⑤。不虞天性⑥,不迪率典⑦。今我民罔弗欲丧,曰:'天曷不降威?'大命不挚⑧,今王其如台?"

【注释】

①讫:止。

②格人:能知天地吉凶的人。元龟:大龟,古人用作占卜的工具(按,殷周时代分为卜与占两种。卜,以龟壳为工具,称龟卜。筮,以蓍草为工具称筮占)。《论衡·卜筮》篇云:"纣至恶之君也,当时灾异繁多,七十卜而皆凶。"

③相:助。

④惟:只。用:因。

⑤不有康食:意言有饥馑。康,安。

⑥不虞:不揣度。虞,度。天性:指上天的性情。

⑦迪:由。率:法。典:常。

⑧大命:指天命。不挚:不再。曾运乾说:"'挚'可训'臻',亦可训

'再'也。大命不再，犹言天命不常也。"

【译文】

西伯战胜黎国后，祖伊十分恐惧，赶快把这件事告诉给殷王纣，说："王啊！上天已经终止了我们殷国的大命。那深知天命的圣人，用大龟来卜，始终没有遇上吉兆，这不是先王不愿帮助我们这些后人，只是因为王沉湎于酒乐之中而自绝于先王啊！因此，上天抛弃了我们，降下灾荒使我们不得安宁，使我们没有饭吃。这都是因为我们不能揣度上天的性情，不去遵守常法啊！现在我们的臣民没有不想要我们早些灭亡的，他们说：'上天为什么还不降下惩罚呢?'要知道天命是无常的啊！你现在想怎么办呢?"

王曰："呜呼！我生不有命在天。"

【译文】

王说："唉！我是从上天那里接受大命的，老百姓不能拿我怎么样。"

祖伊反①，曰："呜呼！乃罪多参在上②，乃能责命于天。殷之即丧，指乃功③，不无戮于尔邦④。"

【注释】

①反：同"返"，回来。

②参：列。上：指上天。

③指乃功：这句话的意思是说从他做的事情上便可以看得出来。指，通"视"。乃，他。功，事。

④戮：杀。尔邦：指周邦。

【译文】

祖伊回来后,说道:"唉!他的许多罪行已为上天所了解,而他却说他从上天那里接受大命。殷国马上就要灭亡,这从他的所作所为就可以看出来了,他能够不为周国消灭吗?"

微 子

【题解】

本篇有人认为是后人的追记，非当时人所作，并推断为春秋末年的作品，但理由不甚充分。

据《史记·宋微子世家》记载，微子是纣的哥哥，因封于微而位列子爵故称微子。这一篇在《尚书》中属"诰"类。

文中记载微子和父师两个人的谈话，中心议题是讨论在国家行将灭亡的情况下，各自应抱的态度和进退出处。微子的谈话有两层意思，首先分析眼前的处境，指出由于纣抛弃了成汤的光荣传统，沉湎酒色，法度不明，政治腐败昏乱，招致人民的反对，而趋于败亡；其次提出在国家灭亡前夕自己的打算，以征求父师、少师的意见。微子这段话一方面反映了他自己深沉的亡国哀痛，但更主要的是反映了当时的社会矛盾。人们从"小民方兴，相为敌仇"的话中，不难想见当时社会矛盾的尖锐程度！父师的话也是首先分析招致亡国之祸的原因，和微子一样，他也认为眼前的大祸是由国王一人造成的，但他对国王的指责，重在不畏天威，不用长老旧人。这种思想可以说是当时殷商统治集团思想的典型代表。从父师的话里，我们可以看到当时人民生活的痛苦。人民没得吃，便去盗窃祭神的贡物，殷人最为迷信，居然盗窃贡物，可见人民生活痛苦到了极点。

微子若曰:"父师、少师,殷其弗或乱正四方①? 我祖底遂陈于上②。我用沉酗于酒③,用乱败厥德于下④。殷罔不小大⑤,好草窃奸宄⑥,卿士师师非度⑦。凡有辜罪,乃罔恒获。小民方兴⑧,相为敌仇。今殷其沦丧,若涉大水,其无津涯。殷遂丧,越至于今。"

【注释】

①"殷其"句:为诘问句,句中包含微子对祖国即将灭亡的无限隐痛。乱,治。

②我祖:指成汤。底(zhǐ):致。遂:成。陈:列。上:表示时间,指过去。

③用:由于。酗(xù)于酒:谓饮酒无节制。酗,醉而发怒,即发酒疯。

④德:指高祖成汤之德。下:指目前。

⑤罔不小大:此句倒装,应作"大小罔不"。大小指群臣,中心词省略。罔不,无不。

⑥草窃:均指盗贼而言。古时"草"、"钞"声近假借,《广雅·释诂》:"寇,钞也。"奸宄(guǐ):指做坏事。

⑦师师:众官,前一"师"作众解,后一"师"指官长。度:法度。

⑧方:并。兴:起来反抗。

【译文】

微子说:"父师、少师,我们殷国难道没有办法治理四方了吗? 我们的高祖成汤过去成就了许多伟大的功业。而今天,我们的国王却沉湎于酒色之中,败坏了我们高祖的优良传统。我们殷国,无论大小官员都好为非作歹,卿士百官都不遵守法典。对那些犯罪的,也不加以逮捕和惩罚。小民受不了这些压迫,将要起来反抗我们,和我们形成仇敌了。

现在我们殷国将要灭亡了，好比涉渡大水，两岸茫无际涯，找不到渡口。我们殷国大概到了今天就要灭亡了。"

曰："父师、少师，我其发出狂吾家^①，耄逊于荒^②。今尔无指告予^③，颠隮^④，若之何其。"

【注释】

①发：行。狂：《史记·宋世家》作"往"。

②耄（mào）逊于荒：孙星衍说："谓我年耄，将遁于荒远以终老。"近人曾运乾说："云'发出往吾家'，复云'耄逊于荒'者，时未奉诏就国而私出，则貌为老耄阳狂而遁者。"两说均可通，译文从曾说。耄，年甚老曰耄，此处有昏乱之意。逊，遁逃。荒，指荒野。

③指：通"旨"，想法，打算。

④颠：最高处。隮（jī）：坠落。《史记·宋微子世家》："微子度纣终不可谏，欲死之。及去，未能自决，乃问于太师、少师……"可作为这句话的注脚。孙星衍说："欲太师以己意告之，言若不以意告我，将仆坠于地。"窃意以为上文既说："我其发出狂吾家。耄逊于荒。"此处又说："颠隮，若之何其。"故此句当是就出逃的正确与否与太师、少师商酌，"颠隮"当从马融注为妥。马融说："犹坠也，恐坠于非义当如之何也。"

【译文】

微子又说："父师、少师啊！我将要回到我的封地了，我要装扮成糊涂的老人，遁避于荒野之中了。现在你们不把你们的意见告诉我，我的逃走是否陷于非义呢？你们说该怎样办才好啊！"

父师若曰："王子^①，天毒降灾荒殷邦^②，方兴沉酗于酒③,乃罔畏畏④,咈其耇长⑤,旧有位人⑥。

【注释】

①王子:指微子,微子系帝乙之子,故云王子。

②毒:《说文》:"厚也。"《史记》作"笃",意思与《说文》相同。这里作
程度副词用,犹言深重。

③方:正,适,表示现在时。此句指国王所为。

④罔:不。畏畏:即畏威。

⑤咈(fú):违逆。耇(gǒu):老年人。孙星衍说:"似谓不听比干之
谏。比干,纣之诸父,故云长老。"

⑥旧有位人:指旧时在位大臣。孙星衍说:"似指箕子。"按,箕子,
官至太师。

【译文】

父师说:"王子啊! 上天降下深重的大祸给我们殷国,使我们的国
王沉湎在酒色里,使他不怕上天的威严,不听年长德高的大臣的劝告。

"今殷民乃攘窃神祇之牺牷牲①,用以容②,将食无灾。

【注释】

①攘窃:盗窃。马融说:"因来而取曰攘,往盗曰窃。"神:天神。祇:
地神。牺:纯毛牲。牷牲:牲体完具。

②用:这里指用刑,宾语省略,犹今语论处。容:宽容。

【译文】

"现在我们殷国的小民,去盗窃祭神的贡物,这是因为他们衣食无着,
虽则有罪,还是可以原谅的,他们把这些贡物拿去吃掉,不会有什么灾害。

"降监殷民,用乂仇敛①,召敌仇不怠②。罪合于一③,多瘠罔诏④。

【注释】

①乂:杀。仇敛:即稠敛,言其极力搜刮民财。仇,马融本作"稠"。稠,多而繁密。敛,指赋敛。

②敌仇:指人民反对。怠:懈,缓。

③合:集。一:指纣王。意言所有罪恶,都由国王一人造成。

④瘠:疾苦。诏:告。

【译文】

"现在上天正在视察我们的殷民,我们的国王以杀戮和重刑大肆搜刮民财,虽然引起了人们的强烈反对,仍不懈怠。这些罪恶都是国王一人干出来的,小民受尽了疾苦而无处诉告。

"商今其有灾①,我兴受其败②。商其沦丧③,我罔为臣仆。诏王子出迪④,我旧云刻子⑤,王子弗出,我乃颠隮⑥。自靖⑦,人自献于先王,我不顾行遁⑧。"

【注释】

①其:虚拟假设之词。灾:灾变。

②兴:兴起。受:曾运乾说:"'受'字无义,疑当为'更'之误。"

③沦丧:灭亡。

④诏:告诉。迪:逃。

⑤刻子:焦循《尚书补疏》、孙诒让《尚书骈枝》都说"刻子"是"箕子",此说可从。箕、刻,古音近借用。

⑥我乃颠隮:联系上文是说,如果微子在外,宗社虽亡,宗祀尚可保;

如果微子不外逃，则宗社、宗祀一起灭亡了。我，当指殷国。颠
陨，此处可作"灭亡"解。

⑦自靖：各自打主意。靖，谋。

⑧顾：念。行遁：指逃匿。

【译文】

"国家现在呈露出灾变的征兆，我们应该起来铲除祸端。如果国家将来灭亡了，我们没有做别国臣仆的权力。我过去曾经告诉过箕子，让他转告王子出逃，王子不愿出逃，这样我们国家就要彻底灭亡了。还是大家自作主张吧，每个人都可以按照自己的主张，献身于先王的事业，我没有作逃跑的打算。"

牧　誓

【题解】

《牧誓》是武王伐纣时的誓辞，和《汤誓》一样，是一篇战争动员令。

对于《牧誓》的写作时代，学者们也提出怀疑。认为《牧誓》文字不如周诰古奥，记时方法与周诰有别，文中用词如"百姓"，与钟鼎文不合，"夫子"一词，春秋时才习见，非周初所应有等等，因而认为《牧誓》一文不成于西周初年。这些意见都是应当认真思考的。但《牧誓》所记载的史实应是有根据的。1976 年出土的铜器《利簋》说"武王征商，佳甲子朝，岁鼎克闻，夙有商"，与《牧誓》所载相符。

在这一篇里，我们应当注意研究周武王为殷纣所开列的罪状。罪状一共有四条：一是听信妇人的话；二是不祭祖宗和上帝；三是任用四方逃亡的奴隶而不任用同宗兄弟，四是残暴地压迫百姓。据《史记·殷本纪》记载，纣十分残暴，又极为淫乱腐化。上述所列罪状与《史记》的记载大体上是吻合的。

时甲子昧爽①，王朝至于商郊牧野②，乃誓。王左杖黄钺③，右秉白旄以麾④。曰："逖矣⑤，西土之人！"

【注释】

①甲子:古代记时常用干支法,依周历计算,甲子这一天当是武王即位后的第十三年的二月五日。昧爽:黎明时刻。

②王:武王。朝:早晨。商郊:指商首都之郊,按古时距王城五十里为远郊。牧野:地名。在商的首都朝歌南七十里,今河南卫辉北。

③杖:拿着。黄钺(yuè):黄色的青铜大斧。

④旄(máo):装饰着牛尾的旗。麾:同"挥"。

⑤逖(tì):远。

【译文】

在二月五日的黎明时刻,武王率领军队到了商的首都朝歌郊外一处叫做牧野的地方,就在那里举行誓师大会。武王左手拿着黄色的青铜大斧,右手拿着作指挥用的白色旗子。武王说:"辛苦了,你们这些从西方来的远道从征的将士们。"

　　王曰:"嗟①!我友邦冢君②,御事③:司徒、司马、司空、亚旅、师氏、千夫长、百夫长,及庸、蜀、羌、髳、微、卢、彭、濮人④。称尔戈⑤,比尔干⑥,立尔矛⑦,予其誓。"

【注释】

①嗟:感叹词。

②冢(zhǒng)君:对友邦国君的尊称,即下述庸、蜀等八个西方古代部族的首领。冢,大。

③御事:对办理政务的官吏的泛称。御事下、百夫长前均官名。御,治。

④庸:约在今湖北竹山东南。蜀:约在今陕西汉中东南。羌:约在今甘肃境内。髳(máo):约在今山西南部。微:今陕西眉县附近。

卢:约在今湖北宜城西南。彭:约在今湖北房县、谷城之间。濮:
约在今湖北郧县和河南邓县之间。

⑤称:举。尔:你们。

⑥比:按次序排好。

⑦矛:刺杀用的武器。

【译文】

武王说:"啊!我们尊敬的友邦国君以及诸位官员和各部落从征的将士们,举起你们的戈,排好你们的盾,立好你们的矛,我们的誓师大会就要开始了。"

王曰:"古人有言曰:'牝鸡无晨①;牝鸡之晨,惟家之索②。'今商王受③,惟妇言是用,昏弃厥肆祀④,弗答;昏弃厥遗王父母弟,不迪⑤;乃惟四方之多罪逋逃⑥,是崇是长,是信是使,是以为大夫卿士,俾暴虐于百姓⑦,以奸宄于商邑⑧。今予发,惟恭行天之罚。今日之事,不愆于六步、七步⑨,乃止,齐焉。夫子勖哉⑩!不愆于四伐、五伐、六伐、七伐⑪,乃止,齐焉。勖哉夫子!尚桓桓⑫,如虎如貔⑬,如熊如罴⑭,于商郊。弗迓克奔⑮,以役西土⑯。勖哉夫子!尔所弗勖⑰,其于尔躬有戮⑱!"

【注释】

①牝(pìn)鸡:母鸡。无晨:谓不在早晨打鸣。

②索:尽,完了,此处含有破落之意。

③受:《史记》作"纣"。

④昏弃:王引之认为"昏弃"即"泯弃",犹蔑弃,故译为轻蔑。厥:其,指纣王。肆:祭名,对先祖的祭祀。

⑤迪：进用。

⑥逋(bū)逃：逃亡。逋，亡。

⑦俾(bǐ)：使。

⑧奸宄：犯法作乱。

⑨愆：超过。

⑩夫子：对人的敬称。勖(xù)：勉力。

⑪伐：刺杀。一击一刺称为一伐。

⑫桓桓：威武。

⑬貔(pí)：豹类。

⑭羆(pí)：一种大熊。

⑮弗：不。迓(yà)：迎敌。克：杀。奔：指奔来投降的人。

⑯役：助。

⑰尔：你们，指从征将士。

⑱躬：身。戮：杀。

【译文】

武王说："古人说过：'母鸡是不应当在早晨打鸣的；如果母鸡在早晨打鸣，这个家庭就要败落了。'现在商王纣只是听信妇人的话，轻蔑地抛弃了对祖宗的祭祀，对于祭祀的大事不闻不问；昏庸无道，竟然对同宗的长辈，或同宗的弟兄，不加进用；反而只对四方许多逃亡的罪人崇敬、提拔、信任、使用，任用这些人做卿士大夫一类的官，使他们残暴地对待百姓，在商的国都任意犯法作乱。现在我姬发恭敬地按照上帝的意志来讨伐商纣了。今天的这场战斗，在行进中不超过六步、七步就停下来，把队伍整顿一下。勇敢的战士们，努力吧！在刺杀中，不超过四次、五次、六次、七次，刺杀就停止下来，整顿一下。努力吧！勇敢的战士。要威武雄壮，像虎、豹、熊、罴一样勇猛，在殷商国都的郊外大战一场。不要杀掉殷商军队中前来投降的人，以便使这些人为我们服务。努力吧！勇敢的战士们。假如你们不努力作战，我就要把你们杀掉！"

洪 范

【题解】

本篇是《尚书》的重要篇目之一,是研究我国古代历史,特别是研究我国古代哲学思想、政治思想的重要文献。因此,本篇为历代学者所重视。

关于本篇产生的时代,人们的意见不大一致,传统的看法,认为产生于西周初年,近人否定了这个看法,比较多的学者认为产生于战国时代。刘起釪先生在《〈洪范〉成书时代考》一文中提出新的见解,认为《洪范》原本出于商末,历西周、春秋、战国而有所增益或润色,最后可能经过齐方士的整理或加工(见《中国社会科学》1980年第三期),把这个问题的讨论向前推进了一步。不过管见以为,从《洪范》内容本身以及联系西周及春秋战国时代意识形态的发展历史来看,它当是西周末叶到春秋中叶以前的产物。总之,我认为这仍然是一个有待于进一步探讨的问题。

本篇可分作三部分:

第一部分,包括开头两个自然段。这一部分写的是武王和箕子的对话,通过这段对话,对洪范九畴的产生与传授作出说明。这段说明很为重要,是理解全文的关键。它的要点可以归纳为:一、人是上帝创造的,洪范九畴也是上帝创造的;二、上帝希望他所创造的臣民能够和睦相处;三、洪范九畴是实现这种希望的途径,是治国安民的法规。这三点描绘出一幅神权政治的蓝图。于此可见,宣扬神权政治是本篇的立意所在。

第二部分,概述洪范九畴的纲目。这部分一共六十五字,对这六十五字,汉代儒生曾大加附会,说它是《洛书》本文。什么是《洛书》呢?《周易·系辞》说:"河出图,洛出书。"后儒据此编出一段神话,说伏羲时,有龙马出自黄河,背负"河图";另有神龟出自洛水,背负"洛书"。这就是《洛书》的由来。汉儒把这六十五字说成《洛书》本文,当然是一种无稽之谈,不足为据。不过,从本篇内容以及结构来看,这六十五字的确很为重要。

第三部分,详述洪范九畴的具体内容,这是本篇的主要部分。在这一部分里,作者分别对九条大法作详细说明。依据这些说明,我们可以把九条大法归纳为三个方面:一、宣扬神学世界观;二、维护专制的等级制度;三、制定镇压人民反抗的法规。这三个方面是有机地联系在一起的,它清楚地表明《洪范》的作者,就是要以神学世界观为基础,建立起一整套专制的法权制度,为巩固专制制度服务。

应当特别指出的是本篇关于"五行"的记载。在本文中,五行是作为九条大法的第一条出现的,并且作了比较详细的说明。"五行说"在中国古代思想史上产生过十分巨大的影响。因此,如何分析与看待本文关于"五行"的记载,也是一个十分重要的问题。值得注意的是"五行"最初的记载在《甘誓》中,《甘誓》是禹的儿子启发表的誓辞。而《洪范》却托始于禹,洪范九畴的第一畴便是"五行",在《禹贡》一文中扬州及荆州的贡品中均有"惟金三品"(三品指金、银、铜三种),梁州的贡品中有"铁、银",这些资料对我们研究"五行"的产生有重要的参考价值。

惟十有三祀①,王访于箕子②。王乃言曰:"呜呼!箕子,惟天阴骘下民③,相协厥居④,我不知其彝伦攸叙⑤。"

【注释】

①惟：发语词。十有三祀：即十三年，指文王建国后的第十三年，亦即武王即位后的第四年，也是殷商灭后二年。有，通"又"。祀，年。

②箕子：殷商的遗老，殷纣王的叔父。

③骘(zhì)：本义是公马(据《说文》)。《史记》译作"定"，《伪孔传》及以后注家多据《史记》注作"定"，犹今语安定。不妥。《吕氏春秋·君守》篇："《洪范》云：'惟天阴骘下民。'阴之者所以发之也。"高诱注："阴阳升骘也，言天覆生下民，王者助天发明之以仁义也。"《吕氏春秋》对这句话的解释，当是先秦时代的书说。后汉马融说："阴，覆也，骘，升也。升犹举也，举犹生也。"马融的解释比较符合原义。《尔雅·释畜》："牡曰骘。"《说文》："骘，牡马也。"可见，"骘"的本义是公马，公马属阳。又《尔雅·释诂》："骘，陞也。"陞即升，所以高诱把"阴骘"解释为"阴阳升骘也，言天覆生下民"。据此，"阴骘"在这里当谓阴阳相配以生息繁衍。"天生蒸民"(《诗·大雅·荡》)正是古代统治者的传统思想，所谓"阴骘下民"不过是"天生蒸民"的另一种说法而已。

④相：助。协：和。厥：其，他们，指臣民。

⑤彝：常。伦：理。攸：所。叙：顺。

【译文】

十三年，武王访问箕子。武王说道："唉！箕子，是上帝繁衍了下界的臣民，要他们和谐地居住在一起，我不知道上帝使下界臣民各安所居的常理究竟有哪一些？"

箕子乃言曰："我闻在昔鲧陻洪水①，汩陈其五行②。帝乃震怒，不畀洪范九畴③，彝伦攸斁④。鲧则殛死⑤，禹乃嗣兴⑥。天乃锡禹洪范九畴⑦，彝伦攸叙。

【注释】

①鲧(gǔn)：人名。相传是禹的父亲。陻(yīn)：堵塞。

②汩(gǔ)：乱。陈：列。其：代词，联系后文，当指上帝。五行：此处指五行的规律。

③畀(bì)：给。洪：大。范：法。九畴：即下文所说的九条大法。畴，种类。

④斁(dù)：败坏。

⑤殛(jí)死：此处指在流放中死去(说详郝行懿《尔雅义疏·释言》"殛"字条)。殛，《经典释文》："本或作'极'。"诛，惩罚的意思，此处指流放。

⑥嗣(sì)：继承。兴：兴起，此处指治理洪水。

⑦锡：赐给。

【译文】

箕子回答说："我听说过去鲧采取堵塞的办法治理洪水，结果扰乱了上帝所创造的五行的规律。上帝大怒，就没有把九种大法传给他，因而使臣民和睦相处的那种治国安民的常理遭到了破坏。后来鲧在流放中死去了，禹便继承他父亲的事业继续治理洪水。上帝把那九种大法传给了禹，因而禹便掌握了这种使臣民和睦相处的治国安民的常理。

"初一曰五行①，次二曰敬用五事，次三曰农用八政②，次四曰协用五纪③，次五曰建用皇极④，次六曰乂用三德⑤，次七曰明用稽疑⑥，次八曰念用庶征⑦，次九曰向用五福⑧，威用六极⑨。

【注释】

①五行：五种能够为人们所利用的物质，即下文所说的水、火、木、

金、土。行,用。

②农:勉,努力。

③协:合。五纪:此处指使五种记时方法与天时相合。

④建:建立。皇:大。极:至高无上。句中省略中心词,联系下文第
五条对皇极的解释来看,中心词当为"原则"。

⑤乂(yì):治,此处当指治理臣民。

⑥稽:考。疑:疑问。

⑦念:考虑。庶:多。征:征兆。

⑧向:劝导。

⑨威:《史记》作"畏",意即给予惩罚,使之感到畏惧。

【译文】

"第一、五行;第二、恭敬地做好五方面的事情;第三、努力办好八方
面的政务;第四、根据日月运行的情况来校定历法,使之与日月的运行
相吻合,从而正确地使用五种记时方法;第五、建立最高的原则;第六、
推行三种治理臣民的办法;第七、要明确是非,就必须采用一种解决疑
难问题的方法;第八、要用心考察各种征兆;第九、要用五种幸福劝人为
善,要用六种惩罚戒人作恶。

"一、五行:一曰水,二曰火,三曰木,四曰金,五曰土。
水曰润下,火曰炎上,木曰曲直,金曰从革①,土爰稼穑②。润
下作咸,炎上作苦,曲直作酸,从革作辛,稼穑作甘。

【注释】

①从:顺。革:变革。此句是说金可以按人的要求进行变革。

②爰:《史记》作"曰",读音相近,借用。稼穑:指庄稼。

【译文】

"一、五行：第一叫做水，第二叫做火，第三叫做木，第四叫做金，第五叫做土。水向下面润湿，火向上面燃烧，木可以弯曲或伸直，金在熔化后可以根据人的要求变成不同形状，土可以生长庄稼。向下面润湿的水，它的味道是咸的；向上面燃烧的火，它的味道是苦的；可以弯曲或伸直的木，它的味道是酸的；在熔化后可以根据人的要求变成不同的形状的金，它的味道是辣的；土地上生长的庄稼，它的味道是甜的。

"二、五事：一曰貌，二曰言，三曰视，四曰听，五曰思。貌曰恭，言曰从①，视曰明，听曰聪，思曰睿②。恭作肃，从作乂③，明作哲④，聪作谋，睿作圣。

【注释】

①言：说话。从：顺。此句是说，话说得合乎道理。

②睿（ruì）：通达。

③乂：治。

④哲：有智慧，此处可引申理解为不受蒙蔽。

【译文】

"二、五方面的事情：一是态度，二是语言，三是观察，四是听闻，五是思考。态度要恭敬，言语要合乎道理，观察要清楚明白，听取意见要聪敏，思考问题要通达。态度恭敬，天下的人就会严肃；言语合乎道理，天下就会大治；观察事物清楚明白，就不会受到蒙蔽；听取意见聪敏，就不会打错主意；考虑问题通达，就可以成为圣人。

"三、八政：一曰食，二曰货，三曰祀，四曰司空①，五曰司徒②，六曰司寇③，七曰宾④，八曰师⑤。

【注释】

①司空：掌管居民的官。

②司徒：掌管教育的官。

③司寇：管理司法事务的官。

④宾：掌管诸侯朝见的官。

⑤师：即司马，掌握军事的官。

【译文】

"三、八方面的政务：一是农业生产，二是商业贸易，三是祭祀，四是管理臣民的居住交通，五是管理教育，六是管理司法，七是接待宾客，八是管理军务。

"四、五纪：一曰岁，二曰月，三曰日，四曰星辰，五曰历数①。

【注释】

①历数：指历法。

【译文】

"四、五种记时方法：一是年，二是月，三是日，四是星辰，五是历法。

"五、皇极：皇建其有极①。敛时五福②，用敷锡厥庶民③。惟时厥庶民于汝极④，锡汝保极⑤。凡厥庶民，无有淫朋⑥，人无有比德⑦，惟皇作极⑧。凡厥庶民，有猷有为有守⑨，汝则念之⑩。不协于极⑪，不罹于咎⑫，皇则受之⑬。而康而色⑭，曰：'予攸好德⑮。'汝则锡之福⑯，时人斯其惟皇之极⑰。无虐茕独⑱，而畏高明⑲。人之有能有为，使羞其行⑳，而邦其昌㉑。凡厥正人㉒，既富方谷㉓。汝弗能使有好于而家㉔,时人斯其辜㉕。于其无好德㉖,汝虽锡之福,其作汝用咎㉗。无偏无陂㉘,遵王之义;无有作好㉙,遵王之道;无有作恶,遵王之路。无偏无党,王道荡荡㉚;无党无偏,王道平平㉛;无反无侧㉜,王道正直。会其有极㉝,归其有极㉞。曰皇极之敷言㉟,是彝是训㊱,于帝其训㊲。凡厥庶民,极之敷言㊳,是训是行,以近天子之光㊴。曰天子作民父母,以为天下王。

【注释】

①皇:君。建:建立。极:准则。此句意思是说这种准则是至高无上的。

②敛:聚。时:通"是",指示代词,这。五福:即下文第九条所说的五福。

③用:以。敷:布。锡:赐。厥:其,指君主,作庶民的定语。

④惟:语首助词。时:通"是",这。厥:其,指君主。于汝极:意思是对于你所建立的至高无上的原则。汝,你,指天子。句中省略部分,联系上下文当是"表示拥护"。

⑤锡:赐。保:遵守。

⑥淫朋:谓通过交游,结成小集团。淫,游。朋,小集团。

⑦比德:与上文"淫朋"的意思大体一致。比,勾结。

⑧惟:只。皇:指天子。极:见前注①。

⑨猷:谋。句中三个"有"(yòu)字都是副词,通"又",表示几种要求应同时做到。

⑩汝:你。念:经常想着。

⑪协:合。

⑫罹(lí):遭受。咎:罪。

⑬皇：指天子。受：容纳，此处意谓宽容。

⑭而康而色：句中两个"而"字，前一个"而"，假设连词，犹假如；后一个"而"字为人称代词，你。康，安、和悦的意思。色，脸色，指态度表情。

⑮予：我。攸：所。好：喜好。德：指天子所建立的道德准则。

⑯则：连词，表示因果关系。锡：赐予。

⑰时：通"是"，指示代词，这。斯：时态副词，将。

⑱茕（qióng）独：指鳏寡孤独，无依无靠的人。

⑲高明：指贵族。

⑳羞其行：进一步提高其德行。羞，进。

㉑其：时态副词，将。

㉒厥：语中助词。正人：孙星衍以为："正人谓在位之正长"（《尚书今古文注疏》），指做官的人。

㉓方：并。谷：禄位。此句意言又富又贵。

㉔有好于而家：倒装句，即"于而家有好"，意谓给你王室带来好处。而：人称代词，你。

㉕时：通"是"，这。斯：就。其：他。辜：罪。

㉖于：对。其：那些。好：喜好。

㉗用：介词，为。咎：恶。

㉘陂：即颇，不平。

㉙好：私好。

㉚荡荡：宽广。

㉛平平（biàn）：辨治，治理。《诗·小雅·采菽》："平平左右。"孔疏引服虔说："平平，辨治不绝之貌。"

㉜反：违反，指违反王道。侧：倾侧，意指违犯法度。

㉝会：聚集。其：那。

㉞归：归向。

㉟皇极之敷言：倒装句，犹"敷言之皇极"。敷，宣布。

㊱彝：法。训：教。

㊲帝：上帝。

㊳极之敷言：倒装句，谓把宣布的话当作最高标准。

㊴近：亲附。

【译文】

"五、至高无上的原则：天子应当建立起至高无上的原则。要把这五种幸福集中起来，一并赏赐给臣民。这样，臣民就会对天子所建立起来的原则表示拥护，天子也就能够要求他的臣民遵守以下原则。凡是臣民，都不允许结成私党为非作歹，只要人们不结成私党，那就会把天子所建立的原则作为最高准则。凡是臣民都应当为天子谋虑，为天子办事，都应当根据天子所建立的原则要求自己。你要牢牢记住这一点。虽然他们的作为有时不合于最高原则，但只要还没有达到犯罪的程度，天子就应当宽容他。假如有人态度谦恭地告诉你说：'我所爱好的就是你所建立的道德规范。'你就应当赏赐他一些好处。这样，人们就会把国王所建立的道德规范当作至高无上的准则而加以遵守了。不要虐待那些无依无靠的人，然而，对那些高贵显赫的贵族却要畏惧。人们中有能力、有作为的，便应当让他们继续发展其才能，提高其德行，这样，你的国家就会繁荣昌盛了。凡是做官的，都应当给他们以丰厚的待遇，使他们又富又贵。假如你不能让你的臣下为王室作出贡献，这样的臣下就将走上邪路。对于那些不喜好你所建立的道德规范的人，你虽然赏赐给他许多好处，那他一定还会给你带来许多危害。不应当有任何的偏颇，要完全遵照你所建立的规范行事；不要有任何私人爱好，要完全遵照你所确定的道路行进；不要为非作歹，要根据你所指出的正路要求自己。没有偏私，没有朋党，道路就是广阔的；没有朋党，没有偏私，道路就是顺畅的；不要违反王道，不要违犯法度，道路就是正直的。要任用那些能够按照王道的准则办事的人做官吏，以便使所有臣民都能归向王道的最高准则。所以说，天子所宣布的至高无上的准则，就是要经常遵守的法令，就是天子的教导，这个教导是符合上帝的意旨的。凡是臣民都应当把天子所宣布的准则当作最高准则，只要按照这个最高准则行事的，就算是亲附天子的了。所以说，天子应当像做臣民的父母一般，做天下臣民的君主。

"六、三德：一曰正直①，二曰刚克②，三曰柔克。平康正直③。强弗友刚克④，燮友柔克⑤。沉潜刚克⑥，高明柔克⑦。惟辟作福⑧，惟辟作威，惟辟玉食⑨；臣无有作福作威玉食。臣之有作福作威玉食，其害于而家⑩，凶于而国，人用侧颇僻⑪，民用僭忒⑫。

【注释】

①正：端正。直：指曲直。《左传·襄公七年》对《诗·小雅·小明》"好是正直"的解释是"正直为正，正曲为直"。

②刚克：用强硬的办法去压服。克，胜。

③平康正直：是说要想求得国家太平安康，就必须端正人的曲直。平康，谓太平安康，指国家而言。正直，与上文正直意思相同。

④友：亲近。

⑤燮(xiè)友：态度柔和可亲的人。燮，和。

⑥沉潜刚克：意思是说对劳动人民应当镇压。沉潜，与下面"高明"相对为文。沉、潜，均有在下的意思，当指劳动人民。

⑦高明：指贵族。

⑧惟：只有。辟：指天子。

⑨玉食：美食。

⑩其：将。而：通"尔"，你，指天子。

⑪用：因。侧：偏，不正。颇僻：不正，指不合乎王道。

⑫用：因。僭：差。忒：通"慝"，恶念。所谓恶念，就是指犯上作乱的念头。

【译文】

"六、三种治理臣民的办法：一、能够端正人的曲直；二、以刚取胜；三、以柔取胜。要想使国家太平无事，就必须端正人的曲直。对于那些强硬而不能亲近的人，必须用强硬的办法镇压他们，对那些可以亲近的人，就用柔和的办法对待他们。对下面的小人，必须镇压；对高贵显赫的贵族必须柔和。只有天子才有权给人以幸福，只有天子才可以给人以惩罚，只有天子才可以吃美好的饭食；而臣下没有权力给人以幸福和惩罚，也没有权力吃美好的饭食。假如臣下擅自给人以幸福和惩罚，吃美好的饭食，就会给你的王室带来危害，给你的国家带来危害，人们也将因此而背离王道，小民也将因此而犯上作乱。

"七、稽疑：择建立卜筮人①，乃命卜筮：曰雨，曰霁，曰蒙，曰驿，曰克，曰贞，曰悔，凡七。卜五，占用二，衍忒②。立时人作卜筮③，三人占，则从二人之言。汝则有大疑，谋及乃心④，谋及卿士，谋及庶人，谋及卜筮。汝则从、龟从、筮从、卿士从，庶民从，是之谓大同。身其康强，子孙其逢吉⑤。汝则从、龟从、筮从、卿士逆、庶民逆，吉。卿士从、龟从、筮从、汝则逆、庶民逆，吉。庶民从、龟从、筮从、汝则逆、卿士逆，吉。汝则从、龟从、筮逆、卿士逆、庶民逆，作内吉，作外凶。龟筮共违于人，用静吉，用作凶。

【注释】

①卜：指以龟甲做卜卦的工具。筮：用蓍草做占卦用的工具。

②衍：通"演"，研究。忒：变化。

③时：通"是"，这。

④谋：考虑（下面几句中的"谋"字应释作"商量"讲）。乃：你。

⑤逢：大。

【译文】

"七、解决疑难的方法：选择善于卜筮的人，分别让他们用龟甲卜卦或用蓍草占卦，这样的人选定之后，便命令他们进行卜筮。卜筮的征兆如下：一、兆形象雨；二、兆形象雨后初晴时云气在空中；三、兆形象雾气蒙蒙；四、兆形象不连贯的云气；五、兆相交错；六、内卦；七、外卦，共有七种。前五种用龟甲卜卦，后两种用蓍草占卦，对卦爻的意义，要认真加以研究以弄清所有变化。任用这些人从事卜筮时，三个人占卜，应当信从其中两个人的判断。假如你遇到了重大的疑难问题，首先你自己要多加考虑，然后再和卿士商量，再和庶民商量，最后问及卜筮。你自己同意，龟卜同意，筮占同意，卿士同意，庶民同意，这就叫大同。这样，你的身体一定会康强，你的子孙也一定会大吉大利。你自己同意，龟卜同意，筮占同意，卿士不同意，庶民不同意，也是吉利的。卿士同意，龟卜同意，筮占同意，你自己不同意，庶民不同意，也是吉利的。庶民同意，龟卜同意，筮占同意，你自己不同意，卿士不同意，也是吉利的。你自己同意，龟卜同意，筮占不同意，卿士不同意，庶民不同意，这样，就只对内吉利，对外就不吉利了。如果龟卜不同意，筮占不同意，即使你自己同意，卿士同意，庶民同意，也是不可有所举动，安静地守着就吉利，有所举动就不吉利了。

"八、庶征：曰雨，曰旸①，曰燠②，曰寒，曰风。曰时五者来备③，各以其叙，庶草蕃庑④。一极备⑤，凶⑥；一极无，凶。

【注释】

①曰:为。以下数句中的"曰"同此。旸(yáng):日出。"旸"与上文
  "雨"相对而言,当指晴天。

②燠(yù):暖,炎热。

③时:通"是",指示代词,统指上述五种现象。

④庶:多。蕃庑:草木生长茂盛。

⑤一:指上述五种现象中的一种。

⑥凶:极,过甚。

【译文】

"八、各种不同的征兆:一是雨,二是晴,三是暖,四是寒,五是风。
假若这五种现象,都能按照一定的规律发生,那么各种草木就会茂盛地
生长,庄稼也会丰收。假若其中一种现象过多,年成就不好;一种观象
过少,年成也会不好。

"曰休征①:曰肃②,时雨若;曰乂③,时旸若;曰晰④,时燠
若;曰谋⑤,时寒若;曰圣⑥,时风若。

【注释】

①休:美好。征:征兆。

②肃:敬,这里指办事恭谨认真。

③乂:治,这里指把政治治理得好。

④晰:明。

⑤谋:考虑问题,这里谓深谋远虑。

⑥圣:通达事理。

【译文】

"各种好的征兆:天子办事恭谨,雨水就按时降下来;天子的政治清
明,就会有充足的阳光;天子办事明白,炎热的气候就会按时到来;天子

能够深谋远虑,寒冷的气候也会应时而至;天子通达事理,风也就会按时产生。

　　"曰咎征:曰狂^①,恒雨若^②;曰僭^③,恒旸若^④;曰豫^⑤,恒燠若^⑥;曰急,恒寒若;曰蒙,恒风若^④。

【注释】

①狂:狂妄。

②恒:长久。

③僭(jiàn):差错。

④恒旸:意谓天久晴不雨。

⑤豫:安逸。

⑥蒙:暗,意谓办事不明白。以上句中"若"字,均应解作"顺"。

【译文】

　　"各种坏的征兆:天子的行为狂妄,大雨就会下个不停;天子办事有差错,天气就会干旱不雨;天子贪图安逸享受,天气就会经常炎热;天子办事急躁,天气就会经常寒冷;天子办事不精明,风就刮个不停。

　　"曰王省惟岁^①,卿士惟月,师尹惟日^②。岁、月、日时无易^③,百谷用成,乂用明^④,俊民用章^⑤,家用平康^⑥。日、月、岁时既易,百谷用不成,乂用昏不明,俊民用微^⑦,家用不宁。庶民惟星^⑧,星有好风^⑨,星有好雨^⑩。日月之行,则有冬有夏。月之从星,则以风雨^⑪。

【注释】

①省:通"眚"(shěng),过失。

②师尹：卿士下面的一些官吏。师，众。尹，正。

③无易：谓不发生异常的变化。易，变。

④乂：治。用：因。

⑤俊：有才能的人。章：显，谓提拔任用。

⑥家：指王室。

⑦微：隐。与上文"章"相对为文，意指不被提拔任用。

⑧庶民惟星：此句把众民比作众星。庶，众。

⑨星有好风：马融说："箕星好风。"好，喜好，读去声。

⑩星有好雨：马融说"毕星好雨"。"箕"与"毕"都是星名。马融的说法本于《诗经》和《周礼》(详见孙星衍《尚书今古文注疏》)。

⑪月之从星，则以风雨：以上数句都是比方，以众星比喻人民，是说众民应像众星为日月所统率一样，臣服于统治者的统治。"星有好风，星有好雨"是说人民喜好无常，不可信从；"月之从星，则以风雨"是说政教失常，顺从了人民的愿望，就会大乱。

【译文】

"天子有了过失，就会影响一年；卿士有了过失，就会影响一月；官吏有了过失，就会影响一天。年、月、日都不发生异常的变化，各种庄稼便都会茂盛地生长，政治就会清明，贤能的人就会得到任用，国家也就会平安无事。假如日、月、岁发生了异常的变化，许多庄稼就长不好，政治就昏暗，贤能的人就得不到任用，国家就会紊乱。庶民好比星，有的星好风，有的星好雨。由于日月的运行，便产生了冬天和夏天。假若月亮离开太阳而顺从于星，那么接近箕星就多风，接近毕星就多雨。

"九、五福：一曰寿，二曰富，三曰康宁，四曰攸好德①，五曰考终命②。六极③：一曰凶短折④，二曰疾，三曰忧，四曰贫，五曰恶，六曰弱。"

【注释】

①攸：所。好：喜好。

②考：老。终命：善终。

③极：诛，谓惩罚。

④凶：没有成人就死去。短：不到二十岁就死去。折：没有结婚就死去。因此，凶、短、折均谓早死。

【译文】

"九、五种幸福：一长寿，二富贵，三平安而无疾病，四喜好天子所建立的道德规范，五长寿善终。六种惩罚：一早死，二多病，三多忧愁，四贫穷，五丑恶，六懦弱。"

金　縢

【题解】

本篇虽属今文，但它的写作时代，前人已提出不少疑问。北宋程颐认为此篇"意多浅晦"，因而"疑其不可尽信"。其后王廉、王夫之、袁枚都曾提出许多理由而疑为伪作，这些意见都可作为进一步研究的参考。

《金縢》一文主要是歌颂周公的。可分作两部分：第一部分写武王病重时，周公祈求三王的在天之灵，请求以自身代替武王去死，表现周公对武王的忠贞。第二部分写成王怀疑周公，上帝以"大雷电以风"示警，成王从金縢的匣子中看到周公的祝辞，了解到周公的忠诚，不仅完全消除怀疑而且大为感动，从而改变了对周公的态度。上帝不但不使年成荒歉，反而使收成特别好，以此表示褒奖。全文充满了天人感应的神学思想，这是应当扬弃的。

从行文上看，这一篇和《大诰》、《康诰》等颇不相类，今人张西堂认为当作于孟子之后亦即战国中叶（见所著《尚书引论》）。这个意见仅供参考。

既克商二年①，王有疾，弗豫②。二公曰③："我其为王穆卜④？"周公曰："未可以戚我先王⑤。"公乃自以为功⑥，为三坛同墠⑦。为坛于南方北面，周公立焉。植璧秉珪⑧，乃告大王、王季、文王⑨。

【注释】

①既：时态副词，表示过去。克商：灭掉商朝。

②弗豫：古时天子生病的称谓。弗，否定副词，不。豫，《尔雅·释诂》："豫，乐也。"

③二公：据《史记》，当指太公和召公。

④其：表示商量语气的副词。穆：恭敬。

⑤戚：忧虑。

⑥"公乃"句：这句话的意思是说，周公打算祷告先王让自己代替武王去死。乃，就。功，质，抵押品。

⑦三坛：《孔传》："因太王、王季、文王请命于天，故为三坛。"坛，祭坛。同墠(shàn)：谓三坛同用此场地。墠，祭祀用的场地。

⑧植：通"置"，放。秉：拿着。璧、珪：均美玉，珪的形状上圆下方。

⑨大王：即太王，武王的曾祖，名古公亶父，是周王朝开创人之一。王季：武王的祖父，名季历。文王：武王父姬昌。

【译文】

在殷商已被灭掉的第二年，武王生了病，身体很不舒服。太公、召公说："让我们恭敬地为国王的疾病占卜一下好吗？"周公说："不要使我们的先王忧虑吧。"周公打算以自己的生命做质，便清除一块土地作为祭祀的场所，在上面筑起三个祭坛。祭坛建在南边，面向北方，周公站于祭坛之上。祭坛上放着璧玉，周公手里拿着玉珪，然后周公便向太王、王季、文王祷告。

　　史乃册祝曰①："惟尔元孙某②，遘厉虐疾③。若尔三王，是有丕子之责于天④，以旦代某之身。予仁若考⑤，能多材多艺⑥,能事鬼神。乃元孙不若旦多材多艺,不能事鬼神。乃命于帝庭⑦,敷佑四方⑧。用能定尔子孙子下地⑨,四方之民,罔不祗畏⑩。呜呼!无坠天之降宝命,我先王亦永有依归。今我即命于元龟⑪,尔之许我,我其以璧与珪,归俟尔命⑫;尔不许我,我乃屏璧与珪⑬。"

【注释】

①史:《史记》作"内史",即史官。册祝:典册上的祝辞。

②元:长。

③遘(gòu):遇。厉:病灾。虐疾:暴病。

④是有丕子之责于天:这一句很费解。俞樾说:"'丕'字,《史记》作'负'。负子者,诸侯疾病之名。《曲礼正义》引《白虎通》:'天子病曰不豫',言不复豫政也。诸侯曰'负子',诸侯子民,言忧民不复子之也,三王于殷为诸侯,故称其病为'负子'。"此说甚妥,从之。

⑤若:通"而"。考:通"巧",乖巧。

⑥材:通"才",指才能。艺:也指才能。

⑦乃命于帝庭:意即在上帝之庭接受任命。

⑧敷佑:即匍有。盂鼎:"匍有四方。""敷"与"溥"古时通用。《诗·小雅·北山》:"溥天之下,莫非王土。""敷佑四方"与此意同。

⑨用:因。

⑩罔:否定副词,不。祗(zhī):敬。

⑪即:就。元龟:占卜用的大龟。

⑫归:回,指回到三王身边,意即死掉。俟(sì):等候。

⑬屏(bǐng):弃。

【译文】

史官就把周公祷告时的祝辞写在典册上,祝辞说:"你的长孙,得了暴病。假若你们三王的在天之灵,得了什么疾病,需要做子孙的去服侍你们,那就让我姬旦来代替你的长孙吧!我有孝敬的仁德而又伶俐乖巧,什么才能都有,能够很好地奉事鬼神。你的长孙不像我这样多才多艺,不能奉事鬼神。他在上帝那里接受任命,按照上帝的意旨正在统治四方。因而你的子孙统治权才这样在人间确定下来,四方的臣民无不既尊敬又害怕。唉!不要毁掉上天所降给的宝贵大命吧!这样我们的先王也就永远有所归依了。现在我就要通过龟卜来接受你的命令了,假若你们答应了我的要求,我就拿着璧和珪死去,等待你们命令;假若你们不答应我的要求,那我就要把璧和珪抛掉。"

乃卜三龟①,一习吉②。启籥见书③,乃并是吉④。公曰:"体⑤!王其罔害⑥。予小子新命于三王,惟永终是图。兹攸俟⑦,能念予一人⑧。"公归,乃纳册于金縢之匮中⑨。王翼日乃瘳⑩。

【注释】

①三龟:一说,"三龟"指在三王灵前各置一龟;一说,"三龟"指占卜三次(《洪范》中有三占从二之说)。两说均通,译文用前一说。

②一习吉:指占卜的均属吉兆。习,重。

③启:开。籥(yuè):古时书写用的竹简。

④并:皆。

⑤体:俞樾认为是发语词,表示庆幸。一说,"体"指占卜时的卦兆,亦通。

⑥罔:无。

⑦兹:这。攸:所。俟:大。

⑧予一人:指武王。古时只有天子才可称"予一人"。

⑨縢(téng)：封缄。匮：匣。

⑩翼日：明日。翼，通"翌"(yì)。瘳(chōu)：病愈。

【译文】

于是在太王、王季、文王的灵位前各放一龟，进行占卜。占卜结束后，打开竹简，看见所得到的都是吉兆。周公说："好啊！国王不会有什么危险了。我从三王那里接受命令，只有如何能够永远保持我们的统治这个大问题，才是我应当考虑的。而我们的先王也正因为这个问题，无时不为我们的国王祝福。"周公回去之后，史官就把周公的这些祝辞写在典册上，放在用金质的绳索捆束的匣子中。第二天，王的病体痊愈。

武王既丧，管叔及其群弟乃流言于国①，曰："公将不利于孺子。"周公乃告二公曰："我之弗辟②，我无以告我先王。"周公居东二年③，则罪人斯得④。于后，公乃为诗以诒王⑤，名之曰《鸱鸮》⑥，王亦未敢诮公⑦。

【注释】

①管叔及其群弟：据《史记·周本纪》记载，武王死后，周公摄政，武王的弟弟管叔、蔡叔、霍叔等勾结武庚发动叛乱，这次叛乱被周公镇压了下去。

②弗：不。辟：指君位，此处意指政权。

③周公居东二年：管叔等人在周初实行封建时，被分封在商的故土。周灭商后把商的故土分为三部分。管叔、蔡叔、霍叔各据一部分，监视殷人，称为"三监"。殷商的故土在周的东面，因而周公向东进发，讨伐他们的叛乱。居东，指东征。

④罪人：指管叔集团中的人。斯：尽。

⑤诒(yí)：通"贻"，给。

⑧鸱鸮(chīxiāo)：鸟名，即猫头鹰。此处作诗的题目，原文见《诗经》。

⑦诮(qiào)：责备。

【译文】

武王已经死了，管叔和他的弟弟们就在国内散布流言说："周公将要做出对幼小的国王不利的事情了。"周公就对太公和召公说道："我假如不去掌握政权，天下就会叛乱，我就无法向我们的先王回报了。"周公东征，经过两年，便把发动叛乱的罪人一网打尽。之后便作了一首诗送给成王，这首诗的题目叫做《鸱鸮》，向成王表明宁可消灭管、蔡，而不能毁掉周朝政权。成王虽不同意周公的意见，但却不敢责备他。

秋，大熟，未获，天大雷电以风，禾尽偃①，大木斯拔②。邦人大恐，王与大夫尽弁③，以启金縢之书，乃得周公所自以为功代武王之说。二公及王乃问诸史与百执事。对曰："信。噫！公命我勿敢言。"

【注释】

①偃(yǎn)：倒下。

②斯：尽。

③弁(biàn)：礼服。

【译文】

秋天，庄稼长得很好，还没有收获，忽然雷电交加，又刮起了大风，庄稼都被吹得倒伏在地上，大树也都被风拔了起来。国内的人都非常恐慌，国王和大夫们都穿上朝服，打开了那个用金质的绳索捆束的匣子，于是便得到了周公以自身为质请求代替武王去死的册书。太公、召公和成王便向史官们询问这件事。他们回答说："实在有这件事情。唉！周公命令我们保守秘密，我们不敢把这件事情说出来。"

王执书以泣，曰："其勿穆卜。昔公勤劳王家，惟予冲人弗及知①。今天动威，以彰周公之德。惟朕小子其新逆②，我国家礼亦宜之。"

【注释】

①惟：只。予：我。冲人：年幼的人。

②惟：发语词。新：马融作"亲"，于义为长，可从。逆：迎。

【译文】

成王拿着周公所藏的册书，哭着说道："没有必要去恭敬地占卜了。过去周公勤劳地为王室工作，只是我这个年轻人不知道这些事情。现在上帝动怒，发出了这样的威风，就是以此来表彰周公的德行。我应当亲自去迎接周公，这样做，按照我们国家所制定的礼仪也是应该的。"

王出郊，天乃雨，反风，禾则尽起。二公命邦人凡大木所偃，尽起而筑之，岁则大熟。

【译文】

成王走出城郊迎接周公，天才下起了雨，风也按相反的方向刮去，被吹倒的庄稼，便又都重新站了起来。太公和召公便命令国内的人，把凡是被风刮倒的大树，都重新扶起来，并且用土加固，这一年的收成特别好。

大　诰

【题解】

　　据《史记·周本纪》记载,武王死后,管、蔡叛国,周公率兵东征,历时三年讨平叛乱,于是作《大诰》。但从全文来看,此文应作于东征之初,而不是作于东征之后。

　　三监联合武庚的叛乱以及周公东征,这在周初是一件大事。既然《大诰》所写的是这件事,又是当时的实录,因而《大诰》一文具有很高的史料价值。

　　武王灭纣,虽然是一个进步,但是这个进步是经过一番严酷复杂的斗争取得的,决不如儒家学派中的一些人所描绘得那样轻松,《大诰》的记载便是明证。

　　《大诰》所记载的全是周公的谈话,可分作两大部分。在第一部分中,周公分析了当时国家所面临的困难,同时也提出了解决困难的方法。困难是什么呢?周公认为有两个方面:一是"我国有疵",所谓"疵",其实指的就是武王之死以及群弟见疑之事;二是"殷小腆诞敢纪其叙",即武庚等发动叛乱,图谋复辟。情形正像周公在诰辞中所描绘的那样,这两个方面交织在一起造成了当时极其严重的局势。怎样解决面临的困难呢?周公主张武力解决,并通过占卜肯定了这个主张。

　　第二部分的内容主要是对反对派进行说服教育。对于武力平叛,周的统治集团内部意见很不一致，"囷不反"说明当时持反对态度的人相当多。反对派提出两条理由：一是困难大，民心不静；二是发动叛乱的人有些是王室内部的人，甚至是长辈，对他们不应加以讨伐。反对派力图用这两条理由劝周公违背占卜取消东征。为了说服反对派，周公不惮词费，从不同角度反复说明对叛乱者实行武力镇压的必要。周公申述理由时，如此用力，说明当时东征的阻力的确很大。

这一部分是诰辞的主要部分，篇幅较长，细加分析，又可分作四层。

首先，周公指出，不是不考虑出征的困难。周公认为武力平叛是完成文王力图成就的事业所必不可少的。为了完成这项事业，便不能为这种困难所吓倒，也不能为自身的安危忧虑。从这些话中，人们不难想见当时斗争的尖锐和复杂。谈话中所提到的"民不静"对于考察和了解当时的历史情况，应当说具有重要的史料价值。

其次，周公又从群臣与文王的关系上进行分析，指出他们都是文王的旧臣，应当知道文王的勤劳。这些话的用意很清楚，无非是说，既是文王的旧臣，又了解文王创业的辛勤，那就应该倾尽全力去完成文王的未竟事业。不仅如此，在这段话里，周公一再指出周建立政权，是上帝的意旨，上帝不但把成功的办法告诉给他们，而且像去掉自身疾病那样迫切地希望他们完成文王的未竟事业。很清楚，这个事业就是平定叛乱。

再次，周公以盖房子种庄稼作比喻说明后人应当继承前人的遗业，进一步强调讨伐叛乱的必要。

最后，周公进一步肯定东征是上帝的旨意，又一次用种庄稼作比喻，说明除恶务尽的重要。

神学是当时统治者的精神支柱，即使像周公这样思想卓越的政治家，也不能摆脱这个局限，为了说服反对派，周公不得不求助于神学。但应当指出，在周公那里，宣扬神学只不过是一种手段而已。

从全文来看，文章的脉络层次比较清楚，在写作方法上和《盘庚》相比，应当说有了一些进步。

王若曰①："猷②！大诰尔多邦③，越尔御事④。弗吊⑤！天降割于我家⑥，不少延！洪惟我幼冲人⑦，嗣无疆大历服⑧。弗造哲迪民康⑨，矧曰其有能格知天命⑩？

【注释】

①王：指周公，武王死后，武王的儿子诵年幼，周公暂时代替诵做天子，故此处王当指周公。若：因公暂时代理天子的职权，故谈话或发布命令时，加上"若"字，以表示是暂时代理。

②猷（yóu）：发语词。

③诰：周时，最高统治者对臣僚的训语称诰。尔：你，此处当理解为你们。邦：指诸侯。

④越：连词，和。御事：指诸侯下面的官吏。

⑤弗：不。吊：善。

⑥割：《广雅·释诂》："害也。"

⑦洪惟：周公诰辞中，常用的发语词。洪，通"鸿"。《尔雅·释诂》："鸿，代也。"惟，语中助词。幼冲人：年幼的人，此处指成王。

⑧嗣：继续。无疆：谓永恒。疆，界限。大历服：指天子的职位。历，数。服，职位。

⑨弗：不。造：通"遭"。哲：明智。迪：道，此处作动词用，谓引导。康：安康。

⑩矧（shěn）：况，何况。格：推究。

【译文】

王说："啊！我要郑重地向你们各国诸侯，和你们的部下官吏宣布命令。不好了！上帝把大祸降给我们国家了，灾祸在继续发展，没有停息！现在我代替我年幼的侄儿执掌我们永恒的权柄。但我却没有遇到明智的人，把我们的臣民引导到安全的境地，何况说了解天命的人呢？

"已①！予惟小子若涉渊水，予惟往求朕攸济②。敷贲③，敷前人受命④，兹不忘大功！予不敢闭于天降威⑤，用宁王遗我大宝龟⑥，绍天明⑦。即命曰⑧：'有大艰于西土，西土人亦不静。'越兹蠢⑨。殷小腆诞敢纪其叙⑩。天降威⑪，知我国有疵⑫，民不康，曰'予复⑬'，反鄙我周邦⑭。今蠢，今翼日民献⑮。有十夫予翼⑯，以于敉宁、武图功⑰。我有大事⑱，休⑲？朕卜并吉⑳！

【注释】

①已：感叹词。

②"予惟往"句：承上文，当指渡过深渊，深渊比喻难关。此句省略中心词，所求的是渡过深渊（难关）的办法。惟，只。攸，所。济，渡。

③敷：布，摆开。贲(fén)：殷周时占卜用的大龟名。

④敷：布，谓表达。

⑤闭：关闭，此处引申为隐藏。

⑥宁王：当作"文王"，古时"文"、"宁"字形相近，致误。

⑦绍：近人曾运乾说："'绍'读为'卟'(shào)"，《说文》："卟，卜问也"。天明：语倒，当作"明天"，联系上文当谓问上天的用意。

⑧即：则。命曰：指卜辞。

⑨越：于是。兹：指示代词，这，指发动暴乱的人。

⑩腆(tiǎn)：主持，引申为国主。王肃说："腆，主也。殷小腆，谓禄父也。"诞：大。纪其叙：意思是理其已经灭亡了的帝统，即图谋复辟。纪，理。叙，通"绪"，指事业。

⑪威：害。

⑫疵：病，指武王之死及群弟见疑之事。

⑬予：我。复：复国。这是周公代述殷人的话。

⑭鄙：鄙视，瞧不起。周邦：周国。

⑮翼：飞动的样子，比喻追随叛乱的人很多。日：可能是"曰"字之误。民献：即黎献、人民（采俞樾、杨筠如说）。

⑯予翼：倒装，谓辅助我。翼，辅助。予，我。

⑰敉（mǐ）：安抚平定。宁、武：指文王和武王。

⑱大事：这里指战事。

⑲休：美，善。联系上下文当指问卜兆的好与不好。

⑳并：皆。

【译文】

"唉！我的处境就好像渡过深渊那样危险，我只好到上帝那里寻找渡过难关的办法了。摆下占卜用的大龟吧，让它来宣布我们的前辈是怎样在上帝那里接受命令的，这样的大功，是不应当忘记的！我不敢隐藏上天的威严意旨，用文王遗留给我们的大宝龟进行占卜，我们就可以问清上帝的用意了。结果就得到卜辞，说：'西方要有很大的灾难，西方人也不会平静。'于是这些阴谋叛乱的人就更加蠢蠢欲动。殷商的余孽竟然敢于妄图恢复他们的统治地位。上帝给我们降下了灾难，他们知道我们国家因为这种灾难，人们很不安宁，竟然说'我们要恢复我们的统治'，反而更加看不起我们周国。现在他们发动叛乱了，有的地方的人们响应他们这种叛乱。但只要有十个人做我的助手，那我就可以平定叛乱，完成文王、武王所力图达到的武功。我现在要发动平定叛乱的战争，这样做究竟好不好呢？我的占卜告诉我这样做是吉利的！

"肆予告我友邦君①，越尹氏、庶士、御事②，曰：予得吉卜，予惟以尔庶邦③，于伐殷逋播臣④。尔庶邦君越庶士、御事罔不反⑤，曰：'艰大，民不静。亦惟在王宫、邦君室⑥，越予小子考翼⑦，不可征。王害不违卜⑧？'

【注释】

①肆：故。

②越：和。尹氏：史官。庶士：许多官员。庶，多。御事：官吏。

③予：我。惟：思，引申为想。以：率领。邦：指诸侯。

④逋(bū)播：逃亡，叛乱。

⑤越：和。罔：无。反：反对。

⑥亦惟在王宫、邦君室：此处指管叔、蔡叔、霍叔等人而言，意思是说这些人都是王宫、王室中的人。

⑦越：语中助词。予小子：说话人自称。考：长辈。翼：敬。

⑧害(hé)：何，为什么。

【译文】

"因此，我要告诉我们友邦的国君以及各位官员说：我得到了吉利的卜兆，我要率领你们去讨伐殷国那些逃亡叛乱的人。可是，你们这些国君和你们的许多官吏，无不反对我的意见，说：'困难太大了，民心也很不平静。还要考虑那些发动叛乱的人有的就出在王宫里面和邦君的家里，并且是我们的长辈，不应当去讨伐他们。王啊！你为什么不违背占卜呢？'

"肆予冲人永思艰①，曰：呜呼！允蠢鳏寡②，哀哉！予造天役③，遗大投艰于朕身④，越予冲人不卬自恤⑤。义尔邦君⑥，越尔多士、尹氏、御事⑦，绥予曰⑧：'无毖于恤⑨，不可不成乃宁考图功⑩。'

【注释】

①肆：今。冲人：年幼的人，指成王。

②允：信，实在。蠢：扰动。鳏(guān)：无妻的男人。寡：失去丈夫

的女人。

③造：遭。役：通"疫"，指灾难。

④遗、投：句中同义，意即降给。

⑤越：语首助词。不卬（áng）自恤：意谓不应当为自己的安危忧虑。卬，我。恤，忧。

⑥义尔邦君：倒装，应作"尔邦君义"，意谓你们诸侯国君，应该……。义，宜，应当。

⑦越：和。

⑧绥：告诉。予：我。

⑨戮：劳。恤：忧虑。

⑩成：成就。乃：你。宁：当作"文"，指文王。考：古时称死去的父亲为考。图：图谋。功：功业。

【译文】

"现在我应当为我们年幼的国王，慎重地考虑出征的困难，唉！实在是这样，一旦发动战争，就要惊扰千家万户，甚至包括无夫无妻的人在内，这多么令人哀痛啊！我们遭到天灾，上帝把非常严重的困难，投到我以及我们幼主的身上，我不能只为自身的安危忧虑。我猜想你们各位国君和你们的官吏们，也会这样劝告我：'不应当过分地操劳于自己的安危，不应不去完成你的父亲文王所力图成就的功业。'

"已①！予惟小子②，不敢替上帝命③。天休于宁王④，兴我小邦周。宁王惟卜⑤，用克绥受兹命⑥。今天其相民⑦，矧亦惟卜用⑧。呜呼！天明畏⑨，弼我丕丕基⑩！"

【注释】

①已：叹词。

②惟：思。

③替:废。

④休:美、善,这里用作动词,谓嘉奖。一说,树荫,可引申为庇护。《汉书·外戚传下》:"依松柏之余休。"休,或写作"庥",亦通。宁王:文王。

⑤惟:语中助词。卜:占卜。

⑥用:因而。克:能够。绥:通"绥"(ruí),继承。《尔雅·释诂》:"绥,继也。"(采杨筠如说)

⑦相民:倒装,此句意谓上天命令臣民帮助我们。相,助。

⑧矧(shěn):又。

⑨天明畏:此句省略部分较多,省略部分的意思当如译文。

⑩弼:帮助。丕:大。基:基业。

【译文】

"唉!我想我是文王的儿子,我不敢废弃上帝的命令。上天嘉奖文王,使我们这个小小的周国兴盛起来。文王通过占卜,继承了上帝所授给的大命。现在上帝命令臣民帮助我们,何况我们又通过占卜了解到上帝的这番用意呢。唉!上帝的这种明确的意见,人们应该敬畏,还是帮助我把我们的统治大大地加强吧!"

王曰:"尔惟旧人①,尔丕克远省②,尔知宁王若勤哉③?天閟毖我成功所④,予不敢不极卒宁王图事⑤。肆予大化诱我友邦君⑥,天棐忱辞⑦,其考我民⑧,予曷其不于前宁人图功攸终⑨?天亦惟用勤毖我民⑩,若有疾⑪,予曷敢不于前宁人攸受休毕⑫!"

【注释】

①尔:你们。惟:是。旧人:指曾经辅佐过文王的人。

②丕：程度副词，大，此处可引申理解为"很"。克：能够。省（xǐng）：
　回顾。

③宁王：文王。若：如何。

④闷（bì）：秘密。毖：命令。所：所在，这里可引申理解为"办法"。

⑤极：亟，急切。卒：终，完成。

⑥肆：故。诱：教育劝告。

⑦棐（fěi）：辅导，辅助。忱：诚。

⑧考：成。

⑨曷：通"何"。攸：所。

⑩亦：也。惟：语中助词。用：因此。勤：此处可引申理解为"经
　常"。毖：命令。

⑪若：好像。此句省略较多，文意当如译文。

⑫休：善，美。毕：完成。

【译文】

　　王说："你们是曾经辅佐过文王的老臣，你们能够很好地回顾一下
遥远的过去，知道文王是如何的勤劳吗？上帝把取得成功的办法秘密
地告诉我们，我不敢不尽一切努力来完成文王所力图成就的事业。所
以，我就用这番伟大的道理，教育劝导你们各位诸侯国君，上帝那些诚
恳的表示赞助的言辞，说明上帝将要成就我们的臣民，我为什么不去继
承文王的事业，而去争取最后的胜利呢？上帝也因此经常向我们发出
命令，好像要去掉自己身上的疾病那样迫切，我怎敢不去努力地完成文
王从上帝那里所接受的神圣的事业呢？"

　　王曰："若昔朕其逝①，朕言艰日思②。若考作室③，既底
法④，厥子乃弗肯堂⑤，矧肯构⑥？厥父菑⑦，厥子乃弗肯播⑧，矧
肯获⑨？厥考翼其肯曰⑩：'予有后，弗弃基⑪。'肆予曷敢不越卬
敉宁王大命⑫？若兄考⑬，乃有友伐厥子⑭，民养其劝弗救⑮？"

【注释】

①若:语首助词。逝:往。这句话所说的是周公过去随从武王征伐殷国一事。

②言:语中助词。艰:困难。日:天天。

③若:其。室:房子。

④既:已经。底(zhǐ):定。

⑤厥:其。堂:宅基。

⑥矧(shěn):况。构:建造房屋。

⑦菑(zī):刚耕的土地。

⑧播:播种。

⑨矧:况。获:收获。

⑩考:父。翼:敬。其:岂。

⑪基:基业。

⑫肆:故。越卬(áng):即在我。"越卬"下有省略,从上下文考查当指"执掌大位期间"。越,在。卬,我。敉(mǐ):平定,当指平定叛乱。宁王:文王。

⑬若:假若。

⑭友:当指友邦。一说,"友"当作"效",指效法汤、武伐其子弟。此说嫌穿凿,不从。

⑮民养:养,长,所谓民长当指统治人民的诸侯国君。劝:劝止。

【译文】

　　王说:"在过去,我曾经跟随武王到东方讨伐殷国,所以我天天考虑着出兵东征的困难。譬如父亲要盖房子,已经确定了房子的盖法,可是他的儿子却不肯去奠定房子的地基,何况是盖房子呢? 他的父亲把地耕好,他的儿子却不肯播种,何况是收获庄稼呢? 做父亲的是敬重自己的事业的,他怎么会说:'我的后代,不会毁弃我的事业。'所以,我怎敢不在我执掌大位期间亲自去讨伐叛乱,完成文王从上帝那里接受的大

命呢？又好比当父兄的，如果有的邻国讨伐他们的子弟，难道那些统治
他们的侯王能够劝阻他们不去救助自己的子弟吗？"

王曰："呜呼！肆哉①，尔庶邦君越尔御事。爽邦由哲②，
亦惟十人迪知上帝命③。越天棐忱④，尔时罔敢易法⑤。矧
今天降戾于周邦⑥，惟大艰人⑦，诞邻胥伐于厥室⑧。尔亦不
知天命不易⑨！

【注释】

① 肆：犹言肆力。肆力，尽力。《三国志·魏书·钟育传》："开荒
　　地，使民肆力于农。"

② 爽邦：意即使国家政治清明。爽，明。

③ 惟：只。十人：指文母，周公，太公、召公、毕公、荣公、太颠、宏夭、
　　散宜生、南宫括。迪：导。

④ 越：语首助词。棐（fěi）：辅导帮助。忱：诚。

⑤ 尔：你们。时：通"是"。罔：不。易：侮慢。

⑥ 戾：定，此处指上天的定命。

⑦ 大艰人：指发动叛乱的管叔等人。

⑧ 诞（yán）：通"延"，延纳，此处可引申理解为"勾结"。邻胥：指邻
　　邦，即指殷国。胥，相。此句指责管叔同室操戈。

⑨ 易：改变。

【译文】

王说："唉！努力吧，各位诸侯国君以及你们的官吏们。要把国家
治理好，就必须依靠圣明的人，而只有十个圣明的人才会了解上帝的意
旨。上帝在诚心诚意地帮助我们周国，你们是不敢侮慢上帝的决定的。
今天，上帝已经把这个决定下达到我们周国了，那些发动叛乱的人却勾

结殷人来讨伐自己的同宗。你们不知道上帝的大命是不会改变的吗？

"予永念曰①：天惟丧殷。若穑夫②，予曷敢不终朕亩③？天亦惟休于前宁人④，予曷其极卜敢弗于从⑤？率宁人有指疆土⑥？矧今卜并吉⑦，肆朕诞以尔东征⑧。天命不僭⑨，卜陈惟若兹⑩。"

【注释】

①永：长时间。念：考虑。

②若：譬如。穑(sè)夫：农民。

③不终朕亩：意言要把种田的事情搞好。

④休：赞助。宁人：指文王。

⑤极：《仪礼·大射礼》："赞设决朱极三。"注："极，犹放也。"放，放下。

⑥宁人：指文王。指：通"旨"，美好。

⑦矧：况。并：都。

⑧肆：因此。诞：大。以：率领。

⑨僭(jiàn)：差错。

⑩卜陈：卜兆陈列。兹：这。

【译文】

"我长时期地考虑：上帝是要灭掉殷国的。譬如种庄稼的农民，为了使庄稼长得好，总要把田亩中的杂草完全除掉，我怎敢不像农民那样除恶务尽呢？上帝只赞助我们的前辈文王，我怎敢放下卜兆不遵从上帝的意旨，不遵循文王的意图而不去保卫我们美好的疆土呢？何况今天的占卜都是吉利的，因此我一定率领你们诸侯国君东征。上帝的命令是不会有差错的，占卜就清楚地说明了这一点。"

康　诰

【题解】

据《史记·周本纪》记载,周公在平定三监及武庚所发动的叛乱之后,把康叔封在殷地,以统治殷的余民。这篇诰文便是康叔上任之前,周公对康叔的训诫之辞。

篇首四十八字,与全文内容不吻合,苏轼以为应归之《洛诰》,原本把这四十八字放在《康诰》的开头,大约是错简造成的。朱熹、顾炎武等人同意苏轼的说法,我们也认为这个说法有一定道理。

周公在诰辞的开始就提出了"明德慎罚",要求康叔把它作为一条重要的原则加以遵守。围绕这个中心议题,周公向康叔反复阐明,为什么要遵守这个原则和怎样遵守这个原则。

首先,周公总结了历史经验,指出文王正是遵循这条原则缔造了周国并由此取得上帝的信任,才最后灭掉殷商而取得政权的。因此,周公认为只有实行"德政",才能把殷民治理好,才能巩固已经取得的政权。

在总结历史经验的时候,周公深刻地认识到"天畏棐忱","小人难保"。不仅如此,周公还把"天命"和"民情"联系起来,认为上帝的意旨是通过"民情"表现出来的。人民群众的伟大力量在历次对抗中有了充分的显示,周公能够从历次对抗中,认识到人民群众力量的伟大,说明周公不愧是一位卓越的思想家和政治家。"明德慎罚"的原则,正是在这个认识的基础上提出来的。

怎样实施"明德慎罚"呢？总的说来便是"庸庸、祗祗、威威"。"庸庸、祗祗"属于"明德"的范畴；"威威"则属于"慎罚"的范畴。所谓"明德慎罚"，实质上就是孔子所说的"宽猛相济"。在诰辞中，周公虽然也谈到"明德"，但主要的还是谈"慎罚"。周公认为"罚"是维护统治不可缺少的手段，但行罚时一定要慎重。并且对"慎罚"作了具体指示，其内容大体上可归纳为以下几个方面：

一、行罚主要的不是看一个人的罪恶大小，而是要看他是否为故意犯罪，倘是故意犯罪，罪行虽小也要施以重刑；如果不是故意犯罪，而又知道悔改，罪行虽大，也不能施以重刑。周公认为只有这样做，才能使臣民悦服，相互劝勉而不犯上作乱。这说明周公已经非常自觉地把惩罚当作维护政权的手段来加以使用了。

二、慎重地审查犯人的供辞，对于犯人的供辞一定要考虑五、六天甚至十天。这样做大约为了避免错误的判断。

三、对于"不孝不友"的"元恶大憝"一定要"刑兹无赦"。

四、对于"乃别播敷，造民大誉"的大臣或官吏也应施以重刑。

周公在训诫中特别强调"敬"、"慎"二字，原因就在于周公认识到"天畏棐忱"，而且认识到"惟命不于常"。由于周公把"天命"和"民情"联系一起，所以，周公所敬畏的与其说是"天命"，倒不如说是"民情"。这一点和周的前代相比较，不能不说是一个进步。

总之，这篇诰辞不但是探讨周代历史，而且是研究周代意识形态的一篇重要的文献资料。

惟三月哉生魄①，周公初基作新大邑于东国洛②，四方民大和会③。侯甸男邦④，采卫百工⑤，播民和见⑥，士于周⑦。周公咸勤⑧，乃洪大诰治⑨。

【注释】

①惟:语首助词。哉:始。魄:《说文》作"霸"。马融说:"魄,朏也。谓月三日始生兆。朏名魄,一作霸。"朏(fěi),指月光。王国维说:古人记时,月分四期,一曰初吉,二曰既生霸,三曰既望,四曰既死霸。又有哉生霸、旁生霸、旁死霸三名。每月的一日至七、八日叫初吉,而每月的二日或三日又名哉生霸,三日以后也可称作哉生霸,所以哉生霸也可以是每月的五日或六日(详见杨筠如《尚书覈诂》及王国维《观堂集林·生霸死霸考》卷一)。据此,译文译作"月初"。一说,"生魄"指"望日",即月之十五日。

②基:始。大邑:即是洛阳。洛:洛水。

③大和会:都到这里来集合。和,都。旧注多把"和"解释成和悦即高兴,意思是说大家都高高兴兴地到这里来集合。此说与实际情况恐不符,不从。

④邦:国。在句中起连贯上下的作用,当作侯邦、甸邦、男邦、采邦、卫邦。侯、甸、男、采、卫,是诸侯不同等级的称谓。

⑤百工:百官。

⑥播民:指边远地带诸侯国的臣民。

⑦士:通"事",服务。

⑧咸:都。勤:慰劳。

⑨洪:代。见前《大诰》第一段注⑦。

【译文】

三月初,周公开始打算在东方的洛水营建新的大都市,四方的臣民都到这里集合。诸侯、百官以及殷商的遗民,都来营建洛邑,为周王室服务,因此都被召见。周公为了慰劳他们,便代替成王发表训话,告诉他们治理国家的大道理。

王若曰:"孟侯①,朕其弟②,小子封③!惟乃丕显考文王④,克明德慎罚⑤,不敢侮鳏寡,庸庸⑥,祗祗⑦,威威⑧,显民⑨。用肇造我区夏⑩,越我一二邦,以修我西土⑪。惟时怙冒闻于上帝⑫,帝休⑬,天乃大命文王殪戎殷⑭,诞受厥命越厥邦厥民⑮。惟时叙⑯,乃寡兄勖⑰,肆汝小子封在兹东土⑱。"

【注释】

①孟侯:诸侯的领袖,谓诸侯之长。孟,长。

②朕:我。

③小子:古时对年轻人的称呼。封:康叔的名字。

④惟:只。乃:你。丕显:谓英明。丕,大。显,明。考:父。

⑤克:能。

⑥庸庸:前一"庸"字是动词,任用的意思。后一"庸"字是指应受任用的人。

⑦祗:敬。

⑧威:罚。"祗祗"和"威威"句法与上文"庸庸"相同。

⑨显民:即显示于民,让庶民了解。显,显示。

⑩用:因此。肇(zhào):开始。区:小。夏:指中国。

⑪修:治。西土:指周的东土。

⑫时:通"是",指示代词。怙(hù)冒:十分勤勉。怙,大。冒,通"懋",勉。一说,通"勖"(xù),勉力。

⑬休:高兴。

⑭殪(yì):死,谓灭亡。

⑮诞:大。厥:其,指殷商。

⑯时叙:王引之认为"时叙"犹"承叙",承叙,谓承顺。时,承。叙,顺。

⑰寡兄:大兄,指武王。勖(xù):勉励。
⑱肆:因此。兹:这。东土:指殷商故地,在平定管、蔡及武庚的叛
　乱后,其故土是康叔封的封地。

【译文】

　王这样说道:"诸侯的领袖,我的弟弟,年幼的封啊!只有你那英明
的父亲——文王能够崇尚德教而谨慎地使用刑罚,不敢欺侮那些无依
无靠的人,任用那些应当受到任用的人,尊敬那些应当受到尊敬的人,
镇压那些应当受到镇压的人,并让庶民了解他的这种治国之道。这样,
才缔造了我们小小的周国,并且影响逐渐扩大,从我们一两个小国,逐
渐扩大到天下的三分之二。这些地方连同我们的本土——西方都治理
得很好。因此,这种勤奋的德行,被上帝知道了,上帝非常高兴,就命令
文王灭掉殷,代替殷接受上帝赐予的大命,来统治国家及其臣民。我们
的大兄——武王继承了文王的事业,更加勤奋,因此,你这年幼的封,才
被封在这商的旧地——东土之上。"

　王曰:"呜呼!封,汝念哉!今民将在祗遹乃文考①,绍
闻衣德言②。往敷求于殷先哲王③,用保乂民④。汝丕远惟商
耇成人⑤,宅心知训⑥。别求闻由古先哲王⑦,用康保民⑧。
弘于天⑨,若德裕乃身⑩,不废在王命⑪。"

【注释】

①在:察看。祗:敬。遹(yù):遵循。乃:你,指康叔封。文:指文
　王。考:父。
②绍:孙星衍说:"绍,继也。"闻:指旧闻。衣:通"依",依照。孙星衍
　说:"《学记》:'不学博依。''依'或为'衣'。言今之人,将在敬述文
　王,继其旧闻,依其德言。"又,曾运乾说:"衣,当为'殷'。《中庸》:

'壹戎衣'注:'衣读为殷,声之误也。齐之言殷声如衣。'言今民将察汝之敬述乃文考,绍文考所闻殷之德言与否也。"又,杨筠如说:"衣,《白虎通》:'衣者,隐也。'古'衣'、'隐'同声。《无逸》:'则知小人之依',即知小人之隐也。此文'依'亦为'隐'。'隐德'之'隐',与'昭闻'正相对成义也。"译注采孙星衍说。德言:德教。

③敷:普遍。哲:圣明。

④乂:治。

⑤丕远:在这里起程度副词的作用,修饰"惟"。丕,大。惟:思,引申为"理解"或"考虑"。商:指殷商。耇(gǒu)成人:当指殷商遗民。耇,老。

⑥宅:度,此处可理解为研究。知训:是说知道如何才可以使殷民顺服。训,顺。

⑦别:另外。古先哲王:这里指除殷以外的虞夏时代的古先哲王。

⑧用康保民:此句当是倒装,应是"保民用康",意谓保民因而安康。用,因。

⑨弘:大。

⑩德裕:德政。

⑪废:废弃。王命:指周的统治。

【译文】

王说:"唉! 封啊,你要很好地考虑我所告诫你的那些话! 现在臣民都在看着你是否恭敬地遵循你的父亲——文王的传统,依据他的德教来治理国家。到殷的故土,要广泛地寻求殷商过去圣明国王的治国之道,用以治理臣民。你要很好地考虑殷商遗老的思想动态,要研究一下他们究竟想些什么,这样,你就会知道应该怎样治理才能使他们顺服了。此外,你还应当访求并遵照虞夏时代圣明国王的治国之道,把殷商遗民治理好,才能得到安康。只要你的德政能够像天那样宏大,我们的政权就不会被上帝废弃了。"

王曰:"呜呼!小子封,恫瘝乃身①,敬哉!天畏棐忱②,民情大可见。小人难保,往尽乃心,无康好逸豫③,乃其乂民④。我闻曰:'怨不在大,亦不在小。'惠不惠⑤,懋不懋⑥。

【注释】

①恫:痛。瘝(guān):病。旧注以为"言民之痛病如在汝身",恐非,译注不从。

②棐(fěi):辅。忱:诚。

③无:通"勿",不要。逸:安逸。豫:游乐。

④乂:治。

⑤惠不惠:谓使不顺服的人顺服。惠,顺服。

⑥懋(mào):勉力,努力。

【译文】

王说:"唉!年幼的封啊!治理国家就好像医治自身疾病一样,可要小心谨慎啊!上帝是可怕的,它是不是诚心地帮助你,往往要通过臣民的情绪表现出来。小人是难于治理的,到那里,一定要尽你所有的力量,不要贪图安逸享受,只有这样,才能治理好你的臣民。我听说:'民怨的可怕不在大,也不在小。如果认真对待,民怨虽大也不可怕,如果不认真对待,民怨虽小,也是可怕的。'一定要使那不顺服的人,顺服我们;一定要使那不努力为我们服务的人,努力为我们服务。

"已①!汝惟小子②,乃服惟弘③。王应保殷民④,亦惟助王宅天命⑤,作新民⑥。"

【注释】

①已:感叹词。

②惟:虽。

③服:责任。惟:是。弘:大。

④应保殷民:指受上帝的任命去治理殷民。应,受。

⑤宅:度。

⑥作新民:意谓重新改造殷民。

【译文】

"唉! 你虽然是个年轻的人,但你的责任是重大的。我们国王接受上帝的命令来治理殷民,你应当帮助国王,按照上帝的意旨来改造殷民。"

王曰:"呜呼! 封,敬明乃罚①。人有小罪,非眚②,乃惟终③,自作不典④,式尔⑤,有厥罪小,乃不可不杀。乃有大罪,非终,乃惟眚灾⑥,适尔⑦,既道极厥辜⑧,时乃不可杀⑨。"

【注释】

①敬:恭谨。明:严明。

②眚(shěng):通"省",悔过。

③乃:你,指犯罪者。终:始终。

④不典:意谓做事不合乎法律。典,法。

⑤式尔:故意那样做。式,《尔雅·释言》:"用也。"尔,如此。

⑥灾:通"哉"。

⑦适:偶然。

⑧道:当指法律。极:穷尽。厥:他,指犯罪者。辜:罪。

⑨时:通"是",这。

【译文】

王说:"唉! 封啊! 对于刑罚,一定要小心,要严明。一个人犯了小罪,但他却不认错,还始终做一些违犯法律的事情,这说明他是有意犯罪；这样，他所犯的罪即使很小，也不可不把他杀掉。一个人犯了很大的罪，但他不坚持错误，并且知道悔过，是偶然犯罪；这样，在按照法律来研究他的罪过时，是不应该把他杀掉的。"

王曰："呜呼！封，有叙时①，乃大明服②，惟民其敕懋和③。若有疾，惟民其毕弃咎④。若保赤子⑤，惟民其康乂⑥。非汝封刑人杀人，无或刑人杀人。非汝封又曰劓刵人⑦，无或劓刵人。"

【注释】

①有：能。杨筠如说："有，犹能也。《礼记》：'知止而后有定，定而后能静。''有'、'能'对文，其谊同也。"叙：顺。时：通"是"，这。

②服：顺服。

③敕：《尔雅·释诂》："敕，劳也。"这里指勤劳地从事生产。懋：勉。和：和顺，意谓不犯法。

④毕：尽。弃：抛弃。咎：罪。

⑤赤子：小孩。

⑥惟民其康乂：句中有省略，意谓只有把臣民治理好才能太平无事。康，安康，即太平无事。乂，治。

⑦劓（yì）：古时刑罚，割鼻。刵（èr）：古时刑罚，割掉耳朵。

【译文】

王说："唉！封啊！假如按照这些道理来使用刑罚，臣民就会顺服，他们就会勤劳地从事生产并且相互勉励不去犯上作乱。应当像医治自己疾病一样，尽力让臣民完全抛弃各自的错误。应当像护理小孩一样，尽力把臣民治理好，都能得以安康。并不是你封在惩罚人在杀人，那是上帝的意旨；要按照上帝的意旨去办，不要专断地根据自己的意愿去惩罚人、杀人。还应当说,不是你封在割人家的鼻子和耳朵,那也是上帝的意旨;要根据上帝的意旨去办,不要专断地根据自己的意愿去割人家的鼻子和耳朵。"

王曰:"外事,汝陈时臬^①,司师^②,兹殷罚有伦^③。"又曰:"要囚^④,服念五六日,至于旬时,丕蔽要囚^⑤。"

【注释】

①陈:公布。时:通"是",这。臬(niè):准则,法度。

②司:治。师:众,指众民。

③伦:法。

④要:察。囚:犯人。

⑤丕:大。蔽:判断。

【译文】

王说:"对外,你要宣布这就是你施用刑罚的准则,这就是按照殷商时代的刑法来治理众民的。"又说道:"在审查犯人的供辞时,要考虑五到六天,甚至要考虑十天,一定要非常慎重地去审查犯人的供辞。"

王曰:"汝陈时臬,事罚^①。蔽殷彝^②,用其义刑义杀^③,勿庸以次汝封^④。乃汝尽逊^⑤,曰时叙^⑥,惟曰未有逊事。

【注释】

①事:从事。

②蔽:判断。彝:法。

③义:宜,应该。

④勿庸:不用。次汝封:意谓顺从你封的意愿行事(采孙星衍说)。

次,通"恣"。

⑤尽:全。逊:顺。

⑥曰时叙:句中有省略,顺上下文意,当是说这是顺从上帝的意旨的。时,通"是",这。叙,顺。

【译文】

王说:"你宣布了这些施用刑罚的准则以后,就可以从事惩罚了。在根据殷商刑法来判罪时,一定要采用这种原则:凡是应该受到惩罚的就一定要加以惩罚,凡是应该杀掉的就一定要把他杀掉,不要按照你康叔封的想法来行事。你应当完全做到小心谨慎,你要说这是按照上帝的意旨行事的,还要说,你没有一件事不是小心谨慎的。

"已!汝惟小子,未其有若汝封之心,朕心朕德惟乃知。

【译文】

"唉!你虽然是个年轻人,但没有比你封的心地再好的了,我的愿望,我治理民众的德政,也只有你才能够了解。"

"凡民自得罪①,寇攘奸宄④,杀越人于货③,暋不畏死④,罔弗憝⑤。"

【注释】

①得罪:指犯罪。

②寇:贼。攘:夺。奸:在内为乱。宄(guǐ):在外为乱。

③越:通"敓"(duó),抢劫。货:财物。

④暋(mǐn):强,强横。

⑤罔、弗:均否定副词。憝(duì):怨恨。

【译文】

"凡是民众有犯罪的,比如各种各样的盗贼,杀人并抢夺人家的财物,强横不怕死,这样的盗贼,是没有人不痛恨的。"

王曰:"封! 元恶大憝①,矧惟不孝不友②。子弗祗服厥父事③,大伤厥考心④;于父不能字厥子⑤,乃疾厥子⑥。于弟弗念天显⑦,乃弗克恭厥兄⑧;兄亦不念鞠子哀⑨,大不友于弟。惟吊兹⑩,不于我政人得罪⑪,天惟与我民彝大泯乱⑫。曰:乃其速由文王作罚⑬,刑兹无赦⑭。

【注释】

①元:首。憝(duì):奸恶。"元恶"与"大憝",词义相近,此处叠用,意在强调罪恶之大。

②矧(shěn):亦,王引之说"犹亦也"。惟:是。

③弗:不。祗(zhī):敬。服:治。厥:其,指子。

④厥:其,联系上下文当指子。考:父。

⑤字:爱。厥:其,此处指父。

⑥疾:恶,讨厌。

⑦天显:古语,《尚书》中常用的词汇,意谓上帝的明确命令,译作"上帝的权威"。

⑧克:能。恭:恭敬。厥:其,指弟。

⑨鞠子:稚子。哀:当指为其缺乏教养而哀。

⑩吊:至。兹:指示代词,这,这里指上述那些不孝不恭不友不爱的现象。

⑪政人:掌握政权的人。得罪:服罪。

⑫彝:法。泯乱:谓遭到破坏。泯,灭。

⑬乃：你。其：将，表示未来时的时态副词。由：根据。

⑭刑：惩罚。兹：这。

【译文】

王说："封啊！那种罪大恶极的人，也是不孝顺不友爱的人。做儿子的不恭敬地按照他父亲的要求做事，这样就会使他的父亲大为伤心；于是做父亲的就不会疼爱他的儿子，反而讨厌他的儿子了。做弟弟的不去考虑上帝的权威，这样就不会恭敬地对待他的兄长；于是做兄长的也不为他幼小的弟弟缺乏教养而哀痛，对他弟弟的态度很不友好。民众到了这种不孝不恭不慈不友的地步，还不到我们执政者这里来认罪，这样，上帝赐给我们的统治民众的大法，便遭到了严重的破坏。你就应该迅速地按照文王所制定的刑法，对这些人严加惩罚而不要稍有宽恕。

"不率大戛①，矧惟外庶子、训人②。惟厥正人越小臣诸节③，乃别播敷④，造民大誉⑤，弗念弗庸⑥，瘝厥君⑦。时乃引恶⑧，惟朕憝⑨。已⑩！汝乃其速由兹义率杀⑪。

【注释】

①率：遵循。戛（jiá）：常，法。

②矧：亦。惟：是。外庶子、训人：都是官名，古时掌管教育的官。

③惟：和。厥：其，指上述官员。正人：与上文"政人"同，即掌握政权的人。小臣诸节：指那些接受委任的官吏。节，指符节。

④乃：就。别：另外。播敷：宣告，此处指另外宣布一套措施。

⑤造：为，诈。《周礼·大司徒》："以乡八刑纠万民……七日造言之刑。"注："造言，讹言惑众。"这句意思是说以诈言欺骗人民骗取声誉。

⑥弗念弗庸：此句是对上述"大戛"来说的。全句的意思是说不考虑，不执行大法。弗，不。念，考虑。庸，用。

⑦瘝(guān):这里作"痛恨"解。君:国君。此句谓痛恨其国君。

⑧时:通"是",这。引:助长。

⑨惟:是。憝(duì):厌恶。

⑩已:叹词。

⑪由:根据。兹:这,指上述的所谓罪行。义:宜,应该。率:法。

【译文】

"不遵循国家的大法,也是由我们的官员造成的。那些各级的掌权者以及他们的下属官员,另搞一套,欺骗民众,树立个人的声誉,对于国家的大法根本不放在心上,不去遵照执行,煽动民众仇恨他们的君主。这就助长了民众的罪恶,我是特别讨厌这种人的。唉! 你就应当迅速地根据这些罪恶,按照国家的法律把他们杀掉。

"亦惟君惟长①,不能厥家人②,越厥小臣外正③。惟威惟虐,大放王命④,乃非德用乂⑤。汝亦罔不克敬典⑥,乃由裕民⑦,惟文王之敬忌⑧,乃裕民⑨。曰:我惟有及⑩,则予一人以怿⑪。"

【注释】

①惟:是。君:国君。长:掌握政权的人。

②能:亲善。

③越:和。厥:他,指上述君、长。小臣外正:均属官吏。

④放:逆,违反。

⑤乃:这。乂:治。

⑥罔:无。克:能。典:法。

⑦由裕:皆指道。由,通"猷"。裕,道。

⑧敬忌:古语,《尚书》中常用的词汇,指尊敬而又畏惧。曾运乾说:

"敬者明德,务崇之之谓也;忌者慎罚,务去之之谓也。"此说可供
参考。忌,畏。

⑨裕民:诱导民使合于道。裕,曾运乾说:"裕者,《方言》云:'裕,
　猷,道也,东齐曰裕,或曰猷。皆迪启诱导之意。'"

⑩我惟有及:句中有省略,顺上下文当指努力地继承文王的传统。
　惟,是。及,通"汲",努力的意思。

⑪予一人:国王自称。怿(yì):高兴。

【译文】

"也有这种情况,他们是诸侯国君,是统治民众的人,但他们却不能
教育他们的家人以及他们的内外官员相互亲善。他们只是在那里作威
作福,完全违背了国王的命令,对这种情况就不是用德化的方法可以治
理好的。你对国家的大法,没有不尊重的,你应当根据国家的大法来教
育众民,只有你才能像文王那样心怀尊敬和畏惧,从而把民众治理好。
应当告诉你:我是在努力地继承文王的传统,你能够这样做,我是非常
高兴的。"

　　王曰:"封!爽惟民迪吉康①。我时其惟殷先哲王德②,
用康乂民作求③。矧今民罔迪不适④,不迪则罔政在厥邦⑤。"

【注释】

①爽惟:发语词,无实义。迪吉:是说臣民走上轨道。迪,道。
　吉,善。

②时:通"是"。惟:思考。哲王:圣明的国王。

③用康乂民:此句前半倒装,当为"乂民用康",是说只有把众民治理
　好,国家才能得到安康。用,因。康,安康。乂,治。作求:意谓达
　到最终目的。作,及。求,终。《尔雅·释诂》郝懿行义疏:"求
　者,索之终也,索训尽,尽亦终也。"《诗·大雅·下武》:"世德作

求。"郑玄笺注:"求,终也。"

④矧:况。罔:不。迪:道,谓引导。适:善。

⑤罔政:谓政治搞得不好。罔,不。

【译文】

王说:"封啊!只有众民走上了我们所要求的轨道,国家才会安康。我们应当考虑殷商过去圣明国王的德政,只有把民众治理好,因而实现了国家的安康,才是最终目的。何况现在的民众,如果没有人去引导他们,他们就不会向善;不去引导他们,你们国家的政治就搞不好。"

王曰:"封!予惟不可不监①,告汝德之说于罚之行②。今惟民不静③,未戾厥心④,迪屡未同⑤。爽惟天其罚殛我⑥,我其不怨。惟厥罪无在大,亦无在多⑦,矧曰其尚显闻于天⑧。"

【注释】

①监:视,这里是指总结经验。

②于:与。

③不静:不安,意言人民要反抗。

④戾:安。厥:其,指上文之民。

⑤迪屡:倒装,应作"屡迪"。屡,屡次。迪,教。未同:谓不服从统治。

⑥爽惟:语词。其:将。殛(jí):诛。

⑦亦无在多:句后有省略,省略部分译文补上。

⑧矧:况。尚:还。

【译文】

王说:"封啊!我们不可以不去总结经验教训,我要告诉你如何施用德政,如何施用刑罚。现在天下的臣民还很不安定,他们的心还没有完全服从我们,虽然我们屡次教育他们,但他们还是不服从我们的统治。这是上帝对我们的惩罚，我们是不应当表示怨恨的。对待众民的罪过，不要去考虑大小，也不要去考虑多少，应当按照上述办法分别情况，妥善处理，何况说，这些罪过都是要为上天所了解呢？"

王曰："呜呼！封，敬哉！无作怨，勿用非谋非彝^①，蔽时忱^②。丕则敏德^③，用康乃心^④，顾乃德^⑤。远乃猷裕^⑥，乃以民宁^⑦，不汝瑕殄^⑧。"

【注释】

①彝：法。

②时：通"是"，这。忱：诚。

③丕：语词。敏德：《周官·师氏》："以三德教国子，……二曰敏德，以为行本。"注："敏德，仁顺时者也。"

④康：安。

⑤顾：念。与上文"监"一样，均谓回顾过去，总结教训。德：德政。

⑥远：深远。猷裕：道，指治民之道。

⑦以：与。

⑧瑕：疵，常用以比喻错误。殄（tiǎn）：灭绝。

【译文】

王说："唉！封啊，要小心谨慎地治理你的国家！不要产生埋怨的情绪，不要采用那些错误的办法，以及不合国家大法的措施，从而隐蔽了你的这种诚心。要因时制宜，推行德教，要经常安定你的思想，经常总结经验教训，看看你的措施，是否符合德政。对于治民之道，你要深谋远虑，这样，你才能使民众安定下来，他们也就无法找到你的过错把你推翻。"

王曰:"呜呼! 肆汝小子封^①,惟命不于常^②,汝念哉! 无我殄享^③。明乃服命^④,高乃听^⑤,用康乂民。"

【注释】

①肆:今,犹现在。

②惟:念。命:即指统治地位。

③殄享:即灭绝祭祀,指统治地位被推翻。享,指祭祀。

④明:勉。服命:职责。

⑤高:敬。《广雅·释诂》:"高,敬也。"

【译文】

王说:"唉! 现在我要告诉你这年幼的封,要想到上帝的大命是有所变化的,你要好好地考虑啊! 不要因为你没有把国家治理好而断绝了我们对祖先的祭祀。要努力担负起你的责任,经常听取我给你的教导,只有把众民治理好,我们的国家才能得到安康。"

王若曰:"往哉! 封,勿替敬^①,典听朕告^②,汝乃以殷民世享^③。"

【注释】

①替:废弃。

②典:常。

③世享:即世世代代地统治。因为康叔封在殷墟,所以告诉他只有把殷民治理好,才能世享其国。

【译文】

王说:"去吧! 封啊,不要丢掉了小心谨慎的作风,要经常地听取我的教导,你就能够世世代代统治殷民了。"

酒　诰

【题解】

　　这一篇和《康诰》一样,也是周公对康叔的诰辞。康叔被封时,年龄尚幼,周公害怕康叔像殷末的统治者那样腐化堕落,便用这篇《酒诰》来告诫康叔。

　　本篇内容主要是谈戒酒问题,大体包括三点:首先,正面阐明戒酒的重要。诰辞指出戒酒不但是文王的教导,也是上帝的意旨。上帝造出酒来,不是给人享受,而是为了祭祀。文王和上帝在当时享有至高无上的权威,诰辞抬出文王和上帝,显然是为了强调此举势在必行,不容违抗。其次,从反面总结殷商灭亡的教训。在这里,先指出从成汤到帝乙如何不敢饮酒而勤于政务,接着便指出他们后代继承人抛弃了前人的传统,"惟荒腆于酒",只考虑如何尽情地饮酒作乐,不把臣民的怨恨放在心上,因而众叛亲离,走向灭亡。两相对照,清楚地显示了饮酒的危害,同时也说明戒酒的重要。最后,谈戒酒的措施。措施十分严厉,诰辞规定不得"群饮"、"崇饮",否则便要杀掉;对于统治者包括康叔在内也要"刚制于酒",就是说也要强行戒酒。

　　周初统治者对戒酒如此重视,说明酗酒现象在当时已经形成严重的社会问题,不解决这个问题便要影响生产的发展和政权的巩固,"'人,无于水监,当于民监'。今惟殷坠厥命,我其可不大监,抚于时"。

可见,戒酒这一措施的提出,也是周初统治者对殷商灭亡的教训进行总结的结果。

　　此外,有一点值得注意,虽然戒酒的禁令十分严厉,但对于殷商灭亡后遗留下来的管理手工业生产的百工,格外宽大,他们犯禁饮酒却不杀掉,这说明周初统治者,对于发展手工业生产十分重视。

　　王若曰:"明大命于妹邦①。乃穆考文王②,肇国在西土③。厥诰毖庶邦庶士越少正、御事朝夕曰④:祀兹酒⑤。惟天降命⑥,肇我民⑦,惟元祀⑧。天降威⑨,我民用大乱丧德⑩,亦罔非酒惟行⑪;越小大邦用丧⑫,亦罔非酒惟辜⑬。

【注释】

①妹邦:殷商故土。《诗·鄘风·桑中》:"沫之乡矣。"妹,即沫,地处现在河南淇县北。

②穆:美称,谓尊敬。

③肇(zhào):开始。

④厥:其,指文王。诰:教训,告诫。毖(bì):谨慎。《孔传》:"文王其所告慎。"庶邦:指诸侯国君。庶士:官吏的总称。越:与,和。少正:官名。御事:指官吏。御,治。

⑤祀:祭祀。兹:这。

⑥惟:思,考虑。降:下达。

⑦肇我民:句中有省略,顺上下文意,当是说为我臣民开始造酒……

⑧惟:只有。元:大。

⑨威:意指惩罚。

⑩用:因。大乱:造反。丧德:丧失德行。

198 尚书

⑪"亦罔非"句：意言都是因为饮酒而败坏了德行。罔，无。非，不。
⑫越：于是。用：因。丧：灭亡。
⑬辜：罪。

【译文】

王说："我要在这殷商的旧都向你明确地颁布教令了。你那尊敬的父亲——文王，在西方缔造了我们的国家。他曾经从早到晚告诫诸侯国君及其官吏们说：要谨慎，只有在祭祀的时候，才可以用酒。考虑一下上帝所下达的意旨吧！当上帝开始为我们臣民造酒的时候，就是为了那盛大的祭祀。上帝降下惩罚了，是因为我们的众民胆敢犯上作乱，丧失了他们应当遵守的道德，究其原因，无非是以酒乱行；有些诸侯国灭亡了，那也是众民饮酒过度带来的灾祸。

"文王诰教小子有正有事①，无彝酒②；越庶国③，饮惟祀④，德将无醉⑤。惟曰我民迪小子⑥，惟土物爱⑦，厥心臧⑧。聪听祖考之彝训⑨，越小大德⑩，小子惟一⑪。

【注释】

①小子：概指文王的后代子孙。有正：有政，指大臣。正，通"政"。有事：指小臣。
②彝：常。
③越：和。庶国：指诸侯国君。
④惟：只有。
⑤德将：以德相扶持，意谓用道德来要求自己。德，道德。将，扶。
⑥惟：发语词。迪：开导，教育。
⑦惟：思。物：当指庄稼。
⑧厥：其。臧：善。
⑨聪：感觉敏锐。祖考：指文王。彝：常理。训：尊长对后辈教诲

　的话。

⑩越：和。此句意言小德和大德。

⑪小子：此处当指年轻人。惟一：同样，意谓同样都要戒酒。此句
　应与上文联系起来理解。

【译文】

　"文王告诫他的子孙以及官员们说：不许经常饮酒；同时也要求诸
侯国君，只有在祭祀的时候，才可以饮酒，在饮酒的时候，要以德行要求
自己，不要喝醉了。文王还说，要经常教导我的臣民及子孙，要他们经
常想到土地上生长的庄稼是应当爱惜的，这样他的心地就会善良了。
一定要很好地听取我们的前辈所留下的这些教训，无论德行大小或者
是年轻人，都应当同样戒酒。

　"妹土①，嗣尔股肱②，纯其艺黍稷③，奔走事厥考厥长④。
肇牵车牛⑤，远服贾⑥，用孝养厥父母⑦。厥父母庆⑧，自洗
腆⑨，致用酒。

【注释】

①妹土：即上文"妹邦"。句中省略中心词，中心词当作"民"。

②嗣：嗣后，从今以后。尔：你们，指殷民。股肱：当作"股肱之力"，
　省略中心词。股，股，大腿。肱，臂之自肘至腕部分。这两部分
　都是劳动时必须使用的器官。

③纯：专一。艺：种植。黍稷：泛指庄稼。

④事：奉养。

⑤肇：《尔雅·释言》："敏也。"敏，迅疾，犹言赶快。

⑥服：从事。贾(gǔ)：贸易。

⑦厥：其。

⑧庆：喜，高兴。

⑨自洗腆：指亲自准备丰盛的饮食。洗腆，古语，谓丰盛。

【译文】

"殷商旧都的殷民们，从今以后，你们要尽力劳动，专心致志地种好庄稼，要为你们的父兄，以及你们的官长奔走效劳。在农事完毕以后，你们就可以赶快牵着牛车，到外地从事贸易，以孝敬赡养你们的父母。你们的父母一定会高高兴兴地自己动手准备丰美的饭食，在这时，你们就可以饮酒了。

"庶士、有正越庶伯、君子①，其尔典听朕教②。尔大克羞耇惟君③，尔乃饮食醉饱。丕惟曰④：尔克永观省⑤，作稽中德⑥。尔尚克羞馈祀⑦，尔乃自介用逸⑧。兹乃允惟王正事之臣⑨，兹亦惟天若元德⑩，永不忘在王家⑪。"

【注释】

①庶士、有正、庶伯、君子：统指官员。越：和。

②其：祈使副词，希望。典：经常。

③克：能。羞：献。耇：老，指父兄。惟：与。君：国君。

④丕惟：语首助词。

⑤克：能。省：反省。

⑥作：举动。稽：止。中：合乎。

⑦尚：差不多。馈祀：国王所举行的祭祀。

⑧尔：你们，指官员。乃：就。介：求。于省吾说："'介'应读'匄'。匄，乞也。《诗·七月》'以介眉寿'，《楚茨》'以介景福'；《不娶簋》'用匄多福'，《召叔山父簋》'用匄眉寿'，'介''匄'同声相假。旧训'介'为'助'，非也。"（《尚书新证》卷二）说甚允，可从。逸：乐。

⑨允：信。惟：是。正事：正，指在位的官长；事，指办理具体事务的
　僚属。

⑩惟：思，考虑。若：顺。元德：大德。

⑪永不忘在王家：句中有省略，意谓不忘是王室的臣子。

【译文】

"官员们，希望你们要经常听取我的教导。只要你们能够很好地奉养长辈和国君，你们就不但饭可以吃得饱，酒也可以喝得足了。这样，就可以说：你们是能够长久地观察自己的行为，使自己的言行举止合乎我们的道德标准。这样，你们也就基本上可以参与国王所举行的祭祀，你们也就可以向上帝祈求安乐了。这就是说你们都是为国王所信任并为国王办理各种政务的官员，你们能够按照上帝所规定的大德行事，时刻不失自己作为国王的臣下的身份。"

王曰："封！我西土棐徂邦君御事小子①，尚克用文王教②，不腆于酒③，故我至于今，克受殷之命④。"

【注释】

①棐徂：犹言往昔（说详杨筠如《尚书覈诂》）。

②尚：还。

③腆：美，犹言喜好。

④克：能。

【译文】

王说："封啊！过去我们西方本土的诸侯国君及其官吏们，能够遵照文王的教导，不喜好饮酒，所以我们今天能够灭掉殷商并代替殷商接受上帝所赐予的大命。"

　　王曰："封！我闻惟曰：'在昔殷先哲王迪畏天显①，小民经德秉哲②。自成汤咸至于帝乙③，成王畏相④，惟御事厥棐有恭⑤。不敢自暇自逸⑥，矧曰其敢崇饮⑦？越在外服⑧，侯甸男卫邦伯⑨，越在内服⑩，百僚庶尹惟亚惟服、宗工越百姓里居⑪，罔敢湎于酒⑫，不惟不敢，亦不暇。惟助成王德显⑬，越尹人祇辟⑭。'

【注释】

①在：察，可引申为考察。哲王：圣明的国王。迪：引导。"迪"下省略宾语，宾语当为下文"小民"。畏天显：犹畏天命。

②经：行。秉：执。哲：敬。

③成汤：成，美称，成汤即是汤，商的第一代国王。咸：都。帝乙：殷纣的父亲。

④成王：成就王的事业。畏相：于省吾说："畏相，言畏敬省察，谓克己之功。"（《尚书新证》卷二）说甚允当，从之。相，省视。

⑤御事：治事，此处指办理政务的官吏。厥：其，指上文官吏。棐：辅。恭：敬，此处当指恭谨尽职。

⑥逸：安乐。

⑦矧：况。崇：充，引申为尽情。

⑧越：发语词。外服：指诸侯。服，事。

⑨侯甸男卫邦伯：统指诸侯。古时王畿之外，视距离远近，每五百里分作一等，共分五等，叫五服。侯甸男卫均在五服之内。邦伯，诸侯之长。

⑩内服：指百官及宗室。

⑪庶：众。尹：正。惟：与。亚：次。服：事。宗：尊。工：官。越：与。百姓：贵族成员。居："君"之误字。以上均指百官及贵族

宗室。

⑫罔：不。湎：沉溺。

⑬惟：思，考虑。成王：成就王业。

⑭越：与，和。尹：正，动词，谓引导。祗：敬。辟：君主。

【译文】

王说："封啊！我听到这种说法：'从前殷商圣明的国王都是引导小民敬畏上帝的，小民都能够遵从道德，对统治者表示敬慕。从成汤到帝乙的王业所以成就，就是因为小民对上帝和统治者表示敬畏并能自我省察。官吏们各尽其职，办理政务非常恭谨，丝毫不敢擅自贪图享受，何况是尽情饮酒呢？在京城以外的诸侯国君，在朝内的各种官吏和宗室贵族大家都不敢成天喝酒，不单是不敢这样做，也是没有闲暇这样做。他们所考虑的只是如何帮助国王成就显赫的功业，以及使各种官吏都对国王表示敬畏。'

"我闻亦惟曰：'在今后嗣王酗身①，厥命罔显②，于民祗保越怨③，不易④，诞惟厥纵淫泆于非彝⑤。用燕丧威仪⑥，民罔不尽伤心⑦。惟荒腆于酒⑧，不惟自息乃逸⑨。厥心疾很⑩，不克畏死⑪。辜在商邑⑫，越殷国灭⑬，无罹⑭。弗惟德馨香祀⑮，登闻于天⑯，诞惟民怨⑰，庶群自酒，腥闻在上，故天降丧于殷⑱。罔爱于殷⑲，惟逸⑳。天非虐㉑，惟民自速辜㉒。'"

【注释】

①在：察。嗣王：指纣。酗：酒乐。

②命：天命。

③祗：语词，无实义。保：安。越：于。

④易：改变。

⑤诞：大。淫：游。泆：乐。彝：法。

⑥用：以。燕：安乐。

⑦盭(xì)：伤痛。

⑧惟：只。荒：大。腆：美，喜好。

⑨惟：思，考虑。息：止。乃：其。逸：安乐。

⑩疾：害。很：通"狠"，暴戾狠毒。

⑪克：能。

⑫辜在商邑：为倒装句，谓在商邑犯下许多大罪。辜，罪。

⑬越：及至。

⑭罹：通"离"，亲附，依附。

⑮弗：不，此处引申为没有。馨(xīn)：香，芳香，此处兼含二义，一指
祭祀时的香味，一是比喻政治清明。

⑯登：升。

⑰诞：大。

⑱丧：灭亡。

⑲罔：不。

⑳惟：是。逸：安乐。

㉑虐：暴虐。

㉒惟：是。速：召。

【译文】

"我还听到这种说法：'现在殷商的后继国王沉醉在饮酒作乐之中，
不去成就上帝降给他的大命从而建立显赫的功业，安于臣民对他的怨
恨，不思悔改，纵欲无度，沉湎在极不合乎道德和法度的安乐享受之中。
由于贪图安乐和享受以致丧失了应有的威仪，臣民无不感到痛苦和伤
心。他只考虑如何尽情地饮酒作乐，而不考虑停止自己这种过分的享
受。他的心地乖戾狠毒，是个亡命之徒。他在殷商的故都犯下了许多

大罪，到殷国灭亡的时候，便形成了众叛亲离的局面。没有德政报告给上帝，也不给上帝祭祀，臣民对他非常怨恨，都放肆地饮酒，那酒肉的腥味冲到天上，被上帝闻到了，所以上帝就把亡国的大祸降给殷。上帝之所以不喜欢殷，就是因为他们贪图享受的缘故。不是上帝暴虐，而是殷商的臣民自己招来这种亡国的祸害。'"

王曰："封！予不惟若兹多诰①。古人有言曰：'人，无于水监②，当于民监。'今惟殷坠厥命③，我其可不大监④，抚于时⑤。

【注释】

①惟：只。诰：训诫。

②监：通"鉴"，鉴戒，谓从中吸取教训。

③惟：思。厥：其，指殷。

④其：通"岂"。

⑤抚：据。时：通"是"，这。

【译文】

王说："封啊！我不仅用这些道理告诫你，还希望你认真考虑古人的遗教：'人，不要把水当作镜子，而应当把臣民当作镜子。'现在殷商已经丧失了上帝降给他的大命，我哪里敢不根据殷商灭亡的史实认真地总结经验教训呢？

"予惟曰①：'汝劼毖殷献臣②，侯甸男卫，矧太史友、内史友③，越献臣百宗工④。矧惟尔事⑤，服休服采⑥，矧惟若畴⑦，圻父薄违⑧，农父若保⑨，宏父定辟⑩，矧汝⑪，刚制于酒⑫。'

【注释】

①惟：思。

②劼(jié)：谨慎。毖：告诫，教导。献臣：犹遗臣(采杨筠如说)。

③矧(shěn)：与。太史友、内史友：太史、内史，均史官名。句中两
　"友"字当作"左右"，古文"友"与"左右"形体相近，以致错写成
　"友"。古时，太史记事，常在国王左边；内史记言，常在国王右边。

④越：与。百宗工：指众多尊贵的官吏。百，概数，言其多。宗，尊。
　工，官。

⑤矧：与。尔：你。事：此处当指办理政务的官员。

⑥服休：管理国王游宴与休息的近臣。休，息。服采：为国王管理
　朝祭的近臣。采，事。

⑦矧：与。若：你。畴：通"寿"。《诗·鲁颂·宫》："三寿作朋。"笺：
　"三寿，三卿也。"畴，当指下文所说的三个大官(采曾运乾、于省
　吾、杨筠如说)。

⑧圻(qí)父：即司马，掌管军事的大官。薄违：就是对人民的反抗进
　行镇压的意思。薄，迫。违，造反。此句倒装，下两句与此同，均
　是中心词前置。

⑨农父：即司徒，因其管理农业生产故称农父。若保：言对奴隶们
　加强统治，使其顺服并安于生产。若，顺。保，安。

⑩宏父：司寇，古时管理司法事务的官。辟：法。

⑪矧：与。汝：你，指封。

⑫刚：强。制：断。

【译文】

　"我经过一番认真地思考之后，要这样告诉你：'你要慎重地训诫殷
商的遗臣和诸侯国君，以及记事记言的史官，还有原来殷商朝内的许多
贤臣。还要告诫你的部下以及你的管理游宴休息和朝祭的近臣，还有
你的三种大臣：讨伐叛乱的司马、管理农业生产的司徒、主持司法事务

的司空,加上你本人,都要采取严厉手段强行戒酒。'

"厥或诰曰:'群饮。'汝勿佚①,尽执拘以归于周②,予其杀③。又惟殷之迪④,诸臣惟工⑤,乃湎于酒,勿庸杀之⑥,姑惟教之⑦。有斯明享⑧,乃不用我教辞,惟我一人弗恤⑨,弗蠲乃事⑩,时同于杀⑪。'"

【注释】
①佚:放纵。
②尽:完全,全部。执拘:逮捕。
③予:我。其:将要。
④惟殷之迪:指为殷所进用过的官吏。迪,进。
⑤惟:与。
⑥庸:用。
⑦姑:暂且。
⑧斯:这。享:通"嚮",赏劝,教导(采孙诒让说,见《尚书骈枝》)。
⑨我一人:国王自称。恤:忧惧。
⑩蠲(juān):洁,明。
⑪时:通"是",这。

【译文】
"假若有人报告你说:'有一群人在一起饮酒。'你就不要放纵他们,要把他们全部逮捕并押送到我这里来,我要把他们杀掉。假若是原来殷商的旧臣以及掌管手工业生产的百工,过分饮酒,就不要杀掉他们而应当教育他们。有了这样明确的教令之后,假若有人仍然敢于不遵从我的这些教令,对我的威严不感到畏惧,不使自己的政务清明,对于这样的人也要和上述的人一样把他们杀掉。"

王曰:"封! 汝典听朕毖^①,勿辩乃司民湎于酒^②。"

【注释】

①典:常。毖:教训。

②辩:使。司:统治。

【译文】

王说:"封啊! 你要经常听取我的教训,不要使你所统治的臣民喜好饮酒。"

梓　材

【题解】

据《史记·周本纪》记载,这一篇和《康诰》、《酒诰》一样,也是周公对康叔的诰辞。孔安国以为本篇取名为《梓材》,意在"告康叔以为政之道,亦如梓人之治材也"。宋人王安石、吴棫、朱熹、蔡沈等人都对此说表示疑义。朱熹说:"吴才老辩《梓材》后半截不是《梓材》,缘其中多是勉君,乃臣告君之辞,未尝如前一半称王曰又称汝,为上告下之辞,亦有此理"(《书经传说汇纂》引)。蔡沈认为文中前后不相类,可能是错简所致。这些疑义,虽然不无道理,但也正像朱熹所说的那样"断简残编,无从考正"(同上)。究竟原文的本来面目如何,由于文献不足,已很难得出确切的结论了。

仔细地研读全文,尽管文中有错简,故而有些部分难以通读,但文章的脉络大体上还是清楚的。全文似可分作三段:第一段,宣布诰令的主要内容是"罔厉杀人"以及对"罪犯"要宽恕。从全篇来看,这是全文的中心。第二段,说明推行这种政策的目的和理由。"厥命曷以?引养引恬。"推行这种政策,目的在于更好地治理人民。周初的统治者,深深懂得过分残酷地压迫人民,便会引起人民群众的反抗,过去的历史已提供了这方面的教训,"自古王若兹监"。依据这些理由,周初统治者认为,要想巩固自身的统治,就必须实行宽大政策。其次通过种田、盖房子、制作家具三个比喻,说明实行宽大政策是在前人取得成就的基础上进一步发展和提高的需要。种田的"敷菑",建造房屋中的"既勤垣墉",制作家具中的"既勤朴斫",都是这些工作中的基础阶段,比喻前人已经取得的成果。"敷菑"之后的"陈修"和"为厥疆畎","既勤垣墉"之后的"涂墍茨","既勤朴斫"之后的"涂丹雘"是发展和提高阶段。比喻在前人事业的基础上,自己应当从事的工作和应当取得的成就。这些比喻,显然也是为了说明实行宽大政策的理由。这就是说,在周初统治者看来,只有实行宽大政策,才能继承前人的事业把国家治理得更好。第三段,根据历史经验进一步指出"明德"的重要,文中指出只有实行这种"明德",才能"惟王子子孙孙永保民"。其实,所谓"明德",就是指上文所说的宽大政策,以及后代所说的"德政"。因此,从以上来看,我们认为全文的中心,基本上是明确的。

　　周公在《梓材》中所提出的"明德"的政策,与当时的政治形势有密不可分的联系。周初的政局曾经经历过一次大动荡,这次动荡就是三监和武庚所发动的叛乱。周公用三年时间,花了很大力气才平定这次叛乱。平叛之后,在治理国家方面,究竟采取何种方针、政策的问题,十分严肃地摆在周初统治者面前。周公在总结前人及自身统治经验的基础上提出"明德",主张实行宽大政策,对稳定当时的政治局势和社会发展是起到积极作用的。"成康之治"的史实便是明证,证明周公的确是一位深谋远虑的政治家。

　　王曰:"封!以厥庶民暨厥臣,达大家①,以厥臣达王惟邦君②。汝若恒③,越曰④:'我有师师⑤:司徒、司马、司空、尹旅⑥。'曰:'予罔厉杀人⑦。'亦厥君先敬劳⑧,肆徂厥敬劳⑨!肆往奸宄杀人历人宥⑩,肆亦见厥君事戕败人宥⑪。"

【注释】

①"以厥庶民"二句：此句为倒装句，应作"以大家达厥庶民暨厥臣"。大家，指贵族大臣。厥，其。庶民，众民。

②"以厥臣"句：倒装句，应作"以王惟邦君达厥臣"。惟，与。邦君，诸侯国君。

③若：指示代词，这。恒：常。

④越：及。

⑤师师：前一个"师"字作"众"讲，后一个"师"字作"长"讲，合起来指众官。

⑥司徒：官名。因其管理农业生产故又称农父。司马：官名。掌管军事。又称"圻(qí)父"。司空：官名。掌管工程建筑。尹旅：众大夫。尹，正，大夫。旅，众。

⑦厉：杀戮无罪的人。

⑧"亦厥君"句：倒装句，应作"亦先厥君敬劳"。厥，其。敬劳，尊敬慰劳，表示不杀无罪的人。

⑨肆徂(cú)：犹言赶快去。徂，往。

⑩肆往：犹言过去。奸宄：为非作歹。人历：即鬲(lì)，古时奴隶称人鬲(采孙诒让、于省吾、杨筠如说)。宥：宽恕。

⑪见：通"伣"(xiàn)，刺探情报。戕(qiāng)：败，残坏人的肢体。

【译文】

王说："封啊！对我的教令，要由公卿巨室下达到他所统辖的臣民，由王与诸侯国君下达到他的部下官吏。你要经常这样做，还要说：'我有许多大臣如司徒、司马、司空，以及许多卿士大夫。'还要告诉他们说：'我不会杀掉无罪的人。'你要先于国王，对他们表示尊敬和慰劳，赶快去对他们表示尊敬和慰劳吧！对于过去曾经抢夺人家货物，或者是杀掉奴隶的人要宽恕他们；对于那些曾经刺探国君情报以及残害人的身体的人，也要宽恕他们。"

王启监①,厥乱为民②。曰:"无胥戕③,无胥虐,至于敬寡,至于属妇④,合由以容⑤。"王其效邦君越御事⑥:"厥命曷以⑦?引养引恬⑧,自古王若兹监⑨,罔攸辟⑩。"惟曰⑪:"若稽田⑫,既勤敷菑⑬,惟其陈修⑭,为厥疆畎⑮;若作室家,既勤垣墉⑯,惟其涂塈茨⑰;若作梓材⑱,既勤朴斫⑲,惟其涂丹雘⑳。"

【注释】

①启:设立。杨筠如说:"启,《广雅》:'开也。''开'义与'立'同,《酒诰》:'肇我民',即《诗·蒸民》之'立我蒸民'。"监:治理,谓设立诸侯,进行统治。《周官·冢宰》:"乃施典于邦国,而建其牧,立其监。"

②乱:率,大抵。

③胥:相互。戕:残害。

④属妇:有两种解释:一、怀孕的妇女;二、妾妇。译文采后一说。

⑤合:同。由:用,"用"又可作"论"解,此处指论罪。容:宽。

⑥效:教令。邦君:诸侯国君。越:与。御事:指办理政务的官吏。

⑦厥:其,指王。曷以:什么,问词。

⑧引:长。恬:安。

⑨若:如。兹:指示代词,这,指上文"引养引恬"。监:视,此处谓总结经验教训。

⑩罔:没有。辟:邪僻,指人民群众造反的行动。

⑪惟:语词,无实义。

⑫若:比如。稽:种。"穑"的假借字,《广雅》:"穑,种也"(采杨筠如说)。又,蔡沈解作"治",于省吾认为"稽"乃"籍"、"藉"之同音假借,"稽田"即"籍田"。均可备一说,故录以备考。按,籍田,系我国古时天子、诸侯征用民力耕种的田地。据载,每逢春耕前由天子或诸侯执末耜在籍田上三推或一拨称"籍礼",亦即所谓亲耕,

表示对农业生产的重视。

⑬敷：播种。菑(zī)：刚刚耕起的田地。

⑭惟：思。陈修：修治。

⑮疆：界。畎(quǎn)：田间水渠。

⑯垣：矮墙。墉：高墙。

⑰涂：涂塞。墍(jì)：涂塞屋顶。茨：以茅草盖屋。

⑱梓材：上等木材。

⑲勤：辛勤。朴：没有制成器具的原材料。斲(zhuó)：砍，此处指加工。

⑳丹雘(huò)：上等颜色，赤石脂之类，古人认为是好颜料。

【译文】

国王设立了诸侯国君，全是为了治理臣民。王说："不要互相残害，不要互相虐待，对无夫无妻的老人要尊敬，对于微贱的妇人也要爱护，他们犯了罪都要加以宽恕。"国王还教训诸侯国君及其官吏们说："我的命令是什么呢？不就是要求你们好好地养活小民，好好地统治小民，使他们安于自己的处境而不犯上作乱，自古以来，国王都是按照这种经验统治小民的，因而在他们的统治之下，就没有发生犯上作乱的事情。"国王又说："好比种田，既然辛勤地把土地耕起来并播上种子，那就应当考虑修治疆界和田间水渠；好比建筑房屋，既然辛勤地筑起高墙和矮墙，那就应当考虑用茅草盖好屋顶，并涂补好屋顶上的漏洞；好比用上等木材制作家具，既然辛勤地把木材加工成家具，那就应当涂上上等颜色，以求美观。"

今王惟曰："先王既勤用明德①，怀为夹②，庶邦享作③，兄弟方来④，亦既用明德。后式典集⑤，庶邦丕享⑥。皇天既付中国民越厥疆土于先王⑦，肆王惟德用⑧，和怿先后迷民⑨。用怿先王受命⑩。已⑪！若兹监⑫。"惟曰："欲至于万年,惟王子子孙孙永保民⑬。"

【注释】

①明:勉力。德:德政。

②怀:来。夹:辅。

③庶:许多。邦:诸侯国。享:献,即纳贡。

④兄弟方:即兄弟国。方,国。

⑤后:诸侯国君。式:乃。典:常。集:会和。

⑥丕:大。享:纳贡。

⑦付:给予。越:与。

⑧肆:今。

⑨和怿(yì):心悦诚服。怿,悦。迷民:周的统治者称殷商遗民中的
　　顽固派叫迷民。

⑩用:因。怿当通"绎",长。

⑪已:感叹词。

⑫若:如。兹:这。监:谓总结经验教训。

⑬保:安,谓统治。

【译文】

　　现在,王说:"从前我们的国王辛勤而努力地推行德政,一些贤臣都
主动地来做助手,辅助国王推行德政,许多诸侯都来纳贡称臣,甚至兄
弟之国也来表示臣服,也是因为努力推行德政的缘故。诸侯国君经常
集合在一起,前来朝贡,这样便使更多的诸侯国前来纳贡称臣。上帝既
然把中国的臣民和疆土托付给先王,现在国王只有推行德政,殷商遗民
中的顽固派,才会先后心悦诚服地服从于我们的统治。先王从上帝那
里接受的大命,才得以长期地维持下去。唉!要很好地总结这种经验
教训。"又说:"要想使我们的统治保持万年,就必须使王的子子孙孙永
远治理好广大民众。"

召　诰

【题解】

据《史记》的《周本纪》和《鲁周公世家》记载,武王死时,成王尚幼,因而周公"代成王摄行政当国"。七年之后,成王年长,周公便还政成王"北面就臣位"。就在这一年,成王决定营建洛邑,并派召公主持其事。在营建过程中,周公曾去洛邑视察,因而作《召诰》和《洛诰》。旧注均以本篇为召公所作,故名《召诰》。

全篇可以分作四段。第一段,叙述营建洛邑的过程和情况,从叙述的情况来看,周初统治集团,对营建洛邑极为重视。

第二段,总结殷商灭亡的教训,"言天命不可恃,祖宗不可恃,惟敬德庶可凝固天命"(宋人陈栎语,见《书经传说汇纂》)。"惟王受命,无疆惟休,亦无疆惟恤。呜呼!曷其奈何弗敬",便是这种思想的反映。以周公为代表的周初统治者,从来不把获得政权看作万事大吉,而要怀着无限忧虑和恭谨的心情来从事巩固政权的工作。

怎样才能巩固政权呢?召公总结了殷商灭亡的教训,将殷的"先王"和"后王"加以比较。在"先王"的上面加上一个"哲"字,表明这些先王是圣明的,"后王"则不然,开始时还能按先王的命令行事,后来便残虐百姓,上帝为了怜悯百姓,就"眷命用懋",将大命由殷商转到周的手里。根据这样的教训,召公谆谆地告诫成王"疾敬德"。"疾"字用得很有力量,不仅表现了"敬德"的重要,也表现了召公心情的殷切。

第三段,这一段可分作三小节。第一小节继续总结夏殷的灭亡教训,然后又指出幼主继位,辅佐乏人,意在说明当时巩固政权的任务还十分艰巨。第二小节说明营建洛邑的目的,为什么"王不敢后"亦即不敢迁延营建洛邑之举呢?主要是因为周初统治者"畏于民岩",看到了治理"殷民"的困难。再者洛邑居全国之中,把这个地方建成都邑,有利于加强对全国的统治。第三小节一面提出改造殷民,一面又再次告诫成王"不可不敬德"。

第四段,开始仍是总结夏殷灭亡的教训,"惟不敬厥德,乃早坠厥命",从反面说明"敬德"的重要。其次,把"敬德"和"天命"联系在一起,指出只有"敬德"才能"祈天永命",进一步说明"敬德"的重要。再次,指出"敬德"的内容:首先,要求国王具备天子的品德,做天下臣民的表率;其次,以小民的安乐使上天高兴,以"受天永命"。这种思想就是"敬天保民"的思想。可见所谓"敬德",其实际内容便是"敬天"和"保民"两个方面,这两个方面又以"保民"为基础。"无小人莫养君子",统治者懂得没有"小人"创造物质财富,"君子"就没有办法过下去;因此,以周、召二公为代表的周初统治者所竭力强调的"保民",充其量不过是使百姓能够活下去,而不会超过这个限度。假如"小民淫用非彝"则"亦敢殄戮",就是说,如果小民有非分的行为,也要敢于把他们杀掉;可见,"保民"还包括另一方面,亦即刑治一面,这种思想是周人的一贯思想。

这里需要补充说明的是,"其惟王勿以小民淫用非彝,亦敢殄戮用乂民,若有功",旧注都解作不要因小民有了非法的行为就敢于把他们杀掉,意思是说对于这种人也要宽大。这恐怕是一种误解。其实,这段话应分作两句,"以"应作"和"讲,所以我们译作"希望成王不要和小民一起放纵自己的行为而不遵法度",下一句译为"也要敢于用刑杀的办法治理小民,这样才能获得成功"。我们认为这样理解比较符合周初统治者的思想。最后将"仇民"和"友民"对举,意在说明只有"明德",才能使

"仇民"和"友民"都服从自己的统治,从而使政权得到巩固和加强。

综上所述,全文的中心就在"敬德"二字上。诰辞再三致意,足见周初统治者对此极为重视。这种主张在当时对缓和阶级矛盾,促进社会发展,起到相当积极的作用,"成康之治"的出现,应当说与这种主张的推行有着密不可分的联系。

惟二月既望①,越六日乙未,王朝步自周,则至于丰。

【注释】

①惟:语词无义。二月既望:二月十六日(采曾运乾说)。

【译文】

二月十六日,又过去六日,在乙未这天,王早晨从周出发,到了丰邑。

惟太保先周公相宅,越若来三月①,惟丙午朏②。越三日戊申,太保朝至于洛,卜宅。厥既得卜③,则经营④。越三日庚戌,太保乃以庶殷攻位于洛汭⑤。越五日甲寅,位成。

【注释】

①越若:犹于是。来三月:指下一月便是三月。来,表示将来时,如明日为来日,明年为来年。

②惟:语词。朏(fěi):新月的光。曾运乾说:"朏,月三日明生之名。"

③厥:语首助词,无实义。得卜:言得到吉祥的卜兆。

④则:承接连词,犹今语就。经营:指建筑。

⑤洛汭(ruì):洛之入河处。洛,洛水。汭,水的弯曲处。

【译文】

太保召公在周公之前,到洛地勘察宫室宗庙的基地,到了三月初三,新月露出光辉。又过了三日到戊申这天,太保在早晨到了洛地,占卜宫室宗庙的基地。在占卜中得到吉兆,便开始营建。过了三天到庚戌这天,太保便率领许多殷民在洛水入黄河处营建宗庙宫室的基地。过了五日,到甲寅这天,基地建成。

　　若翼日乙卯①,周公朝至于洛,则达观于新邑营②。越三日丁巳,用牲于郊③,牛二。越翼日戊午,乃社于新邑④,牛一,羊一,豕一。

【注释】

①若:及,到。翼日:明日。翼,通"翌"。

②达:通。观:此处谓视察。营:区域,犹今语营盘。

③郊:古时祭天地的典礼,此处单指祭天。

④社:立社祭土神。

【译文】

　　到了次日,也就是乙卯日早晨,周公来到了洛,全面视察了新邑的规模。过了三日,到了丁巳这天,举行郊祭,用两头牛祭天。次日戊午,便在新邑立社庙祭地神,祭时用牛、羊、猪各一头。

　　越七日甲子,周公乃朝用书①,命庶殷,侯、甸、男、邦伯。厥既命殷庶,庶殷丕作②。

【注释】

①朝:早晨。用书:书,此处指书写的命令。《左传·昭公三十二年》追叙这段史实说:"士弥牟营成周,计丈数,揣高卑,度厚薄,仞沟洫,物土方,议远迩,量事期,计徒庸,虑材用,书饩粮,以令

役于诸侯。"用书即"以令役于诸侯"。

②庶：众。丕：大。作：动工。

【译文】

又过了七天，在甲子日的早晨，周公便向殷民和各诸侯国的首领颁发了营建洛邑的命令。向殷民宣布命令之后，殷民便大举动工了。

太保乃以庶邦冢君出取币①，乃复入锡周公②，曰："拜手稽首，旅王若公③。"诰告庶殷越自乃御事："呜呼！皇天上帝，改厥元子兹大国殷之命④，惟王受命，无疆惟休，亦无疆惟恤。呜呼！曷其奈何弗敬⑤？

【注释】

①以：和，与。冢君：长君。币：指币帛之类的赠送礼物。

②锡：赠予。

③旅王若公：从《洛诰》的记载看，勘察宗庙官室的基地时，成王尚在西都，并未来洛地。周公这时将要返回旧都，所以召公把向成王陈述的意见陈述给周公，希望周公把这些意见转达给成王，故说"旅王若公"。旅，陈述。若，曾运乾以为读如"那"，可解作"于"或"在"。

④改：改革。厥：其。元子：即天子。兹：指示代词，这。命：指天子的大命。

⑤曷其奈何："曷其"与"奈何"为同义词叠用，以加强语气，犹今语为什么。

【译文】

太保和诸侯国的国君取出礼品，再进内赠给周公，并说："请接受我们的礼拜，请让我们把向王陈述的意见陈述给你。"然后又把这些意见写成命令,发布给殷民和那些治事诸臣:"啊! 上天上帝,更改了殷国的大命,不再让他统治天下,我们周王接受了上天的大命,无限美好,但也有无限的忧虑。唉! 为什么不应该有所警惕呢?

　　"天既遐终大邦殷之命①,兹殷多先哲王在天。越厥后王后民②,兹服厥③。厥终④,智藏鳏在⑤。夫知保抱携持厥妇子⑥,以哀吁天⑦,徂厥亡⑧,出执⑨。呜呼! 天亦哀于四方民,其眷命用懋⑩,王其疾敬德。

【注释】

①遐:当为"假",已经的意思(采孙星衍说)。一说,远,亦通。大邦殷之命:指殷的统治地位。

②越:与。厥:代词,其。

③兹:曾运乾以为读为"孜"(zī),谓勤勉。服:本义为服从,此处可引申为遵循。厥:代词,指先王。

④厥:语首助词,无义。终:末世。

⑤智:有知识、有本领的人。鳏(guān):指离家行役的人。在:与上文"藏"对言,指留下的人。

⑥夫:男人。知:匹偶。《尔雅·释诂》:"知,匹也。"保:通"褓",小儿衣物。厥:代词,其,指下述男人。妇:妻。子:儿子(采孙星衍说)。

⑦吁:呼告。

⑧徂:通"诅",诅咒。厥:其,指殷纣。

⑨执:曾运乾读为"垫",陷也,可引申为陷阱。孙星衍解"执"为"胁迫"。细味上下文,当以曾说为是,孙说录以备考。

⑩眷:顾。懋(mào):迁移,此指大命由殷迁之于周。

【译文】

　　"上天既然已经结束了大国殷的大命,这殷国的许多圣明的先王还在天上。后来到了殷纣,一开始他和臣民都还能勤勉地根据先王的命令行事。待到纣的末世,有本领的人都匿藏起来,小民都离家行役,人们痛苦到了极点。有了家室的成年男子,都抱着他们的婴儿,携带着他们的妻子,在一起悲痛地呼吁苍天,诅咒殷纣,希望他快点灭亡,以求跳出灾难的深渊。啊!上天也哀怜四方小民,他看到这种情形,便把大命由商转移给我周。王啊!希望你赶快敬重德行!

　　"相古先民有夏①,天迪从子保②,面稽天若③,今时既坠厥命④。今相有殷,天迪格保⑤,面稽天若,今时既坠厥命。今冲子嗣⑥,则无遗寿耇⑦,曰其稽我古人之德⑧,矧曰其有能稽谋自天⑨。

【注释】

①相:视。

②天迪:上天的启迪。从子保:曾运乾认为"从子保"为"旅保"两字的误写。"旅"本为祭名,《论语》:"季氏旅于泰山。"《尔雅》中又把"尸旅"的意义作一样的解释,所以说"旅"为祭上帝之尸。许慎《五经异义》引《鲁郊祀》曰:"祝延帝尸。"又《石渠论》:"周公祭天,太公为尸。"都是祭天有尸的证明。古时人对祭天之尸看得十分神秘而庄重,"旅"是能够通神天之道的人。舜祭祀上帝,禹为之旅;周公祭天,太公为之尸,都是证明。古人所以这样做,无非是要把祭天的典礼故意弄得十分神秘,以此作为欺骗手段,使人们相信那些祭天的人都是能够沟通天人意见,传达上帝命令的人,从而借用神的威吓来维持王权统治。

③面：当面。稽：考。若：读为"诺"，意思是说"旅保"一类人在上天那里当面接受上帝的命令。

④坠：失去。厥：其，犹今语他的。命：大命，指帝统。

⑤格保：即上文"旅保"，能够沟通天人意见并传达上帝命令的人。

⑥冲子：年幼的人，此处指成王。嗣：继。

⑦遗：留下。寿考：年长有德的老成人。

⑧曰：语词。稽：考。

⑨稽：本义为考，此处可引申为咨询。

【译文】

"看那古代的夏人，上天让那些深知天道的人来开导他们，这些人往往能够当面咨询上天的意见，由于夏的后代国王不能遵从上天的意旨行事，上天便废弃了他们的大命。现在再看看殷人，上天让那些深知天命的人来开导他们，这些人往往能够当面咨询上天的意见，现在也由于殷的后代国王不能够遵从上天的意旨行事，上天便废弃了他们的大命。如今年幼的成王继承了王位，还没有老成可靠的人辅佐他，没有人能考究古人的道德，何况说是能够当面咨询上天意见的人呢？

"呜呼！有王虽小，元子哉①，其丕能诚于小民②。今休，王不敢后③。用顾畏于民碞④，王来绍上帝⑤，自服于土中⑥。旦曰：'其作大邑，其自时配皇天⑦，毖祀于上下⑧，其自时中乂⑨。王厥有成命，治民今休。'

【注释】

①元子：即天子。

②其：他。丕：大。诚（xián）：和，和协。

③后：推迟，此指不敢迁延建洛之举。

④喦：同"岩"，险。此处"民喦"指殷的遗民，殷民初不服周的统治故曰险。

⑤绍：曾运乾云："读为'卟'，卜问也。"

⑥自：用。服：治。土中：谓天下之中，指洛邑。

⑦自时：犹今语从此。自，从。时，通"是"，这。配：配享，此处是说祭天时以周的先祖配享。《孝经·圣治》说："昔者周公郊祀，后稷以配天。"后稷为周人的始祖。

⑧愍：谨慎。上下：上指天神，下指地神。

⑨中乂：居中治理国家。乂，治。

【译文】

"啊！成王虽然年幼，但他却是天子，他能够很好地治理小民使之和谐。现在国家的形势很好，成王不敢延迟建造洛邑的大事。他由于看到小民难治而心怀忧虑，便去卜问上帝，因而在天下的中部营建洛邑，以便治理国家。周公说过：'赶快营建大邑，从此以后祭天时，便能够以先祖后稷配享，谨慎地祭祀天神和地神了，从此便可以居于天下之中而治理国家了。成王已经打定了这样的主意，治理小民便可以大获成功了。'

"王先服殷御事①，比介于我有周御事②。节性③，惟日其迈④。王敬作所⑤，不可不敬德。

【注释】

①服：治。御事：治事诸臣。此句大意是说，先要治服殷的遗臣。

②比：《广雅》："近也。"介：当为"尔"，字误，古本"介"作"尔"，《今文尚书》当作"迩"。尔，"迩"的异体字。比迩，谓靠近、接近。

③节：节制，引申为改造。性：性情。意即克服殷人反抗的心理。

④迈：进。

⑤作所：谓以身作则。

【译文】

"王先治理殷国的遗臣，使他们能够亲近我们并和我周国治事诸臣一样为国效劳。要节制、改造他们的性情，使他们天天有所进步。成王也应恭敬谨慎，以身作则，不可不敬重德行！

　　"我不可不监于有夏①，亦不可不监于有殷。我不敢知曰，有夏服天命②，惟有历年③；我不敢知曰，不其延④。惟不敬厥德⑤，乃早坠厥命⑥。我不敢知曰，有殷受天命，惟有历年；我不敢知曰，不其延。惟不敬厥德，乃早坠厥命。今王嗣受厥命⑦，我亦惟兹二国命⑧，嗣若功⑨。

【注释】

①监：通"鉴"，戒，指可以作为教训的事。

②服：职务，此处可引申为接受职务。

③历年：年代久远。历，久。

④其：语中助词，无实义。延：长久。

⑤惟：只，独。厥：语中助词，无实义。

⑥坠：失去。

⑦嗣：继。

⑧惟：思。命：下有省略，意思是说，应当考虑二国为什么会丧失大命。

⑨嗣：继。若：其。

【译文】

　　"我们不能不以夏为鉴戒，也不能不以殷为鉴戒。我不敢知道，夏接受上天的大命，能够经历长久；我也不敢知道，他们不能经历长久。

我所知道的是因为他们不敬重德行,才早早地丧失从上天那里接受来的大命。我不敢知道,殷接受上天的大命,能够经历长久;我也不敢知道,他们不能经历长久。我所知道的是因为他们不敬重德行,才早早地丧失了从上天那里接受的大命。现在成王承受了上天赐予的大命,我也希望你们能够考虑这两个国家兴亡的缘由,接受他们的教训,继承他们的大功。

　　"王乃初服①。呜呼!若生子②,罔不在厥初生,自贻哲命③。今天其命哲④,命吉凶,命历年⑤。知今我初服⑥,宅新邑⑦,肆惟王其疾敬德⑧。王其德之用,祈天永命。

【注释】

①乃:是,为。初服:指初次处理政务。服,习。

②若:好像。生子:十五岁的少年称生子,古人以十五岁的少年情欲初生,故称生子。

③贻:传。

④其:时态副词,将。命哲:即赐大命与明智之人。哲,明智。

⑤命:赐予(采于省吾说)。

⑥知:知道。

⑦宅:动词,居住。新邑:即洛邑。

⑧肆:故。惟:通"唯",表希望。疾:速。

【译文】

　　"成王刚刚治理国家。啊!这好比刚刚成人的少年,成功与失败无不在他们这个时候,必须自行选择那明智的道路走下去。现在上天把大命赐给那些明智而有道德的人,至于降下的是吉是凶,给予的时间是长是短,这都是很难预料的。我所知道的是成王刚刚治理国家,居住在新邑,现在的希望是成王能够赶快敬重德行。王啊!只有根据道德行事,才能祈求天命的久长。

"其惟王勿以小民淫用非彝①,亦敢殄戮用乂民②,若有功。

【注释】

①其:祈使副词,犹希望。淫:放纵,过度。彝:法。

②殄(tiǎn):灭绝。戮:杀。乂:治。

【译文】

"希望成王不要和小民一起放纵自己的行为而不遵法度,也要敢于用刑杀的办法治理小民,这样才能获得成功。

"其惟王位在德元①,小民乃惟刑用于天下②,越王显③。

【注释】

①其:表祈使,犹希望。元:元子,指天子。

②惟:语中助词,无实义。刑:法。

③越:发扬光大。显:显德。

【译文】

"希望成王居于天子之位,而有圣人的大德,小民在下面便能够自行按照法度行事,发扬王的美好的品德了。

"上下勤恤①,其曰②:我受天命,丕若有夏历年,式勿替有殷历年③。欲王以小民,受天永命。"

【注释】

①上下：上指君，下指臣。恤：忧虑。

②其：庶几，犹今语差不多。

③替：废。

【译文】

"君臣上下，时常把忧虑放在心里，这样才差不多可以说：我们接受上天的大命，才能够像夏那样经历久远的年代，才不至于像殷那样废弃了上天所赐予的久远的年代。我们希望成王以小民的安乐使上天高兴，以便从上天那里接受永久的大命。"

拜手稽首曰："予小臣敢以王之仇民百君子越友民^①，保受王威命明德。王末有成命^②，王亦显。我非敢勤^③，惟恭奉币，用供王能祈天永命。"

【注释】

①仇民：即殷的遗民，殷民于周为仇，故称仇民。百君子：指殷的许多遗臣。百，言其多。越：和，及。友民：与"仇民"对言，"友民"当指周的臣庶。

②末：终。成命：指营建洛邑之事。

③勤：慰劳。

【译文】

召公行礼之后说："我小臣和殷的遗臣遗民以及我周臣子庶民，共同保卫成王从上天那里接受来的威严的大命，发扬成王的大德。成王终于定下了营建洛邑的主张，成王的大德便可以更加光显了。我不是敢于慰劳成王，只不过是恭敬地奉上礼品，以供成王祈求上天给予永久的大命罢了。"

洛 诰

【题解】

据《史记·周本纪》记载,《洛诰》作于周公还政成王之后,从诰辞的内容来看,这个说法是可信的。

过去,不少注家认为本文也有"阙文错简",但由于文献不足,究竟何处有"阙文",何处是"错简",也很难考其究竟了。

本篇取名《洛诰》,就是因为诰辞内容和营建洛邑有关,又因为周公还政也在这个时候,所以诰辞虽然谈到关于营建洛邑的问题,但重点却是谈还政问题。这种写法在形式上和其他诰辞有所不同。

金履祥《尚书表注》说:"《召诰》、《洛诰》相为首尾,惟《洛诰》所纪,若无伦次。"金氏的说法未免过甚其辞。其实,细绎全文,似觉仍有脉络可寻。

全文大体上可分作五段。

第一段,写周公就营洛问题,向成王报告,而成王也就营洛问题回答周公。其中虽然也谈到还政,但主要谈的是营洛。

第二段,写周公要求成王到新都洛邑举行祭祀、即位大典,然后主持政务。言辞非常恳切,希望成王"明作有功,惇大成裕";同时还告诉成王礼制的重要和治民的方法。就中尤其强调礼制,足见礼制是维护当时社会的重要手段。在这段话中,周公把营洛和还政联系在一起,这说明这两个问题关系极为密切。

　　第三段,写成王对周公的回答。在这一段答辞中,成王首先高度赞扬了周公的功德,然后要求周公留在洛邑继续执政。为什么要提出这个要求呢?在成王看来,当时是"四方迪乱未定,于宗礼亦未克敉",局势很不安定。成王认识到在这种情况下,由自己主持政务,是难以胜任的,因而恳切地要求周公说:"公无困哉。"成王的这个要求,不单纯是为了要对周公表示谦恭和信赖,也是当时的形势使然。

　　第四段,写周公答应成王的请求,决定留守洛邑处理政务。

　　第五段,史臣叙事之辞,记叙周公留守洛邑的情况。

　　本篇和《召诰》可以看作是姊妹篇,其基本思想是一致的。

　　周公拜手稽首曰①:"朕复子明辟②,王如弗敢及天基命定命③,予乃胤保大相东土④,其基作民明辟⑤。

【注释】

①拜手稽(qǐ)首:古代男子的跪拜礼。拜手,跪下后两手拱合,俯手至于心平而不至地。稽首,叩头至地,是隆重的跪拜礼。

②复:归还。辟:君主。

③基命定命:曾运乾曰:"基,始;定,正也;基命定命,即举行大典也。"

④胤(yìn):继。保:官名。太保,此指召公。相:视察。东土:指洛地,因其在镐京以东,故称东土。

⑤其:祈使副词,犹希望。基:始。明辟:圣明的国王。

【译文】

　　周公行礼之后,说:"我把君位还给你,而你却谦逊地不敢举行即位大典,我要在太保召公之后东去视察洛邑,你将要开始做小民圣明的君主了。

"予惟乙卯,朝至于洛师。我卜河朔黎水①。我乃卜涧水东②,瀍水西③,惟洛食④。我又卜瀍水东⑤,亦惟洛食。伻来⑥,以图及献卜。"

【注释】

①河:黄河。朔:北方。黎水:清《续文献通考》:"卫河淇水合流至黎阳故城为黎水,亦云浚水。"黎阳故城在现在河南浚县东北,距离商的首都朝歌很近。朝歌在现在河南淇县。联系上下文可断定这次占卜不吉。

②涧水:水名。发源于现在河南渑池东北白石山,至洛阳西南入洛水。

③瀍(chán)水:水名。发源于现在河南孟津任家岭,向南流经洛阳东面入洛水。当时周公营洛有两个目的,首先是为了取得统治殷国遗民的方便,其次为了诸侯朝贡的方便。

④惟:仅。食:有四解。《孔传》:"卜必先墨画龟,然后灼之,兆顺食墨。"据此,食指龟兆。孙星衍认为,食,玉食,犹《洪范》"惟辟玉食",指玉食此土。俞樾认为"食"可训"用"。杨筠如说:"按食亦事之假,事犹治也。"译文从《孔传》说。

⑤瀍水东:此处即成周筑地。成周也叫下都。

⑥伻(bēng):使者。

【译文】

"我在乙卯这天早晨到了洛邑。我占卜了黄河以北的黎水,不吉。我占卜了涧水以东,瀍水以西的地方,得到吉兆。我又占卜了瀍水以东的地方,也得到了吉兆。现在派使者献上地图和卜兆。"

王拜手稽首曰:"公不敢不敬天之休,来相宅①,其作周匹休②。公既定宅，伻来，来视予卜，休，恒吉③。我二人共贞④。公其以予万亿年敬天之休。拜手稽首诲言⑤。"

【注释】

①相：勘察。宅：宫室宗庙的筑地。

②其：代词，指周公。作：营建。周：指周的旧都宗周。匹：配。休：美。

③恒：遍。

④共贞：犹言"共同承事"（采曾运乾及杨筠如说）。贞，马融说："贞，当也。"按，"贞"当作"鼎"，"贞"、"鼎"古通用。

⑤诲言：教诲之言。旧注均解为"教诲"之"诲"。于省吾说："吴大澂谓古诲字从言从每，是也。……谋言犹云咨言问言。"亦通。

【译文】

王行礼之后，说："您不敢不尊重上天所赐予的信任，来洛邑视察宫室宗庙的基地，建成了洛邑作为与旧都相对的新都，这是一件大好事。您已经勘定了宫室宗庙的基地，派使者送来图样和卜兆让我看，图样和卜兆都很好。让我们二人共同承享上天所赐予的信任。希望您和我永久敬重上天所赐予的信任。感谢您的教导。"

周公曰："王，肇称殷礼①，祀于新邑，咸秩无文②。予齐百工③，伻从王于周④。予惟曰庶有事⑤。今王即命曰：'记功，宗以功作元祀⑥。'惟命曰：'汝受命笃弼⑦，丕视功载⑧，乃汝其悉自教工⑨。'

【注释】

①肇：始。称：举行。殷礼：接见诸侯的礼节。《周官·大宗伯》：

"以宾礼亲邦国,时见曰会,殷见曰同。"

②咸:皆。秩:秩序。文:王引之说:"今按'文'当读为'紊'。紊,乱也。《盘庚》曰:'若网在纲,有条而不紊。'《释文》'紊,徐音文',是'紊'与'文'古音同,故借'文'为'紊'。"

③齐:整。百工:百官。

④伻从王于周:此句语倒,意指在旧都习礼后再跟从王去洛。伻,使。周,此指旧都。

⑤惟:表祈使、希望之意。庶:众。事:指上文"祀于新邑"的事情。

⑥宗:宗人,官名,行使礼仪的官。功:有功的人。作:举行。元祀:大祀。元,大。

⑦笃:厚。弼:辅助。

⑧丕:奉。视:披阅。载:载书。

⑨其:命令副词。悉:尽。教工:教百官习礼仪。

【译文】

周公说:"王啊!你开始用殷礼接见诸侯,在新都祭祀文王,这些礼节是非常有秩序而不紊乱的。我整齐地带领百官,使他们在旧都熟习仪礼之后,再跟从王前往新邑。我希望你答应我的请求,和百官一起前来新都举行祭祀文王的大事。现在王却命令说:'记下功劳,让宗人选拔那些有功的人举行大祀就可以了。'又命令说:'你受先王的命令,尽力辅助国家,既已奉命查阅记功的文献,那么你就尽力教导百官熟习仪礼就可以了。'

"孺子其朋①,孺子其朋,其往。无若火始焰焰②,厥攸灼叙弗其绝厥若③。彝及抚事如予④,惟以在周工往新邑⑤,伻向即有僚⑥,明作有功⑦,惇大成裕⑧,汝永有辞⑨。"

【注释】

①孺子:小孩,此处指成王。其:祈使副词,希望。朋:古"凤"字。
　相传凤飞,群鸟从以万计,此处比喻带领群臣。

②若:像。焰:火苗。

③厥:其。攸:所。灼:烧。叙:曾运乾说:"叙,读'余',……灼余,
　犹言烬余也。"绝:断绝。厥若:犹言那个。

④彝:语词。及:曾运乾说"犹汲汲",劳碌的样子。抚事:处理
　政务。

⑤惟:表希望的副词。以:及。工:官。

⑥伻:使。即:就。有:通"友"。僚:官员。

⑦明:通"孟",勉。

⑧惇:厚。裕:宽。

⑨辞:言辞,此处可引申为称道。

【译文】

　　"你应该和群臣一起到新都来啊! 你应该和群臣一起到新都来啊!
希望你们来吧! 不要像烧火那样,开始时火苗虽小,也能把那柴草烧成
灰烬,千万不要断绝添加那个柴草啊! 希望你赶快前来像我一样勤恳
地摄理政事,希望你和那些在旧都的百官一起前来新邑,使他们同新邑
的百官团结友善,努力建功立业,优厚地对待宗族,成就宽达的政治,你
就可以永久地为后人称道了。"

　　公曰:"已①! 汝惟冲子惟终②。汝其敬识百辟享③,亦
识其有不享。享多仪,仪不及物,惟曰不享④。惟不役志于
享⑤。凡民惟曰不享⑥,惟事其爽侮⑦。乃惟孺子颁⑧,朕不
暇听⑨。

【注释】

①已：叹词。

②冲子：幼子。惟：思。

③其：表希冀的副词。辟：诸侯国的国君。享：诸侯国的国君见天子时的礼节。

④惟：恐是衍文。

⑤役：用。志：心意。

⑥惟：只。

⑦事：王事。爽：差错。侮：轻慢。

⑧颁：分。孙星衍说："言政事繁多，孺子分其任，我有所不遑也。"

⑨暇：空闲。听：指听政。

【译文】

周公说："唉！你虽然年幼，也应当考虑以后的事。你要仔细察看诸侯的贡享，也要记下那些未曾贡享的诸侯。贡享应以礼仪为重，如果礼仪赶不上贡物，虽说贡物很多，也和没有贡享的一样。这就是说他们没有把心思用在贡物上。如果人们不重礼仪，这样他们就会轻慢你的号令，使政事错乱。希望你这年轻人赶快前来分担政务，我没有时间摄理这样多的政事了。

"朕教汝于棐民①，彝汝乃是不蘉②，乃时惟不永哉③。笃叙乃正父④，罔不若予，不敢废乃命。汝往敬哉！兹予其明农哉⑤。彼裕我民⑥，无远用戾⑦。"

【注释】

①棐：辅助。

②彝：语词。蘉（máng）：勉力。

③时：通"是"。不永：指统治地位不能长保。

④笃:厚。叙:顺。乃:代词,犹言你的。正父:天子谓同姓诸侯、诸
　侯谓同姓大夫,皆曰父。

⑤兹予其明农哉:大意是说,辞去官职勉力务农。兹,这。明,
　勉力。

⑥裕:宽容。

⑦戾:至。

【译文】

　　"我教给你治理小民的方法,如果你不努力这样去做,就不能长久
保持国家的福运了。厚待各邦君长以及同姓的诸侯和大夫,使他们无
不像我一样,不敢废弃你的命令。你到了新邑可要恭谨啊!我要解除
政务努力从事农业生产了。你能宽待我们的小民,不管多远的小民也
会归附你了。"

　　王若曰:"公,明保予冲子①。公称丕显德②,以予小子扬
文武烈③,奉答天命④,和恒四方民⑤,居师⑥,惇宗将礼⑦,称
秩元祀⑧,咸秩无文。惟公德明光于上下⑨,勤施于四方,旁
作穆穆⑩,迓衡不迷⑪,文武勤教。予冲子夙夜毖祀⑫。"王
曰:"公功棐迪笃⑬,罔不若时⑭。"

【注释】

①明:勉力。冲子:幼子。成王对自己的谦称,成王是周公的侄子,
　故谦称"幼冲"。郭沫若认为"明保"是周公之子伯禽的名字,并
　认为这一段文字是《鲁诰》遗文所窜入(见《中国古代社会研
　究》)。可备一说。

②称:称说。丕:大。显:显赫。德:功德。

③以:以为。扬:发扬光大。烈:事业。

④奉：遵奉。答：配。

⑤和恒：倒装，应为"恒和"。和，指政事治理得很好。恒，普遍。

⑥师：京师，此处指洛。

⑦惇：厚。宗：同族。将礼：语倒，言以礼接待诸侯。将，事。

⑧称：举。秩：次序。元祀：大祀，指祭祀文王事。

⑨光：广大。

⑩旁：广泛，普遍。穆：美，此处用以形容政治治理得极好。

⑪讶：本作"讶"，"讶"通"御"，掌握。衡：权柄（采孙星衍说）。

⑫毖：谨慎。

⑬"公功"句：亦倒装结构。笃，厚，是"棐迪"的状语。棐，辅助。迪，教导。

⑭罔：否定副词，犹今语没有。若：顺。时：通"是"，指示代词，指上文教导的话。

【译文】

王说："公啊！您努力辅佐我这年幼无知的人。您称述前人的大德，要我小子发扬光大文王和武王的事业，遵奉上天的命令，很好地治理四方小民，并驻于洛邑，厚待宗族，礼遇诸侯，按照一定规矩大祀文王，虽然礼节繁杂，但都要进行得有条不紊。您的大德可以和日月相比，光辉照耀于上天下地，辛勤地治理四方臣民，普天之下都治理得十分美好，操纵平治天下的大权而不产生差错，又以文王和武王的事迹，对我勤加教导。我这年幼无知的人，只有一早一晚勤谨地进行祭祀了。"王说："公啊！您热情地教导我治理小民的道理，这些教训没有不是我应当接受的。"

王曰："公，予小子其退，即辟于周①，命公后②。四方迪乱未定③，于宗礼亦未克敉④，公功⑤，迪将其后⑥，监我士师工⑦，诞保文武受民⑧，乱为四辅⑨。"王曰："公定⑩，予往已⑪。

公功肃将祗欢⑫，公无困哉⑬。我惟无斁其康事⑭，公勿替刑⑮，四方其世享。"

【注释】

①即：就。辟：君位。周：指周的旧都。

②后：留后，意即留守新邑。

③四方：指天下。迪：导。乱：治。

④宗：宗人，主持行使礼仪的官。礼：指仪礼。克敉(mǐ)：近义词叠用。克，成功。敉，通"弭"，引申为成功。

⑤公功：犹言公的任务，总指"迪乱未定"、"宗礼未克"诸事。

⑥迪：导。将：主。

⑦监：临，居上视下曰临，此处可引申为统率。士、师、工：均指负责一定政务的官员。

⑧诞：大。保：安。文武：指文王和武王。

⑨乱：率领。四辅：在王的左右辅佐理政的大臣。据《尚书大传》，天子有四邻，在前面的叫"疑"，在后面的叫"丞"，左面的叫"辅"，右面的叫"弼"，帮助国王处理政务，统称为四辅。

⑩定：止，留下。

⑪往：指返旧都。已：通"矣"，语助词。

⑫功：指任务。肃：通"速"，迅速。将：主持政事。祗：敬。欢：通"劝"，勉。此句是倒装句，"祗"和"欢"跟"肃"一样，都是修饰"将"的。

⑬困：固留。哉：当为"我"，形近致误。

⑭惟：只。斁(yì)：厌，可引申为懈怠。康事：章太炎说"康"读为"庚"，《说文》"庚，更事也"。更，经历。这里"更事"当指经常学习政事。这句话是成王的谦词。

⑮替：废弃。刑：常，指常任的政务。

【译文】

　　王说:"公啊! 我小子还要回来,在旧都行即位改元之礼,您仍旧留在新邑。现在四方还没有完全治理好,宗人的礼仪也没有完成,您的大功还未告竟,您还要主持以后的事,统率我百官大臣,努力治理文王武王从上天那里接受来的臣民。"王说:"公啊,您留下吧! 我要回去了。您的任务是迅速而认真地尽力主持政事。您不要老是挽留我啊! 我只有不懈怠地学习您掌握政务的本领,但您只有不废弃您应当主持的政务,四方臣民才会受福不尽。"

　　周公拜手稽首曰:"王命予来承保乃文祖受命民①,越乃光烈考武王弘朕恭②。孺子来相宅,其大惇典殷献民③,乱为四方新辟④,作周恭先⑤。曰其自时中乂⑥,万邦咸休,惟王有成绩。予旦以多子越御事笃前人成烈⑦,答其师⑧,作周孚先⑨。考朕昭子刑⑩,乃单文祖德⑪。

【注释】

　　①来:指初至洛地营建新邑。乃:代词,你们。文祖:指文王。
　　②越:和。光:光大。烈:威严。此处用以形容武王。弘:大。朕恭:曾运乾说:"'朕'当作'训',……'恭'读为'共',法也。弘朕,犹《顾命》言'大训'也。弘恭,犹《商颂》言'大共'也。'越乃光烈考武王弘朕恭'作一句读,犹言光汝烈考之大训及大法也。"
　　③惇典:犹言镇守。献民:即民献,众民。
　　④乱:率。辟:君。
　　⑤恭:恭谨。先:先导。
　　⑥曰:述说前时之言。时:通"是"。乂:治。
　　⑦以:介词,与。多子:指众卿。子,对男子的美称。越:和。御:

治。笃:厚。烈:功业。

⑧答:合,此处可引申为满足。师:众。

⑨孚:信。

⑩考:成。朕:我。昭子:指成王。刑:常,法。

⑪单:杨筠如说:"《说文》:'大也。'谓子能成汝之法度,乃能光大文王之德也。"

【译文】

周公行礼以后说:"王命我承担治理你祖父文王从上天那里接受下来的保护小民的任务,和光大你尊严的父亲的遗训大法。你来洛邑视察宫室宗庙的基地,很好地镇守殷的众民,为四方的新君谨慎地处理政务,做后代国君的先导。我曾说,如果能够居在这国中洛邑去治理天下,诸侯国也就都能够治理好了,这样,王的大功便告成了。我姬旦跟众卿大夫和掌握政事的百官,努力于巩固先王的伟大事业,满足众人的愿望,作为我周人的诚实的先导。我成就了你的法制,你光大了文王的大德。

"伻来毖殷①,乃命宁予以秬鬯二卣②,曰明禋,拜手稽首休享③。予不敢宿④,则禋于文王武王。惠笃叙⑤,无有遘自疾⑥,万年厌乃德⑦,殷乃引考⑧。王伻殷⑨,乃承叙万年⑩,其永观朕子怀德⑪。"

【注释】

①伻:使。毖:慰劳。殷:指殷民。

②宁:安。秬(jù):黑黍,可以酿酒的粮食。鬯(chàng):古时祭祀所用香酒,用秬制成。卣(yǒu):古时酒器,其形状和尊相似。

③休:美。享:享献。

④宿:停留。

⑤惠:仁。笃:厚。叙:顺。三字均有厚待之意。

⑥遭:遇。自疾:颇费解。章太炎说:"自即皋之烂余。"曾运乾曰:
"谦不敢言受福,故言不遇皋耳。"窃意以为"自"作"自己"解亦
可,"自"与"遭",语倒,顺言之则为"不是我遇到疾病",似乎也可
以讲得通。

⑦万年:指永久。厌:饱。

⑧殷:盛。引考:长寿。以上四句是周公为自己祝福的话。

⑨伻:使。殷:指殷民。

⑩承叙:承顺。

⑪子:指众民。

【译文】

"你派使者来慰劳殷民,又送来两樽秬酒,告诉我行礼祭祀和献享,我不敢停留,马上祭祀文王和武王。你这样笃厚地待我,不是我遇到什么疾病,不能遵从你的意旨,是我不敢承担这样的大福。我只有极力延长寿命,永久地享受你的德泽。王使殷民永久服从我们的统治,永远像我们的众民一样心怀大德不敢叛逆。"

戊辰,王在新邑烝祭①,岁②。文王骍牛一③,武王骍牛一。王命作册逸祝册④,惟告周公其后⑤。

【注释】

①烝:冬祀。

②岁:指岁终。

③骍(xīng):赤色。周人尚赤,故用赤色牛祭。

④逸:人名。当是史官。祝:祝辞。册:典册。

⑤告:杨筠如说:"谓以周公留守洛邑之享,告之文武也。"

【译文】

戊辰这天，王在新邑，冬祭先王，当时正值年终。祭文王用一头赤色牛，祭武王也用一头赤色牛。王命令史逸把这件事和祝辞写在书册上，祝辞中将周公留守洛邑的事情告诉给文王和武王。

　　王宾杀禋咸格①，王入太室祼②。王命周公后③，作册逸诰④。在十有二月。

【注释】

①王宾：指助祭诸侯。杀：杀牲。禋：燎祭。咸格：指与助祭者一同至太庙。咸，都。格，至。
②祼（guàn）：以酒灌地而求降神之礼。
③王命周公后：成王命封周公的后代。
④诰：命令。

【译文】

王与助祭诸侯同至太庙，杀牲燎祭先王，王步入太室，举行以酒灌地而求降神的大礼。王命封周公的后代，并让史逸把这条命令记在典册上。这件事在十二月。

　　惟周公诞保文武受命，惟七年①。

【注释】

①七年：指周公摄政七年。

【译文】

周公努力受理文王和武王所给予的大命，计时七年。

多 士

【题解】

　　这一篇在《尚书》中也属于诰体,其写作时间大约在《召诰》、《洛诰》之后。武庚和三监发动的叛乱被平定之后,周初的统治者为了彻底制伏殷民,便将他们迁往洛邑。被迁徙的殷民中,有不少人属于殷商统治者的中上层。这些人是周王朝的顽固的反对派,因而周王朝把这些人称作"仇民"。周王朝的统治者们清醒地认识到只有完全征服这些"仇民",他们刚刚建立的政权才能得到巩固,因而,如何征服殷民这个问题便尖锐地摆在留守洛邑的周公面前。本篇就是周公向殷民发布的诰令。"多士"的"士",指的就是这些人。

　　本篇诰辞大体上可分作两部分。第一部分,主要是向殷民解释周为什么要灭掉殷。对此,周公解释说这是上帝的意旨,上帝之所以这样做,是因为殷的"嗣王""罔顾于天显民祇",这就是说,殷的灭亡完全是咎由自取,既不要怨天也不要尤人。在这段话里,周公还特意提到"成汤革夏"的史实,成汤之所以"革夏",也是因为夏的嗣王"大淫泆有辞"。这就等于告诉殷人:既然你们的祖先成汤秉承上帝的意旨灭掉夏是合理的,那么我们周国秉承上帝的意旨灭掉你们殷国也就是合理的了。周公就是这样向殷民论证周王朝夺取政权的理由的。

　　第二部分,是周公代替成王向殷民发布的诰令。诰令大体包括以下几点：

一、宣布对发动叛乱的殷民不再治罪。不过在这条诰令中，周公首先说明发动叛乱的殷民是有罪的，意在说明不再治罪是为了表示宽大。

二、将殷民迁居西方是天帝的命令，殷民不得埋怨。

三、宣布对殷的"多士"不再任用，这显然是鉴于武庚的叛乱而作出的决定。

四、只要殷民"臣我多逊"，不但"尚有尔土"而且"尚宁干止"。就是说，只要顺从周的统治便可以给予土地，让他们过着和平安定的生活；否则，如果"尔不克敬"，那就要"致天之罚于尔躬"，严惩不贷。

在这里，周公一再强调神权，这说明，当时神权是维护奴隶社会的精神支柱。但是，当周公给他的子侄训话时，则着重强调德，而不再强调神了。这个区别很为重要，在研究周书时，应当给予充分注意。

惟三月①，周公初于新邑洛②，用告商王士。

【注释】

①惟：语首助词，无义。三月：成王元年三月。

②新邑洛：即王城，在今洛阳之西。周公迁殷民所住之地，称作成周，在今洛阳之东（采曾运乾说）。另，此处可与古文《尚书》中《君陈》、《毕命》互证。

【译文】

成王元年三月，周公第一次从新都洛邑来到成周，把成王的命令向商王朝的士民宣告。

王若曰："尔殷遗多士，弗吊旻天①，大降丧于殷。我有周佑命，将天明威，致王罚，敕殷命终于帝②。

【注释】

①弗吊旻(mín)天：古时成语，谓遭逢不幸，时运不佳。古人迷信，
  认为秋天万物凋零，多肃杀之气；又认为人的不幸是上天降下的
  惩罚。弗，不。吊，淑，善。旻天，秋天。

②敕：帝王的命令。

【译文】

王说："你们这些殷国的遗民，时运不佳，上天把丧亡的大祸降给你
们殷国。我们周国帮助上天行使命令，奉着上天圣明而威严的意旨，用
王者的诛罚，命令你们殷王终止帝业。

"肆尔多士①，非我小国敢弋殷命②。惟天不畀允罔固
乱③，弼我。我其敢求位④，惟帝不畀。惟我下民秉为，惟天
明畏⑤。

【注释】

①肆：现在。

②弋(yì)：篡取。

③畀(bì)：给予。允：孙星衍说："允，《释言》云：'佞也。'"罔：诬罔。
  固：曾运乾说："固，读'怙'，春秋传曰勿怙乱。"乱：暴乱。允、罔、
  固、乱，四词义近，故意译为"胡作乱为"。

④其：岂。

⑤"惟我"二句：语倒，应作"惟天明畏，惟我下民秉为"。秉，执。
  为，作为，行事。明畏，圣明威严。畏，通"威"。

【译文】

"现在我要告诉你们这些殷国的遗民，不是我小小的周国敢夺取殷
国的大命。因为上天不把大命给予那些善于说谎而又胡作乱为的人，
所以才辅助我周国。假如上帝不给我们，我们是不敢妄求这个大位的。

上天是圣明而威严的,我们下民只有本着上帝的意旨行事。

　　"我闻曰:'上帝引逸①。'有夏不适逸②,则惟帝降格③,向于时夏④。弗克庸帝,大淫泆有辞⑤。惟时天罔念闻,厥惟废元命,降致罚。乃命尔先祖成汤革夏,俊民甸四方⑥。

【注释】

①上帝引逸:古时成语。古人解说不一,兹从近人曾运乾说。曾氏云:"逸,《说文》:'失也,兔谩善逃。'逸之引申义为奔放,《晋语》:'马逸不能止。'注:'奔也',是也。引,牵引也。引逸者,牵引之,使不至于跌也。董仲舒云:'国家将有失道之败,而天乃先出灾害以谴告之。不知自省,又出怪异以警惧之。尚不知变,而伤败乃至。以此见天心之仁爱人君而欲止其乱也。'此'上帝引逸'之义。"

②适:节。逸:放纵。

③格:格人,深知天命的人。

④向:劝。时:通"是",这。

⑤淫泆:放纵。辞:言语。

⑥俊民:有才能的人。甸:治理。

【译文】

　　"我听说:'上帝对人的行为总是规诫和诱掖的。'夏国不节制自己的放纵行为,于是上天便降下深知天命的人,劝导夏国希望他们能够改恶从善。但他们不愿听从上帝的教导,大大地放纵起来,并且喋喋不休地说了一些侮慢上帝的话。上天不能不考虑他们所听到的情况,便废除了夏的大命,降下了惩罚。于是命令你们的先祖成汤更改夏的大命,任用一些有才能的人治理四方。

"自成汤至于帝乙,罔不明德恤祀①,亦惟天丕建②,保乂有殷③。殷王亦罔敢失帝,罔不配天其泽④。在今后嗣王,诞罔显于天,矧曰其有听念。于先王勤家诞淫厥泆⑤,罔顾于天显民祇⑥。惟时上帝不保,降若兹大丧。

【注释】

①罔:无。明:勉。恤:慎。

②丕:大。建:建立,

③保:安。乂:治。

④罔不配天其泽:倒装句。泽,恩泽。

⑤勤:辛勤。家:基业。诞:大。厥:语词。泆:淫泆,腐化堕落。

⑥显:明。祇:应作"疧"(zhī),为"疧"的假借字。《诗·小雅·白华》:"之字之远,俾我疧兮。"传:"疧,病也。"

【译文】

"从成汤到帝乙,无不努力地施行教化,谨慎地祭祀上天,因此上天便予以大力支持,以安治殷国。殷王也不敢不按照上帝的意旨行事,因此他们都能够和上天一样施给人们以恩泽。在这以后的殷王,欺骗侮慢上天,更谈不到听从上天的教导了。在先王辛勤建立的基业上,大肆奢侈腐化起来,根本不把上天圣明的教导和人们的疾苦放在眼里。因此上帝便不再保佑殷,给殷降下了丧亡的大祸。

"惟天不畀不明厥德。凡四方小大邦丧,罔非有辞于罚。"

【译文】

"天不会把大命赐给那些不努力施行德教的人。凡是四方小国或大国的丧亡,没有不是因为有罪而招致丧亡的惩罚的。"

王若曰:"尔殷多士,今惟我周王丕灵承帝事^①,有命曰:
'割殷^②。'告敕于帝。惟我事不贰适^③,惟尔王家我适^④。予
其曰:'惟尔洪无度^⑤,我不尔动,自乃邑。'予亦念天即于殷
大戾,肆不正^⑥。"

【注释】

①丕:乃。灵:善,引申为神圣。承:接受。事:指命令。

②割:灭。

③不贰适:不允许有二心。当是周公假托上天的话。

④适(dí):孙星衍说:"敌也。"此句是周公对殷的指责。

⑤洪:大。度:法度。

⑥肆:故。正:执而治其罪。

【译文】

王说:"你们这些殷国的遗民听着,现在我周王奉上天神圣的命令,
命令说:'灭殷。'我们完成了这个命令,并报告给上帝。上帝要你们服
从我的统治,不许怀有二心,但你们一定要和我王家为敌。我要说:'是
你们无视法度,我们并没有先进攻你们,是你们在自己的都邑,首先发
难。'我考虑上天既已降下大祸给殷,所以也就不再治你们的罪了。"

王曰:"猷^①,告尔多士,予惟时其迁居西尔^②。非我一人
奉德不康宁^③,时惟天命^④,无违。朕不敢有后,无我怨。

【注释】

①猷:发语词。

②"予惟时"句：倒装句。尔，代词，你们。

③奉德：客套话，意言根据道德原则办事。此处道德，当指周国的利益而言，故意译之。奉，秉。德，道德。

④时：通"是"，这。

【译文】

王说："啊！告诉你们这些殷国的遗民，我要把你们迁居西方。不是我为了周国的利益，使你们不安宁，这是上天的命令，不要违背。我不敢迁延上天的命令，不要埋怨我啊！

"惟尔知，惟殷先人有册有典①，殷革夏命。今尔又曰：'夏迪简在王庭②，有服在百僚③。'予一人惟听用德，肆予敢求尔于天邑商④。予惟率肆矜尔⑤，非予罪，时惟天命。"

【注释】

①册、典：记录史实的文献。

②迪：进用。简：选拔。

③服：事，犹言服务。百：言其多。僚：职务。

④肆：故。敢求：不敢请求。天邑商：即大邑商，商的都城。

⑤"予惟"句：王念孙说："率，用。肆，缓也，……谓放赦之也。'予惟率肆矜尔'者，言我惟用肆尔之罪，矜尔之愚而已。"（见《经义述闻》）

【译文】

"你们知道，只有你们殷的先人才有记载历史的文献，殷更改了夏的大命。现在你们又说：'殷曾选拔夏的遗臣留在王廷，担任各种官职为殷王服务。'我只听从有德的人，所以我不敢请求你们先王的允许而任用你们。我只能以赦免你们的罪过来怜悯你们的愚昧无知，这不是我的过错，这是上帝的命令。"

王曰："多士,昔朕来自奄①,予大降尔四国民命②。我乃明致天罚,移尔遐逖③,比事臣我宗多逊④。"

【注释】

①奄:古国名。《说文》作"郗",今山东曲阜东。

②降:下达。四国:管、蔡、商、奄四国。命:命令。

③遐、逖:二词同义,遥远。

④比:亲。事、臣:均动词,服务。逊:顺。

【译文】

王说:"殷的遗民们,过去我从奄国来,我曾对你们四国小民下达过命令。我是奉行上天的命令征伐你们的,把你们从远方迁到这里,要你们顺从地为我们周国服务。"

王曰："告尔殷多士,今予惟不尔杀,予惟时命有申①。今朕作大邑于兹洛,予惟四方罔攸宾②,亦惟尔多士攸服奔走③,臣我多逊④。

【注释】

①申:申述。

②四方:指四方诸侯。攸:所。宾:谓朝贡。

③服:服务。奔走:奔走效劳。

④臣:臣服。逊:顺。

【译文】

王说:"告诉你们这些殷国的遗民,现在我不忍杀掉你们,我只向你们申述上面的命令。现在我在这洛的地方建造一座大城,是因为四方诸侯无处朝贡,也是为了你们服务王事、奔走效劳的方便,你们要顺从地臣服我们。

"尔乃尚有尔土,尔乃尚宁干止①。尔克敬,天惟畀矜尔。尔不克敬,尔不啻不有尔土②,予亦致天之罚于尔躬③。

【注释】

①尚:还,仍。宁:安。干:事,谓劳作之事。止:止息。

②不啻(chì):不但。

③躬:身。

【译文】

"你们仍有你们的土地,你们也有安定地从事劳作和休息的生活。只要你们能够敬事我周国,上天便会给你们以怜悯。如果你们不敬事我周国,你们不但会失去你们的土地,我也要把上天的惩罚降到你们身上。

"今尔惟时宅尔邑①,继尔居②,尔厥有干有年于兹洛。尔小子乃兴,从尔迁。"

【注释】

①宅:安居。

②居:指所居之业。以上为诰命的正文。

【译文】

"现在你们要安居于你们的城邑,继续你们的劳作,这样你们就能够在洛邑长久地进行生产并得到丰收。从你们迁徙以后,你们后代子孙就会兴旺起来。"

王曰又曰①:"时予②。乃或言尔攸居③。"

【注释】

①王曰又曰:近人曾运乾说:"本文又曰,重言'时予'也。……言终丁宁之意。"颇得其解,从之。

②时:承,犹言逊顺。

③乃或言尔攸居:段玉裁《古文尚书撰异》云:"唐石经'或'、'言'之间多一字,谛视是'诲'字,与《伪传》教诲之言合。"如是说,则今本脱一"诲"字。

【译文】

王说:"顺从我!"又说:"顺从我! 我要教导你们安于你们的新居。"

无　逸

【题解】

据《史记·鲁周公世家》记载，成王年长之后，周公害怕成王"有所淫泆"，写《无逸》"以诫成王"。不过本篇文字比较流畅，与《召诰》《洛诰》等篇不甚相类。宋代胡宏的《皇王大纪》已疑其晚出，今人张西堂先生则认为应出于《泰誓》后，亦即成于春秋末年（见《尚书引论》第194页），这是可能的。

《无逸》在内容上与《召诰》《洛诰》完全一致，也是对殷商统治经验的总结。不过，这里的总结较之《召诰》《洛诰》又进一步。

宋人陈大猷说："'所其无逸'，'知小人之依'，此一篇之纲领；后章言三宗、文王及怨詈之事，皆反复推明乎此也。"这个分析是切中肯綮的。

本文不但中心思想突出，而且文章的脉络也很清楚。全文可分作三段。

第一段，一开始，周公便对成王提出要求："君子所其无逸。"怎样才能做到"无逸"呢？周公认为首先要了解"稼穑之艰难"，因为，了解"稼穑之艰难"便了解"小人"的疾苦，这样，就可以做到"无逸"了。

第二段，总结历史教训，论证"无逸"的重要。这一段又可分成三层：第一层总结殷的教训，列举中宗、高宗、祖甲三个国王作为正面的典型。这三个国王，有的"时旧劳于外"，有的"旧为小人"，因而"知小人之依"，了解人民的疾苦，"不敢荒宁"而勤于政务，所以享国日久。然后又列举殷的后王，做反面典型。在谈到这些后王时，诰辞感慨地说："生则逸！生则逸！"正是因为这些"后王"贪图安逸，"不知稼穑之艰难，不闻小人之劳，惟耽乐之从"，所以享国日浅。这种鲜明的对比，充分说明"无逸"的重要。第二层写文王的"无逸"，着重写文王勤于政事，宽以待民。这说明文王也和商的先王一样圣明。蔡沈分析说："言则古昔，必称商王者，时之近也；必称文王者，王之亲也。举三宗者，继世之君也；详文王者，耳目之所逮也。"赞扬三宗和文王就是为了给成王树立学习的榜样。第三层对成王提出希望和要求。这一层是前两层的发展和归宿，也是这一大段的重点。文中着重要求成王以殷的后王为戒，虽然从字面上没有提出以三宗和文王为法，但这层意思却是暗含着的。

第三段，论述正确对待小人的怨詈。这一段也可分作三层：第一层分析"怨詈"产生的原因。周公认为如果君臣相互劝诫、规正，小人就不会产生"怨詈"；否则，如果互相欺诈，群臣就会变更法制，小人就会产生"怨詈"。这就是说，"怨詈"虽出于"小人"之口，但根源却不在"小人"而在"君臣"。因此，第二层写三宗和文王听到"怨詈"时，则"皇自敬德"，不认为是小人的过错，而认为是"朕之愆"以致"不敢含怒"。第三层写相反的态度，这种人一听到"怨詈"的话，便"乱罚无罪，杀无辜"。这样一来，人们便把怨恨集中在他的身上。两种态度形成鲜明的对比，意在说明前一种是应当发扬的，后一种则是应当引以为戒的。

最后总结全文，再一次语重心长地告诫成王，充分表现了周公对成王的殷切希望。

毫无疑问，周公对成王的告诫，其目的在于巩固周王朝的统治，但告诫中所提到的要了解稼穑的艰难和小民的疾苦，这种观点是以前统治者所不曾有的，这不能不说是一个很大的进步。再者本文中心突出，条理分明，层次清楚，而且字里行间充满感情，在《尚书》中，当推杰作，它标志着散文创作的进一步发展。

　　周公曰:"呜呼! 君子所其无逸①。先知稼穑之艰难,乃
逸则知小人之依②。相小人③,厥父母勤劳稼穑④,厥子乃不
知稼穑之艰难乃逸。乃谚既诞⑤,否则侮厥父母⑥,曰:'昔之
人无闻知。'"

【注释】

①君子:指做官的人。所其:指居其位。所,处在。逸:安逸。

②乃逸:旧注多从上读,非是,应从下读。乃,指示代词,这样。依:
　孙星衍说:"'依'同'衣',《白虎通·衣裳篇》云:'衣者,隐也。'"
　隐,隐痛,疾苦。

③相:看。小人:小民。

④厥:代词,作"他"解。稼穑:泛指农业劳动。

⑤谚:通"喭"(yàn),粗鲁。诞:放肆。或解作"大",亦通。

⑥否则:乃至于。否,当作"丕"。

【译文】

　　周公说:"唉! 在位的君子,不应该贪图安逸享受。先了解种田的
艰难,这样,处在安逸的环境也会知道种田人的痛苦了。看看种田人,
他的父母辛勤劳苦地种着庄稼,他的儿子却不知道种庄稼的艰难,便安
逸享受起来。他的行为还非常放肆,乃至于轻侮他的父母说:'上了年
纪的人,无知无识什么也不懂。'"

　　周公曰:"呜呼! 我闻曰:昔在殷王中宗①,严恭寅畏②,
天命自度③,治民祗惧④,不敢荒宁⑤,肆中宗之享国七十有
五年⑥。其在高宗⑦,时旧劳于外⑧,爰暨小人⑨。作其即

位⑩,乃或亮阴⑪,三年不言,其惟不言,言乃雍⑫。不敢荒
宁,嘉靖殷邦⑬。至于小大⑭,无时或怨⑮。肆高宗之享国五
十有九年。其在祖甲,不义惟王⑯,旧为小人⑰。作其即位,
爰知小人之依,能保惠于庶民⑱,不敢侮鳏寡⑲。肆祖甲之享
国三十有三年。自时厥后立王⑳,生则逸!生则逸!不知稼
穑之艰难,不闻小人之劳,惟耽乐之从㉑。自时厥后,亦罔或
克寿㉒,或十年,或七八年,或五六年,或四三年。”

【注释】

①中宗:太戊,是商汤的玄孙和太庚的儿子。据《史记·殷本纪》记
　载,太戊以前“殷道衰,诸侯或不至”;太戊称帝之后“殷复兴,诸
　侯归之,故称中宗”。

②严:通“俨”,严肃庄重。恭、寅:均谓恭敬。“恭”指表现在外貌,
　“寅”指存在于内心。

③天命自度(duó):谓以天命自度。度,量,衡量。

④祗惧:敬慎小心。

⑤荒宁:怠惰,荒废,谓不敢安逸、纵乐。

⑥肆:因此。

⑦高宗:即武丁,在殷代发展史上起到重要作用的著名国王。

⑧时:通“是”,犹言这个人,指高宗。相传高宗为太子时,其父小乙
　曾命令他出外行役。

⑨爰:于是。暨:及,和。

⑩作:及,等到。

⑪亮阴:《尚书大传》作“梁暗”,《论语·宪问篇》作“谅阴”,《礼记·
　丧服四制》作“谅暗”。孔子解释说:“君薨,百官总己以听于冢宰
　三年。”马融说:“亮,信也;阴,默也。为听于冢宰,信默而不言。”

郑玄说:"'谅暗'转作'梁暗',楣谓之梁,暗谓庐也;小乙崩,武丁立,忧丧三年之礼。居,倚庐柱楣,不言政事。"旧注均本此解"亮阴"为古时天子守孝之称,郭沫若先生不同意这种解释,认为三年之丧并非殷制,解"亮阴"为近代医学上所说的"不言症"(详见《青铜时代》中《驳〈说儒〉》一文)。译注仍从旧注。

⑫雍:和谐。郑玄说:"其不言之时,时有所言;言则群臣皆和谐。"孙星衍说:"群臣知君能尽孝,故和悦从之。"

⑬嘉靖:安定。嘉,善。靖,治,安。

⑭小大:小,指小民。大,指大臣。

⑮时:通"是"。郑玄说:"言人臣大小皆无怨也。"

⑯"其在"二句:马融说:"祖甲有兄祖庚而祖甲贤,武丁欲立之,祖甲以王废长立少,不义,逃亡民间,故曰'不义惟王'。"祖甲,武丁的儿子帝甲。

⑰旧:久。《诗·大雅·抑》:"告尔旧止。"郑玄笺:"旧,久也。"

⑱保:保佑。惠:好处,利益,这里指给人好处。

⑲鳏(guān):年老无妻的人。寡:年老无夫的人。

⑳自:从。时:通"是",这。立王:立的国王。

㉑耽乐:沉溺在享乐之中。

㉒罔:没有。克:能够。

【译文】

周公说:"唉! 我听说:过去殷王中宗,严肃谨慎,小心翼翼,以天命为标准来检查衡量自己,怀着严谨而慎重的心情治理人们,不敢怠惰,不敢贪图安乐,所以中宗在位七十五年。到了高宗,他幼年时,曾在外行役,和小人一起劳作。等到他做了国王,又适逢他的父亲死去,便居庐守丧,三年不谈国事,正因为如此,所以在偶尔谈及国事时,都深得大臣们的拥护。他不敢荒废政事贪图安逸,因此殷国被治理得非常好,从小民到大臣,无人发怨言。因此,高宗执政达五十九年。到了祖甲,他以为代兄为王不合道理,年轻时,便逃往民间,做过小民。等到他做了国王以后,便能了解小民的疾苦而施惠于小民,甚至连那些鳏寡孤独无依无靠的人也不敢轻慢。因此,祖甲执政达三十三年。从这以后的国王,生来就贪图安逸了!生来就贪图安逸了!他们不了解种庄稼的艰难,不了解种田人的劳苦,只是陶醉在安乐之中以饮酒取乐为生。从这以后的国王也没有长寿的了,他们执政的时间,有的十年,有的七八年,有的五六年,有的三四年。"

周公曰:"呜呼!厥亦惟我周太王、王季①,克自抑畏②。文王卑服③,即康功田功④。徽柔懿恭⑤,怀保小民⑥,惠鲜鳏寡⑦。自朝至于日中昃⑧,不遑暇食⑨,用咸和万民⑩。文王不敢盘于游田⑪,以庶邦惟正之供⑫。文王受命惟中身⑬,厥享国五十年。"

【注释】

①太王:古公亶父,文王的祖父。王季:古公亶父的儿子,文王的父亲,名季历。

②抑畏:谦虚小心。

③卑:贱。服:从事。

④即:完成。康功:孙星衍以为"康功"指建造房屋。曾运乾以为"康功"指平易道路之事。《尔雅·释宫》:"五达之谓康。"杨筠如以为"康,疑当读为'荒'",指山泽荒地。译文从曾说。田功:指田野里的劳动。

⑤徽:善良。柔:仁慈。

⑥怀保:爱护。

⑦惠鲜:爱护。惠,爱。鲜,善。

⑧朝:早晨。日中:中午。昃(zè):太阳偏西。

⑨不遑:没有工夫。遑,闲暇。

⑩用:以。咸和:和谐。

⑪盘:耽。田:通"畋",打猎。

⑫正:正税,指正常的贡赋。供:献。

⑬受命:接受上帝的大命,指即位为君。惟:语中助词,无实义。中身:中年。

【译文】

周公说:"唉!只有我们周的太王、王季做起事来能够谦逊谨慎。文王也曾从事过卑贱的劳作,如整修道路、耕种田地等。他心地仁慈,态度和蔼恭谨,使老百姓安居乐业,并把他的恩惠施及于那些鳏寡孤独无依无靠的人。从早晨到中午到下午,忙碌到无暇吃饭,用这种辛勤劳苦的精神治理国家,使万民安乐地生活着。文王不敢把各邦国供来的赋税用于游猎玩乐。文王在中年接受上天赐予的大命,执政达五十年。"

周公曰:"呜呼!继自今嗣王①,则其无淫于观、于逸、于游、于田②,以万民惟正之供。无皇曰③:'今日耽乐。'乃非民攸训④,非天攸若⑤,时人丕则有愆⑥。无若殷王受之迷乱⑦,酗于酒德哉⑧。"

【注释】

①嗣王:指成王。

②淫:过度的。观:游览。逸:安逸享受。游:游玩。田:田猎。

③皇:汉石经作"兄",兄即况,且。

④攸:所。训:典式,榜样。

⑤若：顺。

⑥时：通"是"，这。丕则：那就。愆：过错。

⑦殷王受：即殷纣王。

⑧酗(xù)：发酒疯。

【译文】

周公说："唉！今天的王啊，希望你不要把万民进上的赋税，浪费在过度的游玩享受和田猎上。且不要这样讲：'今天先享受享受再说。'这样，就不是万民的榜样，就不是顺从天意了，这样的人便是犯了大错了。所以，不要像殷王纣那样把迷乱酗酒作为美德啊！"

周公曰："呜呼！我闻曰：古之人犹胥训告①，胥保惠，胥教诲，民无或胥诪张为幻②。此厥不听③，人乃训之④，乃变乱先王之正刑⑤，至于小大。民否⑥，则厥心违怨；否，则厥口诅祝⑦。"

【注释】

①犹：还。胥：互相。

②诪(zhōu)张：欺诳。幻：欺诈，惑乱。

③此：这，指下述那些劝诫的话。厥：其，你。

④训：典式，榜样，此处谓以为榜样。

⑤正：通"政"，指政治。刑：法律。

⑥否：三体石经作"不"，联系上文当指无所适从。一说，"否"与"则"是合成词，与"丕则"同义，作"乃至于"解，恐非是。

⑦诅祝：诅咒。祝，通"咒"，音义同。《诗·大雅·荡》："侯作侯祝。"传："作、祝，诅也。"

【译文】

周公说:"唉!我听说:古时候的人还互相训告,互相扶持,互相教诲,小民没有互相欺骗诈惑的。如果不听这些话,不这样办,人们就会互相欺诈,大小群臣就会变乱先王的法制。小民无所适从,心中便会产生反抗怨恨的情绪,无所适从,口中便会发出诅咒的语言。"

周公曰:"呜呼!自殷王中宗及高宗及祖甲,及我周文王,兹四人迪哲①。厥或告之曰:'小人怨汝詈汝!'则皇自敬德②。厥愆③,曰:'朕之愆。'允若时④,不啻不敢含怒⑤。此厥不听,人乃或诪张为幻。曰:'小人怨汝詈汝!'则信之。则若时⑥,不永念厥辟⑦,不宽绰厥心⑧,乱罚无罪,杀无辜,怨有同,是丛于厥身⑨。"

【注释】

①迪哲:通达明智。

②皇自:更加。孙星衍说:"皇自,熹平石经作'兄曰',韦氏注《国语》云:'兄,益也。''皇曰敬德'即'益曰敬德'也。"

③厥:其,指上文四人。愆:过错。

④允:信。时:通"是",这。

⑤不啻:不但。句下有省略,省略部分当如译文。

⑥则:就。若:像。时:通"是",这。

⑦辟:法度。

⑧宽绰(chuò):宽宏大度。

⑨丛:积聚。

【译文】

周公说:"唉!从殷王中宗,到高宗,到祖甲,到我们的周文王,这四人是圣明的君主。有人告诉他们说：'小人在怨你骂你！'他们便更加恭敬地按照规矩办事。他们有了过错，便毫不掩饰地说：'这是我的过错。'实在是这样，他们不但不敢含怒，而且很愿意听到这样的话，以便察知自己政治上的得失。不听这些话，人们之中有的就会互相欺骗诈惑。如果有人告诉你：'小人在怨你骂你！'你应当认真考虑这些话。可是，如果你却这样执政：不把法度放在心里，不宽绰自己的胸怀，乱罚那些无罪的人，妄杀那些无辜的人，这样，必然会民心同怨，人们便会把愤怒的情绪聚集在你的身上。"

周公曰："呜呼！嗣王其监于兹①！"

【注释】

①监：通"鉴"，鉴戒。兹：这。

【译文】

周公说："唉！王啊，你可要以这些作为鉴戒啊！"

君 奭

【题解】

本篇是周公对召公的诰辞,召公名奭,所以本篇取名为《君奭》。

本篇作于何时,旧时说法不一。《史记·燕召公世家》以为作于周公摄政时,《书序》则认为作于周公还政成王之后。从本篇的内容来看,似以《书序》所说为妥。

本文大体上可分作三段。

第一段,谈守业的艰难。首先谈殷的灭亡,从殷商的灭亡中,周公看到是否"永孚于休",是否"终出于不祥",对于周都是未知数,可见"守业"非常艰难。接着周公便分析了天和人。对于天,周公虽然也明确表示要"念天威",但却一再强调"天难谌","天不可信";对于人,周公则认为"我民罔尤违,惟人",认为人民不会无故产生怨恨的情绪,一切都在人为。这就是说,周公把着眼点从"天"转移到"人",强调不依靠天命而依靠人为。这种认识,不能不说是人类认识史上的一个重大的进步和发展。

这里对于天、人的分析,也是为了说明守业的艰难。

第二段,证以殷、周历史,说明大臣的重要作用。从殷的历史来看,正是由于有伊尹、伊陟、臣扈、巫咸、甘盘等大臣的辅佐才使被辅佐的国王"礼陟配天,多历年所";从周的历史来看,正是由于有虢叔、闳天、散宜生、泰颠、南宫括等大臣辅佐,才使文王和武王得以成就大业。这些叙述充分说明大臣的重要性。接着便分析当时的情况,周公认为在当时,大臣只有他和召公二人,这说明他和召公的责任十分重大。周公希望他们二人能加强团结,并要求召公"猷裕"亦即胸怀宽阔。这些话虽然很少,如果顾及全篇,应当说是全文的重点所在。和这些话相印证,足见《书序》所说"召公不悦",比较合乎实际。

第三段,照应开头,再一次要求召公以殷商的灭亡为鉴戒。在这里,周公进一步强调召公和他的重要作用,意在说明只有他们二人和衷共济,才能把国家治理好。

本篇是研究周初思想史的重要资料。

周公若曰:"君奭①,弗吊②,天降丧于殷,殷既坠厥命。我有周既受,我不敢知曰厥基永孚于休③。若天棐忱④,我亦不敢知曰其终出于不祥⑤。

【注释】

①君:尊称。奭(shì):人名。即召公奭。

②弗吊:即不善。弗,不。吊,善,淑。

③厥:指示代词,犹言这个。基:基业。孚:符。休:美。

④若:语首助词,无义。棐:辅助。忱:诚。

⑤祥:永,长久。孙星衍云:"'祥'与'荣'俱以'羊'为声,'祥'亦'永'也。《盘庚》:'丕乃崇降不祥。'熹平石经:'不永。'"故此处译为"长久"。

【译文】

周公说:"奭啊! 由于做下了许多不好的事情,天便降下了丧亡的大祸于殷,殷已经丧失了上天所赐予的大命。我们周国已经得到了这个大命,但我不敢说,我们的事业能永远沿着美好的前程发展下去。虽然上天诚心地辅助我们,但我还是不敢说,我们的事业能否长久。

"呜呼! 君已曰时我①。我亦不敢宁于上帝命,弗永远念天威。越我民罔尤违②,惟人。

【注释】

①君:指召公奭。已:表示过去的时态副词。时我:意即我能担当起治国重任。时,通"是"。

②罔:无。尤违:怨恨。

【译文】

"唉! 你曾经说我能够担起治理周国的重担。但我却不敢安于上天的命令,不去常常考虑上天的威罚。我们的民众是不会产生怨恨的情绪的,一切都在人为啊!

"在我后嗣子孙,大弗克恭上下①,遏佚前人光在家②,不知天命不易。天难谌③,乃其坠命,弗克经历,嗣前人恭明德④。

【注释】

①上下:上指天,下指地。

②遏:绝。佚:弃。光:光荣的传统。

③谌(chén):诚,信。

④"乃其坠命"三句:此处语倒,应作"弗克经历,嗣前人恭明德,乃其坠命"。历,久。

【译文】

"恐怕我们后代子孙,不能敬天理民,失掉前人的光荣传统,不知道天命的艰难。天命是难于相信的,如果不能永远继承前人的光荣传统,就会失去上天所赐予的大命。

"在今予小子旦非克有正①,迪惟前人光,施于我冲子。"

【注释】

①正:表率。

【译文】

"现在我姬旦不能做别人的表率,只能以前人的光荣传统,来开导我的幼小的国王而已。"

又曰:"天不可信,我道惟宁王德延,天不庸释于文王受命①。"

【注释】

①庸:用。释:弃。

【译文】

周公又说:"上天是不能相信的,我们只有努力发扬文王的光荣传统,使之长久地保持下去,这样上天便不会舍弃文王所受的大命了。"

公曰:"君奭,我闻在昔成汤既受命,时则有若伊尹①,格于皇天②。在太甲时,则有若保衡③。在太戊时,则有若伊陟、臣扈④,格于上帝。巫咸乂王家⑤。在祖乙时,则有若巫贤,在武丁时,则有若甘盘。率惟兹有陈保乂有殷⑥,故殷礼陟配天⑦,多历年所。

【注释】

①伊尹:商汤的大臣。

②格于皇天:谓汤的功劳可以和天相比,可以和天一样享受人们的祭祀。孙星衍说:"格者,《释诂》云:'升也。'谓汤得伊尹辅助成功,升配于天也。"下文"格于上帝"与此同。

③保衡:官名。在王左右辅理政事的人,旧注多以为就是伊尹。

④伊陟、臣扈:均人名。

⑤巫咸:人名。殷的大臣。乂(yì):治理。

⑥率:大抵。兹:这。陈:孙星衍说:"陈者,《汉书·哀帝纪》注:李斐云:'道也。'"近人曾运乾说:"此云'有陈',犹《庄子·寓言篇》之'陈人',所谓老成人也。"两说均通,此采曾氏说。

⑦陟:升。配天:和上天享受同样的祭祀。

【译文】

周公说:"奭啊!我听说过去成汤既已接受上天的大命,便有个伊尹辅佐成汤,使成汤得以升配于天。在太甲时,有个保衡,太戊时又有伊陟和臣扈,分别辅佐他们,使他们得以升配于上帝。巫咸帮助殷王治理国家。祖乙时有个巫贤,武丁时有个甘盘。正因为有这些老成之人帮助治理殷国,才使殷国诸王享受配天的祭祀,殷国的统治,才能经历许多年代。

　　"天惟纯佑命则①,商实百姓王人,罔不秉德明恤②。小臣屏侯甸③,矧咸奔走④。

【注释】

①纯:大。佑:帮助。则:准则。

②秉:持。明:勉。恤:谨慎。

③小臣:内臣。屏:列。侯甸:古制去王城五百里为甸服,去王城千

里为侯服。侯、甸,均指周的地方官。

④矧(shěn):况且。咸:都。奔走:效劳。

【译文】

"上天只大力帮助那些有道德的人,商的百姓、同族没有不按照一定原则努力谨慎地为殷王服务的。至于那些小臣和地方官们,更是努力奔走服务王事了。

"惟兹惟德称,用乂厥辟①。故一人有事于四方②,若卜筮③,罔不是孚④。"

【注释】

①乂:治。厥:代词,犹言他们。辟:国王。

②一人:指国王。事:事情,指国王的号召。

③若:好像。

④是:指示代词,这,指国王的号召。孚:信,符。

【译文】

"因此群臣各称其德,以辅助他们的国王治理国家。所以一旦当国王向四方发出什么号召,就好像相信卜筮的灵验一样,对国王的号召,四方的人没有不相信的。"

公曰:"君奭,天寿平格①,保乂有殷,有殷嗣天灭威。今汝永念,则有固命②,厥乱明我新造邦③。"

【注释】

①寿:久。平:孙星衍说:"'平'与'抨'通,《释诂》云:'使也。'"格:指格人,能了解天命的人。

②固：牢固。命：上天的命令。

③厥：发语词。乱：治。

【译文】

周公说："奭啊！上天长期以来，使那些能够深知天命的人，安治殷国，而殷国后代的继承人却灭弃上天的威严，而招致灭亡。现在你能永远记住这个历史教训，我们就能固守上天所赐的大命，以明智的措施，治理我们这个新建立的国家了。"

公曰："君奭！在昔上帝割申劝宁王之德①，其集大命于厥躬②？惟文王尚克修和我有夏③。亦惟有若虢叔，有若闳夭，有若散宜生，有若泰颠，有若南宫括④。"又曰："无能往来，兹迪彝教⑤，文王蔑德降于国人。

【注释】

①割：通"曷"，相当现代汉语"为什么"。申：重，一再。劝：劝勉。宁王：文王。

②集：成就。躬：自身。

③夏：古人称中国曰夏。

④虢(guó)叔、闳夭、散宜生、泰颠、南宫括：文王和武王时的大臣。

⑤兹：曾运乾说："兹，读为'孜'，勉也。"迪：开导。彝：常。

【译文】

周公说："奭啊！在过去为什么上天一再劝勉文王注意品德修养，把治理天下的重任放在他的身上呢？这是因为只有像文王这样有道德的人，才能把中国治理好啊！同时也因为文王有虢叔、闳夭、散宜生、泰颠、南宫括这些贤臣。"又说："如果没有这些贤臣奔走效劳，努力地宣扬教化，文王的美德便不能传播给国人了。

"亦惟纯佑秉德①,迪知天威,乃惟时昭文王迪见冒②,闻于上帝,惟时受有殷命。

【注释】

①纯:大。佑:帮助。秉:持。德:德行。

②时:通"是"。昭:助。见:通"现",显示。冒:勉励。

【译文】

"也正因为上帝大大地帮助道德高尚的人,开导他们,使他们了解上天的威严,因此,上帝才帮助文王,勉励他使他的功绩昭著,上帝了解了他的作为,正是因为这样才让他承受殷国的大命。

"哉武王①,惟兹四人尚迪有禄。后暨武王诞将天威,咸刘厥敌②。惟兹四人昭武王惟冒,丕单称德③。

【注释】

①哉:曾运乾说:"哉,古文当本作'才'。今文《尚书·泰誓》:'茂哉茂哉',只作'茂才'可证。汉儒读为'哉',声之误也,当读为'在'。《立政》:'是罔显在厥此。'汉石经'在'亦作'哉'也。哉武王,犹言在武王时也。"

②咸:皆。刘:杀。厥:代词,其。

③丕:大。单:通"殚",尽。

【译文】

"在武王的时候,这四人仍然保持他们的禄位。后来武王奉上天的命令大举征伐殷国,他们又都辅助武王努力杀敌。正是由于这四人各尽其责帮助武王,才使武王成就大业。

　　"今在予小子旦若游大川,予往暨汝奭其济。小子同未在位①,诞无我责? 收罔勖不及②,耇造德不降③,我则鸣鸟不闻④,矧曰其有能格⑤!"

【注释】

①同:通"侗"(tóng),幼稚无知。未:通"昧",暗昧,谓不明事理。

②收罔:曾运乾说:"收罔,'奭'之合音,犹尚也。"勖(xù):勉励。

③耇(gǒu):年老的人。降:曾运乾说:"降,和同也。"谓和睦团结。

④鸣鸟:凤凰的鸣声,古人迷信,以凤鸣为吉祥的征兆。

⑤矧:况。格:格知,了解。

【译文】

　　"现在我姬旦好像要涉渡大河,我和你先去涉渡。我们年幼的国王,虽在王位,但幼稚无知,我们能够不担起自己的责任吗? 努力做去犹恐不及,如果我们这些年长有德的人不能和睦团结,那么我就不会听到凤凰的鸣声了,何况说能够了解天命呢!"

　　公曰:"呜呼! 君,肆其监于兹①,我受命无疆惟休②,亦大惟艰。告君乃猷裕③,我不以后人迷。"

【注释】

①肆:现在。监:视。兹:指示代词,这,指下文"受命无疆惟休"、"亦大惟艰"。

②无疆:无限。休:美。

③猷裕:曾运乾说:"猷裕,双声联词,犹宽绰也。"

【译文】

　　周公说:"啊! 奭啊,你现在应该看到这一点,我们从上天那里接受大命,虽然是无限美好,但也有很大的艰难。希望你的心怀要宽阔,我不是为了后代子孙的缘故而迷恋禄位啊!"

公曰:"前人敷乃心①,乃悉命汝②,作汝民极③。曰:汝明勖偶王④,在亶⑤,乘兹大命⑥,惟文王德丕承,无疆之恤⑦。"

【注释】

①前人:指武王。敷:暴露剖白。

②悉:详。

③极:中,准则。

④明勖:黾勉,努力。偶:合,这里指合力辅助成王。

⑤亶(dǎn):诚。

⑥乘:担当。

⑦恤:忧虑。

【译文】

周公说:"武王曾经坦露过他的心迹,他曾详细地谈过命令你做小民表率的意见。他说:你们应该勤奋地在王的左右辅佐王,要开诚布公,担当这样的大命,必须把能否继承文王的光荣传统当作长久的考虑。"

公曰:"君,告汝,朕允保奭①。其汝克敬以予②,监于殷丧大否③,肆念我天威④。

【注释】

①朕:我。允:信。保:官名。即太保。奭:召公名。

②其：表祈使，故译作"希望"。克：能够。予：我。

③否（pǐ）：天地不交，万物不通为否，意即遭逢祸害。

④肆：长。

【译文】

周公说："爽啊！告诉你，我是非常相信你太保爽的。希望你能够敬重我所说的话，看到殷国丧亡的大祸，长久思念着上天的威罚。

"予不允，惟若兹诰？予惟曰：'襄我二人①，汝有合哉②。'言曰：'在时二人，天休滋至，惟时二人弗戡③。'其汝克敬德，明我俊民④，在让后人于丕时⑤。

【注释】

①襄：除掉。

②合：合德，指品德相合的人。

③戡（kān）：胜任。

④明：作动词用，谓尊重选用。俊民：有特出才干的人。

⑤在让后人于丕时：曾运乾说："在，终也。'丕时'犹'丕承'也。《诗》：'帝命不时。''不时'亦'丕承'，声相近。"丕承，犹言很好地继承。

【译文】

"我如果不是一片诚心，能够说这些话吗？我想想之后还要问你：'除了我们二人，还有和你的品德相称的人吗？'你定会说：'正是有我们二人在，上天才降下许多美好的事情，这样的事情越来越多，我们二人是承受不了的。'希望你能够尊敬并选用有德的人，使后人很好地继承前人的光荣传统。

"呜呼！笃棐时二人^①，我式克至于今日休^②，我咸成文王功于不怠，丕冒海隅出日^③，罔不率俾^④。"

【注释】

①笃：厚。棐：辅助。时：通"是"。

②式：用。克：能够。休：美好。

③丕冒：意指在天的覆盖之下。丕，大。冒，覆。

④率俾：使服从。倒装句。率，顺从，服从。俾，使。

【译文】

"啊！正是因为我二人性情笃厚，合力辅佐国王，才使我们的事业达到今天这样美好的境地，才使我们完全成就文王的大功而不懈弛，才使四海之内，凡太阳所能照到的地方，无不服从法度。"

公曰："君，予不惠若兹多诰^①，予惟用闵于天越民^②。"

【注释】

①惠：通"慧"，聪明。兹：这。

②闵：忧虑。越：和。

【译文】

周公说："奭，我很不聪明，说了这许多话，我的这些话，无非是忧虑天命和民心的不易保持。"

公曰："呜呼！君，惟乃知，民德亦罔不能厥初^①，惟其终^②。祗若兹^③，往敬用治。"

【注释】

①罔:不。初:事情的开始。

②惟:只。终:指事情的结尾。这一句大意是说,能善始不能善终。

③祗(zhī):敬。兹:这。

【译文】

周公说:"唉! 奭啊,你知道,小民办事在开始的时候,没有不好好办的,但到结尾就往往办不好了。应该重视这个教训,往后必须以恭谨的态度来治理国家。"

多　方

【题解】

本篇是周公代表成王所发布的诰令。诰令的对象主要是殷人,但也包括追随殷人发动叛乱的"徐戎"、"淮夷"等。蔡沈说:"《多方》所诰,不止殷人,乃及四方之士,是纷纷焉不心服者,非独殷人也。"本篇取名《多方》也在此。

本文可分作三段。

第一段,分析夏、殷的兴亡。对于夏代的分析,文字虽较多,但大意不外是说,夏的灭亡在于:一不敬天,二残害人民。接着便分析商,商为什么能够"代夏作民主"呢?原因就在于商汤能够"明德慎罚",也就是一方面把人民从灾难中解救出来,另一方面又敢于对犯罪的人实行惩罚。对于夏着重分析它为什么会灭亡,对于商则着重分析它为什么会兴起,各有侧重,大约是为了避免重复。这里的分析和《君奭》、《洛诰》、《无逸》有所不同,前者是为了总结经验,而这里则是为了向殷人证明:殷的灭亡和夏的灭亡一样,周的兴起也和当年殷商的兴起一样,都是理所当然的,任何反抗都是不应当和不允许的。

第二段,首先说明并不是上帝要灭亡夏、殷,而是因为夏、殷的后王,行为放肆,纵情享受,把政治搞得十分黑暗,上帝才不得不把大祸降给他们。对于殷,上帝格外仁慈,为了争取纣的悔悟又给他五年时间,但纣仍然不思悔改，继续作恶，上帝就不得不把殷灭亡。这番说明，意在强调殷的灭亡完全是咎由自取。接着又分析了周的兴起，周为什么能够兴起呢？就是因为周秉承上帝的意旨广布德教。这些说明和第一段一样都是为了论证周的兴起和殷的灭亡的合理性，以说服殷人服从自己的统治。

最后说明只有服从周的统治才是唯一的出路，否则便要加以惩罚，受到这种惩罚也是咎由自取。

第三段，对殷民提出具体要求。在这一段里，周公要求殷人和睦相处，要永远服从周的统治，要种好田，等等。能够做到这些便给以赏赐，否则便要给以惩罚。

第一、二段重在讲明道理，第三段则是诰令的具体内容。

本篇神权气味最浓，和《君奭》等篇的"天不可信"的思想形成鲜明对照。研究这种不同，对于研究古代神权的发展以及周人的神权思想，都是十分重要的。同时，本篇也是研究周初历史的重要史料。从这里，我们看到周初政治斗争的尖锐和复杂，它清楚地说明周初的统治者是经过一番严重的斗争才使自己的统治逐渐趋于巩固的。

惟五月丁亥，王来自奄①，至于宗周②。

【注释】

①奄：古国名。在今山东曲阜以东。

②宗周：指西周都城镐京，在今陕西西安西南。

【译文】

五月丁亥这天，王从奄国回来，到了首都镐京。

周公曰："王若曰：猷！告尔四国多方惟尔殷侯尹民①，

我惟大降尔命,尔罔不知。

【注释】

①四国:指管、蔡、商、奄。这四国屡次发动叛变,故放在句子的开
　始以示警告。多方:犹四方,指各地诸侯。惟:与,和。殷侯:指
　中夏诸侯。孙星衍说:"《释言》云:'殷,中也。'……言汝中夏诸
　侯。……"尹民:治理臣民的官长。尹,正。

【译文】

周公传达周王的命令说:"啊! 告诉你们四国和各地诸侯,以及治
理臣民的官长们,我要特地向你们下达命令,希望你们都要很好地了解
命令的内容和精神。

"洪惟图天之命①,弗永寅念于祀②。惟帝降格于夏③,
有夏诞厥逸④,不肯戚言于民⑤,乃大淫昏,不克终日劝于帝
之迪⑥,乃尔攸闻。

【注释】

①洪惟:即代惟,谓代替成王发布命令,是周公代替成王发布命令
　时常用的发端词。洪,代。图:度。曾运乾说:"此处当读为'斁'
　(dù),闭塞也。"

②寅:敬。祀:祭祀。

③格:格人,深通天命的人,此处指主持占卜的官员或贤能超众
　的人。

④诞:大。厥:其。逸:安逸,享受。

⑤戚言:指安慰之类的好话。戚,忧。

⑥克:能够。劝:劝勉。帝之迪:指上帝开导的话。古人认为这类

事大都由格人传达。迪，开导。

【译文】

"看那夏代闭塞了上天的命令，常常不恭敬地对待祭祀，不把祭祀放在心上。虽然上帝给夏降下了深知天命的人，但夏王却纵欲享受，不肯用好话去慰告民众，而是日益淫逸昏乱，不能够终日勤勉地按照上帝的开导办事，这一些你们都是知道的。

"厥图帝之命，不克开于民之丽①，乃大降罚，崇乱有夏，因甲于内乱②，不克灵承于旅③，罔丕惟进之恭④，洪舒于民⑤。亦惟有夏之民叨懫日钦⑥，劓割夏邑⑦。天惟时求民主，乃大降显休命于成汤⑧，刑殄有夏⑨。

【注释】

①开：开释，解除。丽：通"罹"，遭逢。

②甲：通"狎"，习常。

③灵：善。旅：祭上帝之尸。这句话大意是说，不按照上帝的意旨行事。"旅"字的解释见《召诰》"天迪从子保"一句注释。

④罔：无。丕：不。惟：只。进：曾运乾说："进，读为'赆'(jìn)，财也。《汉书·高帝纪》曰'肖何主进'注，师古曰："进，宜本作'赆'。"与'进'音同。恭，读为'供'，给也。"这句话大意是说，无不竭力搜刮民财。

⑤洪：大。舒：通"荼"(tú)，毒害。曾运乾说："舒，王应麟《困学纪闻》曰，古文作'荼'。按'舒'、'荼'古音同。《广雅》：荼，痛也。按亦毒也。"

⑥民：联系上下文，此处似应指统治阶层而言。叨(tāo)：贪婪。懫(zhì)：忿。钦：崇尚。

⑦劓（yì）：割鼻的刑罚。

⑧显：光。休：美。

⑨刑殄（tiǎn）：谓给予灭亡的惩罚。刑，谓惩罚。殄，灭绝，灭亡。

【译文】

"他闭塞了上帝的命令，不能把老百姓从灾难的罗网中解脱出来，上天便大大地降下了惩罚来祸乱夏国，这是因为当政者习于在国内为非作歹，又不听从上帝的开导，只知残暴地搜刮民财，荼毒百姓。也因为他们无不贪财残忍，甚至竞相效尤，残害首都的老百姓。由于这些原因，上天便为老百姓寻求好的国王，于是降下了光荣而美好的大命给成汤，成汤遂灭掉夏国。

"惟天不畀纯①，乃惟以尔多方之义民②，不克永于多享惟夏之恭③，多士大不克明保享于民④，乃胥惟虐于民⑤；至于百为⑥，大不克开⑦。

【注释】

①不畀纯：意即不给大福。省略中心词。畀，给予。纯，大。

②义民：即贤民，指夏的统治集团中行为较好的官长。

③"不克"句：这句话的意思是说，由于那些坏人为非作歹，使那些好人也受到牵连，不能永远保持夏朝给予的禄位。恭，通"供"，指所供之职位。

④"多士"句：意思是说，官民们不努力为百姓造福。明，勤勉。保，安。

⑤胥：通"与"，相与，皆。

⑥百为：意即无所不为。百，言其多。

⑦大不克开：意言不能把人们从痛苦中开脱出来。开，开释，解脱。

这一段话是倒装，开始两句说的是结果，后面几句说的是原因。

顺读之,应为"多士大不克明保享于民,乃胥惟虐于民,至于百为,大不克开,惟天不畀纯,乃惟以尔多方之义民,不克永于多享惟夏之恭。"

【译文】

"上天不把大福赐给他们,这是因为他们那些四方诸侯的大臣,不努力于为百姓造福,却只知竞相残暴地对待臣民;甚至于作恶多端,无所不为,不能够解除百姓的痛苦,因此他们之中有些虽然还是贤臣也都和那些佞臣一样失去夏国的禄位。

"乃惟成汤克以尔多方简①,代夏作民主。慎厥丽②,乃劝③。厥民刑,用劝。以至于帝乙,罔不明德慎罚,亦克用劝。要囚④,殄戮多罪⑤,亦克用劝。开释无辜⑥,亦克用劝。今至于尔辟⑦,弗克以尔多方享天之命⑧。呜呼⑨!"

【注释】

①克:能够。尔多方:谓你们四方诸侯。简:择,意即为四方诸侯所选择、所拥戴。

②慎厥丽:句子有省略,顺承前后文,这句大意应是:谨慎地把人们从灾难中解脱出来。慎,谨。厥,其,指人民。丽,通"罹",遭逢。

③乃劝:是为了勉励。乃,是,为。劝,勉励。

④要囚:细察狱辞。详见《康诰》注。

⑤殄(tiǎn):灭绝。戮:杀。多罪:指多罪的人,省中心词。

⑥开释:开脱。无辜:无罪。辜,罪。

⑦尔:你们。辟:君主,指诸侯。

⑧以:率领。享:承受,意谓由于殷纣作恶多端,使你们受到牵连。

⑨呜呼:叹词,放在句末,表示惋惜。

【译文】

"由于这样，所以成汤能够受到你们四方诸侯的拥戴，代替夏桀做臣民的国王。他谨慎地把人们从灾难中解救出来，是为了鼓励他们走向正道。他对那些犯罪的人使用刑罚，也是为了鼓励他们走上正道。从成汤到纣的父亲帝乙，无不努力阐明德教，谨慎地使用刑罚，也都是为了勉励人们走上正道。仔细地考察犯人的狱辞，杀掉或严厉惩罚那些作恶多端的人，也是为了对臣民的劝勉和警诫。开脱释放那些无罪的人，也是为了鼓励臣民走上正道。现在，到了你们的国王，不能够带领你们四方诸侯永享上天赐予的大命。实在可叹啊！"

王若曰："诰告尔多方，非天庸释有夏①，非天庸释有殷，乃惟尔辟以尔多方②，大淫图天之命③，屑有辞④。乃惟有夏图厥政，不集于享⑤，天降时丧⑥，有邦间之⑦。乃惟尔商后王逸厥逸⑧，图厥政，不蠲烝⑨，天惟降时丧。

【注释】

①庸释：舍弃不用。庸，用。释，舍。

②辟：君主。以：与。

③图：通"戫"，闭塞。

④屑有辞：犹今语振振有辞。屑，形容说话时发出的声音。

⑤集：就。享：祭祀。

⑥时丧：这样的大祸。时，通"是"，这。丧，谓大祸。

⑦有邦：此处当指商。邦，国。间：代替。之：指天命。

⑧商后王：此处当指殷纣。逸厥逸：言其行为放纵不遵法度。厥，其，指殷纣。

⑨不蠲(juān)烝：字面的意思是说祭祀不清洁，实际上是指政治十

分昏暗,没有美德上闻于天。蠲,清洁。禋,指祭祀。

【译文】

王说:"告诉你们四方诸侯,并不是上天要舍弃夏国,也不是上天要舍弃殷国,而是因为你们的国王和你们四方诸侯,行为过度放肆,又闭塞了上天的命令,还振振有辞地为自己的罪行辩护。所以上天舍弃你们。由于夏国政治黑暗,又不很好地祭祀上天,所以上天才降下这样的大祸,并让殷国代替夏国。也因为你们商的后王纵情享受,政治十分黑暗闭塞,祭祀的供品很不清洁,所以上天才降下这样的大灾给你们。

"惟圣罔念作狂①,惟狂克念作圣。天惟五年须暇之子孙②,诞作民主③,罔可念听④。天惟求尔多方,大动以威⑤,开厥顾天⑥。惟尔多方罔堪顾之⑦。惟我周王灵承于旅⑧,克堪用德,惟典神天⑨。天惟式教我用休⑩,简畀殷命⑪,尹尔多方⑫。

【注释】

①惟:虽然。圣:通达明白,与下面的"狂"意思相反。念:谓放在心里,此处指把上天的意旨放在心里。狂:愚狂无知。

②五年:孙星衍说:"五年当从文王七年数至武王十一年伐纣也。"须:等待。暇:宽暇,意言放宽了时间。子孙:指纣王,纣王于成汤为子孙后代。

③诞:语词。民主:臣民的主人,意即国王。

④罔:不。念:存念。听:听从。

⑤大动以威:谓以灾异警告。

⑥开:开导。厥:其,指上文多方。顾天:顾念上天的威严。

⑦罔堪:即不堪,不胜任。堪,胜任。顾:顾念。

⑧灵承于旅:意即能很好担起上天所赐的大命。详见《召诰》"天迪从子保"注。

⑨典:主。

⑩式:用。休:美。

⑪简:通"拣",拣选。畀(bì):给予。

⑫尹:治理。

【译文】

"虽然本来是贤明的人,但如果不把上天的意旨常常放在心上,就可能变成狂悖而不通事理的人;虽然本来是愚昧无知的人,但如果能把上天的意旨常常放在心上,就可能变成圣明的人。上天为了使殷纣悔悟,等待了五年的时间,让他在这五年中继续做国王,但他仍然不考虑,不听从上天的教导。上天也以这样的想法来要求你们四方诸侯,并且大大地显示出它的威严,来开导你们考虑上天的命令。但是,你们四方诸侯不能考虑和完成上天的命令。只有我们周国的国王,很好地秉承着上帝的旨意,能够广布德教,以德教主持上天所赐予的大命。因此,上天经过选择,把原来给殷的那美好的大命转过来赐给我们,让我们根据上天的命令来治理你们四方诸侯。

"今我曷敢多诰①,我惟大降尔四国民命。尔曷不忱裕之于尔多方②?尔曷不夹介乂我周王③,享天之命?今尔尚宅尔宅④,畋尔田,尔曷不惠王熙天之命⑤?尔乃迪屡不静⑥,尔心未爱⑦,尔乃不大宅天命⑧,尔乃屑播天命⑨。尔乃自作不典⑩,图忱于正⑪。我惟时其教告之,我惟时其战要囚之⑫,至于再至于三。乃有不用我降尔命,我乃其大罚殛之。非我有周秉德不康宁,乃惟尔自速辜⑬。"

【注释】

①曷敢:岂敢,欲擒故纵之词。

②"尔曷不忱裕"句:倒装,顺读之当为:尔多方曷不忱裕。忱裕,劝导。

③夹介:曾运乾说:"犹洽比也,亦双声连辞。"洽比,亲附。乂:治理。

④宅尔宅:前一"宅"动词,谓居住;后一"宅"指居住的地方。下一句句法与此同。畎,仍读"田",动词,治田曰畎。后一"田"作"田地"讲。

⑤惠:顺从。熙:光明,此处当指发扬光大。

⑥迪:作。屡:屡次。不静:指反叛作乱之事。

⑦爱:顺服。

⑧宅:度,考虑。

⑨屑:轻视。播:弃。

⑩典:法。

⑪图:企图。忱:诚信,此处谓取信。正:执政者。

⑫战:意指用战争去征服。要囚:细察犯人供辞以便根据罪情的轻重分别给以惩处。

⑬速:召。辜:分裂肢体的酷刑,泛指祸害。《周礼·秋官·掌戮》:"杀王之亲者辜之。"又《韩非子·内储说上》:"荆南之地,丽水之中生金,人多窃采金。采金之禁,得而辄辜磔于市。"

【译文】

"现在我怎敢对你们说出这许多告诫的话,我只是想用这些话来开导和教育你们四国臣民。你们四方诸侯为何不听从我的劝导?你们为何不亲附我们,帮助我周国治理天下,共享天命?现在你们仍旧居住你们原来的地方,耕种着你们原来的土地,你们为何不顺从我们的国王,发扬光大上天的命令呢?你们不听教导,屡次发动暴乱,你们的心那么不顺从,你们不去考虑上天的命令,你们完全把上天的命令丢在一边。

这是你们自己不遵守法度,反而投机取巧,妄图取信于我们的执政者。因此我必须好好地教导你们,因此我要用武力来镇压你们,详细考察你们的供辞。你们一而再,再而三地发动叛乱,我也就一而再,再而三地讨伐你们。如果你们不遵守我下达的命令,我就要大大地惩罚你们。这不是我们周国不按德教的原则给你们以和平安宁的生活,这实在是你们自己招来的祸害。"

王曰:"呜呼!猷,告尔有方多士暨殷多士,今尔奔走^①,臣我监五祀^②。越惟有胥伯小大多正^③,尔罔不克臬^④。

【注释】

①奔走:效劳。

②监:侯国称监,此处当指周的宗国。五祀:五年。从周公摄政三年灭奄至成王即位元年,时为五年。

③胥:力役。伯:通"赋",即赋税。曾运乾说:"'伯'当为'赋',声之误也。"小大:就力役和赋税的数量言。正:正常的标准。

④臬(niè):法度。

【译文】

王说:"唉!告诉你们四方诸侯和殷的诸位官长,现在你们臣服我周国并为我周国奔走效劳已经五年了。我们向你们征用力役,征收田赋,数量的大小和多寡,都完全合乎正常的标准,你们无不遵守法规。

"自作不和^①,尔惟和哉^②;尔室不睦^③,尔惟和哉。尔邑克明,尔惟克勤乃事^④;尔尚不忌于凶德^⑤,亦则以穆穆在乃位。克阅于乃邑谋介^⑥。

【注释】

①和：和睦。

②惟：思。

③室：家庭。睦：和睦。

④"尔邑克明"二句：这句话也是倒装："克勤乃事"是原因，"尔邑克明"指效果。尔邑，指尔邑之臣民。明，勉，努力。

⑤忌于凶德：打算做坏事。忌，《说文》作"𦧹"(jì)，谋划。

⑥阅：通"悦"，高兴。介：善。

【译文】

"如果你们之间不和睦，那你们应该和好起来；如果你们的家庭不和睦，那你们的家庭也应该和好起来。如果你们能够勤于职守，做臣民的表率，那么，你们邑内的臣民也就会勤勉地做事；如果你们不打坏主意，那么，你们就能够和睦而恭敬地在你们的位置上相安无事。这样，你们一邑的人就都能够和睦愉快地相处。

"尔乃自时洛邑，尚永力畋尔田，天惟畀矜尔，我有周惟其大介赉尔①，迪简在王庭②，尚尔事③，有服在大僚④。"

【注释】

①大介：曾运乾说："'大介'当为'𡗦'(jiè)，一字误为两字也。《说文》：'𡗦，大也。'"据《说文》，介声，读若"盖"。《方言》："𡗦，大也。东齐海岱之间曰𡗦，经传皆以'介'为之。"赉(lài)：赐予。

②迪：进。简：择。

③尚：加。事：职务。

④服：事。僚：官。

【译文】

"如果你们能够乐于服从我们周国，能够永远努力种好你们的田地,上天就会怜悯你们,我们周国也会因此大大地赏赐你们,把你们提拔到朝廷中来,加给你们以职务,让你们担任重要的官职。"

王曰:"呜呼!多士,尔不克劝忱我命①,尔亦则惟不克享②,凡民惟曰不享③。尔乃惟逸惟颇④,大远王命,则惟尔多方探天之威,我则致天之罚,离逖尔土。"

【注释】

①劝:勉。忱:信。

②享:享祭。

③凡:凡是。惟:语中助词,无义。

④逸:安逸。颇:邪。

【译文】

王说:"唉!诸位官长啊,如果你们不努力听信我的命令,那么你们就没有资格贡享上帝,你们的臣民也就没有资格贡享上帝了。如果你们一味贪图享受,一味胡作非为,大大地远离王命,妄图亲身试探上天的威严,我就要把上天的惩罚用在你们身上,把你们远远地分开,并夺去你们的土地。"

王曰:"我不惟多诰,我惟祗告尔命。"又曰:"时惟尔初①,不克敬于和,则无我怨。"

【注释】

①时惟尔初:谓从头开始把关系搞好。

【译文】

王说:"这不是我向你们讲了这许多话,我这是恭敬地把上天的命令告诉你们。"又说:"我们是想着从开头就跟你们和睦相处,假如你们不能尊重上帝的命令,不能和睦相处,我便要把上天的惩罚降给你们,你们就不要对我有所怨恨了。"

立　政

【题解】

本篇据《史记·鲁周公世家》记载,为周公所作,此说大致可信。

本篇也是周公对成王的诰辞。孔安国说:"周公既致政成王,恐其怠忽,故以君臣立政为戒也。"司马迁说:"成王在丰,天下已安,……作《立政》,以便百姓,百姓说。"这些说法和本文内容大体吻合,这就是说本文作于周公还政成王之后。

成王执政之后,国家的政局已逐渐趋于稳定,摆在面前的问题便是用人和理政。本文就是为解决这个问题而写的。

全文可分作三段。

第一段,总结夏、殷两代在用人和理政方面的经验与教训。先从正面总结夏初的贤王以及商代成汤在用人和理政方面的成功经验,然后从反面总结夏桀和殷纣在这方面的教训,条理十分清楚。

夏、殷两代的成功经验是什么呢?本文概括为任人以贤。夏代提出了"三宅"。商汤又进了一步,不但继承了夏代的"三宅",又提出了"三俊"。所谓"三宅"是从考查政绩的角度来讲的,所谓"三俊"则是从选拔人才的角度来讲的。这样去考查政绩和选用人材,就能使官员名副其实而各称其职,从而把政治搞好。这就是周公向成王提供的夏、殷两代的经验。

从反面来看,夏桀和殷纣的做法则完全相反。夏桀"弗作往任",而纣"敢惟羞刑暴德之人",因而政治十分黑暗,最后走向灭亡。这里的用意很清楚,就是要求成王以夏桀和殷纣为戒。

第二段,总结文王用人和理政的经验。文王的用人、理政,在夏、殷两代的基础上,又有了进一步发展。他提出了"三有宅心"和"三有俊心",十分重视考核和了解官员们的心地。其次,对臣属,特别是对于司法方面,不去做不适当地干预。总结这些经验的用意也很清楚,就是要求成王继承文王的传统,坚守文王所建立的法度。

第三段,对成王提出希望和要求。这些希望和要求,就是依据上面所总结的经验提出来的,概括起来有以下几点,一、勿误于庶狱,二、诘戎兵;三、用常人;四、慎刑。一、四两点都是司法方面的事情,周公对此一再强调,足见这个问题在当时十分重要。为了避免与殷人矛盾的加剧以及社会矛盾的激化,周公感到必须实行宽大政治,所以一再告诫成王既不要不适当地干涉司法事务,又要要求司法官员慎刑。从当时的历史情况看,这种做法对于稳定社会局势是有作用的。第二点显然是为了强化当时的专政机构,在殷人屡叛的情况下,周初统治者感到加强军队是巩固自身统治的必要条件,因而周公郑重地向成王提出这一点。第三点用常人,从全文来看是重点所在。

宋人董鼎综合本篇大意时说:"一篇之中,宅事牧准其纲领也,休兹知恤其血脉也"(《书经传说汇纂》引)。其实,"宅事牧准"、"休兹知恤"都不过是手段,目的在于维护自身统治,但"休兹知恤"这种宽大政策对于缓和社会矛盾,稳定社会局势,促进社会发展,是起了积极作用的。

周公若曰:"拜手稽首①,告嗣天子王矣。"用咸戒于王②,曰:"王左右常伯、常任、准人、缀衣、虎贲③。"

【注释】

①拜手稽(qǐ)首：古代男子的跪拜礼。

②用：因。咸：遍。戒：告诫。

③常伯：官名。管理民事的大臣。《集传》："牧民之长曰常伯。"常
任：治事之官。准人：平法之官。缀衣：掌衣服之官。虎贲
(bēn)：武官，王的卫官。

【译文】

周公说："请接受我的礼拜，告诉你——继承大位的天子，你现在已
经正式担任国王了。"因而又仔细地告诫成王说："你的左右大臣有常
伯、常任、准人、缀衣和虎贲。"

周公曰："呜呼！休兹知恤①，鲜哉！古之人迪惟有夏②，
乃有室大竞③，吁俊④，尊上帝迪⑤，知忱恂于九德之行⑥。乃
敢告厥后曰，拜手稽首后矣，曰：宅乃事⑦，宅乃牧⑧，宅乃
准⑨，兹惟后矣。谋面用丕训德⑩，则乃宅人⑪，兹乃三宅无
义民⑫。

【注释】

①休：美好。兹：指示代词，这。恤：忧。

②迪惟有夏：意言古人道说有夏的故事。迪，道。惟，语中助词。

③乃：代词，指夏。有室：指诸侯。竞：争着做。

④吁：呼。俊：贤能的人。联系上文，意指诸侯争着选拔贤人。

⑤尊：通"遵"，循。迪：导，教导。

⑥知忱：通过审查了解。知，了解。忱，通"审"，审查。恂：信。九
德。《皋陶谟》："宽而栗，柔而立，愿而恭，乱而敬，扰而毅，直而
温，简而廉，刚而塞，强而义。"此即所谓九德。行：指行为。这句

大意是说,从人的实际行动上来审查他的德行。

⑦宅:度,考虑。事:此处与下文"牧"、"准"相对而言,指政务,意言考虑政务搞得好坏。

⑧牧:管理。

⑨准:准则,法度。

⑩谋面:以貌取人。丕训德:即不依据原则办事。丕,通"不"。训,顺。德,道德。

⑪宅人:曾运乾说:"宅事者,验诸行事而事举;宅人者,和诸亲昵而事替。"

⑫三宅:指上文事、牧、准三个方面。义民:即贤人。民,同"人"。意思是说,如果不按照原则办事而一味任用亲昵的人,这样就不会得到贤能的人了。

【译文】

周公说:"咳!处在美好的环境而能知道忧虑,这样的人,实在少啊!古人传说,在夏朝时候,诸侯竞相招徕贤人,按照上帝的教导行事,经过考察他们的作为,相信他们能够按照一定的道德标准行事。才敢向他们的国王说,王啊,请接受我们的礼拜吧!据说,官员们各司其职,负责政务的能够认真考虑政务搞得好坏;负责管理的能够认真地考虑臣民是否能够安居乐业;负责司法的能够认真考虑执法是否公平合理,由于他们名副其实地做好工作,因此他们得到了国王的信任。假如不是这样,而是以貌取人,不根据德行而是根据个人的喜好去用人,那么就不会得到贤能的人做你的官员了。

"桀德①,惟乃弗作往任②,是惟暴德,罔后③。

【注释】

①桀:夏桀。德:升,此处指即帝位。

②作：起用。往任：指过去老成持重的人。往，旧。

③罔后：指国家灭亡。

【译文】

"夏桀做了国王之后，他不任用老成持重的旧人，行为暴虐，因此国家覆亡。

"亦越成汤陟①，丕釐上帝之耿命②。乃用三有宅③，克即宅④，曰三有俊⑤，克即俊⑥。严惟丕式⑦，克用三宅三俊⑧。其在商邑，用协于厥邑⑨；其在四方，用丕式见德⑩。

【注释】

①越：及，到了。陟：升，与上文"桀德"的"德"同，指升上帝位。

②丕釐(xī)：大福。釐，受福。耿：明。

③三有宅：即指上文"三宅"而言，意言从三方面考核官吏。

④克：能够。即：就。宅：任职，居官。《集传》："言汤所用三宅，实能就是位而不旷其职。"

⑤俊：杨筠如说："俊谓诚有其德。"曾运乾说："以事、牧、准之科目登进人才，曰'三有俊'。"

⑥克即俊：意即任用。俊，进用。

⑦严：严格。丕：大。式：法。此处大法即指"三宅三俊"之法。

⑧克用三宅三俊：谓从此把"三宅三俊"之法，作为选拔人才的定式。

⑨协：协和。厥邑：即商邑。厥，其。

⑩丕式：大法。见(xiàn)：显现。

【译文】

"及至成汤登上了帝位，大大地得到福运，获得上天的明命。于是成汤便从政务、理民、执法三方面考核官吏的成绩，结果证明官吏们都能忠于职守；又从这三方面选拔人材，结果证明那些获得信用的贤人，的确有德才而不徒具虚名。从此殷商便从这三方面严格地根据标准选用贤人。由于这样，那些被选在商邑供职的都能够很好地对待邑中的臣民；那些被选在四方供职的也都能够根据大法办事，从而表现出他们的固有的德行。

"呜呼！其在受德①，瞽惟羞刑暴德之人②，同于厥邦；乃惟庶习逸德之人③，同于厥政。帝钦罚之④，乃伻我有夏式商受命⑤，奄甸万姓⑥。

【注释】

①受：商纣。德：升，指即帝位。

②瞽(mǐn)：强横。羞：进用。刑暴德：意即性情残暴只知用刑。

③庶：众多。习：亲近。逸：失。

④钦：察，钦罚，意即重重的惩罚。

⑤伻(bēng)：使。有夏：非指夏朝，而是周的旧称。《康诰》："用肇造我区夏……以修我西土"可作参证。式：曾运乾说："读为'代'。"

⑥奄：覆，谓大而有余。甸：治理。万姓：指臣民。万，言其多。

【译文】

"唉！及至到了殷纣，他性情强横，只知进用任刑弃德的人，以致整个国家上下效尤；他只知亲近那些失去道德的人，所有地方政治都搞得一样昏乱。上帝便给了他以大大的惩罚，使我们周国代替商纣接受上天的大命，在广大的国土上治理百姓。

"亦越文王武王克知三有宅心①，灼见三有俊心②。以敬事上帝，立民长伯③。立政④：任人、准夫、牧，作三事。虎贲、缀衣、趣马小尹、左右携仆⑤，百司庶府⑥。大都小伯、艺人、表臣百司、太史、尹伯⑦，庶常吉士⑧。司徒、司马、司空，亚旅⑨。夷微卢烝⑩。三亳阪尹⑪。

【注释】

① 越：及，到了。三有：指前文所说政务（任人）、司法（准人）、管理臣民（牧夫）三方面的事情。宅心：谓通过以上三方面的事情明确而深切地了解其内心。

② 灼见：看得清楚。灼，明。俊：进用，选拔。

③ 长、伯：同义词叠用。

④ 立政：设立官长。

⑤ 趣马小尹：负责养马的官。左右携仆：清人江声以为大概是《周礼》所说的大仆射人，近人曾运乾以为"携"是"提携"的意思。《礼记·檀弓》所记载的"扶君，仆人师扶右，射人师扶左"，当是说的这种官，也是国王的近臣。

⑥ 百、庶：均言其多。司、府：都是官名。

⑦ 大都：是三公的采邑，小都，是卿大夫的采邑。伯：长。这句话完整的说当是大都伯、小都伯，文中有省略。艺人：征收赋税的官。表臣：外臣，与朝内对言。百司：指百官。太史、尹伯：均属朝内官员。太史，指史官；尹伯，泛指每官之长，比如太史为史官之长，大司乐为乐官之长。

⑧ 庶：众。常：祥。吉：善。总括上文所举各官，说他们在位都很吉祥。

⑨ 亚旅：次于三公的众卿。亚，次。

⑩ 夷：指东方的少数民族。微：南方的少数民族。卢：西方的少数民族。烝：指国，此处指少数民族的国君。

⑪ 三亳：汤的旧都。殷商投降文王的人，被周分别安置在三邑，东

为成皋，南为轩辕，西为降谷，合称三亳。阪尹：孙星衍以为"阪"是山陂之名，尹是官长之名，周既分亳为三邑，自当各立官长，又因其地险峻，故名其官长为阪尹。

【译文】

"乃至到了文王和武王，他们都能够知道从这三方面来考核并了解官员们的心地，对他们的心地看得非常清楚。任用他们做臣民的长官，以恭敬地按照上帝的意旨行事。他们设立了以下的官职：任人、准人、牧夫，负责政务、法律、管理臣民三方面的事情。此处还设立了保卫国君的卫官，为国王管理衣服的官，养马的官，以及国王的左右携仆和其他官员。三公封地的官长、卿大夫封地的负责征收赋税的官长和朝外百官，以及朝内的太史、尹伯诸官，这些官员们都各司其职，把事情处理得很好。司徒、司马、司空、亚旅等官也都一一建立起来。东夷、西戎、南蛮等少数民族，都一一为他们设立国王。至于那安置殷人的旧地和东城皋、南轩辕、西降谷等地，也都设立官长以便统辖。

"文王惟克厥宅心①，乃克立兹常事司牧人②，以克俊有德。

【注释】

①克：能够。厥：其，指被任用的官长。宅心：意谓考核他们的心地，并看他们的行为是否合乎九德。宅，度。
②常事：即上文所说的常任。司：即上文准人。牧人：即上文牧人。"常"当为事、司、牧的总定语。

【译文】

"由于文王能够十分注意考核官员们的心地，所以能够正确任用贤人负责政务、法律、管理臣民等方面的事情，把那些有德的贤人选拔出来，加以任用。

"文王罔攸兼于庶言^①。庶狱庶慎^②,惟有司之牧夫是训用违^③。庶狱庶慎,文王罔敢知于兹^④。

【注释】

①罔:不。攸:所。兼:兼有,此处谓包办代替。庶言:教令。

②庶:众。狱:指狱讼即司法案件。慎:谨慎,联系上文当指慎刑。

③"惟有司"句:言处理上述事情都是按有司和牧夫的意见来办。之,与,和。训,顺。违,违背。

④罔敢知:意谓不加以不适当的干预。兹:这,指司法与行政方面的事务。

【译文】

"文王不去代替他的官员发布命令。对于处理监狱的事情,管理臣民的事情,都是根据有关方面的负责人——准夫和牧夫的意见而决定去取。对于处理监狱的事情,管理臣民的事情,文王是不敢加以不适当的干预的。

"亦越武王率惟敉功^①,不敢替厥义德^②,率惟谋从容德^③,以并受此丕丕基^④。

【注释】

①率惟:语助词,无义。敉(mǐ):完成。功:指文王之功。

②替:废弃。厥:其,指文王。义德:意谓传统与法度。

③谋:通"敏",勉力从事。容:宽。

④并受:言君臣同受。丕丕:伟大。基:基业。

【译文】

"到了武王,他成就了文王的功业,不敢废弃文王所立下的选拔人才的法度,只是努力奉行文王宽容的大德,君臣一起接受了文王遗下的伟大基业。

"呜呼!孺子王矣①,继自今我其立政。立事、准人、牧夫。我其克灼知厥若②,丕乃俾乱③,相我受民,和我庶狱庶慎。时则勿有间之④,自一话一言。我则末惟成德之彦⑤,以乂我受民。

【注释】

①孺子:长辈对年幼的晚辈的称呼,此处指成王。

②灼:明。厥若:代词,指上文立事、准人、牧夫。

③丕乃:曾运乾以为犹"斯乃"。斯、乃均可作"这"、"如此"讲,故"丕乃"可译作"这样"。俾:使。乱:治。

④时:通"是"。勿:不。间:代替。《尔雅·释诂》:"间,代也。"

⑤末:终,此处当译为"始终"。成德:指具备九德。彦:有才有德的人。

【译文】

"唉!孺子啊,你现在已经继位为王了,从今天开始,我们要按照前人的传统来设立官长。要设立管理政务的立事,司法的准人,管理臣民的牧夫。我们应当十分了解这些官员的心地,使他们从事各种政务,帮助我们管理臣民,并帮助我们谨慎地处理好司法案件。在这些问题上我们不要包办代替,即使一言一语的命令也不要代为发布。我们应该始终如一地发挥这些贤士的作用,从而把我们从上天那里接受来的臣民治理好。

"呜呼!予旦已受人之徽言①,咸告孺子王矣②!继自今文子文孙,其勿误于庶狱庶慎③,惟正是乂之④。

【注释】

①徽言:美言。

②咸告:全都告诉。

③误:自误,意指自作主张包办代替而产生的错误。庶狱庶慎:谓对众多狱事要慎重。

④惟:只。正:官长。乂:治。

【译文】

"唉!我已经把从贤人那里接受来的美言,都告诉给你这年轻的王了!从今以后举凡文王的子孙后代,千万不要自误;特别是对司法方面的事情,更要十分谨慎,必须依靠各个主管部门的意见去治理臣民。

"自古商人,亦越我周文王立政,立事、牧夫、准人。则克宅之①,克由绎之②,兹乃俾乂③。国则罔有立政,用憸人④,不训于德,是罔显在厥世。继自今立政,其勿以憸人,其惟吉士,用劢相我国家⑤。

【注释】

①宅:考察。

②由绎:曾运乾认为是双声联词,犹言筹著审慎,大意是反复考虑,十分慎重。

③兹乃:这样。俾:使。乂:治。

④憸(xiān)人:贪利之人。

⑤劢(mài):勉力。相:帮助。

【译文】

"从古时殷商,到我们文王都是这样设立官长的,设立事、牧夫、准人。在考虑这些官长的人选时,首先考虑他们的功德,其次又审慎地考察他们的心地,确实知道他们是贤明的人,才让他们管理政事。假如一个国家,不是这样设立官长,而任用贪利的小人,不按照正确的原则办事,这样他的德教便无法在他的社会里推行了。从今以后,在设立官长的时候,千万不要任用那些贪利的小人,应当任用那些贤明的人,用这些人帮助我们治理好国家。

"今文子文孙,孺子王矣。其勿误于庶狱,惟有司之牧夫。其克诘尔戎兵①,以陟禹之迹②,方行天下③,至于海表,罔有不服。以觐文王之耿光④,以扬武王之大烈。

【注释】

①诘:责问。戎兵:军队方面的事。

②陟禹之迹:意言循禹之迹。陟,升。

③方行:遍行。方,旁。

④觐:见。耿:光明。

【译文】

"现在,你文王的子孙,你这年轻人,已经继位为王了。希望你不要自作主张,去干涉司法方面的事情,应让有关的官员去负责办理。希望你要多问问军队方面的事情,把你的军队整理好,以步大禹后尘,使你的威力遍于天下,甚至伸张到海外,使普天之下无不臣服。从而,使天下人都能看到文王的光辉,并发扬光大武王的伟大业绩。

"呜呼!继自今后王立政,其惟克用常人①。"

【注释】

①常人:吉士贤人。

【译文】

"唉! 从今以后,王如果要立官长,希望你一定要任用贤人。"

　　周公若曰:"太史、司寇苏公①,式敬尔由狱②,以长我王国。兹式有慎③,以列用中罚④。"

【注释】

①司寇:官名。负责司法事务,即上文"准人"。苏公:即苏忿生。《左传·成公十一年》杜预注:"苏忿生,周武王司寇苏公也。"

②式:用。由:杨筠如说:"'由'读为'修',《广雅》'修,治也'。"

③兹:这。式:法式,榜样。有:通"又"。

④列:布。中:符合,适当。

【译文】

　　周公说:"太史和司寇苏公啊,希望你要极为尊重你所负责的司法大事,从而使我们的国祚得以延长。要十分谨慎地依法行事,处理每一件事都应轻重适当而合乎法律。"

顾 命 康王之诰

【题解】

据《史记·周本纪》记载，本篇作于成、康之际，但此说实不可从。宋人蔡沈认为本篇是史官所作，当代学者多认为本篇作于东周时期。

本篇与《康王之诰》的分合，是一个长期争论未决的问题，《孔传》本分作两篇，孔颖达的《正义》本和蔡沈的《集传》本也都分作两篇。但欧阳、大小夏侯所传的伏生本，却将《康王之诰》合于《顾命》而为一篇。其实，《顾命》与《康王之诰》在内容上的联系实为密切，和《盘庚》三篇相仿佛，所以后人有的赞同伏生本，主张合为一篇，清人孙星衍《尚书今古文注疏》本便是如此。我们倾向于后一种意见，但因并无确据，为审慎计，虽将两篇合作一篇而仍将《康王之诰》的篇名附在本篇篇名之下。

全文可分作四段。

第一段，写成王临终的遗嘱。成王一方面要求群臣以遗嘱为准则约束嗣王；另一方面则以文王和武王的传统以及自身的统治经验教育嗣王，要求群臣协助嗣王"安劝小大庶邦"把国家治理好。遗嘱中，着重强调的有两点：一，"奠丽陈教，则肄肄不违"；二，"敬迓天威"，"无敢昏逾"。这两点可以看作周初统治经验的概括，当是我们研究"成康之治"的重要史料。

第二段，叙述康王即位时的陈设和兵卫情况。根据文中的记载，当时的陈设极为华丽。有人对当时能否有这种奢丽的陈设表示怀疑,加上陈设中有"河图",而"河图"之说春秋时才产生,因而学者们以此证明本篇非当时实录而产生于东周时期。

第三段,写诸侯朝享。这一段对诸侯朝享的礼仪写得颇为详细,是研究周初礼制的重要资料。

第四段,写召公和诸侯对康王提出的警诫之辞以及康王的答辞。在警诫之辞中,召公和诸侯希望康王一要"毕协赏罚",二要"张皇六师",就是说,仍然要把强化专政机构作为第一要务。这一点是值得注意的,这说明在当时社会矛盾仍然是很尖锐的。

惟四月哉生魄①,王不怿②。甲子,王乃洮颒水③,相被冕服④,凭玉几。乃同召太保奭、芮伯、彤伯、毕公、卫侯、毛公、师氏、虎臣、百尹、御事⑤。

【注释】

①惟:语词无义。哉生魄:指月初。详见《康诰》首段注①。

②不怿(yì):不高兴。这里是说身体不舒服。怿,高兴。

③洮(táo):洗头发。颒(huì):洗脸。水:指洗头发、洗脸时所用的水。

④相:郑玄说是负责天子衣服和座位的臣,职务名称叫太仆。被(pī):披,指披在国王肩上。冕:皇冠。服:衮服,天子的礼服。

⑤同:指同时。召:召集。芮伯、彤伯、毕公、卫侯、毛公:均当时有名大臣,和奭一起共为六卿。太保奭、毕公、毛公以三公兼领卿职。师氏:杨筠如说:"主兵之官。《牧誓》'亚旅师氏'是也。"当从。虎臣:天子的守卫之臣,即虎贲。百尹:百官之长。百,百官。尹,正,长。御事:指掌握具体事务的臣属。御,掌握。事,具体事务。

【译文】

　　四月初，王的身体很不舒服。甲子这一天，王便沐发洗脸，太仆为王穿上礼服，王依在玉几上坐着。于是把太保召公奭、芮伯、彤伯、毕公、卫侯、毛公、师氏、虎臣、百官之长和负责具体事务的大臣们全部召来。

　　王曰："呜呼！疾大渐①，惟几②，病日臻③。既弥留④，恐不获誓言嗣⑤，兹予审训命汝⑥。昔君文王武王宣重光⑦，奠丽陈教⑧，则肄肄不违⑨，用克达殷集大命⑩。在后之侗⑪，敬迓天威⑫，嗣守文武大训，无敢昏逾。今天降疾，殆弗兴弗悟⑬。尔尚明时朕言⑭，用敬保元子钊⑮，弘济于艰难⑯，柔远能迩，安劝小大庶邦。思夫人自乱于威仪⑰，尔无以钊冒贡于非几兹⑱。"

【注释】

①渐：剧，谓病情加剧。

②惟：语首助词。几：危险。

③臻（zhēn）：至。

④弥留：病重将死称弥留。

⑤誓：以言约束。嗣：指嗣王。

⑥审：慎。汝：指上文被召的大臣。

⑦宣：显。重光：重明。《周易·离卦》："明两作离，大人以继明照四方。"两，指日月，因为日月都有光辉。两者相接在一起称重光。作离，意谓日月更相照耀。作，起。离，明。光明不已，重光即此意。

⑧奠：奠定。丽：法律。陈：列。教：教令。

⑨肄肄：曾运乾以为犹"愓愓"，畏惧。

⑩用：因果连词，可译为"因而"。克：能够。达：通"挞"(tà)，讨伐。
集：成就。

⑪侗(tóng)：年幼无知，此处为成王自谓。

⑫迓(yà)：迎接。

⑬殆：几乎。兴：起。弗悟：意思是说不能起床。悟，通"寤"，睡醒。

⑭明：努力。时：承受。朕言：指下面的一些话。

⑮元子钊：太子钊，成王的儿子姬钊，死后谥为康王。

⑯济：渡过。

⑰乱：治。

⑱冒贡于非几兹：谓陷于非理。冒，冒触，犹言碰壁。贡，马融作"赣"，谓陷覆。几，通"机"，理。兹，通"哉"。

【译文】

　　王说："唉！我的疾病大大地加剧了，已经到了非常危险的地步。在这临终时刻，恐怕你们得不到我的遗言去约束嗣王，所以我才非常审慎地向你们传达命令。过去，文王和武王光照天下，制定了法律，颁布了教令，便怀着畏惧的心情而不敢违背，因此才能够消灭殷国，成就我们周国的大命。武王死后，当时我还是年幼无知的稚子，但我能够恭敬地对待上天的威严，严格地遵守文王和武王的教导，不敢昏乱妄为，逾越法纪。现在上天降下了灾祸，使我染上大病，几乎不能起床。你们应当努力记取我的遗言，以爱戴尊敬的心情去保卫我的大儿子姬钊，度过这艰难困苦的时期，以友好的态度去对待远处和近处的臣民，教育那众多的大小诸侯，让他们也很好地安理臣民。我想，一般说来，人能够自治都是因为他能够有一定的威仪和法度，你们不要使嗣王姬钊陷于非礼啊！"

　　既受命还，出缀衣于庭①。越翼日乙丑，王崩。

【注释】

①缀:饰。庭:朝位。

【译文】

大臣们接受命令回来之后,国王已经不能上朝理政,便把国王的礼服拿出来放在朝廷之上以供大臣们瞻拜。第二天,国王便逝世了。

　　太保命仲桓、南宫毛俾爰齐侯吕伋①,以二干戈、虎贲百人逆子钊于南门之外②。延入翼室③,恤宅宗④。丁卯,命作册度⑤。越七日癸酉,伯相命士须材⑥。

【注释】

①太保:官名。时为召公奭所担任。仲桓、南宫毛:均人名。俾:使。爰:与。齐侯吕伋:太公吕尚的儿子。

②以:用。二干戈:联系上下文当为仲桓、南宫毛二人所执。虎贲:卫士。逆:迎。南门:一说是宗庙的南门,一说是都城的南门。译文采后一说。

③延:请。翼室:即侧室。翼,左右两旁之谓。

④恤:忧。宅:居。宗:主。意谓居此主持丧务。

⑤作册:官名。即太史。度:讨论。

⑥伯相:大约是指毕公,因当时毕公和召公是左右二伯,召公任太保,故此处伯相当指毕公。命士须材:即命令他们分别负责管理下文中的诸器物。须,江声说:"须"当为"颁"字之误。材,指下文所陈列的许多器物。

【译文】

太保命令仲桓和南宫毛随从齐侯吕伋,二人分别拿着干戈,率领着勇士一百人,在南门以外迎接太子钊。把太子钊请入侧室,太子便怀着忧愁住在这里主持丧务。丁卯这天,命令太史们讨论并拟定处理丧务方面的礼节。又过了七天，毕公便命令下级官员分别负责下述各种器物。

　　狄设黼扆缀衣①。牖间南向②，敷重篾席③，黼纯④，华玉仍几⑤。西序东向⑥，敷重底席⑦，缀纯⑧，文贝仍几⑨。东序西向，敷重丰席⑩，画纯⑪，雕玉仍几⑫。西夹南向⑬，敷重笋席⑭，玄纷纯⑮，漆仍几。

【注释】

①狄：曾运乾认为是担任周的守祧之官，即主持祭礼的官。此说可从。设：陈设。黼扆（yǐ）：门窗之间饰有斧形花纹的屏风。黼，通"斧"，此指斧纹。扆，门和窗之间。缀衣：指国王的礼服。

②牖（yǒu）间：指门窗之间。牖，窗户。

③敷：布置。重：指篾席铺了好几层。下文"重"字同此。篾：竹皮，今仍称篾。

④纯：犹现在所谓花边，古时以黑色和白色的丝织品间杂制成。

⑤华玉：指五色玉。仍：因，谓因其质而别无装饰。几：几案。

⑥序：堂上的东西墙叫做序。东向：西墙以东。

⑦底席：以细竹的竹篾制成的席叫底席（详见孙星衍《尚书今古文注疏》）。

⑧缀纯：席上织有图画。

⑨文贝：有黄白花纹的贝壳。文，花纹。贝，贝壳。

⑩丰席：莞席。莞（guān），是一种多年生的草类，种在水田中，又名水葱，茎高五、六尺，可织席。

⑪画纯：郑玄以为指席上画有云气。

⑫雕：刻镂。

⑬西夹:曾运乾说是指西堂两房之间。

⑭笋席:以青竹皮织成的席。

⑮玄纷纯:以黑色的丝缀点其边缘。

【译文】

守祭人在门窗之间陈设画着斧纹的屏风,并把先王遗下的礼服放在这里。门窗以南,铺着厚厚的竹席,斧纹的边缘都用黑色白色的丝织品缝制起来,放着用美玉装饰的几案。在西墙以东,放着厚厚的用细竹篾制成的竹席,席的上面并缀有画饰,还放有用花贝装饰的几案。在东墙以西,铺着厚厚的莞席,席的上边画着云气的形状,放有用刻玉装饰的几案。在西房西堂的南面,铺着厚厚的青竹皮制成的席,以黑色的丝线装饰着它的边缘,此间放着一张漆几。

　　越玉五重,陈宝①,赤刀、大训、弘璧、琬琰在西序②。大玉、夷玉、天球、河图在东序③。胤之舞衣④,大贝、鼖鼓在西房⑤。兑之戈、和之弓、垂之竹矢在东房。

【注释】

①“越玉五重”二句:此句语倒,应为“陈宝,越玉五重”。陈,陈列。宝,指镇国的重大宝器,平时珍藏于国库,遇重大事件时,方才陈列出来,以表示典礼的隆重。

②赤刀:郑玄说是武王诛纣时用的刀(此说备参,不一定可靠)。大训:记载先王礼教的书册文献。弘璧:大玉璧。琬琰:玉珪。西序:即指上文“西序东向”之席。

③大玉:华山出产的玉器。夷玉:东北边远臣民所贡的美玉。天球:雍州一带所贡的美玉,也有的说是浑天仪一类的东西。河图:地图,旧说出于黄河之中。

④胤:与下文“兑”、“和”、“垂”均人名,分别为制作舞衣、戈、弓、竹

矢的工匠。

⑤大贝:《书传》说是散宜生在江淮间得到的大贝壳。鼖（fén）鼓:
　　大鼓。

【译文】

　　镇国的大宝器也陈列出来了,同时陈列了玉器五重,此外把红色的宝刀,先王的遗训,以及大的玉璧、玉珪放在西墙向东的席前。把从华山出产的大玉和东北贡来的夷玉与雍州贡来的美玉天球,以及地图放在东墙向西的席前。把胤制成的舞衣、大贝、大鼓放在房屋西面,把兑制的戈、和制的弓、垂制的竹箭,放在房屋的东面。

　　大辂在宾阶面①,缀辂在阼阶面②,先辂在左塾之前③,次辂在右塾之前。

【注释】

①大辂:郑玄说,大辂即玉辂,是国王用的车辆。据《周官》记载,天子有五辂,大辂为其中之一种。宾阶:宾客所站立的台阶,为西阶。

②缀辂:亦五辂之一,较大辂为次者。阼阶:东阶。

③先辂:亦五辂之一。下文次辂,对先辂言。意谓较先辂为稍次者。塾:门侧之堂。

【译文】

　　王的大车在迎宾台阶的前面,缀车在东阶的前面,先车放在门侧左边堂屋的前面,次车放在门侧右边堂屋的前面。

　　二人雀弁①,执惠②,立于毕门之内③。四人綦弁④,执戈上刃,夹两阶戺⑤。一人冕⑥,执刘⑦,立于东堂。一人冕,执钺⑧,立于西堂。一人冕,执戣⑨,立于东垂⑩。一人冕,执瞿,立于西垂。一人冕,执锐⑪,立于侧阶⑫。

【注释】

①雀弁(biàn):国王的卫士所戴的一种礼帽,其色赤而略带黑色。弁,古时的帽子。

②惠:《孔传》:"三隅矛。"

③毕门:此处当指庙门。因为此时康王正行大礼受策命于祖庙,故此处毕门当为庙门。毕,通"跸",跸门,在这种门前不准行人随便来往,以示郑重。

④綦弁:这是较雀弁又次一等的礼帽,颜色是青黑色的。

⑤夹:站在道路两旁曰夹,现在仍谓路两旁均有行人曰夹道。阰(shì):《孔传》解释为堂廉,一说是堂廉下的台阶。译文从后一说。

⑥冕:比雀弁稍高一等的礼帽。

⑦刘:斧一类的武器。

⑧钺(yuè):大斧。

⑨戣(kuí):与下文的"瞿"都是三个尖的矛。

⑩立于东垂:堂的旁边叫做垂,也就是堂廉。

⑪锐:矛一类的武器。

⑫侧阶:曾运乾说:"侧,特也。侧阶,北堂北下阶也。北下阶无东西之别,故云特阶。"

【译文】

二人戴着赤黑色的礼帽,执着矛立在庙门的里边。四人戴着青黑色的礼帽,拿着戈,相向地站立在门庭两旁的台阶上。一人戴着礼帽,拿着大斧,站立在东堂之前。又一人戴着礼帽,拿着大斧,站立在西堂之前。一人戴着礼帽,拿着三尖矛,站立在东堂前面。又一人戴着礼帽,拿着三尖矛,站立在西堂前面。又一人戴着礼帽,拿着矛,站立在北面的台阶上。

　　王麻冕黼裳①,由宾阶隮②。卿士邦君麻冕蚁裳③,入即位④。太保、太史、太宗皆麻冕彤裳⑤。太保承介圭⑥,上宗奉同瑁⑦,由阼阶隮⑧。太史秉书⑨,由宾阶隮⑩,御王册命⑪,曰:"皇后凭玉几⑫,道扬末命⑬。命汝嗣训⑭,临君周邦,率循大卞⑮,爕和天下⑯,用答扬文武之光训。"王再拜,兴,答曰:"眇眇予末小子⑰,其能而乱四方⑱,以敬忌天威⑲。"

【注释】

①麻冕:一种麻制的礼帽。黼裳:礼服,因为这种服装,缀有花纹如斧形,故称黼裳。

②宾阶:西阶,宾客所走的台阶。康王钊此时尚未即位,故由宾阶上,以示谦逊。隮(jī):升,登。

③卿士:指朝内的官员。邦君:指诸侯国君。蚁裳:即礼服,色黑如蚁,故名蚁裳。

④入即位:郑玄说,卿士向西面立,诸侯向北面立。位,中庭左右叫做位。

⑤彤裳:红色的礼服。

⑥太保:指太保奭即召公,此时是册命的主持者。承:捧着。介圭:大圭,一种玉器,为天子所守,这时捧着它,是用来祭奠成王的神位的。

⑦上宗:即太宗,是太保的助手。同:郑玄说是酒杯。瑁:也是一种玉器,长约四寸,天子拿着这种玉器接见诸侯。

⑧阼阶:东阶,与上文"宾阶"相对,是主阶,太保此时是摄主,故由主阶登。

⑨书:策书,上面写着成王的遗命。

⑩由宾阶隮:因为继王是由宾阶登上的,所以太史也从宾阶登上把成王的遗命授给新王。

⑪御:通"迓"(yà),迎接。册命:即成王的遗嘱。此遗嘱由太史口陈。

⑫皇后:大后,对成王的敬称。皇,大。后,国王。

⑬道、扬:同义叠用,述说。末命:临终时的遗命。

⑭嗣:继承,接续,此处意指遵照。训:亦指先王遗命。

⑮率:完全。循:遵守。卞(biàn):法度。

⑯燮和:治理。

⑰眇眇:微小,此处用作谦词。

⑱其能:岂能。其,岂。乱:治。

⑲敬忌:敬畏。忌,畏惧。

【译文】

王戴着麻制的礼帽,穿着有花纹的礼服,从西阶登上。重要官员和诸侯国君也都戴着麻制的礼帽,穿着黑色礼服,分别站在应在的位置上。太保、太史、太宗也都戴着礼帽,穿着红色礼服。太保捧着大圭,太宗捧着酒杯和天子所执的瑁,从东阶登上。太史拿着册书,从西阶走上,迎接国王而授以成王的遗命说:"伟大的王啊!依着玉几,传达临终时的命令。你现在依照先王遗训,继承王位,统治周国,遵循着国家的大法,治理天下,以报答文王、武王并发扬文王、武王的光荣传统和遗训。"王行了两次礼,然后起来,回答说:"我这微不足道的年轻人,岂能像先王那样敬畏天命,把四方治理好呢!"

乃受同瑁①,王三宿②,三祭③,三咤④。上宗曰飨。太保受同,降,盥⑤,以异同秉璋以酢⑥,授宗人同。拜,王答拜。太保受同,祭哜宅⑦,授宗人同。拜,王答拜。太保降⑧,

收⑨。诸侯出庙门俟。王出在应门之内,太保率西方诸侯入应门左,毕公率东方诸侯入应门右,皆布乘黄朱⑩。宾称奉圭兼币曰⑪:"一二臣卫⑫,敢执壤奠⑬。"皆再拜稽首。王义嗣德答拜⑭。

【注释】

①乃受同瑁(mào):王国维说:"受同者王,授之者太宗也,……授同者何,献王也。太宗奉同,太保拜送,王拜受。"(《观堂集林·周书顾命考》)此说可从。同,天子用的酒杯。瑁,天子所执的瑞玉。孔颖达说:"天子执瑁,故受瑁为主。"

②宿:通"肃",徐行向前。

③祭:洒酒至地。

④咤(zhà):向后退行(据郑玄说)。

⑤盥(guàn):洗手。

⑥异:不同。同:天子所用的酒杯。璋:即璋瓒,酒杯名,为祭祀时大臣所用,不同于天子的酒杯,故称"异同秉璋"。酢:自酌。这里所写的是太保授命完毕之后的情形,因为授礼已毕,所以太保用臣礼。

⑦哜(jì):口尝,意指既祭之后的赐酒,入口至齿,方饮而实不饮。宅:通"咤",退行。

⑧太保降:王国维说:"此云大保降,知大保自酢在堂上也,不言王与大宗大史降者,略也。"

⑨收:彻。

⑩布乘:或作"黻黼",即礼服。黄朱:周制,天子礼服是纯红色,诸侯礼服是黄红色。

⑪宾:指诸侯。称:说。币:贡物。

⑫臣卫:为诸侯自称之词。

⑬敢执:客套话。壤奠:意指土壤所产。奠,贡献。

⑭义嗣：据周制，康王为长子，应接受王位，故称义嗣。义，宜，犹今语应该。嗣，继承。德：《说文》解作"升"，意指升上台阶答拜。

【译文】

于是王便接受了酒杯和瑁，慢慢地向前行进三次，奠酒三次，向后退行三次。接着太宗说："王啊！请你把酒喝下吧！"太保代王接过酒杯，历阶而下，然后洗了洗手，用璋瓒这种酒杯，自酌了一杯酒，又授给助祭人一杯酒，助祭人行礼拜谢，王回礼答谢。太保从助祭人那里接过这杯酒，先祭后尝，便退了下来，把这杯酒还给助祭人。助祭人行礼拜谢，王回礼答谢。太保等从西阶走下，行礼已毕。大家从行礼的地方走出来，诸侯国君走出庙门后，恭候国王。国王从应门内走出，太保率西方的诸侯国君从应门左边进去迎接国王，毕公率领东方的诸侯国君从应门的右边进去迎接国王，诸侯国君都穿着黄红色礼服。诸侯国君拿着朝觐用的圭，并分别献出不同的贡享，说："我们这些做臣子的，大胆地献出地方上的土产，希望王能够收下！"说着诸侯们都行礼叩头。继王以国王的身份，升上台阶回礼答拜。

　　太保暨芮伯咸进相揖①，皆再拜稽首曰："敢敬告天子，皇天改大邦殷之命，惟周文武诞受羑若②，克恤西土③。惟新陟王毕协赏罚④，戡定厥功⑤，用敷遗后人休。今王敬之哉。张皇六师⑥。无坏我高祖寡命⑦。"

【注释】

①暨：和，与。咸：都。

②诞：大。羑（yǒu）若：指上帝的诱导或使命。羑，《说文》："进善也。"引申为诱导。若，通"诺"。

③克：能够。恤：忧，可引申为关心、关怀。

④新陟王:当指成王。陟,升。毕:完全。协:合乎法规。

⑤戡:能够。厥:其,指成王。

⑥张皇:整顿。六师:周制,天子有六师,每师一万二千五百人。

⑦坏:毁弃。丕:大。

【译文】

太保和芮伯都走向前来互相行礼,之后,又都对新王行大礼,说:"斗胆恭敬地禀告天子,那伟大的上帝更改殷国的大命,只让我们周国的文王和武王接受上天的大命,这是因为他们能够关怀西土的臣民。我们那刚刚死去的成王,能够完全按照先王的成法或赏或罚,从而完成了他的大功,遗给后人以美好的家邦。现在,新王你应该恭敬地对待先王的遗业啊! 很好地整顿军队,不要毁弃了我们祖先的大命。"

王若曰:"庶邦侯甸男卫,惟予一人钊报诰。昔君文武丕平富①,不务咎②,厎至齐③,信用昭明于天下。则亦有熊罴之士,不二心之臣,保乂王家,用端命于上帝④。皇天用训厥道,付畀四方⑤,乃命建侯树屏⑥,在我后之人⑦。今予一二伯父尚胥暨顾⑧,绥尔先公之臣服于先王⑨。虽尔身在外,乃心罔不在王室。用奉恤厥若⑩,无遗鞠子羞⑪。"

【注释】

①文武:指文王和武王。丕:大。平:成。富:备(据郑玄说)。

②务:致力。咎:罚。

③厎:止,达到。齐:适中。

④端:正。

⑤付、畀(bì):同义词叠用,给予。

⑥建侯:分封诸侯。树屏:可引申为维护,意思是上帝分封诸侯,维

护王室。树，立。屏，屏蔽，维护。

⑦在：照顾辅助。

⑧伯父：天子称同姓诸侯中的大国叫伯父，称同姓诸侯中的小国叫叔父。后来似通称叔父。如《国语·周语》中记载襄王称晋文公为叔父。尚：还能。暨：与。顾：念。

⑨绥：继承。

⑩恤：忧。厥若：犹今语那个，指王室。

⑪鞠子：康王谦词。鞠，幼稚。

【译文】

王说："诸侯国君们，现在我姬钊特此通告你们，并向你们发布命令。从前我们的国君文王和武王，使国家的礼法大大地完备起来，而不致力于刑罚，一切措施都恰到好处，因此先王的威信有如光辉普照天下。还有那些勇武的将士，忠心的臣子，保护、治理我们的国家，以端正上帝赐予的大命。那伟大的上帝便根据先王的德行，把天下交给我们，并且还要分封诸侯，树立屏障，帮助我们后人治理国家。现在我们同姓诸侯中的大国，都能够尽心地扶持王室，有如你们的先人臣服于先王一样。这就说明，你们虽然身在朝廷之外，而心却无不在王室。你们应时刻关心着王室，不使我这年幼无知的人犯下什么过错。"

群公既皆听命，相揖，趋出。王释冕①，反②，丧服。

【注释】

①释冕：意谓脱去举行即位大典时所穿的吉服。

②反：同"返"，此处指康王回到守丧的地方。

【译文】

大家听完了诰令，行礼而出。王脱去礼服又回到守丧的住处，穿上丧服。

吕　刑

【题解】

据《史记》记载，本篇作于西周穆王时。当代学者，有的认为作于东周，不过我们认为此说证据不足，难以成立。郭沫若先生主编的《中国史稿》仍把本篇作为西周史料而加以引用，这种做法似可信从。

本篇可分作三段。

第一段，总结历史经验。以苗民的"弗用灵"说明建立法度的重要；以蚩尤的滥刑而招致灭亡，说明执行法度的重要。这一段主要是从反面进行论证的，意在对国君提出警戒。

文中反复说明滥刑的危害，主张"非讫于威，惟讫于富"而强调"德"教。不过从所立的刑律来看，也极为残酷，但和过去那种把意志当作法律的情形相比较，仍是一种进步。

第二段，说明刑律的条目及审理案件的方法。惩罚分作三大类：五刑、五罚、五过。这三类有轻重的不同，最重的是五刑，其次是五罚，最轻的是五过。所谓刑律，主要指的是五刑。五刑包括墨刑、劓刑、剕刑、宫刑、大辟五等，五刑的条款总计有三千。可见这种法律是十分严酷的，这些严酷的法律是维护当时社会秩序的支柱。

在审理案件的方法方面，《吕刑》提出了三条原则：一、惩罚与罪行相符，力戒贪赃枉法；二、在案情不能确定时，从轻不从重；三、根据具体情况,灵活掌握。所谓具体情况,对犯人而言,要区分偶一为之还是一贯不法;对社会情况而言,是指区分乱世还是治世,前者从轻,后者从重。

上述三条原则,都是为了防止滥刑。在《吕刑》的作者看来,防止滥刑是维护统治的重要手段。

第三段,警戒贪官污吏并提出慎刑。

惟吕命①。王享国百年②,耄③,荒度作刑④,以诘四方⑤。

【注释】

①惟:语首助词,无实义。吕:吕侯,周穆王的大臣,《史记》、《诗经》、《礼记》等书均作"甫侯"。命:古时臣告君也可以称命,这里当引申为建议。

②王享国百年:据《史记》记载,穆王即位时年已五十,即位后执政达五十五年,所谓"享国百年"是把即位前的五十年也算在内的。

③耄(mào):年老叫耄。《礼记·曲礼上》:"八十、九十日耄。"

④荒:大。度:度量。

⑤诘:责成。四方:指诸侯。据《史记》所载,当时因诸侯不睦,甫侯才提出修刑律的建议。

【译文】

甫侯建议天子制定国家的刑律。王在位时间达百余年,到了年老的时候,根据宽大的原则来制定刑律,并责成四方官吏遵守。

王曰:"若古有训,蚩尤惟始作乱①,延及于平民。罔不寇贼,鸱义奸宄②,夺攘矫虔③。苗民弗用灵④,制以刑,惟作五虐之刑曰法。杀戮无辜,爰始淫为劓刵椓黥⑤。越兹丽刑并制⑥,罔差有辞⑦。

【注释】

①蚩尤:古时苗族酋长。黄帝、舜、禹时均曾和苗族发生较大的
战争。

②鸱义:丧失人性的禽兽行为。王引之说:"鸱者,冒没轻儳;义者,
倾邪反侧。"《孔传》:"为鸱枭之义,以相夺攘。"奸宄:谓为非
作歹。

③夺:强取。攘:窃取。矫:诈称曰矫。虔:亦谓强取。

④灵:曾运乾说:"'灵'当为'令',声之讹也。"

⑤爰:语首助词。淫:过分。劓(yì):割鼻,五刑之一。刵(èr):割去
耳朵之刑。椓(zhuó):宫刑。古时犯淫乱之罪者,男子割去生殖
器,女子则幽闭宫中,均称宫刑。黥(qíng):在脸上刺字的刑罚,
也称墨。

⑥兹:于是。丽:通"罹",即预设圈套使其陷于罪而后罚之。刑:
杀。并制:并用。曾运乾释此句说:"丽刑并制者,既罚金,又加
以刑;或既加刑,又籍家也。"译文从之。

⑦差:择。辞:申述情由。

【译文】

王说:"古时本有良好的道德风尚,后来蚩尤开始作乱,他的恶劣行
为影响了平民。人们都成了贼寇,开始胡作妄为,远近作乱,强取豪夺。
苗民们也不遵守他的法令,因此便制定了一系列的刑罚,制定了五种杀
人的刑罚叫做法律。后来逐渐滥用酷刑,甚至无罪的人也遭到杀戮,过
分地使用割鼻子、割耳朵、宫刑、墨黥等刑罚。或者既罚以金,又加以
刑,或者既加以刑又没收他的家产,从来不听取受刑人的申诉。

"民兴胥渐①,泯泯棼棼②,罔中于信③,以覆诅盟。虐威

庶戮,方告无辜于上④。上帝监民⑤,罔有馨香德,刑发闻惟腥。皇帝哀矜庶戮之不辜,报虐以威,遏绝苗民⑥,无世在下。乃命重黎绝地天通⑦,罔有降格⑧。群后之逮在下,明明棐常⑨,鳏寡无盖⑩。

【注释】

①胥:互相。渐:逐渐,这里指逐渐向欺诈方面发展。

②泯泯棼棼(fén):同义叠用,纷乱。

③罔中于信:没有忠信。

④方告:大家在一起上诉。方,并。上:指上帝。

⑤监:视,此处谓考察。

⑥遏:遏制。绝:杀尽。

⑦重黎:传说中颛顼时司天地的官名。重,司天;黎,司地。本来各司其责不相混淆,据说到了少昊的时候,九黎作乱,遂使民神杂糅,失去了神道的尊严。颛顼时便命重主持天神,黎主持臣民,恢复旧制。这里所说的也是这个意思。

⑧罔:不。格:沟通天人意见的人。

⑨明明:察。棐(fěi)常:指恢复旧制,矫正民神杂糅的风气。棐,辅。

⑩盖:通"害",危害。

【译文】

　　"平民互相欺诈,社会上十分紊乱,大家都不遵守信用,对于盟誓可以随便推翻。蚩尤用残酷的刑罚来对待民众,大家便结合在一起向上帝控告自己无辜被罚的情形。上帝看到臣民的实情,看到了蚩尤毫无德政,看到了他们滥用刑罚的残酷情景。上帝十分怜悯民众无辜被杀的不幸,也用严酷的手段来对待蚩尤的残暴行为,把那些为非作歹的苗民斩尽杀绝,不使一个坏人留在世上。同时还命令重负责神道,命令黎负责理民,恢复以往制度,各司其责,也不再降下能够沟通天人意见的通人。以后在下的历届君主,都清楚地看到了民神杂糅之风的危害,舍弃酷刑,甚至那些鳏寡孤独无依无靠的人,也不再受害。

"皇帝清问下民①,鳏寡有辞于苗②。德威惟畏,德明惟明。乃命三后恤功于民③:伯夷降典④,折民惟刑⑤;禹平水土,主名山川;稷降播种⑥,农殖嘉谷⑦。三后成功,惟殷于民⑧。士制百姓于刑之中⑨,以教祗德。

【注释】

①清:讯问。马融说:"清,讯也。"

②有辞于苗:于苗有怨言。

③三后:指下文伯夷、禹、稷。恤功:《集传》:"恤功,致忧民之功也。"恤,忧。

④伯夷:尧时名臣,相传为尧制定礼法者。降:立下。典:法典。

⑤折民:判断下民的案情。《大传》说:"伯夷降典,折民以刑者,谓有礼然后有刑也。"折,判断。

⑥稷:后稷,相传是古代教民种植五谷的人,周人尊为始祖。

⑦农:勉力。殖:种植。嘉:美好。

⑧殷:正。

⑨士:士师。制:制止,意思是说不再让他们犯刑。

【译文】

"上帝询问下民的疾苦,鳏寡之人都对有苗发出怨言,于是再一次惩罚有苗。政令的威严使臣民感到畏惧,德教彰明使臣民内心悦服。于是又命令三位大臣为臣民建立功业:伯夷立下法典,只按照刑律审理下民案情;禹负责治理水土,并负责为山川命名;后稷教民播种,努力地种好庄稼。三位大臣的功业完成以后,平民的作风大正。士师又教导臣民遵守法令制度,而不至于犯罪受到刑罚,教导臣民敬重德行。

"穆穆在上^①,明明在下,灼于四方,罔不惟德之勤,故乃明于刑之中^②,率乂于民棐彝^③。典狱^④,非讫于威^⑤,惟讫于富^⑥。敬忌^⑦,罔有择言在身^⑧,惟克天德^⑨,自作元命^⑩,配享在下^⑪。"

【注释】

①穆穆:美。在上:指国王。

②明:勉。刑之中:即用刑得当。

③率:语首助词。乂:治。棐:辅,此处可引申为拥护。彝:法。

④典狱:负责断狱。典,主,主持。

⑤讫:止。

⑥富:福,意言主狱不应当终于立威,而应当终于惩一劝百,为人造福。

⑦敬忌:恭敬而畏惧。忌,畏惧。

⑧择言:坏话。择,通"殚"(dān),败坏。

⑨惟:只。克:自任,肩负,犹今语负起责任。天德:上天立下的道德准则。

⑩自作元命:以自己的善行求得大福。元命,长命。古人以长命为福。元,长。

⑪配享:配天命而享受上天所赐予的大福。在下:在下面。

【译文】

"当国王的有美德在上,当大臣的能明察于下,政治十分清明,光辉照于四方,所有的人无不勤勉地根据德教办事,因此用刑完全合乎法律,臣民完全服从统治,而乐于服从法律。主持审理案件的,不完全用刑威解决问题,而是用德教解决问题,为民谋利。大家都怀着畏惧和尊敬的心情办事,没有一个人敢说坏话,而能遵守公德,所以能求得长寿,在下面享受上天所赐予的幸福。"

　　王曰:"嗟!四方司政典狱①,非尔惟作天牧②?今尔何监?非时伯夷播刑之迪③?其今尔何惩④?惟时苗民匪察于狱之丽⑤。罔择吉人,观于五刑之中,惟时庶威夺货⑥,断制五刑以乱无辜。上帝不蠲⑦,降咎于苗。苗民无辞于罚,乃绝厥世。"

【注释】

①司政典狱:此处当指诸侯。司、典均谓主办、主持。

②非尔惟作天牧:此句为反诘句。惟作天牧,谓为天治民。《左传·襄公十四年》:"天生民而立之君,使司牧之。"牧,古时治民曰牧。

③时:指示代词,这。播:传播。迪:道。

④惩:惩创,犹今语失败的教训。

⑤时:通"是",指示代词,可译作"这"或"这些"。匪:否定副词,不。丽:通"罹",陷网。

⑥惟时:因此。庶威:盛为威势。夺货:乘机搜刮人家的财产。

⑦蠲(juān):清洁。

【译文】

　　王说:"唉!四方的诸侯国君啊,难道你们不是为上天治理臣民的吗?现在你们要效法什么呢?难道不是伯夷所制定的法律制度吗?现在你们要以什么作为教训呢?难道不正是苗民不明察狱事而陷民于水火之中的过错吗？他们不选择有道德的人去考察五刑是否用得适当，那些依仗自己的威势，夺取臣民财产的人，便滥用刑罚，使无辜的臣民遭受祸殃。上帝因为苗民的政治十分昏暗，便把大祸降给他们。苗民没有理由来解除上天的惩罚，因而遭到覆亡，他们的后代没有一个人留在世上。"

王曰："呜呼！念之哉。伯父、伯兄、仲叔、季弟、幼子、童孙，皆听朕言，庶有格命①。今尔罔不由慰曰勤②，尔罔或戒不勤。天齐于民③，俾我一日④。非终惟终在人⑤。尔尚敬逆天命，以奉我一人。虽畏勿畏，虽休勿休⑥。惟敬五刑⑦，以成三德⑧。一人有庆⑨，兆民赖之⑩。其宁惟永。"

【注释】

①庶：庶几。格：固。

②由：用。慰：宽慰。

③齐：整顿。

④俾：使。

⑤非终：不是一贯犯罪。惟终：一贯犯罪。在：观察。

⑥休：王引之解作"喜"，与"畏"对。

⑦惟敬五行：指谨慎地使用刑罚。五行，谓五刑。

⑧三德：即《洪范》所说的正直、刚克、柔克。

⑨庆：善。

⑩赖：利。

【译文】

王说："唉！时常把这种教训放在心里吧。父老兄弟和子孙幼辈们，你们都要听从我的话，这样做就差不多可以保住上天所赐予我们的大命了。现在你们无不自我安慰说'我们已经十分勤劳了',你们没有一个能够以不勤劳作为警戒。上天为了整顿臣民,使我们今天掌握权柄,我们不能滥用职权。犯人是偶尔犯罪,还是一贯犯罪,要在认真考察他的行为之后,再决定给以什么处分。你们应当尊敬地对待天命,以拥戴我一人。在断狱的时候,虽然遇到了可怕的事情也不要害怕,虽然弄清了案情的原委也不要高兴。只能严格地遵守法律,以成就三德。一人办了好事,亿万臣民便会得到幸福。这样,我们的国家就会永远安宁了。"

王曰:"吁! 来,有邦有土①,告尔祥刑②。在今尔安百姓,何择非人? 何敬非刑? 何度非及③?

【注释】

①有邦:指诸侯。有土:指畿内有采地的大臣。

②祥刑:善刑。不专靠惩罚而注重德教,故称善刑。祥,善。

③度:审议。及:俞樾认为是"叏"(fú)字之误。叏,治也。详参《汉语大字典》第391页。以上三句都是倒装句,犹言非人何择? 非刑何敬? 非及何度?

【译文】

王说:"唉! 来吧,诸侯国君和诸位官员,让我告诉你们什么叫善刑。现在你们安治百姓,要去选择谁呢,难道不是道德高尚的人吗? 谨慎地对待什么呢,难道不正是刑法吗? 要审议什么呢,难道不正是案件吗?

"两造具备①,师听五辞②。五辞简孚③,正于五刑④。五刑不简,正于五罚。五罚不服,正于五过。五过之疵⑤:惟官、惟反、惟内、惟货、惟来⑥。其罪惟均⑦,其审克之⑧。

【注释】

①两造：诉讼的双方。具备：意指诉讼的双方全都到齐。

②师：士师，刑官。听：郑玄解作"平治"。五辞：据《周礼·小司寇》记载："以五声听狱讼，求民情。一曰辞听，二曰色听，三曰气听，四曰耳听，五曰目听。"

③简：检查核对。孚：验证。

④正：质。五刑：墨、劓、剕、宫、大辟。此处所说"正于五刑"即是按五刑的规定来处理，该处以墨刑的便施以墨刑，该处以大辟之刑的即施以大辟之刑，因此较下面的五罚为重。罚当指根据罪情的轻重处以罚金。如果罪情还轻于五罚的规定，便可减等依照五过的规定赦免。总的意思是处理尽量从轻，这便是穆王所说的祥刑的意旨之一。

⑤疵：瑕，即偏差和错误。所谓"疵"即下文所说即"五过之疵"。

⑥"惟官"句：所言即"五过之疵"的内容，包括官、反、内、货、来。官，谓依仗威势；反，谓乘机报恩报怨；内，是指害怕高位强权，而暗中受到牵制，不敢依法处理；货，是勒索财物；来，马融本作"赇"（qiú），《说文》："赇，以财物枉法相谢也。"就是贪赃枉法。

⑦其：指主审案件的刑官。罪：指犯了上述过错。均：等，意思是和犯人一样受到惩罚。

⑧克：《汉书·刑法志》作"核"，谓核实。

【译文】

"诉讼的双方都来齐了，负责考察狱情的官员，便要从五个方面去考察案情。考察和核对的结果与事实相符，便把他的罪情跟五刑的规定查对一下，看看应该给予怎样的刑罚。如果罪情和五刑的规定不相应，便查对一下五罚的规定，看看应该给予怎样的惩罚。如果罪情还轻，跟五罚的规定不相应，那就根据五过的规定加以宽恕。但运用五过的规定时，要防止弊端的发生：比如审理案情的人，或仗着自己威势随意处理,或乘机报恩报怨,或者害怕高位的人不敢依法处理,或乘机勒索财物,或贪赃枉法。这样处理案情,必定会发生偏差和错误。如果审理案情的人犯了这些错误,那就应当和犯人一样受到惩罚。你们可要根据事实进行审判啊!

"五刑之疑有赦^①,五罚之疑有赦^②,其审克之。简孚有众^③,惟貌有稽^④,无简不听^⑤,具严天威。

【注释】
①五刑之疑有赦:正于五刑而有怀疑,便减等处理。
②五罚之疑有赦:正于五罚而有怀疑,便减等处理。
③简孚:核验。《周礼·小司寇》:"以三刺断庶民狱讼之中,一曰讯群臣,二曰讯群吏,三曰讯万民。"此处所言即"简孚有众"。
④貌:《说文》作"缗"(miáo),细微。稽:查考。
⑤简:核实,意谓大凡经过核实的才可以相信。

【译文】
"凡是用五刑的规定去惩处其罪行而感到有疑问的,便可减等按照五罚的规定处理;如果按照五罚的规定去处理仍有疑问的,便减等按五过的规定来处理,但一定要认真地考查。可以跟广大的民众核对,即使是细小的情节也要谨慎地核对,没有事实根据的,便不要论罪,但处理时也不能一味从轻,要能够保持住上天的威严。

"墨辟疑赦,其罚百锾^①,阅实其罪^②。劓辟疑赦,其罚惟倍^③,阅实其罪。剕辟疑赦^④,其罚倍差^⑤,阅实其罪。宫辟疑赦,其罚六百锾,阅实其罪。大辟疑赦,其罚千锾,阅实其罪。墨罚之属千^⑥,劓罚之属千,剕罚之属五百,宫罚之属三百，大辟之罚，其属二百，五刑之属三千^⑦。

【注释】

①锾(huán)：古时重量单位，重六两，或谓重六两又大半两。

②阅实：即脱赦，解脱赦免之意。杨筠如说："阅，当为'说'。《诗·小弁》'我躬不阅'，《左传》'阅'作'说'，是其证。说，即古'脱'字也。'实'与'寔'同，通作'置'。《周易·坎》《释文》：'寔，姚本作'置'。'是其证也。《说文》：'置，赦也。'则'阅实'，犹言'脱赦'矣。"

③其罚惟倍：较墨刑为倍，当二百锾。

④剕(fèi)：断足之刑。

⑤其罚倍差：对剕刑言，于剕刑为一倍则为四百锾，又增其差当为五百锾。

⑥属：条款。

⑦五刑之属三千：孙星衍说，罪之条目必有定数者恐后世妄加之。再者《周礼·司刑》："墨罪五百，劓罪五百，宫罪五百，剕罪五百，杀罪五百。"江声据此认为，墨刑的条款为《司刑》的二倍，宫与大辟的条款都比《司刑》的规定少。这些便都是穆王的所谓祥刑。

【译文】

"处以墨刑而感到有疑问的，可以从轻处理，罚以黄铜六百两，然后赦免他的罪行。处以割鼻之刑而感到有疑问的，罚以黄铜一千二百两，然后赦免他的罪行。处以断足之刑而感到有疑问的，罚以黄铜三千两，然后赦免他的罪行。处以宫刑而感到有疑问的，罚以黄铜三千六百两，然后赦免他的罪行。处以死刑而感到有疑问的，罚以黄铜六千两，然后赦免他的罪行。墨刑的条目是一千条，割鼻之刑的条目一千条，断足之刑的条目五百条，宫刑的条目三百条，死刑的条目二百条，五刑的条目，合在一起，共计三千条。

"上下比罪^①,勿僭乱辞^②。勿用不行^③,惟察惟法,其审克之。

【注释】

①上、下:指轻重。比:《礼记·王制》说:"凡听五刑之讼,……必察小大之比以成之。"注:"小大犹轻重,已行故事曰比。""小大"即此处所说的"上下"。

②僭:差错,与"乱"为近义词叠用。辞:犯人的供辞。

③不行:不用。孙星衍以为是蠲除之法,蠲除犹今言大赦,已赦之后,往往又事惩罚,这样便无从取信于民,故不用。

【译文】

"罪重者处以重刑,罪轻者处以轻刑,对于犯人的供辞和决狱之辞,都要力求与事实相符,不要发生差错。不要采用大赦的办法,一定要核实其罪情,并要根据法律办事,希望你们一定要根据事实进行审判啊!

"上刑适轻,下服。下刑适重,上服。轻重诸罚有权^①。刑罚世轻世重^②。惟齐非齐^③,有伦有要^④。

【注释】

①权:根据情况灵活掌握。

②世轻世重:是说刑罚要根据社会情况决定轻重。《荀子·正论》篇解释这句话说:"刑称罪则治,不称罪则乱。故治则刑重,乱则刑轻。犯治之罪固重,犯乱之罪固轻也。"译文即本此。世,社会。

③惟齐非齐:江声说,上刑适轻,下刑适重,叫做"非齐",轻重可以随世制宜,灵活掌握,叫做"齐非齐"。

④伦：条款，指法律条款。要：指法律的纲要。

【译文】

"罪情较重，本应处以重刑，但只是偶一为之，不是一贯不法，便可以从轻处理。罪情较轻，本应从轻处理，但因是一贯不法或故意犯罪，便应当从重处理。惩罚是轻是重，可以根据具体情况，灵活掌握，以便使惩罚达到完全适宜的程度。刑罚的轻重还可以根据社会的具体情况来决定：处以乱世用刑宜轻，处以治世用刑宜重。总之，刑罚的轻重既要根据犯人的具体情况，也要根据社会的具体情况决定，当然也要依据法律的条款和纲要来处理，不能任意决定。

"罚惩非死，人极于病①。非佞折狱②，惟良折狱③，罔非在中④。察辞于差⑤，非从惟从。哀敬折狱⑥。明启刑书胥占⑦，咸庶中正⑧。其刑其罚，其审克之。狱成而孚⑨，输而孚⑩。其刑上备⑪。有并两刑⑫。"

【注释】

①极：使困窘。病：艰难困苦。

②佞：巧言，谓口才辩捷之人。

③良：善良，指善良忠厚之人。

④中：恰当，适当。

⑤差：谓供辞中参差矛盾之处。

⑥哀敬：谓悲哀怜悯的心情。

⑦胥：相。占：揣度。

⑧咸：皆。庶：幸。中正：正确无误。

⑨狱成：指供辞中所说都已确定下来，可以据以论罪。成，指狱辞。

　孚：信。

⑩输：与"成"相对为文，其意思当与"成"相反。王引之说："'成'与'输'相对为文，输之言渝也，谓变更也。《尔雅》：'渝，变也。'《广雅》：'输，更也。'狱辞或有不实，又察其直而变更之，后世所谓平反也，狱辞定而人信之，其有变更而人亦信之，所谓民自以为冤也。"译文即本此。

⑪其刑上备：孙星衍说："具列爱书上之，勿增减罪状也。"

⑫有并两刑：曾运乾说："两罪俱发，则但科以一罪，不复责其余，皆取宽厚之意也。"

【译文】

"五刑的罚金，虽然没把犯人置于死地，但也给他造成很大的困难了。判断狱情不要依仗辩捷的口才而要心怀忠厚，务使案情的判断完全得当。主持断狱的人，要认真考查犯人供辞的矛盾，犯人虽然口头上不承认，但从其供辞来看，其罪情还是属实的，那也就算是承认了。要怀着悲哀和怜悯的心情来处理案件。应当打开刑书，根据法律规定，仔细掂量，使案件的处理都达到正确无误的程度。或按五刑处理，或按五罚处理，都要查清事实进行审判。如果供辞有出入，应当细察其是非曲直而变更之。这样做，供辞定案，就能够取信于人，如果供辞根据情况有了变更，也能够取信于人，犯人也会悦服。案情核实之后，便据实上报。如果是犯两种罪的，只按一种罪来惩罚。"

王曰："呜呼！敬之哉，官伯族姓①。朕言多惧，朕敬于刑，有德惟刑。今天相民，作配在下②。明清于单辞③，民之乱④，罔不中听狱之两辞⑤。无或私家于狱之两辞⑥。狱货非宝⑦，惟府辜功⑧，报以庶尤⑨。永畏惟罚。非天不中⑩，惟人在命。天罚不极⑪，庶民罔有令政在于天下⑫。"

【注释】

①官伯：指诸侯。族姓：指同族人。

②作：为。配：两事或两人相称叫作配，此处当指天上的上帝与地下的君主作配。

③明清：明察。单辞：无佐证之辞。

④乱：治。

⑤中听：不偏听一面之辞。狱之两辞：诉讼双方的供辞。

⑥私：自营为私。家：孙星衍说当读如《檀弓》"君子不家于丧"之"家"。曾运乾解释说："言不以为利也。"

⑦狱货：指刑狱罚金。非宝：意指不要将罚金据之以肥己。

⑧府：聚集。辜功：怨事。

⑨庶：众。尤：怨恨。

⑩中：均，公平。

⑪极：至。

⑫令政：善政。

【译文】

王说："唉！要谨慎地对待狱事啊，诸侯国君同宗的父兄昆弟子侄们。在我谈论祥刑的时候，多畏惧之辞，这是因为我懂得应当谨慎地对待刑律，并且了解要想有德于民，也必须依赖这些刑律。现在上天为了造福臣民，才为他们设立了君主和官长，在下面受理臣民。因此对待案情处理必须谨慎从事，对于没有佐证的单方面的言论，必须明察；要想正确地处理臣民的案情，没有不是兼听诉讼双方的供辞的。听取供辞时，一定要心存公允，不可因听信一方之辞而有所私袒，更不可贪图贿赂而有所偏护。刑狱的罚金是为了表示惩罚，不可把它看作财宝而据为己有，如果这样，一定会招致臣民的怨恨，而国家对这样的官吏也一定要严加惩处，以回答臣民的要求，解除他们的怨恨情绪。要永远以敬畏的心情对待刑罚。并不是上天对那些贪赃枉法的官吏不公平，而是那些人自招绝命的祸殃。假如上天不把严厉的惩罚加到他们的身上，那么天下万民就不可能享有美好的政治生活了。"

王曰："呜呼！嗣孙，今往何监？非德于民之中，尚明听之哉？哲人惟刑①。无疆之辞②，属于五极③。咸中有庆④，受王嘉师⑤，监于兹祥刑。"

【注释】

①哲人：王引之说："'哲'当读为'折'，折之言制也，折人惟刑，言制人民者惟刑也。"

②无疆：没有穷尽，用以形容供辞之多。辞：指供辞。

③属于五极：意言关系到五刑的诛罚。属，关系，牵涉。

④咸：皆。中：指案件处理得恰当正确。曾运乾以为"中"字为全篇主旨，这种说法可供参考。庆：福泽。

⑤嘉：善。师：众。

【译文】

王说："唉！子孙们，从今以后你们以什么作为鉴戒呢？难道不正是德教吗？为臣民受理案件的时候，一定要明察啊！对于无穷无尽的供辞，一定要反复考查，使处理合于五刑的规定。处理得当，臣民就会都得到幸福，为王受理臣民的人，一定要认真看待我所说的祥刑啊！"

文侯之命

【题解】

本篇作于何时,旧时说法不一。《史记》的《周本纪》和《晋世家》,认为作于襄王时,文侯是晋文公重耳,汉代马融也主此说。郑玄则认为本篇作于平王时,文侯是晋文侯仇,《书序》说与郑同。此后注家或从马或从郑。细味全文,似以《书序》及郑说为长。

据《史记·周本纪》记载,幽王嬖爱褒姒,褒姒生子伯服,幽王为了立伯服为太子,便废申后及太子宜臼。申侯联合犬戎攻杀幽王,并和诸侯一起拥立太子宜臼为王,即平王。在这次政变中,晋文侯起了很大作用。《左传·隐公六年》:"周桓公言于王曰:'我周之东迁,晋、郑焉依。'"《国语·郑语》:"晋文侯于是乎定天子。"这些记载与本文内容大体吻合。

全文可分作四小段。

第一段,写周的先祖依赖群臣的辅佐而得到安宁。这显然是以古况今,希望今天也能像过去那样由于群臣的拥戴而使国家获得安宁。

第二段,概述国家当前的境况,指出国遭大难,没有德高望重的大臣来扶危持颠,以承上启下,引起下文。

第三段,对晋文侯辅佐王室的功劳加以褒奖。联系第二段更可看出晋文侯的功劳之大。

第四段,给晋文侯以赏赐并提出进一步要求。

本篇篇幅虽短,但首尾连贯,层次清楚。

王若曰^①:"父义和^②,丕显文武,克慎明德^③,昭升于上^④,敷闻在下^⑤,惟时上帝^⑥,集厥命于文王。亦惟先正克左右昭事厥辟^⑦,越小大谋猷罔不率从,肆先祖怀在位^⑧。

【注释】

①王:指周平王。

②父:周天子对同族的诸侯的称呼。义和:晋文侯名仇字义和。

③明:勉,努力从事。

④昭:见。上:指上帝。

⑤敷:布。闻:声望。

⑥惟时:因此。

⑦先正:郑玄解作"先臣",指公卿大夫。左右:言在帝之左右。昭:通"钊",勉励。厥:其。辟:君。

⑧肆:因果连词,故。怀:安。

【译文】

王说:"伯父义和啊!那大放光明的文王和武王,能够谨慎地对待政事而努力推行德教。他的美德为上天所闻,他的声望广布在臣民之中,因此上帝便把大命交给了文王。也因为过去各位公卿大夫在文王的左右,能够努力地为文王服务,对于大小的谋略无不听从,所以,先祖能够依靠群臣的辅弼而得到安宁。

"呜呼!闵予小子嗣^①,造天丕愆^②,殄资泽于下民^③,侵戎^④,我国家纯^⑤。即我御事,罔或耆寿^⑥,俊在厥服^⑦,予则

罔克。曰:'惟祖惟父其伊恤朕躬⑧。'呜呼!有绩予一人,永绥在位。

【注释】

①闵(mǐn):忧患。小子:平王对自己的谦称。嗣:继承。

②造:遭。丕愆:指大过或大祸。《史记·周本纪》:"幽王以虢石父为卿,用事,国人皆怨。石父为人佞巧,善谀好利,王用之。又废申后,去太子也。申侯怒,与缯、西夷犬戎攻幽王,幽王举烽火征兵,兵莫至。遂杀幽王骊山下,虏褒姒,尽取周赂而去。于是诸侯乃即申侯而共立故幽王太子宜臼,是为平王,以奉周祀。"这就是平王所说的大祸。

③珍:绝。资:指财物。泽:指禄位。

④侵:通"祲"(jìn),旧指阴阳相侵的灾祸之气。戎:指兵祸。

⑤纯:通"屯"(zhūn),艰难,指上文所说的"侵戎"。

⑥耆(qí)寿:老年人。耆,年老。

⑦俊:进。服:事,职务。

⑧其:副词,表示希望。伊:你们。恤:忧。朕躬:我身,国王自谓。

【译文】

"唉!我如今继位之时,正遭到上天所给予的大大的惩罚,断绝了我下民的资财,年成荒歉,又遭逢战祸,我们的国家遇到了大难。我的治事的臣子,很少有老成持重的人,可以提拔上来担任重要职务,为我王室效劳的,我真是难以胜任。祖辈和父辈的诸侯们,希望你们能够对我加以忧虑和关怀。唉!为我建功立业吧!使我能够永远平安地保住大位。

"父义和,汝克绍乃显祖①。汝肇刑文武②,用会绍乃辟③，追孝于前文人④。汝多⑤，修扞我于艰⑥，若汝，予嘉。"

【注释】

①绍：当作"昭"，阐明发扬。阮元《校勘记》："唐石经、古本、岳本、宋板蔡传'绍'作'昭'。'绍'字非也。毛本亦误。"《孔传》："言汝能明汝显祖康叔之道。"阮元《校勘记》以为"明训昭也"。

②肇：始。刑：法，效法。

③会：会合。绍：读作"召"，征召诸侯（采杨筠如说）。

④孝：效法。曾运乾说："当为'㸒'形之讹也。《说文》'㸒，效也'。"（见《尚书正读》第293页）文人：有文德之人，指唐叔。

⑤多：指战功。

⑥修：敬。扞：捍卫。

【译文】

"伯父义和，你应该把你先祖唐叔的德行加以发扬光大。你现在应当效法文王和武王，以征召会合诸侯，追法你祖先的德行。如果你取得了很多的战功，在我遇到艰难的时候，能够很好地捍卫我，那我就要大大地嘉奖你。"

王曰："父义和，其归视尔师，宁尔邦①。用赉尔秬鬯一卣②，彤弓一③，彤矢百，卢弓一④，卢矢百，马四匹。父往哉！柔远能迩。惠康小民，无荒宁。简恤尔都⑤，用成尔显德。"

【注释】

①"其归视"二句：当时晋国有殇叔争国之事，因此叫他回国视师宁都。其，祈使副词，表示希望。视师，整顿军队。师，军队。

②赉（lài）：赏赐。秬鬯：祭祀用的香酒。卣（yǒu）：古时酒器。

③彤：红色。

④卢：黑色。

⑤简：大。恤：救。都：国都。

【译文】

　　王说："伯父义和，希望回去整顿你的军队，安定你的国家。我赠给你美酒一壶，红弓一张，红色箭一百支，黑色弓一张，黑色箭一百支，马四匹。伯父，你回去吧！能够很好地对待远方，那么近处的也就会乐于归附你。要给臣民以幸福，不要荒废政务，贪图安逸。要特别地爱护你国中的臣民，从而成就你的大德。"

费　誓

【题解】

本篇的写作时代，也是一个聚讼未决的问题。《史记》和《书序》都认为是周公的儿子伯禽所作，事在伯禽于鲁即位之后。认为当时由于管、蔡造反，淮夷、徐戎也跟着发动叛乱，伯禽率师讨伐，因作《费誓》(费音 bì，其他书籍作"粊"、"肸"，地名，在今山东费县境)。但这个说法在史实上有矛盾，因为管、蔡和淮、徐的叛乱发生在伯禽即位之前，所以清人孙星衍提出疑义说："伯禽封鲁，据《洛诰》经文'命公后'及'惟告周公其后'，则在七年归政之时，此云即位之后，有管蔡、淮夷等反，殊不可解。"这个疑义提得很有道理。近人余永梁据甲骨文、金文、《诗经》等资料加以考证，推断出本篇是春秋时鲁僖公所作(见《古史辨》第二期《〈粊誓〉的时代》一文)，这虽然还不是定论，但可备一说。

这篇誓辞文字虽然简短，但内容却很充实，层次也很清楚。宋人薛季宣分析本篇内容说："伯禽当徐、夷之难，所以用其民已至矣，以战则兵甲精炼，以居则营厩严肃，以动则军无侵掠，战守则粮饷备具，城筑则桢干毕集，而申之以戒令，徼之以邦刑，节制之明，师众之一，是故有不战，战必胜矣"(《书经传说汇纂》引)。吕祖谦分析本篇的结构说："甚整暇有序，先治戎备，次之以除道路，又次之以严部伍，又次之以立期会，先后之序皆不可紊"(同上书)。这些分析对于我们理解本篇的内容和结构有一定的参考价值。

公曰:"嗟! 人无哗,听命! 徂兹^①,淮夷徐戎并兴^②。

【注释】

①徂:往。兹:哉。

②淮夷、徐戎:都是当时鲁国南面的少数民族。

【译文】

公说:"哦! 人们不要喧哗了,听我发布命令! 我们前往讨伐吧! 现在,徐、淮一带兴兵作乱了。

"善敹乃甲胄^①,敿乃干^②,无敢不吊^③! 备乃弓矢,锻乃戈矛,砺乃锋刃,无敢不善!

【注释】

①敹(liáo):缝缀。现在方言中仍把缝衣服的破绽处叫敹。甲:军衣。胄(zhòu):古时的头盔。

②敿(jiǎo):系。干:干盾一类的武器。

③吊(dì):善,此处谓准备妥善。

【译文】

"缝好你们的军服和头盔,系连起你们的干盾,看你们谁敢不准备好! 准备好你们的弓箭,锻冶好你们的戈矛,磨好你们的战刀,看你们谁敢不准备好!

"今惟淫舍牿牛马^①,杜乃擭^②,敜乃阱^③,无敢伤牿。牿之伤,汝则有常刑。

【注释】

①淫舍:《孔传》:"言军所在,必放牧也。"淫,游。舍,放置。牿
  (gù):为防止牛触人,在牛的角上置以横木叫牿,此处当泛指在
  牛马的首部所放置的枷锁。

②杜:闭塞。擭(huò):又名"柞(zuò)鄂",捕兽的工具。《周礼·秋
  官·雍氏》:"春,令为阱擭沟渎之利于民。"注:"擭,柞鄂也,坚地
  阱浅,则设柞鄂于其中。"疏:"柞鄂者,或以为竖柞于中,向上鄂
  鄂然,以载禽兽,使足不至地,不得跃而出,谓柞鄂也。"

③敜(niè):塞平。阱:陷阱,用以捕兽者。

【译文】

"现在要放牧那些带着枷锁的牛马,臣民们要把柞鄂收拾起来,要
把陷阱填平,不要伤害了那些带着枷锁的牛马,假如伤害了这些牛马,
你们就要受到惩罚。

"马牛其风①,臣妾逋逃②,勿敢越逐③。祗复之④,我商
赉汝⑤。乃越逐,不复,汝则有常刑。无敢寇攘,逾垣墙,窃
马牛,诱臣妾,汝则有常刑。

【注释】

①风:放,兽类雌雄相诱叫风。

②臣妾:指奴隶。妾,女奴。据古书记载,古时有妇女从军。逋
  (bū)逃:逃亡。

③越逐:离开军队去追逐。不准这样做,则是为了严肃军纪,不使
  军队陷于紊乱。

④祗:敬。复:还。

⑤商:度量,犹言考虑。赉(lài):赏赐。

【译文】

"马牛因放牧而走失的,奴隶中有逃跑的,希望你们不要离开自己的队伍去追赶它。凡是得到那走失的牛马和逃跑的奴隶的,要恭敬地送还,能够这样做,我就考虑给以赏赐。假如你们敢于离开队伍去追赶走失的牛马和逃跑的奴隶,或得到了却不归还,那就要受到惩罚。没有谁敢为非作歹,强取豪夺的,凡是翻墙越壁,盗窃马牛,拐骗奴隶的,都要受到应得的惩罚。

"甲戌,我惟征徐戎。峙乃糗粮①,无敢不逮②,汝则有大刑。鲁人三郊三遂③,峙乃桢榦④。甲戌,我惟筑,无敢不供,汝则有无余刑⑤,非杀。鲁人三郊三遂,峙乃刍茭⑥,无敢不多⑦,汝则有大刑。"

【注释】

①峙:通"偫"(zhì),准备。糗(qiǔ)粮:干粮。

②不逮:不到。逮,及,至。

③三郊三遂:意指大量征兵。三,指城外采邑等次,古时征兵先征城近郊之邑,近郊不足,再征远郊之邑,仍不足,则举国征兵。郊,城外近处。遂,城外远处。

④桢榦(gàn):筑墙的工具。筑墙时立在两头的木板叫桢,立在两边的木板叫榦。

⑤汝则有无余刑:此句读时当在"有"字处稍顿。"无余刑"与下文"非杀"是倒装。余刑,其余的刑罚,故译作:"不杀掉你们还能用其他的什么刑罚呢?"这种句式在《尚书》中屡见不鲜,大约是为了使句式曲折而不平板。

⑥刍(chú)茭(jiāo):可喂牛马的干草。

⑦多：《史记·鲁世家》作"无敢不及"，当从之。"及"与上文"无敢
　不逮"的"逮"同义。

【译文】

　　"甲戌这天，我要出发征伐那徐国了。准备好你们的干粮，看你们
谁敢不按时到达？假如你们不按时到达，便处以死刑。我们要在国内
大量地征发兵士，各地要准备好筑墙的工具，甲戌这天，我就要修筑工
事，看你们谁敢不供给？不杀掉你们，不能用其他什么刑罚。我们要在
国内大量地征发军队，望你们准备好牛马的草料，看你们谁敢不供给？
假如不及时准备，那你们就要受到大大的惩罚。"

秦　誓

【题解】

　　本篇是春秋时代秦穆公所作的誓辞。据《左传·僖公三十二年、三十三年》记载，秦穆公听信了杞子的意见，派孟明等大将三人率领军队远道偷袭郑国。出师时，大臣蹇叔竭力劝阻，但穆公利令智昏，不听从蹇叔的劝阻，结果遭到惨败。本篇是战事以后，穆公自责自悔，沉痛总结失败教训之作。

　　本文通篇全是悔过之辞。一开始，穆公便引古训自责，忧虑改过无日，表现出深自痛悔的心情。接着便怀着这种心情来总结经验教训。穆公举出三种人：一种是依从古训，直言敢谏的人；一种是"今之谋人"；一种是"黄发"老人。第一、三种人是正面人物，第二种显然属于反面人物。穆公检查了对这两类人的错误态度：对第一类人讨厌，对第二类人亲近。由于这些错误态度，给国家带来了重大的牺牲和损失。从这种牺牲和损失中，穆公总结出"尚猷询兹黄发，则罔所愆"的经验教训。

　　从这种经验出发，穆公总结出对人应取正确态度。在这里，穆公也举出了三种人：一种是"番番良士"，一种是"仡仡勇夫"，一种是"截截善谝言"。穆公认为，对第一种人应"我尚有之"即应当亲近他；对第二种人则"我尚不欲"即还不能满足我的愿望；对第三种人则应当疏远。接着又举出对德才兼备的人所采取的两种态度，指出只有对有德有才的人采取正确的态度,才能"保我子孙黎民",巩固自身统治。

本篇语言恳挚,从始至终运用对比手法,写得深刻有力,从思想内容和写作方法上来看无疑是《左传》的先河,可以看作是先秦散文发展史上的一个标志。

公曰:"嗟!我士,听无哗!予誓告汝群言之首①。古人有言曰:'民讫自若是多盘②,责人斯无难,惟受责俾如流,有惟艰哉。'我心之忧,日月逾迈③,若弗云来④。

【注释】

①群言之首:开头的话,犹今语开场白。

②讫:止。若:顺。是:指示代词,这。盘:游乐,可引申为幸福。

③逾:越。迈:行。

④云:通"员"。《诗·小雅·正月》:"昏姻孔云。"毛传:"云,旋也。"旋,回来(采杨筠如说)。

【译文】

公说:"唉!我的臣属们,你们用心听着,不要喧哗!我要向你们发出誓言。古人有句话说:'人们总要听取别人的劝告,才能获得快乐和幸福。责备别人是没有什么困难的,如果受别人责备,而能够像流水那样顺从,这就困难了。'我的心啊!真是忧虑重重,时光一天一天地过去,而不再回来。虽然想改正错误,但恐怕时光不允许了。

"惟古之谋人,则曰未就予忌①;惟今之谋人姑将以为亲。虽则云然,尚猷询兹黄发②,则罔所愆。

【注释】

①未就予忌：言不顺从我的意志。忌，王引之认为当作"惎"，作"意志"解。

②猷：谋略，此处指军国大计。询：征求意见。黄发：年老的人，此处隐指蹇叔。

【译文】

"只有那些遵从古训的人，才肯提一些不是一味顺从我的心意的意见，对于这样的人却都讨厌他；现在的人只知一味曲从我的意见，我却暂时和他亲近。虽然这样说，但事实证明对于军国大计还是应请教年老而有经验的人，才不会犯错误。

　　"番番良士①，旅力既愆②，我尚有之③；仡仡勇夫④，射御不违⑤，我尚不欲。惟截截善谝言⑥，俾君子易辞⑦，我皇多有之⑧。

【注释】

①番：通"皤"(pó)，白色。良士：善士。

②旅力：即膂力，指体力。旅，通"膂"。愆：通"攐"，亏损。

③有之：王念孙认为"有之"谓"亲之"。《左传·昭公二十年》"是不有寡君也"，杜注："有，相亲有。"《诗·王风·葛藟》："谓他人母，亦莫我有。"意思是他人不亲近我。《诗·小雅·四月》："尽瘁以仕，宁莫我有。"意思是说虽然尽力为国家办事，可是国王却不亲近我。这都是"有"作"亲近"解的证据。《孔传》解"有"为"有无"的"有"是错误的。

④仡仡(yì)：雄壮勇敢。

⑤射：射箭。御：驾车。违：失误。

⑥截截：《说文》引作"戋戋"(jiān)。戋戋，浅薄。谝(pián)言：花言

巧语。

⑦俾:使。易:轻忽。辞:《公羊传》引文作"怠",曾运乾说:"古音
'辞'读如'怠'也。"

⑧皇:通"况"。有:亲近,这句话意思是说不应该亲近他。

【译文】

"那头发雪白的善良老人,虽然身体衰弱,体力不足,我却应当亲近
他;那身强力壮的勇士,虽然箭无虚发,驾车技术十分高强,但仅只这
些,还不能够满足我的愿望。那缺乏深谋远虑的浅薄的花言巧语使君
子轻忽怠惰,招致失败,这样的人我怎能够随便地亲近他们呢!

"昧昧我思之①,如有一介臣②,断断猗无他伎③,其心休
休焉④,其如有容。人之有伎,若己有之;人之彦圣⑤,其心好
之,不啻若自其口出⑥。是能容之,以保我子孙黎民,亦职有
利哉⑦!人之有技,冒疾以恶之⑧;人之彦圣,而违之俾不
达⑨,是不能容,以不能保我子孙黎民,亦曰殆哉!

【注释】

①昧:暗。思:思量。

②一介:量词,犹言一个。

③断断:诚恳。猗:《大学》引作"兮",语中助词。

④休休:宽容。

⑤彦:有才有德的人。圣:指道德高尚。

⑥不啻:不但。

⑦职:《大学》引文作"尚"。

⑧冒:郑玄以为作"媚"(mào),嫉妒。恶(wù):讨厌。

⑨俾:使。不达:不达于君。

【译文】

"我暗暗地思量,如果有这样一位忠臣,忠实诚恳而没有别的本领,他的品德高尚,心地宽厚,能够容人容物。人家有了本事,就好像他自己的本事一样;别人品德高尚,本领高强,不但口中常常加以称道,而且从内心喜欢他。这种宽洪大量的人,是可以保住我的子孙和臣民的幸福的,是可以为我的子孙臣民造福的啊!人家有了本领,便嫉妒他,讨厌他;人家有了好的品德,便故意压制他,使他的美德不为君主所了解,这种心胸窄狭的人,是不能够保住我子孙臣民的幸福的,这样的人,实在危险啊!

"邦之杌陧①,曰由一人;邦之荣怀②,亦尚一人之庆。"

【注释】

①杌(wù)陧(niè):不安。
②怀:安。

【译文】

"国家的危难,是因为君主用人不当;国家的安宁,则是因为君主用人得当。"

古文尚书

王世舜　王翠叶　译注

虞书

大禹谟

【题解】

《孔传》本篇《序》："皋陶矢厥谟,禹成厥功,帝舜申之。作《大禹》、《皋陶谟》、《益稷》。"矢,陈述。厥,其。谟,计谋,谋略。申,重,重视。是说皋陶在帝舜面前陈述他的治国安民的方略,得到帝舜的重视,于是写出《大禹》、《皋陶谟》、《益稷》这些篇章。《大禹》即《大禹谟》。《益稷》在《孔传》本由《皋陶谟》分出,本书仍归入《皋陶谟》,不再分出,理由见本书《序言》,不赘。

根据孔安国对《尚书》文体的分类,本篇与《皋陶谟》属于"谟"类。所谓"谟",类似今天所常见的会议纪要。本篇与《皋陶谟》即帝舜、禹、皋陶等人讨论治国安民的大政方针的会议纪要。就本篇而言可分作四段。第一段,由开始至"时乃功"。此段重点在提出治国安民的要点:"德惟善政,政在养民。""善政"的核心就是"养民"。"民"是一切大政方针的出发点和归宿。"善政"的内容为:君主要继承二帝的优秀品德和光荣传统,君臣都要了解从政的艰难;普及文教,遵守法度;任贤去邪;"六府三事允治"。这样就是"养民",而实现"万世永赖"了。第二段,由"帝曰"至"惟乃之休"。此段重点是任命皋陶为"士",阐明制定刑法目的在于"明于五刑,以弼五教。期于予治,刑期于无刑,民协于中"。并由皋陶提出刑法的基本原则"与其杀不辜,宁失不经;好生之德,洽于民

心,兹用不犯于有司",提出这种目的和原则非常难能可贵! 第三段,由
"帝曰"至"率百官若帝之初"。此段重点是记述舜禅位于禹的事迹。舜
在禅位时向禹提出告诫,在这段告诫中有一段:"人心惟危,道心惟微,
惟精惟一,允执厥中。"这段话十分重要,被宋儒称为"虞廷十六字",并
作为建立哲学体系的重要依据,在中国哲学史上产生重大影响。第四
段,由"帝曰"至篇末。此段所记载的是讨伐有苗的事迹。禹采取益的
建议,摒弃武力改为"诞敷文德"的和平手段而使有苗降伏。这说明热
爱和平是中华民族的传统美德。

　　曰若稽古①,大禹曰:"文命敷于四海②,祗承于帝③。"
曰:"后克艰厥后④,臣克艰厥臣,政乃乂⑤,黎民敏德⑥。"

【注释】

①曰若稽古:古时成语。用于称述前代著名人物言行的开端。曰
　　若,语词无义。稽,考。古,指古时传说。

②文命:文教,指文德教化。《史记·夏本纪》:"夏禹,名曰文命。"
　　此处非指禹名。《孔传》及蔡沈《书集传》(以下简称《集传》)均有
　　辩证说明,可供参考。

③祗(zhī):敬。帝:指尧、舜二帝。句中宾语中心词省略,译文将省
　　略部分补出。

④后克艰厥后:句中两"后"字均指帝亦即君主而言。克,能够。
　　艰,艰难,此字最为吃紧,君与臣只有深切了解为政的艰难,才能
　　敬惧恭谨而竭尽全力,从而将政务处理好。《尚书》多次强调这
　　一点,应予注意。

⑤乂(yì):治。

⑥黎民:平民。敏:勤勉。德:谓修德。

【译文】

考察古代传说,大禹说:"文教普及于四海,恭敬地继承二帝的高尚品德和光荣传统。"又说:"做君主的能够了解做君主的艰难,做臣子的能够了解做臣子的艰难,政务就可以得到治理,老百姓也就会很快地修德为善了。"

帝曰:"俞①!允若兹②,嘉言罔攸伏③,野无遗贤④,万邦咸宁⑤。稽于众⑥,舍己从人,不虐无告⑦,不废困穷⑧,惟帝时克⑨。"

【注释】

①俞:副词,表肯定意义。

②允:确实。兹:此,这。

③嘉言:美好的言论。罔:勿,不可。攸(yōu):所。伏:隐藏,藏匿。

④野:指民间。遗:弃置。

⑤邦:国。咸:都,皆。

⑥稽:考察。

⑦无告:指鳏寡孤独无依无靠的人。

⑧废:弃,抛弃。

⑨帝:指帝尧。时:通"是",这,这样。克:能够。

【译文】

舜说:"对啊!的确你的话是如此美好,美好的言论是不应当隐藏起来的,民间没有弃置不用的贤人,众多国家便可以都得到安宁。考察民众,舍弃自己的意见,听从民众的意见,不虐待无依无靠的人,不抛弃困苦贫穷的人,只有尧才能够做到这些呵!"

益曰："都①！帝德广运②，乃圣乃神，乃武乃文。皇天眷命③，奄有四海为天下君④。"

【注释】

①都：叹词。

②德：指德政。运：谓推行。

③皇天：指上帝。眷：爱护，关注。命：谓授命。

④奄有：全部拥有。四海：泛指天下。

【译文】

益说："唉！天子的德政能够得以广泛地推行，这德政是圣明的神奇的，既有武略也有文治。上帝看到这些德政，便对尧加以关心爱护并授命他拥有四海成为天下的君主。"

禹曰："惠迪吉①，从逆凶，惟影响②。"

【注释】

①惠：顺。迪：道，谓治国安民的正道。

②影响：如影随形，如响应声。形容吉与凶的效果其反应显著而迅速。

【译文】

禹说："顺着正道便获得吉利，违背正道便产生灾祸。如影随形，如响应声。"

益曰："吁！戒哉！儆戒无虞①，罔失法度②，罔游于逸③，罔淫于乐④。任贤勿贰⑤，去邪勿疑⑥。疑谋勿成，百志惟熙⑦。罔违道以干百姓之誉⑧，罔咈百姓以从己之欲⑨。

无怠无荒,四夷来王⑩。"

【注释】

①儆戒:警惕戒备。虞:误,失误,差错。

②罔:勿,不要。法度:法则制度,指尧、舜以来所形成的法则制度。

③游:游宕,谓放纵无检束。逸:安逸,谓贪图安逸。

④淫:过度。乐:谓享乐。

⑤贰:不专一。

⑥疑:犹豫不决。

⑦百志:犹百虑,谓深思熟虑。熙:兴盛。

⑧干:求。

⑨咈(fú):违背。

⑩四夷:指四方边远地区的民族。

【译文】

益说:"唉! 警惕啊! 警惕谨慎就不会有差错,不要失去法度,不要沉湎在游玩安逸之中,不要生活在过分的享乐之中。任用贤能之人不要不信任他,摒弃奸邪之人,不要不果断。犹豫不决,就不能成事,深思熟虑才能使事业兴盛。不要违背正道去追求百姓的赞誉,不要违背民意使百姓顺从个人的欲望。不要怠惰,不要荒废,四方边远民族就会服从你的统治。"

禹曰:"於①! 帝念哉! 德惟善政,政在养民。水、火、金、木、土、谷②,惟修③;正德、利用、厚生、惟和④。九功惟叙⑤,九叙惟歌。戒之用休⑥,董之用威⑦,劝之以九歌,俾勿坏⑧。"

【注释】

①於(wū)：叹词。

②水、火、金、木、土、谷：此六项即下文所说的"六府"。

③修：治。

④正德、利用、厚生：此三项即下文所说的"三事"。和：和睦。

⑤九功："六府"、"三事"加在一起即为九功。叙：头绪，条理，谓条理分明。

⑥戒：劝诫。休：美。

⑦董：监督。威：刑威。

⑧俾：使。

【译文】

禹说："唉！你可要放在心上啊！德政才是好的政治，好的政治在于使百姓生活得好。水、火、金、木、土、谷'六府'，都要整治好；端正人的品行，发展生产和贸易，使人们拥有丰厚的生活资料，这'三事'都要办好，这样，百姓就和睦了。九个方面的工作办理得井井有条，九个方面的工作井井有条了，百姓便会编成歌谣来歌颂。用美好来劝诫他们，用刑威来监督他们，用歌谣来劝勉他们，使政务不会向坏的方向发展了。"

　　帝曰："俞！地平天成①，六府三事允治②，万世永赖，时乃功③。"

【注释】

①地平：指地上的水患已经得到治理。天成：指万物自然成长（采《孔传》）。

②允治：得当，恰当。

③时：通"是"。乃：你。

【译文】

舜说:"对啊! 大地上的水患治理好了,万物自然而然地成长。'六府'和'三事'处理得十分恰当,千秋万代永远依赖这种德政,这是你的功劳啊!"

帝曰:"格①,汝禹! 朕宅帝位三十有三载,耄期倦于勤②。汝惟不怠,总朕师③!"

【注释】

①格:来。

②耄(mào):古时年在九十岁称耄。期(jī):年在一百岁称期,又称期颐。

③总:统率。朕(zhèn):自称之词。自秦始皇起才成为皇帝专用的自称之词。师:指百官。

【译文】

舜说:"来吧! 你这禹啊! 我主持天子之位已经三十三年了,已是九十多岁的老人,勤劳的政务使我感到疲倦。只有你勤劳而不怠惰,就由你来率领百官吧!"

禹曰:"朕德罔克①,民不依。皋陶迈种德②,德乃降,黎民怀之。帝念哉! 念兹在兹③,释兹在兹④。名言兹在兹⑤,允出兹在兹⑥,惟帝念功。"

【注释】

①罔克:不能,谓不能胜任。

②迈:勤勉,谓躬亲力行。种(zhòng)德:广泛地布施恩德(采《孔

传》说）。

③念兹在兹：前一"兹"指皋陶，后一"兹"指皋陶的功德。

④释：解说。

⑤名言：称道。

⑥允：诚。句中六"兹"字，见译文，不赘。

【译文】

禹说："我的德行还不能当此重任，百姓也不会服从我。皋陶勇往直前，推行你的德政，你的德政才得以普遍地推行世间，百姓对他心悦诚服。你应该考虑到他啊！考虑到他，在于他有这种功德；不考虑到他，便是没有考虑到他的这种功德。我用言语推荐他，在于他有这种功德；我心悦诚服地钦佩他，在于他有这种功德。希望你考虑到他的功德。"

帝曰："皋陶，惟兹臣庶，罔或干予正①。汝作士②，明于五刑③，以弼五教④，期于予治。刑期于无刑，民协于中⑤。时乃功，懋哉。"

【注释】

①罔：不要。干：干扰。予：我。古时常用作第一人称代词。

②士：狱官之长，犹法官。

③五刑：墨、劓、剕、宫、大辟五种刑罚。

④五教：父子有亲、君臣有义、夫妇有别、长幼有序、朋友有信五种伦理规范。

⑤协：符合。中：正，指正道。

【译文】

舜说："皋陶，希望你们这些大臣，不要干扰我们的正道。你担任士，阐明五刑，以辅助五教，以期实现我们理想的政治。使用刑罚是希

望达到不使用刑罚的目的,百姓的行为都能合于正道。这是你的功劳,
努力吧!"

皋陶曰:"帝德罔愆^①,临下以简^②,御众以宽^③;罚弗及
嗣^④,赏延于世^⑤。宥过无大^⑥,刑故无小^⑦;罪疑惟轻,功疑
惟重^⑧;与其杀不辜^⑨,宁失不经^⑩;好生之德,洽于民心^⑪。
兹用不犯于有司^⑫。"

【注释】

①罔:无,没有。愆:过错。

②临:统辖,治理。简:古人尚简,指简要切实。

③御:治理。

④弗:不,不要。嗣:指后代。

⑤世:后嗣即后代。

⑥宥:宽恕。

⑦故:故意,明知故犯。

⑧"罪疑"二句:《集传》解释此句说:"罪已定矣,而于法之中,有疑
　　其可轻可重者,则从轻以罚之。功已定矣,而于法之中,有疑其
　　可轻可重者,则从重以赏之。"此解甚是,当从。

⑨不辜:无罪。辜:罪。

⑩不经:不合法律规定。

⑪洽:沾溉,浸润。

⑫兹用:因此。兹,此。用,因。有司:官吏,指官吏所制定的法规。

【译文】

皋陶说:"你品德高尚没有过错,用简要的方法来统率臣下,用宽
大的法度来治理百姓;有所惩罚不延及其后代子孙,有所赏赐则延及

其后代子孙。由于不了解而犯过错，过错虽大，应予宽恕；虽了解却故意犯错，错误虽小，也要惩罚；对所犯罪行，有了疑问，惩罚时应当从轻，对所立功劳，有了疑问，赏赐时应当从重；与其杀掉无罪之人，执法者宁可承担不按法度行事的责任；有了爱护百姓的品德，才能使百姓从内心感到亲近。这样，百姓也就不会违犯司法者所制定的法度了。"

帝曰："俾予从欲以治，四方风动，惟乃之休①。"

【注释】

①乃：你。休：美，指美德。

【译文】

舜说："使你按照我的愿望治理百姓，四方的臣民就会闻风而动，这是你的美德啊！"

帝曰："来，禹！降水儆予①，成允成功②，惟汝贤。克勤于邦，克俭于家，不自满假③，惟汝贤。汝惟不矜④，天下莫与汝争能；汝惟不伐⑤，天下莫与汝争功。予懋乃德⑥，嘉乃丕绩⑦，天之历数在汝躬⑧，汝终陟元后⑨。

【注释】

①降水：洪水。《孟子·滕文公上》引作"洚水"。在《孟子·告子下》解释说："水逆行谓之洚水。洚水者，洪水也。"

②允：信。《集传》："允，信也。禹奏言而能践其言，试功而能有其功，所谓成允成功也。"此解甚是，当从。

③满：谓自满。假：大，谓自大。

④矜：自夸贤能。

⑤伐：自夸其功。

⑥懋：盛大，伟大。

⑦嘉：赞许，表彰。丕：大，伟大。

⑧历数：指帝王继承的次序。古人认为这种次序与天象运行的次
　　序相应。躬：身。

⑨陟（zhì）：登。元后：指天子之位。

【译文】

　　舜说："来吧，禹！洪水为患，是对我的警告，你完成了你的誓言，成
就治理水患的大功，你是贤能之人。能够勤劳于国家大事，能够俭于自
奉，又不自满自大，你是贤能之人。正因为你不夸耀自己的贤能，所以
天下的人无法和你争能；正因为你不夸耀自己的功劳，所以天下的人不
能和你争功。我以为你的品德是高尚的，你的功绩是美好而伟大的，按
照上天帝王相继的次第，天子的大位应该放在你的身上了，你登上这天
子的大位吧！

　　"人心惟危①，道心惟微②，惟精惟一③，允执厥中④。

【注释】

①危：此处指人心专欲求利违义生害而言。

②微：此处指道心微妙难见而言。

③精：精纯无私。一：专一。

④允：信。执：秉持。中：中庸，无过无不及。

【译文】

　　"人的思想是危险的，道的内涵是精微的，体察那道的精微，始终如
一地遵守，如此，才是实实在在地秉承着那偏不倚的中和之道。

"无稽之言勿听①，弗询之谋勿庸②。可爱非君？可畏非民？众非元后，何戴③？后非众，罔与守邦？钦哉！慎乃有位，敬修其可愿④。四海困穷，天禄永终⑤。惟口出好兴戎⑥，朕言不再。"

【注释】

①无稽：没有根据，无法核实。

②弗询：没有征求。

③戴：爱戴，遵奉。

④修：实行，从事。可：符合。愿：愿望。

⑤天禄：指上帝赐予的大位。

⑥口出：指口头发表的政令。好：谓妥善。兴：引起。戎：战争。

【译文】

"没有根据的话，不要听信；没有征求过公众的意见，不要采用。应当爱戴的，不是君主吗？应当畏惧的，不是民众吗？民众不爱戴君主爱戴谁？君主除了百姓，和谁在一起安定邦国？恭敬吧！要谨慎地对待你的大位；恭谨从事，去满足那百姓的愿望。四海臣民处于困苦贫穷的境地，上帝降给你的大位，便要永远地终结了。口头发布的政令一定要妥善，否则会引起战争，我的话不再重复了。"

禹曰："枚卜功臣①，惟吉之从。"

【注释】

①枚卜：古代一种占卜方法，用于选定官吏。其详不可确考。

【译文】

禹说："用枚卜在功臣中选定吧，枚卜吉利的，才可以出任大位。"

帝曰:"禹! 官占惟先蔽志①,昆命于元龟②。朕志先定,
询谋佥同③,鬼神其依,龟筮协从,卜不习吉④。"禹拜稽首⑤,
固辞。帝曰:"毋! 惟汝谐。"

【注释】

①官占:掌管占卜的官吏。蔽:断定。

②昆:然后。

③"朕志"二句:由"朕志先定"可推断上述"先蔽志"的主语仍为
"朕"即舜。佥(qiān),皆,全。

④习:谓重复占卜。

⑤稽(qǐ)首:叩首,跪拜礼。

【译文】

舜说:"禹! 我已让卜筮之官,占卜过了。我首先断定我的想法是
正确的,然后命卜筮之官用大龟去卜。虽然我首先作出决定,但经过征
求公众的意见,公众的意见和我的决定完全相同,鬼神将会依从,龟卜
和筮占的结果也是一样的吉利,占卜不再重复,才是吉利的。"禹行叩首
之礼拜谢,坚持推辞。舜说:"不要这样! 只有你才是适合的。"

正月朔旦①,受命于神宗②,率百官若帝之初。

【注释】

①朔:每月初一。旦:早晨。

②神宗:尧的宗庙。

【译文】

正月初一早晨,禹在尧的宗庙接受大命,率领百官,像帝舜开始继
位时那样。

帝曰:"咨①,禹!惟时有苗弗率②,汝徂征③。"禹乃会群后④,誓于师曰:"济济有众⑤,咸听朕命。蠢兹有苗⑥,昏迷不恭,侮慢自贤,反道败德。君子在野,小人在位。民弃不保,天降之咎⑦。肆予以尔众士⑧,奉辞伐罪。尔尚一乃心力⑨,其克有勋。"

【注释】

①咨:嗟叹声。

②有:助词,无义,用作词头。下文"有众"与此同。苗:即《尧典》所说的"三苗",古时南方民族。弗率:不服从。由下文禹征苗誓辞可见。

③徂(cú):往。

④会:集合。群后:指各国君主。

⑤济济:众多。

⑥蠢:骚乱。

⑦咎:灾祸。

⑧肆:故,因此。

⑨尚:表祈使语气,犹言希望。

【译文】

舜说:"唉!禹啊!只有那有苗不服从我们的统治,你前往征讨吧。"禹集合各国国君,在军队前发布誓辞说:"众将士,都要听从我的命令。有苗蠢蠢欲动,无知而傲慢,欺侮别人而自以为贤明,违反正道,败坏德行。君子被弃置不用,小人却窃据权位。百姓鄙弃而不拥戴他们,上天便降给他们以祸害。因此,我率领你们,遵奉上帝的命令,去讨伐那犯罪的有苗。希望你们同心同力,这样才能建立功勋。"

三旬①,苗民逆命。益赞于禹曰②:"惟德动天,无远弗届③。满招损,谦受益,时乃天道④。帝初于历山⑤,往于田,日号泣于旻天⑥,于父母,负罪引慝⑦。祇载见瞽叟⑧,夔夔斋栗⑨,瞽亦允若⑩。至诚感神,矧兹有苗⑪。"禹拜昌言曰⑫:"俞⑬!"班师振旅⑭。帝乃诞敷文德⑮,舞干羽于两阶⑯,七旬有苗格⑰。

【注释】

①旬:十天。

②赞:辅佐,帮助。

③届:至,到。

④时:通"是",这,指"满招损,谦受益"而言。天道:犹言不可违背的规律。

⑤帝:指帝舜。历山:地名,难以确考。

⑥日:天天。旻(mín)天:上天,谓上帝。

⑦引慝(nì):隐藏。慝,通"匿"。

⑧载:事。瞽叟:舜的父亲。《史记·五帝本纪》:"舜父瞽叟盲,而舜母死,瞽叟更娶妻而生象,象傲。瞽叟爱后妻子,常欲杀舜,舜避逃;及有小过,则受罪。顺事父及后母与弟,日以笃谨,匪有解。舜,冀州之人也。舜耕历山,渔雷泽,陶河滨,作什器于寿丘,就时于负夏。舜父瞽叟顽,母嚚,弟象傲,皆欲杀舜。舜顺适不失子道,兄弟孝慈。欲杀,不可得;即求,尝在侧。"

⑨夔夔(kuí):庄敬貌。斋:恭敬。栗:战栗。

⑩允若:相信,顺从。

⑪矧(shěn):何况。兹:这。

⑫昌言:美好的言论。

⑬俞：应对中表示同意之词，犹"然"。

⑭班师：回师，还师，谓把军队撤回来。振旅：休整军队。

⑮诞：大，大力。敷：实施，推行。

⑯舞干羽：古代的一种舞蹈，文舞执羽，武舞执干，象征文德教化。

⑰格：来，至。

【译文】

三十天之后，苗民仍不顺从。益作为助手对禹说："只有推行德政才能感动上天，无论多远无论哪里都会顺从。自满就会招来损失，谦虚才会得到益处，这就是天道。舜最初在历山到田野里去耕种，天天向着上天号哭，不敢认为父母有过错，将父母的过错隐藏起来归于自己。恭敬地奉行人子之事，往见他的父亲瞽叟时，庄敬战栗，瞽叟也相信他，顺从他。最后至诚感动神灵，何况这有苗呢？"禹拜谢这番好话，说："好啊！"便还师而归，整顿军旅。帝舜于是大力地推行文治德政于天下，在大殿两阶举行干羽之舞，七十天之后，有苗前来归顺。

夏书

五子之歌

【题解】

《孔传》本篇《序》说："太康失邦，昆弟五人，须于洛汭，作《五子之歌》。"《史记·夏本纪》："帝太康失国，昆弟五人，须于洛汭，作《五子之歌》。"记载与此同。

相传太康为禹之孙，启之子。夏启死后，太康继位为天子。太康抛弃夏禹的优良传统，贪图安逸且"盘游无度"。在洛水南面打猎时，后羿乘机作乱阻止太康回朝。太康随行的五个弟弟，每人作歌一首批评太康，因而篇题为《五子之歌》。此篇内容十分深刻，意义非同小可。《左传·襄公四年》对此事有详细记载。为了加深对此篇的理解，特将此段记载引述于后：

《夏训》有之曰："有穷后羿。"公曰："后羿何如？"对曰："昔有夏之方衰也，后羿自鉏迁于穷石，因夏民以代夏政。恃其射也，不修民事而淫于原兽。弃武罗、伯困、熊髡、龙圉而用寒浞。寒浞，伯明氏之谗子弟也。伯明后寒弃之，夷羿收之，信而使之，以为己相。浞行媚于内而施赂于外，愚弄其民，而虞羿于田，树之诈慝以取其国家，外内咸服。羿犹不悛，将归自田，家众杀而亨之，以食其子。其子不忍食诸，死于穷门。靡奔有鬲氏。浞因羿室，生浇及豷，恃其谗慝诈伪而不德于民。使浇用师，灭斟灌及斟寻氏。处浇于过，处豷于戈。靡自有鬲氏，收二国之烬，以灭浞而立少康。少康灭浇于过，后杼灭豷于戈。有穷由是遂亡，失人故也。昔周辛甲之为大史也，命百官，官箴王阙。于《虞人之箴》曰：'芒芒禹迹，画为九州，经启九道。民有寝庙，兽有茂草，各有攸处，德用不扰。在帝夷羿，冒于原兽，忘其国恤，而思其麀牡。武不可重，用不恢于夏家。兽臣司原，敢告仆夫。"《虞箴》如是，可不惩乎？

此段记载不但详述事情经过，而且提到《夏训》、《虞人之箴》（简称《虞箴》）。《五子之歌》所述当即《夏训》、《虞箴》之类作品的内容。第一首"皇祖有训"及第二首"训有之"可证。

此篇可分作六段。第一段，总述作歌的原因，为史官所叙。以下每首歌各作一段。每首歌各有重点。第一首歌的重点在"民惟邦本，本固邦宁"。第二首歌的重点在戒除逸豫奢侈。第三首歌重点在提出"纪纲"。第四首歌重点在"关石和钧，王府则有"。第五首歌的重点在"慎厥德"。这五首歌对历史经验的总结均要言不烦，切中肯綮。特别是第一首歌所提出的"民惟邦本，本固邦宁"意义尤为重大，影响尤为深远。

太康尸位①，以逸豫灭厥德②，黎民咸贰③。乃盘游无度④，畋于有洛之表⑤，十旬弗反⑥。有穷后羿因民弗忍⑦，距于河。厥弟五人御其母以从⑧，徯于洛之汭⑨。五子咸怨，述大禹之戒以作歌。

【注释】

①尸位：谓主持其位而不谋其政。尸，主持。

②逸豫：谓贪图安逸游乐。豫，游乐。灭：丧失。

③贰：背叛。

④盘游：游乐。无度：不加节制。

⑤畋：打猎。有洛之表：洛水的南面。洛，黄河支流，在今河南省西部。

⑥反：同"返"，返回。

⑦有穷：古国名。后羿（yì）：羿，人名，为有穷国的国君，因称后羿。后，君。

⑧御：侍奉。

⑨傒（xī）：等候。汭（ruì）：水的弯曲处。

【译文】

太康虽居天子之位却不理天子之事，贪图安逸和游乐，因而丧失了天子应具的品德，百姓都背叛了他。而他却沉醉在游乐之中没有节制，在洛河之南打猎，一百天也不回朝。有穷氏的国君羿，趁着老百姓对太康不满，在黄河界边设兵抗拒。太康的五个弟弟侍奉他们的母亲，在洛水的弯曲处等待着太康。五个弟弟都埋怨太康，述说大禹的训诫而作歌。

其一曰："皇祖有训①，民可近，不可下②。民惟邦本③，本固邦宁④。予视天下，愚夫愚妇一能胜予。一人三失，怨岂在明⑤？不见是图⑥。予临兆民⑦，懔乎若朽索之驭六马⑧，为人上者，奈何不敬？"

【注释】

①皇：伟大。祖：先祖，指大禹。训：训诫，教导。

②下：谓因轻视而疏远。

③本：根本，基石。《管子·小匡》："士农工商四民者，国之石民也。"即由此句发展而来。

④固：巩固。宁：安定，安宁。

⑤怨：谓百姓的不满情绪。

⑥图:图谋。

⑦临:治理。兆民:众民。兆,古时解释不一,或指百万,或指十亿,或指万亿。极言其多。

⑧懔(lǐn):恐惧。驭:驾驭。

【译文】

第一首说:"伟大的先祖有如下训诫:百姓可以亲近,不可以疏远。百姓是国家的根本,根本巩固了,国家才会安宁。我看天下百姓,那些愚昧无知的丈夫和妇人,一人之力便可以胜过我。一个人犯了三次错误,仍不觉悟,百姓的怨恨,难道要在明显地表现出来时才觉察到吗?应当在还未明显表现出来的时候,就想办法补救。我们统治亿万臣民,要心怀畏惧像用腐朽的绳索去驾驭六匹马那样,做百姓的君主,怎么可以不恭敬呢?"

其二曰:"训有之,内作色荒①,外作禽荒②。甘酒嗜音,峻宇雕墙③。有一于此,未或不亡。"

【注释】

①色荒:谓沉湎女色。

②禽荒:谓沉湎游猎。

③峻:高大。雕:用彩绘装饰。

【译文】

第二首说:"训诫中有这些话:在宫内沉湎于女色,在外面沉湎于游猎。甘于美酒,嗜好音乐,建筑高大的殿宇,绘饰墙壁。在君主身上,有其中之一者,没有不灭亡的。"

其三曰:"惟彼陶唐①,有此冀方②。今失厥道,乱其纪纲③,乃厎灭亡④。"

【注释】

①陶唐:指帝尧。帝尧号陶唐氏。

②冀方:尧都在冀州境内。孔颖达疏:"以天子王有天下非独冀州
　一方,故以冀方为都,冀州统天下四方。"

③纪纲:法度。

④厎(zhǐ):招致。

【译文】

第三首说:"只有那唐尧,由冀州而统有天下四方。如今丧失了唐
尧的治国之道,搞乱了唐尧所建立的法度,要招致灭亡。"

其四曰:"明明我祖①,万邦之君。有典有则②,贻厥子
孙③。关石和钧④,王府则有⑤。荒坠厥绪,覆宗绝祀⑥!"

【注释】

①明明:英明睿智貌,多用于歌颂君王。

②典、则:指典章法度。

③贻:遗留。

④关石:指赋税。和钧:谓赋税公平合理。

⑤王府则有:谓政府掌握如此法规,则官民皆富足而安定(采《孔
　传》及孔颖达疏,见《十三经注疏》中华书局影印本上册第157
　页)。

⑥覆宗绝祀:宗、祀,借指国家政权。覆、绝,谓灭亡。

【译文】

第四首说:"我们那英明睿智的先祖大禹,他是万国之君。他建立

典章和法度,遗留给他的后代子孙。流通的度量规定,合理而公允,并由政府掌握这些标准,则官民皆富足而安定了。现在这些法度和传统遭到破坏,我们的国家要灭亡了!"

其五曰:"呜呼曷归①?予怀之悲。万姓仇予,予将畴依②?郁陶乎予心③,颜厚有忸怩④。弗慎厥德,虽悔可追⑤?"

【注释】

①曷归:归宿在何处,形容彷徨无助。

②畴:通"谁"。依:依靠。

③郁陶:悲伤,悲痛。

④忸怩:发自内心的愧疚。

⑤悔:后悔。追:谓补救。

【译文】

第五首说:"唉!何处是我们的归宿?我们心怀悲痛。百姓仇视我们,我们还将依靠谁呢?悲痛郁积在我们内心,表情忸怩而内心惭愧。不谨慎地保持大禹的品德,虽然懊悔,难道还可以补救吗?"

胤 征

【题解】

《孔传》本篇《序》:"羲和湎淫,废时乱日,胤往征之,作《胤征》。"《史记·夏本纪》的记载与此同。在这段记载的前面,还有一句话:"太康崩,弟中康立,是为中康。"并指出《胤征》作于"帝中康时"。"中"当作"仲",中康为太康之弟,因称"仲康"。

相传仲康执政,正处在所谓夏道中衰之时。虽备受困扰,但仍能支撑政局。

本文可分两段。第一段,史官叙事之辞,说明派胤侯出征羲和的理由。第二段,为誓辞正文。这段誓辞又可分作三小段。第一小段说明国有"常宪"、"常刑",臣民均应遵守而不能违背,否则便要受到惩罚。表明当时已初具法制。第二小段说明羲和的罪行在于失德失职而搞乱了历法,按照《政典》的规定是死罪。历法对农业生产至关重要,这说明农业生产在当时的重要性。第三小段指出官吏过错所产生严重后果超过了"火炎昆冈,玉石俱焚",说明整顿吏治、严肃法纪的重要性。

值得注意的是本篇所记的日蚀,很可能是世界史上关于日蚀的最早记载(详参《夏商周断代工程1996—2000年阶段成果报告》第81页)。

尤其值得注意的是本篇这段记载:"每岁孟春,遒人以木铎徇于路。官师相规,工执艺事以谏。"表明征询民意不仅有了具体方法而且形成制度。

惟仲康肇位四海①，胤侯命掌六师②。羲和废厥职③，酒荒于厥邑。胤后承王命徂征④。

【注释】

①肇：开始。四海：古时指天下。

②胤侯：胤国国君。六师：军队的统称。六师本为周代军制，见《周官》，此为后人转述此事时以此代称军队。

③羲和：《国语·楚语下》："尧复育重、黎之后，不忘旧者，使复典之。以至于夏、商，故重黎氏世叙天地，而别其分主者也。"韦昭注："育，长也。尧继高辛氏，平三苗之乱，绍育重、黎之后，使复典天地之官，羲氏、和氏是也。"所谓"天地之官"即依据天象变化修定历法之官。

④徂（cú）：往。

【译文】

仲康开始继位统治四海，胤侯受命统率六军。这时羲与和荒废了他们的职务，在他们的封邑沉湎于饮酒。胤侯秉承仲康的命令，前往讨伐。

告于众曰："嗟！予有众。圣有谟训①，明征定保②。先王克谨天戒，臣人克有常宪③，百官修辅④，厥后惟明明⑤。

【注释】

①谟训：计谋，训诫。

②明征：证明，证实。定保：安定，保卫。

③常宪：常法。

④修：指修职，谓尽职尽责。辅：辅佐。

⑤后:国君。明明:贤明。

【译文】

胤侯对将士们宣誓说:"唉!我的将士们。圣人的计谋训诫已为经验所证明,可以安邦保国。先王能够恭谨地对待上天的警告,臣民们也都能够遵守常法,百官尽职尽责辅佐国君,国君和大臣都很贤明。

"每岁孟春①,遒人以木铎徇于路②。官师相规③,工执艺事以谏④。其或不恭⑤,邦有常刑。"

【注释】

①孟春:四季中的第一月。

②遒(qiú)人:使臣,负责了解民情。木铎(duó):以木为舌的大铜铃,用以示警聚众宣布教令。徇(xùn):巡行。《汉书·食货志上》:"行人振木铎徇于路。"颜师古注:"徇,巡也。"

③官师:谓众官。相规:与下文"谏"互文见义,不仅指相互规诫,也指向国王谏正。《国语·周语上》:"故天子听政,使公卿至于列士献诗,瞽献曲,史献书,师箴,瞍赋,矇诵,百工谏,庶人传语,近臣尽规,亲戚补察,瞽、史教诲,耆、艾修之,而后王斟酌焉,是以事行而不悖。"可资参考。

④工:指百工,各类工匠。执:掌握。艺事:技能,技艺。谏:谏正。孔颖达疏:"百工各执其所技艺以谏,谓被遣作器工有奢俭若《月令》云:'无作淫巧以荡上心。'见其淫巧不正,当执之以谏,谏失常也。"

⑤不恭:谓不谏正。《集传》:"孟子曰:'责难于君谓之恭。'官师百工不能规谏是谓不恭。"

【译文】

"每年初春,命令使臣,以木锤敲着大铃,沿着大道宣布教令。官吏们相互规诫并向国王提出谏正，百工们用他们所从事的技艺来谏正国王，并相互规诫。如果有谁不恭敬从事，将按照国家的常刑给予惩罚。

"惟时羲和颠覆厥德①，沉乱于酒②，畔官离次③，俶扰天纪④，遐弃厥司⑤。乃季秋月朔⑥，辰弗集于房⑦。瞽奏鼓，啬夫驰，庶人走⑧。羲和尸厥官罔闻知⑨，昏迷于天象，以干先王之诛⑩。《政典》曰⑪：'先时者杀无赦，不及时者杀无赦。'

【注释】

①颠覆：败坏。

②沉：沉湎，谓嗜酒无度。

③畔官离次：《集传》："次：位也。官以职言，次以位言。畔官，则乱其所治之职；离次，则舍其所居之位。"

④俶(chù)：开始。扰：扰乱。天纪：谓关于时日运行的记载。

⑤遐：远。厥：其。司：职务。

⑥乃：于是。季秋：阴历九月。月朔：月之初一。

⑦辰弗集于房：谓日蚀。孔颖达疏："日食者，月掩之也。月体掩日，日被月映。即不成共处，故以不集，言日食也。"《集传》："辰：日月会次之名。房：所次之宿也。集：《汉书》作'辑'。'集'、'辑'通用。言日月会次不相和辑而掩蚀于房宿也。"

⑧"瞽奏鼓"三句：瞽，乐官。古代乐官多为失明之人，以其失明而专心审音，因称为乐官。啬(sè)夫，小臣。庶人，指官府的吏役。孔颖达疏："盖是庶人在官者谓诸侯胥徒也。"《集传》："啬夫庶人奔走于下，以助救日，如此其急。"驰、走，谓奔走。

⑨尸厥官：谓在其官而不谋其政，犹言尸位素餐。罔：无。

⑩干：犯，冒犯。

⑪《政典》：《孔传》："夏后为政之典籍，若《周官》六卿之治典。"

【译文】

"这羲与和败坏了他们应具的品德，沉湎在饮酒之中，擅离职守，开始搞乱了时日运行的记载，远远地抛弃所负责的事务。于是九月初一，日月运行失去常规而出现了日蚀。乐官敲着鼓，上奏于天子，小臣、吏役则奔走相告以求救助太阳。羲与和无所事事地处在他们的职位上，什么也不知道，不了解天象的变化，犯了先王立下的刑罚。《政典》上说：'历法如果早于四时节气的实际，要把制定者杀掉，不能饶恕；历法如果晚于四时节气的实际，要把制定者杀掉，不能饶恕。'

"今予以尔有众，奉将天罚。尔众士同力王室，尚弼予钦承天子威命①。

【注释】

①弼：辅佐。钦：恭敬。

【译文】

"现在我率领你们众多将士，奉行上帝的惩罚。你们众多的将士应当为王室共同尽力，希望你们辅佐我恭敬地执行天子威严的命令。

"火炎昆冈①，玉石俱焚。天吏逸德②，烈于猛火。歼厥渠魁③，胁从罔治。旧染污俗，咸与惟新④。

【注释】

①昆冈：《孔传》："山脊曰冈，崑山出美玉。"崑，同"昆"，昆山当即昆仑山的简称。《吕氏春秋·重己》："人不爱昆山之玉、江汉之珠，而爱己一苍璧小玑，有之利故也。"

②天吏:天子的官吏。逸德:失德,错误。

③歼:消灭。渠魁:大头目,首领。

④咸:皆,都。惟新:更新,自新。

【译文】

"大火焚烧着昆仑的山冈,美玉和顽石都要一起被焚毁。天子臣属的过错,其后果之酷烈超过了猛火。要消灭的是首恶,胁从者不予治罪。过去受到坏的影响的,都要一起走上自新之路。

"呜呼! 威克厥爱,允济①;爱克厥威,允罔功。其尔众士懋戒哉②!"

【注释】

①允济:《孔传》:"叹能以威胜所爱则必有成功。"

②其:表祈望。懋戒:谓努力、戒惧。《孔传》:"言当勉以用命,戒以辟戮。"

【译文】

"唉! 严明克服姑息,事情一定能够成功;姑息胜过严明,事情便不会成功。希望你们众多将士,努力而戒惧吧!"

商书

仲虺之诰

【题解】

《孔传》本篇《序》:"汤归自夏,至于大坰,仲虺作诰。"《史记·殷本纪》:"汤归至于泰卷陶,中虺作诰。"泰卷陶,地名,即大坰(jiōng),今山东定陶。两说相同。均是说汤在灭夏之后凯旋归来,途经大坰时,仲虺作诰,说明本篇写作的历史背景。本篇可分两部分。开始一小段为一部分,说明作诰的缘由。以下为第二部分,是诰文全文,可分三段:"曰"以下至"厥惟旧哉"为第一段,阐明夏王有罪应当消灭。汤王有德,受到民众拥戴,理应代夏以释汤之惭。此下至"自用则小"为第二段,在劝勉中总结经验教训,其中"德日新,万邦惟怀;志自满,九族乃离","以义制事,以礼制心","好问则裕,自用则小",乃千古至理名言。此下至篇末为第三段,提出希望。

成汤放桀于南巢^①,惟有惭德^②。曰:"予恐来世以台为口实^③。"

【注释】

①南巢:地名。或在今安徽巢湖北岸一带。难以确考。
②德:谓内心。

③台(yí)：我。口实：指经常议论的内容。

【译文】

　　成汤将夏桀流放到南方的巢地，心里感到惭愧，说："我害怕来世，把我的做法当作话柄。"

　　仲虺乃作诰①，曰："呜呼！惟天生民有欲，无主乃乱，惟天生聪明时乂②。有夏昏德，民坠涂炭。天乃锡王勇智，表正万邦，缵禹旧服③。兹率厥典④，奉若天命。夏王有罪，矫诬上天⑤，以布命于下。帝用不臧⑥，式商受命⑦，用爽厥师⑧。简贤附势⑨，实繁有徒⑩。肇我邦予有夏，若苗之有莠⑪，若粟之有秕⑫。小大战战，罔不惧于非辜⑬。矧予之德⑭，言足听闻。惟王不迩声色⑮，不殖货利⑯。德懋懋官，功懋懋赏⑰。用人惟己⑱，改过不吝⑲。克宽克仁，彰信兆民。乃葛伯仇饷⑳，初征自葛，东征，西夷怨；南征，北狄怨，曰：'奚独后予？'攸徂之民㉑，室家相庆，曰：'徯予后㉒，后来其苏㉓。'民之戴商，厥惟旧哉！"

【注释】

①仲虺(huǐ)：相传是奚仲的后人，为汤左相。

②时：通"是"，此。乂(yì)：治理。

③缵(zuǎn)：继承。旧服：谓已往的传统。

④率：遵守，遵循。典：法度。

⑤矫：假借。诬：欺骗。

⑥用：因此。臧：善，好。

⑦式：以，以此。

⑧爽：明。师：众。孔颖达疏："用命商王明其所有之众，谓汤教之

使修德行善以自安乐,是明之也。”

⑨简:慢待。附势:趋附权势。

⑩繁、徒:谓众多。

⑪莠(yǒu):杂草。

⑫秕(bǐ):不饱满的籽粒。

⑬辜:罪。

⑭矧(shěn):何况。

⑮迩:近,接近。

⑯殖:聚,聚敛。

⑰德懋、功懋:懋,通"茂",多。懋官、懋赏:懋,奖励。

⑱用人惟己:《孔传》:"用人之言若自己出。"

⑲改过不吝:《孔传》:"有过则改无所吝惜"

⑳葛伯仇饷:此事《孟子·滕文公下》有详细记载:"汤居亳,与葛为邻。葛伯放而不祀,汤使人问之,曰:'何为不祀?'曰:'无以供牺牲也。'汤使遗之牛羊。葛伯食之,又不以祀。汤又使人问之曰:'何为不祀?'曰:'无以供粢盛也。'汤使亳众往为之耕,老弱馈食。葛伯率其民,要其有酒食黍稻者夺之,不授者杀之。有童子以黍肉饷,杀而夺之。《书》曰:'葛伯仇饷。'此之谓也。为其杀是童子而征之,四海之内皆曰:'非富天下也,为匹夫匹妇复雠也。'汤始征,自葛载,十一征而无敌于天下。"葛,地名,在今河南商丘西北宁陵境内。

㉑攸:所。徂:往,到。

㉒徯(xī):等待。

㉓苏:苏醒,恢复。

【译文】

仲虺于是告诫成汤说:"唉!上天生下万民,他们是有欲望的,没有君主,便会大乱,因此,上天生下聪明之人来治理。有夏昏聩腐败,老百

姓陷入污泥与火坑之中。上天赐给你勇敢和智慧,作为表率以端正万
国,继承大禹的传统。你应当遵循天意和法度,奉行上帝的命令。夏王
是有罪的,假借上帝的旨意,欺骗下面的民众。因而上帝以为夏王是不
好的,便以你为楷模而授商以大命,以你为榜样,使你的民众逐渐趋于
贤明。慢待贤者,趋炎附势,这样的人实在太多了。开始建立我们邦国
的时候,那夏桀,对我们像对待禾苗中的杂草,米粒中的秕糠那样。那
时,小事大事我们无不战战兢兢,唯恐无罪受罚。何况你是有德之人,
只要说出话来,便足以使人听信。只有你不近声乐和女色,不以聚集财
货为利。德行高尚的便授以高官;功劳大的便给以丰厚的赏赐;采用别
人的意见,就好像实行自己的意见那样;改正自己的错误毫不吝惜;宽
大仁慈,德行昭著,取信于万民。那葛国国君,恩将仇报,杀掉我们前往
葛国救灾之人,于是便从葛国开始第一次征伐。当我们向东征伐的时
候,西方的人们埋怨我们,当我们向北征伐的时候,南方的人们埋怨我
们说:'为什么单独把征伐我们的国君放在后面。'凡是被我们征伐的国
家,那里的人们都在家中庆贺说:'王啊! 我们等待你很久了。王啊!
你来了我们便可以兴盛了。'老百姓对于商的爱戴,那是很久的了。

"佑贤辅德①,显忠遂良②,兼弱攻昧③,取乱侮亡,推亡
固存,邦乃其昌④。

【注释】

①佑:助。辅:辅助。

②显:显扬。遂:如愿,称心如意。

③兼:兼并。昧:愚昧,昏聩。此处应联系下文"推亡固存"去理解。

④"推亡"二句:《集传》:"诸侯之贤德者佑之辅之,忠良者显之遂
之,所以善善也。侮,《说文》曰'伤也'。诸侯之弱者兼之,昧者
攻之,乱者取之,亡者伤之,所以恶恶也。言善,则由大以及小;

言恶,则由小以及大。推亡者,兼、攻、取、侮也;固存者,佑、辅、
显、遂也。推彼之所以亡,固我之所以存,邦国乃其昌矣。”

【译文】

"对待诸侯,凡是贤德的,便要给以帮助;凡是忠诚善良的,便应使
他名声显扬,并使他们得偿所愿;凡是弱小的,兼而并之,昏聩的,加以
讨伐;凡是混乱的,取而代之,灭亡的,受到凌辱;凡是应当灭亡的,推而
使之灭亡,应当存在的,助之使其巩固,这样整个国家便昌盛了。

"德日新,万邦惟怀①;志自满,九族乃离②。王懋昭大
德③,建中于民④,以义制事,以礼制心⑤,垂裕后昆⑥。予闻
曰:'能自得师者王⑦,谓人莫己若者亡。好问则裕⑧,自用
则小⑨。'"

【注释】

①万邦:万,言其多。邦,指诸侯国。

②九族:为同宗,即以自己为本位,上推四代(父、祖、曾祖、高祖),
　　下推四代(子、孙、曾孙、玄孙),合称九族。其详参见《尧典》第一
　　部分第一小段注⑦。

③懋:勉力,努力。

④中:指中道。与《大禹谟》"允执厥中"之"中"义近。

⑤"以义制事"二句:句中两"制"字,前一"制"字,谓裁制、决断。后
　　一"制"字,谓控制、约束。

⑥裕:富裕,谓丰厚。后昆:谓后世子孙。

⑦自得师:当指汤得伊尹。《孟子·公孙丑下》:"故汤之于伊尹,学
　　焉而后臣之,故不劳而王。"

⑧问:犹言"问字"、"问学",谓请教。裕:丰富,丰厚。

⑨自用：自以为是，不接受别人意见。

【译文】

"对于德行，要勤修不怠，天天更新，这样，无数的诸侯便会钦佩你的德行；思想上自满了，同族的人也会离开你。王啊！要努力将你高尚的大德昭示出来，在民众中间建立起中和之道，用义来决定事情是否可行，用礼来约束思想，你留给后代的东西是丰厚的。我听说：能够自寻贤者为师的，便可以为王，说别人都赶不上自己的，一定会灭亡。喜欢请教的，收获就丰厚；自以为是的，便必然渺小。"

"呜呼！慎厥终，惟其始①。殖有礼②，覆昏暴。钦崇天道，永保天命。"

【注释】

①"慎厥终"二句：与伊尹所言"终始慎厥与"、"慎终于始"相同。这一重要思想贯穿于古文《尚书》的始终。"慎厥初，惟厥终，终以不困；不惟厥终，终以困穷。"（《蔡仲之命》）可证。"呜呼！夙夜罔或不勤，不矜细行，终累大德。为山九仞，功亏一篑。"（《旅獒》）对这一重要思想作了更为形象的表达。慎，谨慎。厥、其，同义，表指示。

②殖：培植，培养。

【译文】

"唉！谨慎地对待事情的结尾，就像谨慎地对待事情的开始那样。对于守礼的，要栽培他；对于昏暴的，要消灭他。尊崇发扬天道，永远保持上帝所赐予的大命。"

汤 诰

【题解】

《孔传》本篇《序》：“汤既黜夏命，复归于亳，作《汤诰》。”《史记·殷本纪》记载与此同。第一小段说明发布诰文的背景。以下则为诰辞本文。诰辞本文应分作两段。第一段，主要阐明讨伐夏桀的理由，这里有两点值得注意：一是提出“天道”，二是“聿求元圣”。所谓“天道”即“福善祸淫”。由于夏桀“灭德作威”，“敷虐”百姓，依据“天道”必须加以讨伐，这就是所谓“奉天伐罪”。“聿求元圣”此处“元圣”即伊尹。伊尹不但在灭夏过程中，特别是在巩固殷商政权的过程中起到了重大的无可代替的作用。此篇诰文之下的五篇训、诰均为伊尹所作，便说明了这一点。第二段，着重阐明建国后的要求与安排。建国后的前景尽管一片光明生机勃勃，但仍要居安思危。对自己而言，一定要抱着“栗栗危惧，若将陨于深渊”的心态谨慎地处理政务；对属下诸侯部落而言，则一定要“无从匪彝，无即慆淫，各守尔典”。这样的要求与安排，不但说明商汤的英明，而且也为后代留下了永恒的启示。

王归自克夏，至于亳①，诞告万方②。

【注释】

①亳：成汤的国都。其地众说纷纭，难以确考。《集传》："汤所都在宋州谷熟县（按：当即西亳，今河南偃师境内）……张守节《史记》正义曰：'汤即位都南亳（今河南商丘附近），后徙西亳。'盖汤未伐桀居南亳，后自南亳迁西亳。"此说可供参考。

②诞：《集传》："诞，大也。"

【译文】

汤王从战胜夏桀的地方归来，到了亳，大力地向四方宣告。

　　王曰："嗟！尔万方有众，明听予一人诰①。惟皇上帝②，降衷于下民③。若有恒性④，克绥厥猷惟后⑤。夏王灭德作威，以敷虐于尔万方百姓⑥。尔万方百姓，罹其凶害⑦，弗忍荼毒⑧，并告无辜于上下神祇⑨。天道福善祸淫，降灾于夏，以彰厥罪。肆台小子⑩，将天命明威，不敢赦，敢用玄牡⑪，敢昭告于上天神后，请罪有夏。聿求元圣⑫，与之戮力，以与尔有众请命。

【注释】

①予一人：秦以前之古代帝王自称。

②皇：伟大。

③衷：指美德。

④恒性：谓长久地保持美德。承上文"衷"而言。

⑤克：能够。绥：安。猷（yóu）：教导，教育。后：帝王，天子。

⑥敷：施行。

⑦罹（lí）：遭受。

⑧荼（tú）毒：残害。

⑨神祇(qí)：天神与地神。祇，地神。

⑩肆：故，因此。台(yí)小子：同"予一人"，均为秦以前古代帝王的自称。

⑪敢：谦词，犹言冒昧。玄牡(mǔ)：黑色公牛，谓以此为祭品。夏尚黑，殷商尚白，说明商初建，未变夏礼。

⑫聿(yù)：助词，用于句首或句中。元圣：大圣人，指伊尹。

【译文】

王说："唉！你们众多国家的民众，明白无误地听取我的命令。伟大的上帝把好的品德降给下界百姓。如果要使民众能够安然而长久地保持这种美德，只有天子建立起教育才能做到。夏王丧失了他应具的品德而作福作威，普遍虐待那所有地方的百姓。你们所有地方的百姓，都遭受他的残酷迫害，你们无法忍受这种灾难，你们这些无辜的百姓便诉诸天地神灵。天道是善有善报，恶有恶报，便将灾难降给夏国，以暴露夏王的罪恶。因此，我小子秉承那上帝威严的命令，不敢赦免夏王的罪过，冒昧地用黑色公牛作为祭品，明确地祭告上帝，请求上帝降罪给夏王。于是寻求那伟大的圣人，和他同心协力，带领你们向上帝请命。

　　"上天孚佑下民①，罪人黜伏②，天命弗僭③，贲若草木④，兆民允殖⑤。俾予一人辑宁尔邦家⑥，兹朕未知获戾于上下⑦，栗栗危惧⑧，若将陨于深渊。凡我造邦，无从匪彝⑨，无即慆淫⑩，各守尔典，以承天休⑪。尔有善，朕弗敢蔽；罪当朕躬，弗敢自赦，惟简在上帝之心⑫。其尔万方有罪，在予一人；予一人有罪，无以尔万方。呜呼！尚克时忱⑬，乃亦有终。"

【注释】

①孚：信，相信。佑：帮助。

②罪人：指夏桀。黜伏：流放，斥退。

③僭（jiàn）：差错。

④贲（bì）：文饰，装饰。

⑤允殖：生息繁衍。

⑥俾（bǐ）：使。辑宁：治理使之安定。

⑦获戾：获罪，得罪。戾，罪。上下：指天地神灵。

⑧栗栗：颤抖，形容恐惧。栗，通"慄"。

⑨匪：同"非"。彝：法规，法度。

⑩无：通"毋"，不要。即：接近。慆（tāo）淫：怠惰纵乐。

⑪天休：谓上帝的福佑。休：美，指福佑。

⑫简：检验核实。

⑬时：通"是"，此。忱：诚心诚意。

【译文】

"上帝相信并保佑下界百姓，罪人夏王被流放斥退失去天子之位，遭到应得的惩罚，上帝的命令是不会有差错的，这样一来，整个国家被装饰得焕然一新，就像草木茂盛地生长那样生机勃勃，百姓也就可以生息繁衍了。上帝使我安定治理你们的国家，现在，我不知道这样做是否会获罪于天地神灵，战战兢兢，心怀畏惧，好像将要坠落于深渊之中。凡是我所开创的邦国都不要失去法度，都不要怠惰贪图逸乐，各人都要遵守为你们制定的法典，这样便可以得到上天的奖赏。你们有善行，我不敢隐蔽；我有过错，也不敢擅自饶恕，因为所有这些都为上帝所检验核实并记在心中。你们有了罪过，应当由我一人承担；我有罪过，不能累及你们。唉！如果能诚心诚意地做到这些，就会有好的结果。"

伊　训

【题解】

　　《孔传》本篇《序》:"成汤既没,太甲元年,伊尹作《伊训》、《肆命》、《徂后》。"《史记·殷本纪》:"汤崩,太子太丁未立而卒,于是乃立太丁之弟外丙,是为帝外丙。帝外丙即位三年,崩,立外丙之弟中壬,是为帝中壬。帝中壬即位四年,崩,伊尹乃立太丁之子太甲。太甲,成汤適长孙也,是为帝太甲。帝太甲元年,伊尹作《伊训》,作《肆命》,作《徂后》。"《史记》对汤死之后的继位一事依《孟子》与《孔传》不同。(焦循《孟子正义》列诸家辨析之说甚详,可供参考。)宋代著名史学家郑樵说:孟子、司马迁的说法"与《书》不同,刘歆、皇甫谧皆从之。此虽叛经亦无害。若乃《汲冢纪年》曰:'商仲壬即位居亳,崩。其卿士伊尹放太甲于桐,乃自立也。伊尹即位,放太甲七年,太甲潜出自桐,杀伊尹乃立其子伊陟、伊奋,命复其父之田宅而中分之。'此害经之甚者也。"(《通志》中华书局影印本第一册第43页上)《汲冢纪年》即《汲冢竹书》为晋初(公元279年,一说280年)盗墓人不准,盗掘魏襄王墓所得的简本竹书。众所周知《汲冢竹书》有很高的史料价值,此书的年代与不久前出土的《郭店楚墓竹简》年代相近,然所记者乃相距一千三百多年前商初之事,是否"害经",无关紧要;而证以先秦各家均无此记载,不可信据,甚明。

　　本文开始一段,显然为史官所记,意在说明本文发布的时间和背景。本文的正文可分三段。第一段，包括三层意思：一、夏的灭亡，在于后继者没有始终如一地保持其先王之大德。二、商王立国的大政方针"代虐以宽"。三、要求太甲始终如一地按照商王立国的大政方针行事。第二段，要点是托以先王的名义所建立的"人纪"。这个"人纪"可以称之为行政法规，且是君与臣无一例外均要遵守的。这个法规以"三风"为纲，以"十愆"为目。对当时的情况有极强的针对性。至于"与人不求备，检身若不及"更是具有永恒生命力的格言，无论何时何代都应视作一个人应当具备的品格，同时提出对君主的错误加以匡正是臣下应尽的责任，否则便要惩以墨刑。这种思想无疑也具有永恒的生命力。第三段，对太甲提出警示。这些警示的语言，几乎每一句都耐人寻味！

　　惟元祀十有二月乙丑①，伊尹祠于先王②。奉嗣王祗见厥祖③，侯甸群后咸在④，百官总己以听冢宰⑤。伊尹乃明言烈祖之成德⑥，以训于王。

【注释】

①元祀：古代帝王即位之年称元年，此时举行的大祀称元祀。十有二月乙丑：《集传》："商以建丑为正，故以十二月为正也。乙丑，日也。"

②祠：祭祠，指在祖庙前举行祭奠。

③嗣王：指太甲。《孔传》："太甲，太丁子，汤孙也。太丁未立而卒，及汤没而太甲立称元年。"（《史记·殷本纪》记载与此异，恐误。详见孔颖达疏）太甲继位为王因称嗣王。祗（zhī）：恭敬。厥：其，指太甲。祖：主要指先祖成汤的神位。

④侯甸群后：泛指远近诸侯部落首领。咸：都。

⑤冢（zhǒng）宰：百官之长，指伊尹。

⑥烈祖：指成汤。孔颖达《疏》："烈训业也。汤有定天下之功业为

商家一代之大祖，故以烈祖称焉。"

【译文】

太甲即位时举行大祀，十二月乙丑日，伊尹在祖庙祭祀商汤。请王位的继承人太甲恭敬地拜见他的先祖，诸侯国君也一起陪同参加祭典，朝内百官也都在听命于百官之长。伊尹于是明确地叙述成汤的大德，用以告诫太甲。

曰："呜呼！古有夏先后，方懋厥德①，罔有天灾②。山川鬼神，亦莫不宁，暨鸟兽鱼鳖咸若③。于其子孙弗率④，皇天降灾，假手于我有命⑤。造攻自鸣条⑥，朕哉自亳⑦。惟我商王，布昭圣武⑧，代虐以宽，兆民允怀⑨。今王嗣厥德，罔不在初⑩，立爱惟亲，立敬惟长，始于家邦，终于四海⑪。

【注释】

①懋：勉力，努力。

②罔有：没有。

③暨：及。若：如此，这样。王肯堂说："幽远而至难格者莫如山川鬼神；微而至无知者莫如鸟兽鱼鳖。今皆得所，则形容极治之象，俨然在目矣。"（《书经传说汇纂》引）

④率：遵循，仿效。

⑤假：借。

⑥鸣条：地名。在今山西运城境内。

⑦朕：先秦以前古人自称之词，此处当谓我们。哉：开始。亳：地名。在河南商丘境内，当指南亳而言。汤伐夏自伐葛始。葛与南亳相邻。灭葛后，再伐韦、伐顾、伐昆吾，然后渡伊水、洛水，挥师西上在鸣条与夏桀决战并取得胜利，一举灭夏。

⑧布：遍布，广布。昭：显示。

⑨允：信，相信。怀：念，怀念，引申为感戴。

⑩初：开初，开始。此句含告诫太甲慎始慎终之意。

⑪"立爱惟亲"四句：《孔传》："言立爱敬之道始于亲长，则家国并化，终至四海。"

【译文】

伊尹说："唉！古代夏朝的贤君，努力地提高他们的品德，因而没有天灾。山川鬼神也无不安宁，甚至鸟兽鱼鳖也都各得其所。及至到了后代子孙，不去仿效他们祖先的榜样，伟大的上帝便降下灾祸，假借我们先王之手，让他奉行讨夏的命令。于是，便从鸣条开始了讨伐，我们先祖成汤便从亳地开始创建大业。只有我商王成汤，在普天之下显示出他的圣明和威武，用宽厚代替残暴，亿万百姓相信他，感戴他。现在，你继承王位，培养德行，不应不在开始时就进行。建立仁爱要从亲族开始；建立对长辈的尊敬，也要从亲族开始，然后影响到整个国家以至于四海之内。

"呜呼！先王肇修人纪①，从谏弗咈②，先民时若③。居上克明，为下克忠，与人不求备，检身若不及，以至于有万邦。兹惟艰哉！敷求哲人④，俾辅于尔后嗣⑤。制官刑⑥，儆于有位⑦。曰：'敢有恒舞于宫⑧，酣歌于室⑨，时谓巫风⑩；敢有殉于货色⑪，恒于游畋⑫，时谓淫风⑬；敢有侮圣言⑭，逆忠直，远耆德⑮，比顽童⑯，时谓乱风⑰。惟兹三风十愆⑱，卿士有一于身，家必丧；邦君有一于身，国必亡。臣下不匡⑲，其刑墨⑳，具训于蒙士㉑。'

【注释】

①肇（zhào）：创始，创立。人纪：人伦纲纪，指人们应当遵守的纪律

　　及道德规范。《孔传》:"言汤始修为人纲纪。"

②怫(fú):违背。

③时:通"是",此,这。若:顺,顺从。

④敷:通"溥",普遍,广泛。哲人:才德识见超常之人。

⑤俾:使。

⑥官刑:治理官吏的刑法。

⑦儆:警告,警示。有位:指在位的官吏。

⑧恒:经常。

⑨酣歌:沉湎于饮酒歌乐。

⑩巫风:孔颖达疏:"废弃德义专为歌舞,似巫者事鬼神然,言其无
　　政也。"

⑪殉:追求,谋求。货:财物。色:女色。

⑫游畋:游乐,打猎。

⑬淫风:过度逸乐的风习。

⑭侮:轻慢,轻视。

⑮耆(qí)德:年老有德之人。

⑯比:亲近,勾结。顽童:愚昧顽劣不知德义的小人。

⑰乱风:违背德义的歪风邪气。

⑱三风:指上述巫风、淫风、乱风。十愆:上述巫风、淫风各二,乱风
　　四相加共十条过错,因称十愆。愆,过错。

⑲匡:匡正,纠正。

⑳墨:古代五种刑罚之一,在脸上刺字而后染以墨色。

㉑具:都。蒙士:知识浅陋的下士。

【译文】

　　"唉! 先王创立修订人伦纲纪,遵守谏正而不违背并能顺从民众的
心愿。居于帝位能够洞察下情,做臣民的都能够忠心耿耿。对于别人
不求全责备,对于自身则加以检点唯恐有什么地方做不到,因而才取得

拥有主宰万邦的地位。这是艰难的啊！广泛地寻求贤明之人，使他辅佐你这后继的君主。制定对官吏的惩罚条例，对在位者警告说：'敢于在宫中经常举行歌舞，在家中酗酒高歌，这叫做巫风；敢于不惜一切地追求财物和美色，经常外出游猎，这叫做淫风；敢于漫不经心地对待圣人的言论，反对忠直之人，疏远年老德高之人，亲近无知无识的小人，这就叫做乱风。像上述三种风气，十种过失，做官吏的只要犯有其中一条，他的家庭就一定会败坏；做国君的只要犯有其中一条，他的国家就一定会灭亡。做臣下的不加匡正，罚以墨刑，知识浅陋的士人都要学习这些训条。'

　　"呜呼！嗣王祇厥身①，念哉！圣谟洋洋②，嘉言孔彰③。惟上帝不常，作善降之百祥，作不善降之百殃④。尔惟德罔小，万邦惟庆；尔惟不德罔大，坠厥宗⑤。"

【注释】

①祇：恭敬，恭谨。

②洋洋：形容广大。

③嘉言：美好的言论。孔：表程度，犹言非常。彰：清楚明白。

④殃：祸害，灾难。

⑤坠：失去。宗：宗庙，代指国家。

【译文】

　　"继承大位的王啊，恭谨地要求自身，可要放在心上啊！圣人的谋虑是广大的，美好的言论是非常清楚的。上帝的大命并不固定，做好事，便降下许多吉祥；做坏事，便降下许多灾难。你要培养德行，善事无论多么小都要去做，众多诸侯会因此而感到庆幸；如果不去培养你的德行，不等到犯大错，你的国家就会灭亡。"

太甲上

【题解】

《孔传》本篇《序》："太甲既立，不明，伊尹放诸桐。三年复归于亳，思庸，伊尹作《太甲》三篇。"《史记·殷本纪》："帝太甲既立三年，不明，暴虐，不遵汤法，乱德，于是伊尹放之于桐宫。三年，伊尹摄行政当国，以朝诸侯。帝太甲居桐宫三年，悔过自责，反善，于是伊尹乃迎帝太甲而授之政。帝太甲修德，诸侯咸归殷，百姓以宁。伊尹嘉之，乃作太甲训三篇，褒帝太甲，称太宗。"

由以上记载可见《史记》所记，较《孔传》更为详明。

本篇就内容而言可分为三段：第一段，开头显系史官所书，下面则是训诰的正文。在这里伊尹根据自身追随成汤建立商王朝的经历和感受，强调了两点：一是"祗肃"即严肃恭敬，二是"周"即忠信。这两点不但是创业的根本，更是守成的根本。伊尹以此两点训诫太甲，寓意深远，值得深加体味。第二段，开头仍为史官所书，下面记载伊尹的训语。尽管太甲不把伊尹的告诫放在心上，而伊尹仍然耐心地劝告太甲要继承先王的优良传统，保持俭德，深谋远虑并以"若虞机张，往省括于度则释"为喻，要太甲遵守法度和先祖的行为准则。倘若如此，不仅他会高兴也会获得后代的赞美。如此反复强调，可谓用心良苦。第三段，开头和结尾均为史官所书。当中为伊尹的训辞。在这段训辞中，伊尹指出由于太甲如此不义,只好将他放之于桐,以便在祖墓旁反省自新,不至于一辈子陷入迷途。

　　惟嗣王不惠于阿衡①,伊尹作书曰:"先王顾諟天之明命②,以承上下神祇,社稷宗庙,罔不祗肃。天监厥德,用集大命,抚绥万方③。惟尹躬克左右厥辟④,宅师⑤,肆嗣王丕承基绪⑥。惟尹躬先见于西邑夏⑦,自周有终⑧,相亦惟终;其后嗣王罔克有终⑨,相亦罔终。嗣王戒哉⑩!祗尔厥辟,辟不辟,忝厥祖⑪。"

【注释】

①惟:思,考虑。惠:顺,顺从。阿衡:指伊尹。伊尹功勋卓著,尊称为"阿衡"。一说,商官名或谓伊尹之号。

②顾:瞻望,注视。諟(shì):同"是",此。

③抚绥:安定。

④惟:发语词,用于句首。尹:伊尹自指。躬:自身,亲自。左右:相帮,相助。厥:其。辟:君主,此指成汤。

⑤宅:安定。师:众,指百姓。

⑥肆:故,因此。丕:大。基绪:犹言基业,指国家政权。

⑦西邑夏:指夏王朝。

⑧周:忠信。《孔传》:"周,忠信也。"此解甚确,当从。《国语·晋语五》:"夫周以举事。"韦昭注:"忠信曰周。"《论语·为政》:"君子周而不比,小人比而不周。"何晏集解引孔安国曰:"忠信为周,阿党为比。"宋、元儒怀疑此说,提出新解(见《书经传说汇纂》引),恐不可信。

⑨后嗣王:指如桀一类的夏王。

⑩嗣王：此指太甲。

⑪忝：辱，有愧于。《孔传》：“辱其祖。”

【译文】

考虑到继承王位的太甲，不听从伊尹的劝告，伊尹便上书说：“先王经常注视上帝英明的命令，敬奉天上与地下的神灵，对社稷宗庙无不严肃恭敬。上帝看到了他的品德，因而将大命放在他的身上，让他治理安定四方。我能亲身追随在君主左右帮助他建功立业，使百姓各得其所，因此，你才能继承这伟大的基业。我首先亲身看到那夏国，君主能够保持忠信因而善终，大臣们也就能够保持忠信因而善终；他们后继的国王不能够保持忠信也就不能善终，大臣也就不能够保持忠信而善终。王呵！你可要警惕呵！恭敬地对待你的君位，君主不像君主，就会辱及你的祖先。”

王惟庸罔念闻①。伊尹乃言曰：“先王昧爽丕显②，坐以待旦③。旁求俊彦④，启迪后人⑤。无越厥命以自覆。慎乃俭德，惟怀永图⑥。若虞机张⑦，往省括于度则释⑧。钦厥止⑨，率乃祖攸行⑩。惟朕以怿⑪，万世有辞⑫。”

【注释】

①庸：平常。罔：不。

②昧爽：天快亮的时候。丕显：大明，谓大明其德。

③旦：早晨。

④旁求：广泛地访求。俊彦：才智过人之人。

⑤启迪：开导，启发。

⑥永图：深谋远虑。

⑦若：如同。虞：虞人，古时掌管山泽苑囿之官。机：指发射箭弩的

机关。

⑧省(xǐng)：察看，检查。括：通"栝"，箭之末端与弓弦交会之处。度：规范，引申为要领。释：放。

⑨钦：严肃恭谨。止：仪态举止。《诗·大雅·抑》："淑慎尔止。"郑玄笺："止，容止也。"

⑩率：循，遵循。攸：所。

⑪以：因。怿(yì)：喜悦。

⑫辞：谓赞美之词。

【译文】

太甲仍然和平常一样，不听这些话，不把这些话放在心上。于是，伊尹说："先王在天色未明之时，便考虑如何光大德行，坐在那里一直等到天亮。广泛地访求贤能之人，以教育开导后人。你不要超越你的权位而自取灭亡。你要谨慎地保持节俭的品德，要深谋而远虑。好像管理山泽之人那样把弓弩的机关打开了，还要观察直到栝的力度合乎要领才能施放箭弩。严肃你的态度，遵循你祖先的行为准则。我会因此而高兴，后代也会赞美你。"

王未克变①。伊尹曰："兹乃不义，习与性成②。予弗狎于弗顺③，营于桐宫④，密迩先王其训⑤，无俾世迷⑥。"王徂桐宫居忧⑦，克终允德⑧。

【注释】

①未克：不能。

②习：习惯。性：性情，品性。

③弗：不。狎：亲近。弗顺：谓不遵顺义理。

④桐宫：离宫，地处商汤墓地的旁边，在今河南偃师附近。

⑤密迩：亲近，谓亲近成汤之墓。

⑥无:不。俾:使。世:一世,一辈子。

⑦徂(cú):往。居忧:孔颖达疏:"谓服治丧礼也。"

⑧允德:《孔传》:"言能思念其祖,终其信德。"

【译文】

王仍然不能改变自己的行为。伊尹说:"这就是不义,习惯与品性已经养成。我不能够亲近你这不遵循义理之人,在桐这个地方营造一所宫殿,靠近先王的陵墓,使你在那里领受先王的遗训,不使你一辈子误入迷途。"王前往桐地的宫殿,住在那里,穿着治丧的礼服,终于能够听信德教。

太 甲中

【题解】

本篇所记载的是太甲在桐经过三年的反省而悔过自新，伊尹决定还政太甲之事。可分为三段：第一段，为史官所写，除记载还政的具体时间地点外，还记载了伊尹为还政大事所作的准备和安排。文字极为简明扼要。第二段，记载就还政一事所作的对答。伊尹的谈话是书面的，当是为了表示郑重。在书面谈话中，伊尹首先阐明君和民之间的关系，非常明确地指出这种关系是相互依存的。正是从这种关系出发，伊尹高度评价了太甲悔过自新的行为，严肃地指出"嗣王克终厥德，实万世无疆之休"，不仅言简意赅而且寓意极为深刻。太甲在答辞中，作了深刻而又诚挚的检讨，并希望伊尹继续监督帮助自己。为了表达这种诚心，太甲在答辞时行了"拜手稽首"的大礼。以君对臣行此大礼，这在历史上也是绝无仅有之事。太甲悔过之诚于此可见。正是出于这种诚心，太甲留下了"天作孽，犹可违；自作孽，不可逭"这句千古传诵的名言。第三段，记载了伊尹在还政仪式结束时所作的带有总结性质的谈话。在谈话之前，伊尹对太甲也行了"拜手稽首"的大礼。谈话中伊尹要求太甲"修厥身"、"子惠困穷"、"无时豫怠"、"奉先思孝，接下思恭"、"视远惟明；听德惟聪"。这种情真意切的反复叮咛，把这位老臣的拳拳忠心表达得淋漓尽致。

惟三祀十有二月朔①，伊尹以冕服奉嗣王归于亳②。

【注释】

①三祀：殷商称年为祀，三祀，指太甲继位的第三年。朔：阴历每月
　初一。
②冕服：天子所穿戴的礼帽、礼服。奉：进献。

【译文】

太甲继位第三年，十二月初一，伊尹带着礼帽、礼服，进献给太甲，并迎接太甲回到亳。

作书曰：“民非后①，罔克胥匡以生②；后非民，罔以辟四方③。皇天眷佑有商④，俾嗣王克终厥德，实万世无疆之休⑤。”

【注释】

①后：指君主。
②罔克：不能。胥：相，互相。匡：帮助，扶持。
③辟：治理。
④眷佑：爱护帮助。
⑤休：美，美事。

【译文】

伊尹上书说：“老百姓不依靠君主便不能相互扶持而生活；君主不依靠老百姓便不能治理四方。伟大的上帝爱护帮助我商国，使王终于培养出好品德，这实在是千秋万代的美事。”

王拜手稽首曰：“予小子不明于德，自厎不类①。欲败

度,纵败礼,以速戾于厥躬②。天作孽,犹可违;自作孽,不可逭③。既往背师保之训④,弗克于厥初⑤,尚赖匡救之德⑥,图惟厥终。"

【注释】

①厎(zhǐ):止,到。不类:不善。类,善。《诗·大雅·瞻卬》:"威仪不类。"毛传:"类,善。"

②戾:罪。躬:自身。

③逭(huàn):逃避。

④师保:古时负责教导贵族子弟的官职,有"师",有"保",统称"师保"。此处指伊尹。

⑤弗克:不能。初:谓继位之初。

⑥尚:还,犹。赖:依。

【译文】

王行拜手礼,又行叩首礼,说:"我小子不清楚什么是德,以致走向不善。私欲败坏法度,放纵败坏礼仪,因而自身迅速招致罪责。上天造成的罪孽尚可躲开;自己作孽,便不可逃避。过去我违背了老师的教训,未能在即位时开个好头,依靠着老师的匡正和补救的恩德,才谋求得到这好的结果。"

伊尹拜手稽首曰:"修厥身,允德协于下①,惟明后②。先王子惠困穷③,民服厥命,罔有不悦。并其有邦厥邻,乃曰:'徯我后④,后来无罚⑤。'王懋乃德⑥,视乃厥祖,无时豫怠⑦。奉先思孝,接下思恭⑧。视远惟明,听德惟聪。朕承王之休无斁⑨。"

【注释】

①允德：诚心诚意的实德。协：和谐。

②明后：英明的君主。

③子惠：蔡沈《书集传》："困穷之民，若己子而惠爱之。惠之若子，则心之爱者诚矣。未有诚而不动者也，故民服其命。"

④徯：等待。

⑤后：君主，此指成汤。罚：谓夏桀时刑罚之痛。

⑥懋：勉力，努力。

⑦豫怠：安逸怠惰。

⑧接下：谓对待臣下。

⑨休：美善，福禄。斁（yì）：厌弃。

【译文】

伊尹行拜手礼，又行叩首礼，说："提高自身修养，具备实在的美德，从而使臣下和谐，这就是英明的君主。先王爱护贫穷困苦之人，老百姓服从他的命令，没有不高兴的。甚至那邻国百姓也拥戴他，便说：'等待我们的君主汤吧，君主汤来了，我们就没有痛苦了。'王努力培养自己的品德，应该看一看你祖先的作为，无论何时都不要安逸怠惰。遵奉先王的遗训就是孝顺，对待臣下不傲慢就是谦恭。能够看得远，便是明智；能够听从德教，便是聪敏。这样，我就会承受王的好处而不会被厌弃了。"

太 甲下

【题解】

本篇的内容可分两大段。第一大段又可分为三层,三层之间层层递进,紧密关联。第一层的内容可用文中三个字:"敬"、"仁"、"诚"来概括。这三个字以"仁"为主,"敬"、"诚"是对"仁"而言的,就是说实行"仁"的时候,要"敬"要"诚"。按伊尹所说这也正是天、民、鬼神的要求和希望所在。"天聪明,自我民聪明。天明畏,自我民明威。达于上下,敬哉有土!"(《皋陶谟》)天与鬼神的要求和希望是通过"民"表达出来的。只有怀着"敬"与"诚"去推行"仁"才能获得天的"亲"、鬼神的"享"、民的"怀",从而保持住"天位"。第二层首先提出"德",紧承上文,可以将这个"德"视为对"敬"、"仁"、"诚"的概括。然后严肃地指出其重要性:是否推行德政关系国家政权的兴亡,告诫太甲要做一个英明的国君必须慎始慎终推行德政。第二大段也分为三层,这三层分别指出三点应当注意的事项。第一点以登高行远为喻,指出要"慎终于始",要"无轻民事",要居安思危。第二点对于人们的言论要作具体分析,以"道"作为辨别其是非的标准。第三点分别对君与臣提出具体要求:君要做到"元良"、"罔以辩言乱旧政";臣要做到"罔以宠利居成功",如此则"邦其永孚于休",国家将永远美好。第三层在写法上也值得注意,先以设问句开头,犹如警钟之鸣,然后作答。婉曲有致,耐人深思,耐人寻味!

伊尹申诰于王曰^①："呜呼！惟天无亲，克敬惟亲。民罔常怀，怀于有仁。鬼神无常享，享于克诚。天位艰哉^②！

【注释】

①申：重复，一再。

②天位：指上帝赐予的君主之位。

【译文】

伊尹又一次告诫太甲说："唉！上帝不会偏爱，能够恭敬从事的，上帝就会爱护。百姓不会永远感戴谁，只有推行仁德的君主，百姓才会感戴他。鬼神不会固定于享受谁的祭祀，只享受那诚实无欺之人的祭祀。保持上帝赐予的大位，是艰难的啊！

"德惟治，<u>丕德乱</u>^①。与治同道，罔不兴；与乱同事，罔不亡。终始慎厥与，惟明明后。

【注释】

①丕德：不行德政。丕，通"不"。德，指德政，其内涵为上文所说的"敬"、"仁"、"诚"。

【译文】

"只有推行德政，天下才能大治；不去推行德政，天下就会大乱。与治世之君走相同的道路，没有不兴盛的；与乱世之君行事相同，没有不灭亡的。开始和结束都同样恭谨，便是圣明的君主。

"先王惟时懋敬厥德，克配上帝。今王嗣有令绪^①，尚监兹哉^②。

【注释】

①令绪：美好的传统。令，美。绪，统系，世系。犹言传统。

②监：通"鉴"，借鉴。

【译文】

"先王是那样努力而恭谨地培养他的品德，能够和上帝的要求相吻合。现在，王啊！你有美好的传统，要时时参照这传统行事！

"若升高，必自下，若陟遐①，必自迩②。无轻民事，惟难；无安厥位，惟危③。慎终于始。

【注释】

①陟：远行，长途跋涉。遐：远。

②迩：近。

③惟：思，想到。此句言居安思危。

【译文】

"譬如登高，一定要从下面开始；譬如行远，一定要从近处开始。对民众的事情不要轻忽，要想到治理百姓是艰难的；不要安逸，要想到你的权位是不稳的。谨慎对待结尾，要像谨慎对待开始那样。

"有言逆于汝心，必求诸道；有言逊于汝志①，必求诸非道。

【注释】

①逊：顺。

【译文】

"有人说话违背了你的心愿，一定要研求他的话是否合于正道；有人说话顺从了你的心愿，一定要研求他的话是否不合乎正道。

"呜呼！弗虑胡获？弗为胡成？一人元良①，万邦以贞②。君罔以辩言乱旧政③，臣罔以宠利居成功，邦其永孚于休④。"

【注释】

①元良：大善，大贤。谓德行达到最高程度。

②贞：通"正"，谓君主。《尔雅》："正，长也。"《广雅》："正，君也。"

③旧政：谓先王成汤的理政之法。

④孚：信。休：美好。

【译文】

"唉！不思考怎么会有收获？不努力怎么会有成功？君主非常贤良，无数诸侯国便会尊奉你为君主。君主不以能言善辩而搞乱了先王成汤的理政之法；臣下不以君主的宠信而在获得成功之后，仍以安居官位为利，这样，相信国家将永远美好。"

咸有一德

【题解】

《孔传》本篇《序》:"伊尹作《咸有一德》。"未明言写作的具体时间,然而本篇开头史官的一段话却将写作时间作了明确的交代。根据这个交代,本篇作于伊尹"告归"之前,"陈戒"的对象是太甲。"陈戒"的要点仍然是"德",可分为三段。第一段,要点是"一",所谓"一"是和"二三"相对而言的。"一"是纯一,是纯正不杂;"二三"恰好相反,是混杂不纯。纯一之德,既是天意也是民意:"惟天佑于一德","惟民归于一德"。夏桀"弗克庸德,慢神虐民",所以得不到上帝的保佑,而"惟尹躬暨汤,咸有一德",所以才"爰革夏正"。于此可见"一德"的重要。第二段的要点仍然是"一",不过这里的"一"却有另外一层含义:"终始惟一。"同时指出要做到"终始惟一",就必须"日新"其"德"。《礼记·大学》:"汤之《盘铭》曰:'苟日新,日日新,又日新。'"郑玄注:"《盘铭》刻戒于盘也。"(《十三经注疏》中华书局影印本下册第 1673 页)这段记载与此处相互辉映。从第一段伊尹所说"惟尹躬暨汤,咸有一德",大约汤之"德"也是在伊尹影响下形成的,同时在伊尹的影响下对"德"的重要性以及保持"德"的方法有深刻认识,故刻《盘铭》以自警。从这一点来看,第二段,所说的"一"比第一段所说的"一"在内容上又深了一步,可见两段之间有递进关系。第三段,文字虽较短却带有总结性质。首先以"观德"、"观政"进一步强调"德"的重要性。其次，指出君与民之间的关系"后非民罔使，民非后罔事"，就是说君与民之间是相互依存的关系，相较而言，民更为重要，因为"匹夫匹妇，不获自尽，民主罔与成厥功"。离开老百姓，君主便做不成，因而伊尹语重心长地告诫太甲"无自广以狭人"，不要瞧不起老百姓（"匹夫匹妇"）。这种思想该是多么难能可贵！

《商书》的古文共10篇，其中为伊尹所作的就有5篇之多。从这5篇的内容来看，可以毫不夸张地说，伊尹不但是一位政治家，同时也是一位思想家。

伊尹既复政厥辟①，将告归②，乃陈戒于德③。

【注释】

①复政：还政。指《太甲中》所述伊尹还政于太甲一事。辟：君主，指太甲。

②告归：《孔传》："告老归邑。"告老，犹今言退休。

③德：其内容见《太甲下》。

【译文】

伊尹已经将政权交还给他的君主太甲，将要告老还乡，于是条陈德的重要，向王提出告诫。

曰："呜呼！天难谌①，命靡常②。常厥德，保厥位；厥德匪常，九有以亡③。夏王弗克庸德④，慢神虐民⑤，皇天弗保。监于万方，启迪有命⑥，眷求一德⑦，俾作神主⑧。惟尹躬暨汤⑨，咸有一德，克享天心，受天明命，以有九有之师，爰革夏正⑩。非天私我有商，惟天佑于一德；非商求于下民，惟民归于一德。德惟一，动罔不吉；德二三，动罔不凶⑪。惟吉凶不僭在人^⑫,惟天降灾祥在德。

【注释】

①谌(chén):相信。

②靡:不,表否定。常:永久的,固定不变的。

③九有:九州,引申为国家政权。

④庸:用。

⑤慢:轻慢,轻忽。

⑥启迪:开导。有命:谓可以拥有并承受天命。

⑦眷求:殷切寻求。

⑧神主:百神之主,实指百姓之主。《多方》:"于惟时求民主,乃大降显休命于成汤,刑殄有夏。"又:"乃惟成汤克以尔多方简,代夏作民主。"可证"神主"即"民主",亦即百姓之主。

⑨惟:只有。尹躬:伊尹自指。躬,自身。

⑩爰:于是。革夏正:改夏代的历法。改历法即改朝换代。

⑪罔:无。

⑫僭(jiàn):差错。

【译文】

伊尹说:"唉!上天是难以相信的,天命并不固定。经常保持你的品德,就能够保持住你的权位;不能够经常保持你的品德,就会丧失天下。夏桀不能施行德政,轻慢地对待神灵,虐待百姓,伟大的上帝便不再保护他。对普天之下进行考察,开导那可以承受天命并殷切寻求保持纯正之德的人,使他作为百神之主。只有我伊尹和汤王,都具有这纯正之德,能够符合上天的旨意,接受上天圣明的命令,率领九州的军队,于是推翻夏朝,改革了夏代的历法。不是上帝偏爱我商国,而是因为上天对纯德之人加以保护;不是我商国要下民服从,而是因为民众归顺那纯德之人。只要品德纯正,无论如何行动没有不吉的;品德混杂不纯,无论如何行动都会凶险。吉利或凶险不会有差错,全在人为,上天降下灾祸或吉祥在于人的德行。

"今嗣王新服厥命,惟新厥德。终始惟一,时乃日新①。任官惟贤材,左右惟其人②。臣为上为德③,为下为民④。其难其慎,惟和惟一⑤。德无常师,主善为师。善无常主,协于克一⑥。俾万姓咸曰⑦:'大哉王言。'又曰:'一哉王心。'克绥先王之禄,永底烝民之生⑧。

【注释】

①时:通"是"。日新:天天更新,不可间断。

②左右:指近臣。惟其人:惟贤人是用。

③为上为德:《孔传》:"奉上布德。"

④为下为民:《孔传》:"顺下训民。"

⑤惟和惟一:《孔传》:"群臣当和一心以事君政。"

⑥协于克一:《孔传》:"言以合于能一为常德。"常德,即纯正之德。

⑦俾:使。咸:都,皆。

⑧底(zhǐ):获得。烝民:众民。烝,众。

【译文】

"现在,王刚刚受命继承王位,只有更新你的品德。要始终保持品德的纯正,也只有天天更新。任用官吏,只能任用贤能之人,左右的大臣只有这样的人才可以。官吏们为君主推行德政,顺从民愿,教导民众。这是艰难之事,可要慎重啊!要和衷共济,要始终如一。培养品德,没有固定的老师,只要是注重善行的,便可以作为老师。善行不固定于某一个人身上,能够始终如一合乎纯正之德的,才能保持住善行。使百姓都说:'伟大啊!王的言论。'又说:'纯正啊!王的思想。'这样才能安保先王给予我们的幸福,永远使百姓获致美好的生活。

　　“呜呼! 七世之庙①,可以观德。万夫之长,可以观政②。后非民罔使,民非后罔事? 无自广以狭人③。匹夫匹妇,不获自尽④,民主罔与成厥功⑤?”

【注释】

　　①七世之庙:蔡沈《书集传》:“天子七庙,三昭三穆与太祖之庙七。七庙亲尽则迁,必有德之主,则不祧毁。故曰:‘七世之庙,可以观德。’”

　　②“万夫”二句:蔡沈《书集传》:“天子居万民之上,必政教有以深服乎人,而后万民悦服。故曰:‘万夫之长,可以观政。’”万夫之长,指君主。

　　③自广:自大。狭:小看,轻视。

　　④自尽:自尽其力。

　　⑤民主:指君主。

【译文】

　　“唉! 天子的宗庙,七代不毁,便可以看出天子德泽深厚。从君主的作为上,可以看到政治的得失。君主如果不依靠百姓,他还能使用谁呢? 百姓如果不依靠君主,他们还尊奉谁呢? 不要自高自大而轻视别人。平民百姓不能尽力,那么,君主和谁一起去成就他的功业?”

说　命上

【题解】

《孔传》本篇《序》:"高宗梦得说,使百工营求诸野,得诸傅岩,作《说命》三篇。"《史记·殷本纪》:"帝小乙崩,子帝武丁立。帝武丁即位,思复兴殷,而未得其佐。三年不言,政事决定于冢宰,以观国风。武丁夜梦得圣人,名曰说。以梦所见视群臣百吏,皆非也。于是乃使百工营求之野,得说于傅险中。是时说为胥靡,筑于傅险。见于武丁,武丁曰是也。得而与之语,果圣人,举以为相,殷国大治。故遂以傅险姓之,号曰傅说。"

本文可分四段:第一段,为史官叙事之辞,然后是群臣的进谏。谏辞的内容是要求王在"免丧"之后要开口说话发布命令,以便群臣有所遵循处理政务。第二段,是王的答辞,在答辞中王指出"弗言"的原因主要是考虑到自己的才德赶不上先王,不敢开口说话发布政令。在"恭默思道"中,"梦帝赉予良弼,其代予言"。于是将梦中之人绘成图形,在天下广泛寻求,结果在傅岩寻到此人,而此人却是在傅岩做版筑工匠的刑徒傅说(参见《孟子·告子下》)。王毫不犹豫地将这位"刑徒""爰立作相",并"置诸其左右"。这真是一个富有传奇色彩的故事! 对此,笔者在《〈尚书大传〉平议》(见《中国经学》第四辑)一文中有较为详细的推断与分析。读者如有兴趣,可以参阅。限于篇幅,此处就不再词费了。第三段，是武丁的文告。这段文告十分精彩。连续用三个比喻，将求贤若渴，求"诲"若渴，求治若渴，以及对傅说倚重的心情，表达得淋漓尽致！虽历经数千年，至今读来仍然令人感动不已！尤其值得注意的是这一切则是着眼于"以康兆民"上，不能不令人深长思之。第四段，是傅说的答辞。答辞简洁精练，没有庸俗的客套，却有深沉的内涵，同样值得深思。

　　王宅忧①，亮阴三祀②。既免丧，其惟弗言③。群臣咸谏于王曰④："呜呼！知之曰明哲⑤，明哲实作则⑥。天子惟君万邦，百官承式⑦。王言惟作命，不言臣下罔攸禀令⑧。"

【注释】

①宅忧：指居守父丧。宅，居。

②亮阴：参见《无逸》第二段注⑪。三祀：三年。

③其：指武丁。弗言：不说话。

④咸：都。谏：规劝。

⑤知之：此处谓通晓国家政务。明哲：圣明睿智。

⑥作则：谓制定法规。

⑦承式：指按照法规行事。

⑧罔攸禀令：无法按照法规行事。

【译文】

　　殷高宗武丁居其父小乙之丧，三年不说话。服丧已满，他还是不说话。众大臣都向王进谏说："唉！通晓国家政务叫做圣明睿智之人，圣明睿智之人才可以制定法规。天子是众多诸侯国的君主，百官都要按照天子所制定的法规行事。天子的话便是命令，不说话，臣下便不能按照命令行事了。"

王庸作书以诰曰①:"以台正于四方②,惟恐德弗类③,兹故弗言。恭默思道,梦帝赉予良弼④,其代予言。"乃审厥象⑤,俾以形旁求于天下。说筑傅岩之野⑥,惟肖⑦。爰立作相⑧,王置诸其左右。

【注释】

①庸:于是。

②台(yí):我。正:表率。

③弗类:不似,谓不似先王德行之高。

④赉(lài):赐予。良弼:贤能的助手。

⑤审厥象:《孔传》:"审所梦之人,刻其形象。"审,仔细,此处指仔细回忆梦中之人的形象。

⑥说(yuè):人名。即傅说。傅岩:地名。在今山西平陆与河南陕县之间的三门峡附近。

⑦肖:相似。

⑧爰:于是。

【译文】

王因而写下文告,用以告诫百官说:"以我作为四方臣民的准则,恐怕我的德行尚未达到先王的高度,因此我不敢说话。我恭敬沉默地在思考治国之道,梦见上帝赐给我贤能的助手,让他代我说话。"王仔细地回忆梦中之人的形象,把他绘成图形,在四方广泛地寻求。说在傅岩这块地方从事版筑工作,和图形相似。于是将傅说立为相,王将他安置在自己左右。

命之曰①:"朝夕纳诲②,以辅台德。若金,用汝作砺③;若济巨川④,用汝作舟楫;若岁大旱,用汝作霖雨⑤。启乃心,沃朕心⑥。若药弗瞑眩⑦,厥疾弗瘳⑧;若跣弗视地⑨,厥足用伤。惟暨乃僚,罔不同心,以匡乃辟⑩,俾率先王⑪,迪我高后⑫,以康兆民⑬。呜呼!钦予时命⑭,其惟有终⑮。"

【注释】

①命:辞命,文告。

②诲:教导。宋代王炎说:"不曰谏而曰诲者,盖屈己以求教也。"(《书经传说汇纂》引)此说可从。

③砺:磨刀石。

④济:渡过。巨川:大河。

⑤霖雨:连绵的大雨。

⑥沃:灌溉,滋润。

⑦瞑眩:形容药性发作时心中难以忍受的感觉。

⑧瘳(chōu):病愈。

⑨跣(xiǎn):赤足。

⑩匡:纠正,帮助。乃:你的。辟:君主。

⑪俾:使。率:遵循。

⑫迪:依照。高后:先祖。《孔传》及《集传》均以为指成汤。

⑬康:安,乐,谓安居乐业。兆民:众民。兆,极言其多。

⑭钦:敬。时:通"是"。命:命辞。

⑮有终:谓好的结果。

【译文】

文告说:"早晨晚上都要对我加以教导,以帮助我提高品德。如果是金属器物,就用你做琢磨金属的砺石;如果要渡过大河,就用你做船只;如果年岁大旱,就用你做滋润禾苗的甘雨。打开你的思想,培养我的智力。如果你的药剂不够分量,这疾病就治不好;如果你赤着脚,不仔细地看着地面行走,这脚就会受伤。你和你的同僚,无不同心同德来扶助你的君主,从而使他遵循先王的道路,按照先祖的治国方法治理国家,使亿万百姓得以安居乐业。唉! 恭敬地对待我的文告,我们的事业便会有好的结果。"

　　说复于王曰①:"惟木从绳则正②,后从谏则圣③。后克圣④,臣不命其承⑤,畴敢不祗若王之休命⑥?"

【注释】

①说:傅说自指。复:回复,回答。

②绳:绳墨,木匠用以取直的工具。

③后:君主。

④克:能。

⑤臣不命其承:《孔传》:"君能受谏,则臣不待君命,其承而谏之。"

⑥畴:谁。祗(zhī):敬。若:顺从。休命:美善的命令。美善可引申为英明。

【译文】

傅说回答王说:"木料只有按照绳墨才能取正,国王只有从谏如流,才能圣明。官吏不等到国王有所表示,便能根据国王的心愿提出谏正,谁敢不恭敬地顺从王的英明的命令?"

说　命中

【题解】

　　本篇的内容主要是傅说向武丁的进言。可分为两段:第一段,为进言的全文,进言的内容十分深刻,十分重要。要点有三:一,明确君、臣、民三者的关系。这种关系就是君、臣为治理者,民为被治理者。治理与统治有别,其目的是"以康兆民"(见《说命上》),就是说为百姓谋求安康。根据这个目的,王必须是"明王"。这个"明王"的职责是恭敬地根据"天道"设立诸侯国及其国君以及各级各类的官吏,并制定正确的法规。二,整肃吏治。"惟治乱在庶官",可见吏治关乎治乱,关系重大,必须整肃。方法是"官不及私昵,惟其能;爵罔及恶德,惟其贤"。三,对天子、诸侯国君、各级各类官吏提出要求。特别是对天子的要求,天子一定要做到赏罚分明,法规的制定要圣明,要做到"政事惟醇"。总体的要求则是不要贪图"逸豫",不要自满矜能,不要启宠纳侮耻过作非,不要"黩于祭祀",每件事都要考虑周全,做到"有备无患"。这三个要点总体来说,便是为君立政之道。第二段,则是武丁与傅说通过对话分别对上述为君立政之道的表态。武丁由衷地赞美说:"旨哉!"并认为"你的这些话都是可以实行的。如果你不能说出这些美好的话来,我也就无法听到并付诸实施了"。推重之意,溢于言表。傅说则直言他的这些话是完全"协于先王成德",并直言"非知之艰,行之惟艰"。坦诚之至,知道容易而落实起来难啊！多么深沉的意蕴。

　　惟说命总百官①，乃进于王曰："呜呼！明王奉若天道②，建邦设都③，树后王君公④。承以大夫师长⑤，不惟逸豫⑥，惟以乱民⑦。惟天聪明，惟圣时宪⑧，惟臣钦若⑨，惟民从乂⑩。惟口起羞⑪，惟甲胄起戎⑫，惟衣裳在笥⑬，惟干戈省厥躬⑭。王惟戒兹⑮，允兹克明⑯，乃罔不休⑰。惟治乱在庶官⑱。官不及私昵⑲，惟其能；爵罔及恶德⑳，惟其贤。虑善以动㉑，动惟厥时。有其善㉒，丧厥善；矜其能㉓，丧厥功。惟事事㉔，乃其有备，有备无患。无启宠纳侮㉕，无耻过作非㉖。惟厥攸居，政事惟醇㉗。黩予祭祀㉘，时谓弗钦㉙。礼烦则乱，事神则难。"

【注释】

①说：傅说。总：统率。

②奉若：承受，遵从。

③建邦：指在天下分别设立国家。设都：指分别在每个国家设立都城。

④树：设立。后王：指天子。君公：指诸侯国的国君。

⑤承：通"丞"，辅佐。大夫师长：指各级各类官吏。

⑥逸豫：安逸和快乐。

⑦乱：治理。

⑧时：通"是"，这。宪：法。

⑨钦若：恭敬地遵循。

⑩乂(yì)：治理，安定。

⑪口：指从口中说出的话。起：引起。羞：耻辱。

⑫甲胄：古代战士的铠甲和头盔。戎：兵戎，指战祸。

⑬衣裳：指标示官吏等级制的服装。笥(sì)：盛食品及衣物的竹器。

⑭省(xǐng)：清楚，明白。厥：其，此处指武丁。躬：自身，也指武丁。

⑮兹：此，这。

⑯允：信。克：能。

⑰罔：无。休：美好。

⑱庶：众。

⑲私昵：与个人关系亲近的人。

⑳爵：官位爵禄。恶德：不良无德之人。

㉑虑善：考虑成熟。

㉒有其善：谓自满其善而不加勉。

㉓矜：自夸。

㉔事事：每一件事。

㉕启宠纳侮：孔颖达疏："无得开小人以宠，自纳此轻侮也。"

㉖耻过：羞于承认过错。

㉗醇：通"纯"，纯正不杂。

㉘黩(dú)：轻慢不敬。

㉙时：通"是"。弗钦：不敬。

【译文】

傅说受命统领百官，于是向王进谏说："唉！英明的王啊！你尊奉顺从天道，建立国家，设置国都，设立天子、诸侯。大夫官吏作为辅佐统率百姓秉承天子的意旨行事，不是为了天子的安逸和快乐，而是为了治理百姓。只有上帝是聪明的，只有圣明的天子才能制定这些法规，臣吏们恭敬地顺从这些法规，百姓才能因治理而安定。言论会招致耻辱，兵甲会导致战祸，标志爵位的礼服放在衣箱之中，礼服用于赏赐，干戈用于讨伐，对于赏罚你一定要考虑清楚。王啊！你一定要谨慎地对待这些事情，如此，便能够达到圣明，也就无不美好了。大治还是大乱，在于百官的好坏。对于官吏不是任命那些和自己亲近的人,而是那些贤能之人;爵位不是赏赐给那些不良无德之人,而是那些有德有才之人。措施一定要考虑成熟才可以付诸行动,行动一定要合乎时宜。自己满足于已有的好品德,那你就会丧失这些品德;自己夸耀自己的能力,那你就会丧失功业成就。做每件事情,你都要事先有所准备,有了准备便不会产生祸患。不要宠信小人而招致轻侮,不要羞于认错而文过饰非,以致铸成大错。你要居于正道,政务才能纯正不杂。按照私欲举行祭祀,这就叫做不恭敬。祭祀礼仪过于烦琐,就会紊乱,这样去礼拜神灵,就难于达到目的了。"

王曰:"旨哉①!说,乃言惟服②。乃不良于言,予罔闻于行③。"说拜稽首曰:"非知之艰,行之惟艰。王忱不艰④,允协于先王成德⑤,惟说不言有厥咎⑥。"

【注释】

①旨:美好。

②乃:你。服:行,实行。

③罔:无。

④忱:诚信。

⑤允:信。协:合乎。

⑥咎:过错。

【译文】

王说:"好啊!傅说,你的这些话都是可以实行的。如果你不能说出这些美好的话来,我也就无法听到并付诸实施了。"傅说行跪拜之礼,说:"懂得道理并不困难,付诸实行才是困难的。王只要相信这些道理,就不会感到艰难了,相信这些话是合乎先王已经形成的美好传统的,如果我不将这些道理说出来,就是我的过错。"

说命下

【题解】

本篇和上篇一样,记载的是武丁和傅说两人的对话,是上一篇的延续,和上一篇存在着紧密的联系。可分三段:第一段,是武丁的谈话。在这段谈话中,武丁首先回顾了自己的经历:"学于甘盘"、"遁于荒野"。这番经历在今文《尚书》中也能得到证实。《君奭》:"在武丁时,则有若甘盘。"《无逸》:"其在高宗,时旧劳于外,爰暨小人。"(高宗即武丁)但武丁对这段经历并不满意:"厥终罔显",认为在学业上没有任何明显的长进。接着连用两个比喻:做酒醴的关键是"麴糵";做和羹的关键是"盐梅",并以十分肯定的口气说:"尔惟麴糵"、"尔惟盐梅"。"尔",指的便是傅说。由此可见,在武丁的心目中傅说是何等关键的重要人物!正因为如此,武丁恳切地要求傅说:对我进行多方面的培养,不要抛弃我。并坦诚地表示:我一定能按你的教导去做。一代帝王在臣子面前,如此虚心求教,态度又是那样的坦诚恳切,不愧为有殷一代的名君。如此修养,如此境界,加以"伟大"二字,亦不为过!第二段,是傅说的答辞。这段答辞要点有三:一是学习古人的遗训。其重要性在于不如此便不能成就事业。二是学习态度要虚心专心。只有如此,知识才能不断积累,品德才能臻于完美。三是广泛招揽贤能之人,并将他们安排在各种恰当的职位上。这三点对君主的修身及治国都是非常重要的。第三段,是武丁的谈话。在这段谈话中,武丁扼要地谈到了伊尹的言论和事迹。要求傅说具有伊尹那样的襟怀,并像伊尹辅佐成汤那样辅佐自己,以成就大业。傅说非常爽快地答应了这个要求。这说明武丁以成汤自期而傅说亦以伊尹自任。这又是一对君臣相知相遇的典型。古文《尚书》中,《商书》一共10篇,而有关伊尹和傅说的就有8篇之多,足见编者对伊尹与成汤、傅说与武丁这两对君臣相知相遇的重视。

　　王曰:"来! 汝说。台小子旧学于甘盘①,既乃遁于荒野,入宅于河②。自河徂亳③,暨厥终罔显④。尔惟训于朕志⑤,若作酒醴⑥,尔惟麹蘖⑦;若作和羹⑧,尔惟盐梅⑨。尔交修予⑩,罔予弃,予惟克迈乃训⑪。"

【注释】

①台(yí)小子:我小子。武丁自称。台,我。旧:以往,从前。甘盘:人名。武丁时贤臣。

②宅:居。河:孔颖达以为当指河洲,洲为水中可居之地(见《十三经注疏》中华书局影印本上册第175页下)。可从。

③徂(cú):往。亳:地名。殷的国都。武丁在盘庚之后,此处之亳即盘庚所迁之国都。其地在今河南安阳。

④暨(jì):至,到。

⑤训:训导,教导。志:心意,愿望。

⑥醴(lǐ):甜酒。

⑦麹(qū)蘖(niè):酒曲,酿酒的发酵物。

⑧和羹:使用适当的调料,调和成味道适宜的羹汤。

⑨盐梅:制作羹汤的调料。盐,味咸。梅,醋,味酸。

⑩交修:多方面培养。交,《孔传》:"非一义。"修,培养。

⑪克：能。迈：行，做。训：教导。

【译文】

王说："来吧，你这傅说呀！我以前曾向甘盘这位贤臣学习过，但不久我就退隐荒野，居住在河洲。又从河洲到了亳都，几经迁徙，到最终在学业上没有任何明显的长进。你要对我加以训导，满足我的求知愿望，好比做甜酒，你就是那酒曲；又好比做五味调和的羹汤，你就是那盐和梅。你要多方面培养我，不要抛弃我，我一定能按你的教导去做。"

说曰："王，人求多闻，时惟建事①，学于古训乃有获。事不师古②，以克永世，匪说攸闻③。惟学，逊志务时敏④，厥修乃来。允怀于兹⑤，道积于厥躬⑥。惟敩学半⑦，念终始典于学，厥德修罔觉。监于先王成宪⑧，其永无愆⑨。惟说式克钦承⑩，旁招俊乂⑪，列于庶位。"

【注释】

①时：通"是"。惟：希望，愿望。

②师古：效法古人。

③匪：同"非"。攸：所。

④逊志：虚心谦逊。时敏：时时努力。敏，努力。

⑤允：信。怀：怀藏，时刻想着。兹：此，这。

⑥厥躬：自身。

⑦敩（xiào）学：《孔传》："敩，教也。教，然后知所困，是学之半。终始常念学，则其德之修无能自觉。"孔颖达疏："言有所得而不能自知也。"

⑧监：借鉴。成宪：成法。

⑨愆：过错。

⑩钦：敬。

⑪旁：广泛。招：招揽。俊乂(yì)：杰出人才。

【译文】

　　傅说说："王啊！人们增长知识，是希望成就一番事业，学习古人的遗训，才会真正有所收获。成就事业不效法古人，而能使事业兴旺长存，我傅说耳所未闻。学习态度要谦逊，必须时时努力，这样学业才能有长进。相信并记住这些，知识就会在自身不断积累。教人所获是学习所得的一半，始终专心于学习，品德就会在不知不觉中臻于完美。借鉴先王的成法，将永远不会有过失。我傅说因此能敬奉你的意旨，广泛招揽贤能之人，把他们安排在各种恰当的职位上。"

　　王曰："呜呼！说，四海之内，咸仰朕德，时乃风①。股肱惟人②，良臣惟圣。昔先正保衡作我先王③，乃曰：'予弗克俾厥后惟尧舜④，其心愧耻，若挞于市⑤。'一夫不获，则曰'时予之辜'⑥。佑我烈祖，格于皇天⑦。尔尚明保予⑧，罔俾阿衡专美有商⑨。惟后非贤不乂⑩，惟贤非后不食⑪。其尔克绍乃辟于先王⑫，永绥民⑬。"

【注释】

①时：通"是"。乃：你，指傅说。风：谓教化。

②股肱(gōng)：大腿和手臂。

③先正：先代总领百官之臣。保衡：亦称"阿衡"，谓天下所取安，所取平。指伊尹而言。如此称谓含有对伊尹的功劳及作用的崇高评价（见中华书局《十三经注疏》影印本上册第223页下至第224页上《君奭》的《孔传》及孔颖达疏）。

④弗克：不能。俾：使。厥：其，指伊尹。后：君，指成汤。惟：

为,是。

⑤挞于市:形容耻辱之甚。挞,用鞭子或棍子打。

⑥"一夫"二句:《孟子·万章上》引伊尹一段话:"与我处畎亩之中,由是以乐尧、舜之道,吾岂若使是君为尧、舜之君哉?吾岂若使是民为尧、舜之民哉?吾岂若于吾身亲见之哉?天之生此民也,使先知觉后知,使先觉觉后觉也。予,天民之先觉者也,予将以斯道觉斯民也,非予觉之而谁也?思天下之民,匹夫匹妇有不被尧、舜之泽者,若己推而内之沟中,其自任以天下之重如此。"可以参证此处所引伊尹所说的话。一夫,一个寻常百姓。辜,罪过。

⑦格:至,及。《孔传》:"言以此道左右成汤,功至大天,无能及者。"皇:大。

⑧尚:佑助。明:通"勉",努力,尽力。

⑨专美:谓独享美名。

⑩乂(yì):治。

⑪不食:谓不被重用。《集传》:"君非贤臣不与共治;贤非其君不与共食。言君臣相遇之难如此。"

⑫绍:继承。乃:你。辟:君主。

⑬绥:安。

【译文】

王说:"啊!傅说,天下的人都敬仰我的德行,这都是因为你的教化所致。手足齐全就是成人,有良臣辅佐才能成为圣君。从前先贤伊尹使我的先王兴起,他曾这样说:'我如果不能使我的君主成为尧、舜那样的圣君,我的内心会感到惭愧和耻辱,如同在闹市受到鞭打一样。'只要有一个人未得其所,他就说'这是我的罪过'。他辅助我的烈祖成汤,他的功劳达到天一样伟大,无人可及。你要努力辅佐我,不要使伊尹在我商家独享这一美誉。君主没有贤人辅助,就治理不好天下;贤人没有圣君赏识，就不会被重用。希望你能让你的君主继承先王的传统，永久地安定百姓。"

    说拜稽首曰："敢对扬天子之休命^①。"

【注释】

①对扬：《孔传》："对，答也。答受命而称扬之。"休：美。

【译文】

傅说跪拜叩头，说："请让我报答并宣扬天子的美好教导。"

周书

泰誓 上

【题解】

《孔传》本篇《序》："惟十有一年,武王伐殷,一月戊午师渡孟津,作《泰誓》三篇。"《史记·周本纪》："十一年十二月戊午,师毕渡盟津,诸侯咸会。曰:'孳孳无怠!'武王乃作《太誓》。"

对于灭殷战争,据今文《尚书》、古文《尚书》、《尚书大传》,有三篇记载此事。这三篇是《泰誓》、《牧誓》、《大战》。如果把这三篇放在一起研读,不难发现这三篇将此次灭殷战争经过叙述得井然有序。《泰誓》所写的是战前准备。从《尚书大传·大誓》的记载来看,不但八百诸侯盟于孟津,且天示异象"白鱼入舟",又"有火流于王屋,化为赤鸟,三足"。《史记·周本纪》:"武王渡河,中流,白鱼跃入王舟中,武王俯取以祭。既渡,有火自上复于下,至于王屋,流为乌,其色赤,其声魄云。是时,诸侯不期而会盟津者八百诸侯。诸侯皆曰:'纣可伐矣。'武王曰:'女未知天命,未可也。'乃还师归。"可见《泰誓》所写的只不过是战前的准备。《牧誓》一文则是战前动员令,发布之后便是战争的开始,经过这次战争灭掉殷王朝。《大战》篇为《尚书大传》所录,全文首尾完具,应是全文。但不见于今、古《尚书》,所写也是灭殷战争,对此次战争经过写得极为简略,大部分则是写开国后的大政方针的确定以及处理战后有关事宜。无疑写于战后。

本文可分为两段。第一段,写武王历数殷纣的罪行。其中尤以对忠良及百姓所使用的酷刑为甚,手段之残忍,令人发指!第二段,武王指出"商罪贯盈,天命诛之",又指出"天矜于民,民之所欲,天必从之",可见发动灭殷战争乃是顺天应民的正义之举。值得注意的是此段开始的一句话:"天佑下民,作之君,作之师。"这句话意思非常明确:君、师是为民而"作",而不是相反,很清楚"民"才是根本。其中意蕴,值得人们深思!

惟十有三年春,大会于孟津①。

【注释】

①"惟十有三年"二句:此处为史官叙事之辞。就年份而言,较《孔序》、《史记》推迟二年。恐误。孟津,黄河渡口,在今河南孟津境内。

【译文】

周武王十三年春天,诸侯在孟津大会师。

王曰:"嗟! 我友邦冢君越我御事庶士①,明听誓②。惟天地万物父母,惟人万物之灵。亶聪明③,作元后④,元后作民父母。今商王受⑤,弗敬上天,降灾下民。沉湎冒色⑥,敢行暴虐,罪人以族⑦,官人以世⑧。惟宫室、台榭、陂池、侈服⑨,以残害于尔万姓。焚炙忠良⑩,刳剔孕妇⑪。皇天震怒,命我文考⑫,肃将天威,大勋未集⑬。肆予小子发,以尔友邦冢君,观政于商⑭。惟受罔有悛心⑮,乃夷居⑯,弗事上帝神祇⑰,遗厥先宗庙弗祀⑱。牺牲粢盛⑲,既于凶盗⑳。乃曰:'吾有民有命!'罔惩其侮㉑。

【注释】

①冢(zhǒng)君:大君,指随从伐商的诸侯国君。越:和。御事:对办理政务的官员的泛称。庶士:众多官员。

②明:努力。

③亶(dǎn):诚,信。《孔传》:"人诚聪明,则为大君。"

④元后:大君。

⑤受:即纣。

⑥冒:贪。色:指女色。

⑦罪人:惩罚人。以:用。族:谓灭族。

⑧官人:谓以官职任用人。世:《集传》:"世,子弟也。官使不择贤才,惟因父兄而宠任子弟也。"

⑨台榭(xiè):在高土台上用贵重的木料建成的敞屋。陂(bēi)池:池塘。侈服:华丽的服饰。

⑩焚炙:指纣使用的炮烙酷刑。刘向《列女传》:"百姓怨望,诸侯有畔者,纣乃为炮烙之法,膏铜柱,加之炭,令有罪者行其上,辄堕炭中,妲己乃笑。"

⑪刳(kū)剔(tī)孕妇:《孔传》:"怀子之妇,刳剔视之。"皇甫谧以为:"纣剖比干妻,以视其胎。"恐属附会,仅供参考,难以信据。

⑫文考:指文王。

⑬大勋:大功。未集:没有完成。集,完成,成就。《集传》:"大功未集而文王崩。"

⑭观政:考察政情。

⑮悛(quān):悔改。

⑯乃:竟然。夷居:《书经传说汇纂》引林之奇曰:"言倨肆而无礼也。"

⑰神祇(qí):天地百神。

⑱厥:其,指纣。先:谓先祖。

⑲牺牲：古时用作祭祀的色纯体全的牲畜。粢(zī)盛(chéng)：盛在祭器内用作祭祀的谷物。

⑳既：尽。

㉑怼：戒止。侮：犹侮慢，谓态度傲慢。

【译文】

武王说："啊！我的友邦大君和我的治事大臣，你们努力听着我的誓言。天和地是万物的父母，人是万物中的灵长。真正聪明的人能做大君，大君要做民众的父母。现在商王纣不尊敬上天，给民众降下灾祸。他沉湎于饮酒，贪于女色，胆敢施行暴虐的刑律，用灭族的酷刑惩罚人，用世袭的方法任用人。为了建造宫室、台榭、陂池，制作奢侈的服装，他残害你们万姓民众，烧杀忠良之人，解剖妊娠妇女。于是皇天发怒，命令我的父亲文王严肃执行上天的惩罚之命，可惜这大功没有完成。从前我这小子姬发曾和你们友邦大君到商国考察过政情。看到商王纣没有悔改之意，竟然傲慢不恭，不祭祀上帝及天地百神，遗弃他的祖先宗庙而不祭祀。牛羊和黍稷等祭品竟被凶恶的盗贼盗尽了。他却说：'我有下界百姓，有上天赐予的大命！'仍然不改变他傲慢的行为。

"天佑下民①，作之君②，作之师，惟其克相上帝③，宠绥四方④。有罪无罪，予曷敢有越厥志⑤？同力，度德；同德，度义⑥。受有臣亿万，惟亿万心；予有臣三千，惟一心。商罪贯盈，天命诛之。予弗顺天，厥罪惟钧⑦。予小子夙夜祗惧⑧，受命文考，类于上帝⑨，宜于冢土⑩，以尔有众⑪，厎天之罚⑫。天矜于民⑬，民之所欲，天必从之。尔尚弼予一人⑭，永清四海。时哉弗可失⑮！"

【注释】

①佑：助。

②作：设立。

③惟：愿，希望。克：能。相：辅助，佑助。

④宠：爱护。绥：安定。

⑤曷敢：何敢。曷，何。越：背离，违背。厥：其，指上帝。志：意图。

⑥"同力"四句：《孔传》："力钧则有德者胜；德钧则秉义者强。"度（duó），估计，计算。

⑦钧：通"均"，同。

⑧予小子：武王自称。夙夜：早晚。祗（zhī）：敬。

⑨类：古代祭礼名称，以特别重要之事祭告上天。

⑩宜：《孔传》："祭社曰宜。"冢土：《孔传》："冢土，社也。"即土地神。

⑪以：因而。

⑫厎（zhǐ）：获得。

⑬矜：通"怜"，怜悯，同情。

⑭弼：助。

⑮时：时机。

【译文】

　　"上天帮助下民，为下民设立君主，设立师长，就是希望他们辅助上帝，爱护和安定天下百姓。有罪当讨，无罪当赦，我怎敢违背上天的意志呢？战争双方力量相同，就以德相较量；德相同，就以义相较量。商纣有臣亿万人，是亿万条心；我有臣三千人，却是一条心。商纣恶贯盈天，上天命令我讨伐他。我如果不顺从天命，我就和商纣同等罪过了。我小子早晚敬慎忧惧，在父亲文王的宗庙接受了伐商的命令，又祭告上帝，祭祀地神，因而率领你们众位奉行上天的意旨使商获得惩罚。上天怜悯众民，众民的愿望上天一定会依从的。希望你们辅助我，使四海永远安宁。时机啊，不可丧失呀！"

泰誓中

【题解】

本篇开始为史官叙事之辞，接着便是武王发布的誓辞。誓辞可分三段。第一段，与上篇相同，主要是声讨商纣的罪行，指出"无辜吁天，秽德彰闻"，纣的罪行已为上天所了解。第二段，一方面指出伐纣是遵从上天"惠民"的旨意，并连带着列举纣的罪行。纣已失去民心，而我方与"仁人"同心同德已获得民心。另一方面又指出根据梦与卜兆相合的结果，说明伐纣一定能获得成功，以坚定信心鼓舞士气。第三段，以"百姓懔懔，若崩厥角"说明百姓对伐纣的要求是那样迫切，说明伐纣是奉天顺民之举，同时"我伐用张，于汤有光"也是为先祖成汤增光之举。要求将士以"罔或无畏，宁执非敌"的气概同心同德地建立战功，从而取得"永世"大业。

惟戊午①，王次于河朔②，群后以师毕会③。王乃徇师而誓曰④："呜呼！西土有众，咸听朕言⑤。我闻吉人为善⑥，惟日不足；凶人为不善，亦惟日不足。今商王受，力行无度⑦，播弃犁老⑧，昵比罪人⑨，淫酗肆虐⑩。臣下化之，朋家作仇，胁权相灭。无辜吁天，秽德彰闻⑪。

【注释】

①惟:语助词,用于句首。戊午:古时以干支纪日。《集传》:"戊午,以《武成》考之,是一月二十八日。"林之奇说:"孟津去周九百里,师行日三十里,凡三十一日而渡。以是考之,则武王自宗周而至于孟津,其师行盖已逾月矣。于是渡河而北,距商郊密迩,故三日之间而三誓师焉。上篇虽不明言所以誓师之日,然以中篇曰:'惟戊午,王次于河朔'则知上篇当是丁巳日,尚在河南,未渡孟津时所作。既誓师而渡河也,中篇则是戊午日既渡而次舍于河之北所誓也。至下篇曰:'时厥明,王乃大巡六师,明誓众士。'则又是戊午之明日己未,将启行以趋商之郊,既作此篇而后行也。盖三令五申之,谨重其事而不敢忽也。"又说:"武王先次于河北,盖先诸侯而渡也。诸侯之师既毕渡,然后以其师来会。武王于是巡行六师,盖所以慰安渡河之劳也。"(见《书经传说汇纂》引)以上仅供参考。

②次:指行军途中停留。河朔:黄河北岸。朔,北。

③群后:诸侯国君。师:军队。以上为史官叙事之辞。

④徇师:即巡师,视察部队。

⑤咸:皆,都。

⑥吉人:善良之人。

⑦无度:不合法度。

⑧播弃:抛弃,弃置。犁老:老年人面部多又黑又黄,因称犁老。此处当指年高德劭的老人。犁,通"黧(lí)",色黑而黄。

⑨昵比:亲近勾结。

⑩淫:过度。酗(xù):沉迷于酒。肆虐:任意残害。

⑪秽德:恶德,恶行。

【译文】

戊午日,周武王驻兵在黄河的北面,西方诸侯率领他们的军队,都会合在这里。武王于是巡视军队并告诫众位将士。武王说:"呵! 西方各国的将士们,都听着我的话。我听说好人做好事,天天做还是做不够;坏人做坏事,也是天天做而做不够。现在商王纣疯狂地做不合法度的事情,抛弃年老的大臣,亲近勾结有罪的人,过度酗酒,肆意暴虐。臣下受其影响,便结成朋党,互为仇敌,挟持权柄,相互残杀。无罪的人呼天告冤,商纣秽恶的行为清楚明显,为上天所闻所知。

"惟天惠民①,惟辟奉天。有夏桀弗克若天②,流毒下国③。天乃佑命成汤,降黜夏命④。惟受罪浮于桀⑤,剥丧元良⑥,贼虐谏辅⑦。谓己有天命,谓敬不足行,谓祭无益,谓暴无伤。厥鉴惟不远⑧,在彼夏王⑨。天其以予乂民⑩,朕梦协朕卜⑪,袭于休祥⑫,戎商必克。受有亿兆夷人⑬,离心离德;予有乱臣十人⑭,同心同德。虽有周亲⑮,不如仁人。

【注释】

①惠:爱。

②若:顺。

③流毒:传播毒害。

④降黜:降下废黜的命令。

⑤浮:过,超过。

⑥剥丧:伤害。元良:大善之人,指微子。

⑦贼虐:残酷杀害。谏辅:敢于谏正的大臣,指比干。

⑧鉴:鉴戒。

⑨夏王:指夏桀。

⑩乂(yì):治理。

⑪协:合,相合。

⑫袭：重合，指梦与占卜的结果（吉兆）。休祥：美好吉祥。

⑬亿兆：极言其多。夷人：平民。

⑭乱臣：治国的大臣。乱，治。

⑮周亲：至亲。《集传》："周，至也。纣虽有至亲之臣，不如周仁人
之贤而可恃也。"

【译文】

"上天惠爱下民，君主尊奉上天。夏桀不能顺从上天，流毒于天下。
上天便佑助并命令成汤，降下废黜夏桀的大命。商纣的罪恶超过了夏
桀，他伤害善良的大臣，残杀谏诤的辅臣。他竟然说自己有天命，说敬
天不足为，说祭祀没有益处，说暴虐没有害处。他的鉴戒并不远，就在
夏桀身上。上天将要让我治理百姓，我的梦和我的卜兆相合，前景是美
好吉祥的，讨伐商国一定能胜利。商纣有亿万平民，不同心不同德；我
有治国大臣十人，却同心同德。商纣虽有至亲的臣子，比不上我周家的
仁贤之人。

"天视自我民视，天听自我民听。百姓有过①，在予一
人，今朕必往。我武维扬②，侵于之疆，取彼凶残③。我伐用
张④，于汤有光⑤。勖哉夫子⑥！罔或无畏，宁执非敌⑦。百
姓懔懔⑧，若崩厥角⑨。呜呼！乃一德一心，立定厥功，惟克
永世⑩。"

【注释】

①过：责备。

②武：武力。扬：举，引申为使用。

③凶残：凶恶残暴，指殷纣。

④伐：指伐商。用：行，行动。

⑤光:光荣,荣耀。

⑥勖(xù):努力。夫子:指战士。

⑦执:秉持。非敌:无敌。

⑧懍懍(lǐn):危惧貌。

⑨若崩厥角:《孔传》:"言民畏纣之虐,危惧不安,若崩摧其角,无所容头。"

⑩克:能够。永世:历世久远,犹言永远。

【译文】

"上天的看法来自我们众民的看法,上天的听闻来自我们众民的听闻。老百姓有所责备,只因我未伐商纣,现在我一定要顺从民心,前去讨伐商国了。我们的武力要施行,要攻到商国的疆土上,捉获那些凶残的人。我们讨伐商国的行动,取得辉煌战果,对成汤而言将会增加荣耀啊!努力吧,将士们!不要有不威武的表现,希望你们保持战无敌手的思想。老百姓恐惧不宁,叩头求救于我们,竟然叩得额头如山崩一样响。唉!你们要同心同德地建立战功,这样才能长久安定百姓。"

泰 誓下

【题解】

本篇开始仍为史官叙事之辞，说明此次誓辞发布的时间及对象；接着便是武王发布的誓辞，誓辞可分两段。第一段，首先提出"天道"。所谓"天道"即《集传》所谓"典常之理"，而这种"典常之理"即下文所说的"五常"。然后条陈纣的各项罪行，这些罪行都是违背天道和五常的。"自绝于天，结怨于民"便是这些罪行的结语。正因为如此，所以"祝降时丧"而且要"除恶务本"，进一步阐明伐纣是奉天顺民之举。要求将士"尚迪果毅"而"以登乃辟"，进而提出功多者给以"厚赏"，无功者则加以"显戮"，做到赏罚分明。第二段，提出对伐纣结果的预测：或成功或失败。成功则归于文王之德，而失败则归于自己的"无良"。这一方面说明武王伐纣和成汤伐桀时怀有同样的心情："栗栗危惧，若将陨于深渊。"（《汤诰》）这种戒惧的心情是面对大事时所必须具备的。只有如此才能就就业业，毫不懈怠。另一方面成功则归于文王之德，表明自己将不会居功。这些都是一个圣明天子所应当具备的美德。

时厥明^①，王乃大巡六师^②，明誓众士。

【注释】

①时厥明：指己未日。见中篇第一段注①。

②六师：林之奇说："史官之叙述，总其多而言之，盖泛指诸侯之师
也。"（见《书经传说汇纂》引）此说可从。此处显指诸侯来会
之师。

【译文】

时间在己未日，周武王大规模巡视六军，明确告诫众将士。

王曰："呜呼！我西土君子①。天有显道②，厥类惟彰③。
今商王受，狎侮五常④，荒怠弗敬⑤。自绝于天，结怨于民。
斫朝涉之胫⑥，剖贤人之心⑦，作威杀戮，毒痡四海⑧。崇信
奸回⑨，放黜师保⑩，屏弃典刑⑪，囚奴正士⑫。郊社不修，宗
庙不享，作奇技淫巧以悦妇人⑬。上帝弗顺，祝降时丧⑭。尔
其孜孜⑮，奉予一人，恭行天罚。古人有言曰：'抚我则后⑯，
虐我则仇⑰。'独夫受洪惟作威⑱，乃汝世仇。树德务滋⑲，除
恶务本，肆予小子诞以尔众士⑳，殄歼乃仇㉑。尔众士其尚迪
果毅㉒，以登乃辟㉓。功多有厚赏，不迪有显戮㉔。

【注释】

①西土：指西方诸侯。君子：此处指将士。

②显道：《孔传》："言天有明道，其义类惟明。言王所宜法则。"《集
传》："天有至显之理，其义类甚明。至显之理即典常之理也。"

③彰：彰明，显扬。

④五常：父义、母慈、兄友、弟恭、子孝五种伦常道德。

⑤荒怠：荒弃怠慢。

⑥斫（zhuó）朝涉之胫：《孔传》："冬月见朝涉水者，谓其胫耐寒，斩

而视之。"斫,砍,斩。胫,小腿。

⑦剖贤人之心:《史记·殷本纪》:"比干曰:'为人臣者,不得不以死
　争。'乃强谏纣。纣怒曰:'吾闻圣人心有七窍。'剖比干,观其心。
　箕子惧,乃佯狂为奴,纣又囚之。"

⑧毒痡(pū):毒害。四海:形容范围之广。

⑨奸回:奸邪之人。回,邪僻。

⑩放黜:放逐贬斥。师保:古时负责教导贵族子弟的官职。有
　"师",有"保",统称"师保"。

⑪屏(bǐng)弃:废除抛弃。典刑:常法。

⑫囚奴:囚禁奴役。正士:正直中正之士,指箕子。

⑬奇技:奇异的技能。淫巧:过度之巧。妇人:指妲己。

⑭祝降时丧:《孔传》:"祝,断也。天恶纣逆道,断绝其命,故下是丧
　亡之诛。"

⑮其:表祈使,尚,当。孜孜:努力貌。

⑯抚:抚育,爱护。

⑰虐:虐待,残害。

⑱独夫:指残民以逞,众叛亲离的统治者。受:即纣。洪:大。

⑲树:培植,培养。滋:滋长。

⑳肆:因此。

㉑殄(tiǎn)歼:歼灭。

㉒迪:用。

㉓登:成,成就。

㉔不迪:不遵循。显戮:谓公开的惩罚。

【译文】

　　武王说:"唉! 我们西方诸侯的将士们。上天有显明的典常之理,
这些典常之理应当显扬。现在商王纣轻侮五常,荒废怠慢无所敬畏。
自绝于上天,自结冤仇于下民。砍掉冬天早晨趟水过河人的小腿,解剖

贤能之人的心脏，作威作福，残杀无罪的人，毒害天下百姓。崇信奸邪的人，放逐太师太保，废除常法，囚禁和奴役正直中正之士。祭祀天地的大礼不举行，连宗庙也不享祀，却制作奇异怪巧的东西来取悦女人。上帝不依顺，断然降下这丧亡的大祸。你们要努力辅助我，恭敬奉行上天对商的惩罚。古人有言说：'抚爱我的就是我的君主，虐待我的就是我的仇敌。'商纣大行威虐，是你们世世代代的仇人。培养美德务求滋长，去掉邪恶务求除根，因此，我这小子要率领你们众将士，去歼灭你们的仇人。你们众将士一定要用果敢坚毅的精神来成就你们君主的大业啊！功劳多的将有重赏，不遵循命令将遭到公开惩罚！

"呜呼！惟我文考若日月之照临，光于四方，显于西土。惟我有周诞受多方^①。予克受^②，非予武，惟朕文考无罪；受克予，非朕文考有罪，惟予小子无良。"

【注释】

①诞：大，引申为广泛。多方：指依附于周的诸侯国。

②克：战胜。

【译文】

"啊！我父亲文王的德行，像日月照耀一样，普照到四方，显耀于西土。因此我们周国广泛受到各方诸侯的亲近。如果我战胜了商纣，不是因为我勇武，而是因为我的父亲文王没有过失；如果商纣战胜了我，不是因为我的父亲文王有过失，而是因为我小子不好。"

武　成

【题解】

《孔传》本篇《序》："武王伐殷。往伐归兽，识其政事，作《武成》。"归兽，指武王灭殷后，"归马于华山之阳，放牛于桃林之野"一事。马、牛均兽类，因称"归兽"。《史记·周本纪》："命召公释箕子之囚。命毕公释百姓之囚，表商容之闾。命南宫括散鹿台之财，发钜桥之粟，以振贫弱萌隶。命南宫括、史佚展九鼎保玉。命闳夭封比干之墓。命宗祝享祠于军。乃罢兵西归。行狩，记政事，作《武成》。"《序》所言"识其政事"即《史记》所言"记政事"，两处记载基本吻合。开始一段为史官所记，基本上概括了《武成》的内容。此后，为《武成》的正文，可分两段：第一段的开始仍为史官所记，主要记载《武成》发布的时间及背景。"王若曰"之后，才是《武成》的正文。要点有三：一，周王朝立国之前的发展史：公刘发端，古公亶父奠基，经由王季而至文王发展壮大。文王经九年努力，结果"大统未集"而死。武王"承厥志"，终于灭商，完成建国大业。二，叙述灭商经过并再次历数商纣的罪行。三，灭商后的举措。这些举措，显示出武王尊贤爱民的襟怀，从而获得民众的拥戴。第二段，写建国后的大政方针：实行分封制；重视五常之教；尊贤授能。由于这些大政方针的实施，遂使天下大治。

　　惟一月壬辰,旁死魄①。越翼日②,癸巳,王朝步自周③,于征伐商。厥四月,哉生明④,王来自商,至于丰⑤。乃偃武修文⑥,归马于华山之阳⑦,放牛于桃林之野⑧,示天下弗服⑨。丁未,祀于周庙,邦甸、侯卫⑩,骏奔走,执豆、笾⑪。越三日,庚戌,柴、望⑫,大告武成。

【注释】

①旁死魄:《集传》:"以《泰誓》'戊午'推之,当是一月二日。死魄,朔也。二日,故曰旁死魄。"魄,通"霸",月出或将没时的微光。

②翼日:明日,即第二天。壬辰日的明日即癸巳日。

③周:指周的首都镐京,其地在今陕西西安西南沣水东岸。

④哉:始。

⑤丰:周的故都,在今陕西西安西南沣水西岸,后由武王迁至沣水东岸。

⑥偃:停止。修:实行。

⑦阳:山的南面。

⑧桃林:《孔传》:"桃林在华山东,皆非长养牛马之地。欲使自生自死,示天下不复乘用。"

⑨弗服:不再使用。服,使用。

⑩邦甸:近处的诸侯国。侯卫:远处的诸侯国。

⑪豆:祭器,以木制成。笾(biān):祭器,以竹制成。

⑫柴:烧柴祭天的大礼。望:祭祀山川的大礼。

【译文】

一月壬辰日,月亮大部分无光。到了第二天,也就是癸巳日,武王早晨从周都镐京出发,前去征伐商国。四月初,新月开始露出光辉,武王从商国回来,到了丰邑。于是停止战备,施行文教,把战马放归到华山的南面,把牛放回到桃林的旷野,以此向天下人表示不再使用它们而兴兵了。四月丁未日,武王在周庙举行祭礼,远近的诸侯都忙于奔走,陈设木豆、竹笾等祭器。到了第三天,也就是庚戌日,举行柴祭和望祭的大礼,大力宣告伐商武功的成就。

　　既生魄^①,庶邦冢君暨百工,受命于周。

【注释】

①既生魄:《孔传》:"既生明死,十五日之后。"《集传》:"生魄,望后也。"两注义同。十五日为望日,即既生;十五日之后即望后。望后,月光由盈入亏,因称明死。

【译文】

十五日之后,各国诸侯和百官都到镐京接受王命。

　　王若曰:"呜呼,群后!惟先王建邦启土,公刘克笃前烈^①,至于大王肇基王迹^②,王季其勤王家^③。我文考文王克成厥勋,诞膺天命^④,以抚方夏。大邦畏其力,小邦怀其德。惟九年,大统未集^⑤,予小子其承厥志。底商之罪^⑥,告于皇天、后土、所过名山、大川^⑦,曰:'惟有道曾孙周王发,将有大正于商^⑧。今商王受无道,暴殄天物^⑨,害虐烝民^⑩,为天下逋逃主^⑪,萃渊薮^⑫。予小子既获仁人,敢祇承上帝^⑬,以遏乱略^⑭。华夏蛮貊^⑮,罔不率俾^⑯。恭天成命^⑰,肆予东征^⑱,绥厥士女^⑲。惟其士女,篚厥玄黄^⑳,昭我周王。天休震动^㉑,用附我大邑周^㉒。惟尔有神,尚克相予以济兆民^㉓,无作神羞^㉔!既戊午^㉕,师逾孟津^㉖。癸亥,陈于商郊^㉗,俟天休命⊗。甲子昧爽㉔,受率其旅若林㉚,会于牧野㉛。罔有敌于我师,前途倒戈㉜,攻于后以北㉝,血流漂杵㉞。一戎衣㉟,天下大定。乃反商政,政由旧㊱。释箕子囚㊲,封比干墓㊳,式商容闾㊴。散鹿台之财,发钜桥之粟㊵,大赉于四海㊶,而万姓悦服。"

【注释】

①公刘:周的始祖后稷的曾孙。笃:犹言笃志,谓专心致志。烈:功业。

②大王:古公亶父,周王朝的奠基者。

③王季:古公亶父的小儿子,也是文王的父亲。

④诞:语助词,无义。膺(yīng):受。

⑤大统:帝业,帝位。集:成就,成功。

⑥厎(zhǐ):犹言厎告,诉告。

⑦皇天、后土:天神、地神。

⑧大正:《孔传》:"大正,以兵征之也。"

⑨殄(tiǎn):灭绝。天物:天生之物。

⑩烝民:众民。

⑪逋(bū)逃:逃亡的罪人。

⑫萃(cuì):聚集。渊薮(sǒu):人或物聚集之处。

⑬祇(zhī):恭敬。

⑭遏:制止。乱略:乱谋。

⑮华夏:古时指中原各国。蛮貊(mò):统指边远地区少数民族。蛮,指南方少数民族。貊,指北方少数民族。

⑯罔不:无不。率(shuài):顺服。俾(bǐ):服从。

⑰成命:既定的天命。

⑱肆:因此。东征:指伐商,商在周之东,因称东征。

⑲绥:安定。厥:其。

⑳篚(fěi):竹制盛器。此处用作动词,谓以篚盛着。玄黄:指彩色丝帛。

㉑天休:上天的美意。休,美。

㉒用:因。附:归附。

㉓相:助。济:救助。

㉔无:不要。神羞:谓为神羞辱之事。

㉕既:不久。

㉖逾:过,谓渡过。孟津:黄河渡口,在今河南孟津境内。与《泰誓上》第一段注①所指地点相同。

㉗陈:同"阵",陈兵布阵。

㉘俟:等待。休命:美善而圣明的命令。

㉙昧爽:黎明,拂晓。

㉚受:即纣。

㉛牧野:地名。在商的首都朝歌南七十里,今河南汲县北。与《牧誓》第一段注②同指一地。

㉜倒戈:军队临阵时投降敌方并转攻己方。

㉝北:败北,战败。

㉞血流漂杵:极言战况惨烈。杵,古代形似棒槌的武器。

㉟一戎衣:《孔传》:"一著戎服而灭纣。"戎服,犹今语军装。形容灭纣之速。

㊱政由旧:《孔传》:"反纣恶政,用商先王善政。"

㊲释箕子囚:见《泰誓下》第一段注⑫。

㊳封比干墓:培土增修比干之墓。

㊴式:同"轼",车上横木,称作扶手板,以手按板上,以示敬意。闾:里巷的大门,代指里巷。

⑩鹿台、钜桥:《史记·殷本纪》:"厚赋税以实鹿台之钱,而盈钜桥之粟。"

⑪赉(lài):赏赐,赠送。

【译文】

武王这样说:"唉!众位诸侯啊!我的先王建立了国家,开辟疆土,公刘能够专心修治前人的功业,到了太王,开创了王室的基业,王季勤劳地经营王家事业。我的父亲文王能够成就巨大的功勋,因而能够接受上天赐予的大命,安抚四方和中夏的百姓。大国畏惧他的威力,小国怀念他的恩德。他在诸侯归附九年后去世,大业还没有完成。我小子将继承他的意志。我曾把商纣的罪恶向皇天、后土,以及所经过的名山大川禀告说:'有道的曾孙周王姬发,将要讨伐商国。现在商王纣没有人道,残暴地灭绝天下万物,虐待众民,是天下逃亡罪人的魁首和罪恶聚集的渊泽。我小子得到仁人志士后,冒昧敬承上帝意旨,来制止乱谋。中原各国和边远少数民族的民众无不遵从。我奉既成的天命,所以我向东方征讨,安定那里的士女。那里的士女送来用竹筐盛着的彩色的丝绸,显示对我周王为之除害的感戴。他们被上天的美意震动了,因而归附了我大周国呀!希望你们有神灵辅佑我去救助亿万百姓,不要使神明羞辱的事情发生!不久,到了戊午日,军队渡过孟津。癸亥日,在商郊布好军阵,等待着上天圣明的命令。甲子日黎明,商纣率领他那如密林般的军队,来到牧野与我军会战。他的士卒不抵抗我军,在前面的士卒随即投降反戈攻击其后面的士卒,因而商纣的军队大败,鲜血流得可以漂起形似棒槌的武器。我们一穿上军装就灭了殷纣,天下便大为安定了。于是我改变商纣的恶政,采用过去殷商先王的善政。解除对箕子的囚禁,修复比干的坟墓,过商容的里门而致敬。散发鹿台的财货,发放钜桥的粮食,在四海百姓中施行大赏,天下万民都心悦诚服。"

列爵惟五①，分土惟三②。建官惟贤③，位事惟能④。重民五教⑤，惟食、丧、祭⑥。惇信明义⑦，崇德报功⑧。垂拱而天下治⑨。

【注释】

①列：排列。惟：为。五：五等：公、侯、伯、子、男。

②分土惟三：封地分为三等：公、侯的封地为百里；伯，七十里；子、男五十里。

③建：设立。

④位：使占据应有的位置。

⑤五教：五常之教。父义、母慈、兄友、弟恭、子孝五种伦常道德。

⑥食、丧、祭：《集传》："食以养生，丧以送死，祭以追远。五教三事，所以立人纪而厚风俗，圣人之所甚重焉者。"

⑦惇（dūn）：重视。明：显扬。

⑧崇：尊重。报：回报，回赠。

⑨垂拱：形容无为而治。

【译文】

武王将爵位列为五等，区分封地为三等。依据贤良设立官长，依据才能安置众吏。注重百姓的五常之教，以及衣食、丧葬和祭祀。重视诚信，显扬道义；尊重有德的人，回报有功的人。于是武王垂衣拱手而天下大治了。

旅　獒

【题解】

《孔传》本篇《序》：“西旅献獒，太保作《旅獒》。”根据篇首史官所言，此篇当作于武王灭殷立国之时，作者为召公奭，是召公奭对武王的训辞。《集传》说：“西旅贡獒，召公以为非当所受。作书以戒武王，亦训体也，因以《旅獒》名篇。”此说甚是，当从。《书经传说汇纂》引吕祖谦说：“创业之君，有一毫之失，后世便有丘山之害。此于王业已成，则为谨终；于示后嗣，则为谨始。”又引林之奇说：“人臣之谏其君，必救之于其始。始之不救，其末将有不可胜救者。才通道于外域，而受旅獒之献，四夷闻之。则将以珍奇进，而人主之欲浸广矣。此所以谏王也。”这两段话，对理解本文很有帮助，录之以供参考。

本篇除开始的文字为史官叙事之辞外，自“曰”字以下均为训辞正文。可分三段。第一段，训辞开始便提出“慎德”作为全篇的纲领。以下围绕这个纲领展开议论。首先描绘立国出现的盛况：“西夷咸宾”、“无有远迩，毕献方物”。面对如此盛况，王虽然采取“昭德之致于异姓之邦”，使“无替厥服”，又“分宝玉于伯叔之国”而“时庸展亲”。这一切都是为了“人不易物，惟德其物”，突出“德”字，蕴涵在胜利面前不要被胜利冲昏头脑，而要清醒地保持住“德”字。第二段，进一步就“德”字展开议论，指出“德盛”表现在：一，无论对“君子”还是对“小人”，都要做到

"不狎侮",并指出"狎侮"的危害。二,"不役耳目",从正面看,如此,则"百度惟贞",效果显著不言而喻;从反面看,不如此,则"玩人丧德,玩物丧志",危害之大也不言而喻。"志以道宁,言以道接",此处"道"与"德"同义。这是一条原则,从这条原则出发,下面连续提出五个"不"字。做到这五个"不",才是"德盛"。只有"德盛"才能实现"功乃成"、"民乃足"、"远人格"、"迩人安"。一句话,人民安居乐业,国家长治久安。第三段,以"为山九仞,功亏一篑"为喻,指出"勤"与"矜细行"的重要。最后以"允迪兹,生民保厥居,惟乃世王"作结。通篇围绕"德"字展开议论,内容深刻,耐人寻味。篇中"玩物丧志"、"为山九仞,功亏一篑",至今仍然具有鲜活的生命力,成为人们津津乐道的成语,实在难能可贵!

　　惟克商,遂通道于九夷八蛮①。西旅厎贡厥獒②,太保乃作《旅獒》③,用训于王④。

【注释】

①九夷八蛮:夷、蛮,泛指边远地区少数民族。九、八,言其多。

②西旅:西戎旅国。厎(zhǐ):来。獒(áo):大犬,猛犬,身高四尺。

③太保:召(shào)公,名奭(shì)。《史记·燕召公世家》裴骃集解引谯周曰:"周之支族,食邑于召,谓之召公。"

④训:《孔传·尚书序》:"典、谟、训、诰、誓、命之文,凡百篇。"训为此六种文体之一,记叙训导之辞。

【译文】

　　武王战胜商以后,与众多民族国家之间的道路便自然开通了。西方的旅国来贡献他们那里名贵的犬,太保召公于是写了《旅獒》,用来劝谏武王。

曰:"呜呼! 明王慎德,西夷咸宾^①。无有远迩,毕献方物^②,惟服食器用。王乃昭德之致于异姓之邦,无替厥服^③;分宝玉于伯叔之国^④,时庸展亲^⑤。人不易物^⑥,惟德其物!

【注释】

①西夷:西方少数民族。咸:皆,都。宾:服从,归顺。

②方物:地方特产。

③替:废弃,荒废。服:职务,职责。

④伯叔之国:指同姓诸侯国。

⑤时:通"是"。庸:用。展:显示,展示。

⑥易:轻视。

【译文】

公说:"啊! 圣明的王能够敬慎德行,所以四方各国都来归顺。无论远近,都来贡献各地的物产,贡品只是衣食器用一类的东西。明王于是昭示这些贡品给异姓的国家,使他们不要荒废职事;分赐宝玉给同姓的国家,用来表示亲爱之意。人们都不敢轻视那些物品,而是以德来看待那些物品!

"德盛不狎侮^①。狎侮君子^②,罔以尽人心;狎侮小人,罔以尽其力。不役耳目^③,百度惟贞^④。玩人丧德^⑤,玩物丧志。志以道宁,言以道接^⑥。不作无益害有益,功乃成;不贵异物贱用物,民乃足。犬马非其土性不畜,珍禽奇兽不育于国。不宝远物,则远人格^⑦;所宝惟贤,则迩人安^⑧。

【注释】

①狎侮:轻视,侮慢。

②君子:与下文的"小人"相对为文,孔颖达疏:"君子谓臣,小人
　谓民。"

③不役耳目:不为耳目接触的外物所吸引而不由自主为其役使。

④百度:百事,指各种政务。贞:正,正确妥善。

⑤玩:戏弄,玩弄。丧:丧失。

⑥"志以道宁"二句:《集传》:"道者,所当由之理也。己之志以道而
　宁,则不至于妄发;人之言以道而接,则不至于妄受。"

⑦远人:远处的人,指边远地区的少数民族。格:来,至,谓归顺。

⑧迩人:近处之人。迩,近。此处"迩人"承上文也包括"远人"。

【译文】

"德高的人不轻视侮慢他人。如果轻视侮慢高贵的官长,就不可能使他们尽心从政;如果轻视侮慢平民百姓,就不可能使他们尽力而为。不被耳目所好而不由自主为其役使,各种政务的处理就会正确妥善。戏弄人就会丧失品德,玩弄物就会丧失意志。自己的意志要靠道来坚定,他人的言论要靠道来接受。不做无益的事情妨碍有益的事情,事业才能成功;不重视珍贵奇巧的物品轻视实用的物品,百姓才能丰衣足食。犬马不是本土生长的不畜养,珍禽异兽不要饲养在本国之内。不珍爱远方的物品,远方的人就会来归顺;只珍爱贤才,远近之人才能安宁。

"呜呼!夙夜罔或不勤!不矜细行①,终累大德②。为山九仞③,功亏一篑④。允迪兹⑤,生民保厥居,惟乃世王⑥。"

【注释】

①矜:顾惜,注重。细行:生活小节。

②累(lèi):带累,损害。

③九仞:六十三尺或七十二尺,形容极高或极深。仞,七尺或八尺。

④亏：缺，欠。篑（kuì）：盛土的竹器。

⑤允：确实，果真。迪：实行。兹：此，指上述告诫。

⑥世王：世世代代为王。

【译文】

"啊！早晚不可有片刻不勤勉！不注重细节，最终会损害大德。比如筑九仞高的土山，工程未完成，只因缺一筐土。如果你能真正按以上的告诫来做，百姓就能安居乐业，周家就可以世代为王于天下了。"

微子之命

【题解】

《孔传》本篇《序》："成王既黜殷命，杀武庚，命微子启代殷后，作《微子之命》。"《史记·宋微子世家》："武王崩，成王少，周公旦代行政当国。管、蔡疑之，乃与武庚作乱，欲袭成王、周公。周公既承成王命诛武庚，杀管叔，放蔡叔，乃命微子开代殷后，奉其先祀，作《微子之命》以申之，国于宋。微子故能仁贤，乃代武庚，故殷之余民甚戴爱之。"两处记载大体相同，而《史记》的记载更加详细，有助于了解本篇内容及写作背景，故录之以供参考。《史记》所说的"微子开"即"微子启"。汉景帝名启，避讳，改"启"为"开"。周武王灭殷之后"封商纣子禄父殷之余民。武王为殷初定未集，乃使其弟管叔鲜、蔡叔度相禄父治殷"（《史记·周本纪》）。武王死后，武庚禄父勾结管、蔡发动叛乱，周公东征"诛武庚，杀管叔，放蔡叔"，平定叛乱。《微子之命》便作于此时，可见本篇作于西周初期，政权尚未完全稳定的时期。

本文可分三段。第一段，首先肯定微子"崇德象贤"的美德；然后提出希望，希望微子"统承先王，修其礼物"，作为贵宾与周室"咸休"并"永世无穷"。可见对微子所采取的是一种怀柔政策。第二段，一方面肯定微子"旧有令闻，恪慎克孝，肃恭神人"的美德，另一方面希望微子继承成汤的传统"抚民以宽，除其邪虐，功加于时，德垂后裔"，并"上帝时歆，下民祗协"而"尹兹东夏"。很明显在内容上是对第一段的延续。第三段，提出要求：一，"慎乃服命，率由典常，以蕃王室"。二，"弘乃烈祖，律乃有民，永绥厥位，毗予一人"。三，"世世享德，万邦作式，俾我有周无斁"。第一条重点在"率由典常"；第二条重点在"律乃有民"；第三条重点在"万邦作式"。这三条的核心则是"慎乃服命"、"毗予一人"、"无替朕命"。可见第三段所表达的乃是发布本文的目的所在。

王若曰："猷①！殷王元子②。惟稽古③，崇德象贤④。统承先王，修其礼物，作宾于王家⑤，与国咸休，永世无穷。

【注释】

①猷：发语词。

②元子：长子，微子是殷帝乙的长子，殷纣的庶兄。

③稽：考察。

④象贤：《集传》："象贤，谓其后嗣子孙有象先王之贤者，则命之以主祀也。"

⑤王家：指周王朝。

【译文】

成王这样说："唉！殷王的长子啊！考察古代，有崇尚盛德，效法先贤的后人可以主祀的制度。你能继承殷先王的传统，修治先王的礼制文物，可以主祀，做王家的贵宾，与王室同样美好，世世代代没有穷尽。

"呜呼！乃祖成汤克齐圣广渊①，皇天眷佑，诞受厥命。抚民以宽，除其邪虐，功加于时②，德垂后裔③。

【注释】

①齐(zhāi)：同"斋"，严肃恭敬。圣：圣明。广：大。渊：深。

②加：及，施及。

③垂：流传。后裔：后代。

【译文】

"啊！你的先祖成汤能够严肃恭敬、圣明、广大、深远，伟大的上帝眷顾佑助他，于是他接受了上天赐予的大命。他用宽政安治民众，除掉邪妄暴虐之徒，功勋施益于当时，德泽流传于后代。

"尔惟践修厥猷①，旧有令闻②。恪慎克孝③，肃恭神人④。予嘉乃德⑤，曰笃不忘⑥。上帝时歆⑦，下民祇协⑧，庸建尔于上公⑨，尹兹东夏⑩。

【注释】

①践修：履行修治。厥：其，指成汤。猷：道，谓治国之道。

②令闻：美好的名声。

③恪(kè)慎：恭敬谨慎。

④肃恭：严肃恭敬。

⑤嘉：赞美。乃：你。

⑥笃：厚。

⑦歆(xīn)：歆享，谓神灵享受供物。

⑧祇(zhī)：敬。协：和谐。

⑨庸：因此。建：立。尔：你。上公：微子为殷王之后被封为公，因称上公。

⑩尹：治理。东夏：微子的封地在殷的故土亳，地处东部，因称东夏。

【译文】

"你遵行成汤的治国之道,已早有美名。你恭敬谨慎能行孝道,恭敬地对待神和人。我赞美你的盛德,认为你的美德纯厚而不可忘记。上帝能按时享受你的祭祀,下民对你尊敬,与你关系和睦,因此我立你为上公,治理这东方华夏之国。

"钦哉①!往敷乃训②,慎乃服命③,率由典常④,以蕃王室⑤。弘乃烈祖⑥,律乃有民⑦,永绥厥位⑧,毗予一人⑨。世世享德,万邦作式⑩,俾我有周无斁⑪。呜呼!往哉惟休⑫,无替朕命⑬。"

【注释】

①钦:敬。

②敷:发布。训:谓政令。

③服:职务,职位。命:使命。

④率:遵循。典常:常法。

⑤蕃(fān):通"藩",藩屏,捍卫。

⑥弘:发扬。

⑦律:以法度约束规范其行为。

⑧绥:安。

⑨毗:辅助。

⑩式:榜样。

⑪俾:使。斁(yì):厌倦。

⑫休:美。《集传》:"言汝往之国,当休美其政。"

⑬替:废弃。

【译文】

"要敬慎啊！前去发布你的政令，谨慎对待你的职位和使命，遵循常法，来保卫周王室。弘扬你烈祖成汤的治国之道，用法度规范你的民众，长久安居于上公之位，辅助我一人。只有这样，你的世代子孙才能享受你的恩德，万国诸侯才会以你为榜样，服从我周王室而不厌倦。啊！前往吧，要好好治理你的国家，不要废弃我的诰命！"

蔡仲之命

【题解】

《孔传》本篇《序》：“蔡叔既没，王命蔡仲，践诸侯位，作《蔡仲之命》。”《史记·管蔡世家》：“蔡叔度既迁而死。其子曰胡，胡乃改行，率德驯善。周公闻之，而举胡以为鲁卿士，鲁国治。于是周公言于成王，复封胡于蔡，以奉蔡叔之祀，是为蔡仲。”

本篇开始一段为史官叙事之辞，与《史记》记载大体相同。从这些记载中，我们基本上可以了解本篇的写作背景。“王若曰”以下为命辞正文，可分两段。第一段，宣布封姬胡为蔡侯的命令，同时指出封侯的原因在于姬胡能够“率德改行，克慎厥猷”，并提出三点希望：一，“尔尚盖前人之愆，惟忠惟孝”。二，“尔乃迈迹自身，克勤无怠，以垂宪乃后”。三，“率乃祖文王之彝训，无若尔考之违王命”。第二段，向姬胡提出具体要求：一，要了解“德”与“惠”的重要。只有具备“德”才能得到上天的辅助；只有“惠”于民，才能得到民众的衷心拥戴。二，要慎始慎终的“为善”而不“为恶”。所谓“善”即“睦乃四邻”、“以蕃王室”、“以和兄弟”、“康济小民”。三，要遵循“中”道。所谓“中”道，即“无作聪明乱旧章”、“详乃视听，罔以侧言改厥度”。四，“无荒弃朕命！”这些希望和要求既是在总结平叛的基础上又考虑到当时情况提出来的，不仅具有很强的针对性，对后世也具有重要的借鉴意义。

　　惟周公位冢宰①，正百工②，群叔流言③。乃致辟管叔于商④；囚蔡叔于郭邻⑤，以车七乘⑥；降霍叔于庶人，三年不齿⑦。蔡仲克庸祗德⑧，周公以为卿士⑨。叔卒，乃命诸王邦之蔡⑩。

【注释】

①冢宰：大宰，总理百官之长，因称冢宰。冢，大。

②正：统率，治理。百工：百官。

③群叔：指下文管叔、蔡叔、霍叔而言。叔，统指兄弟。流言：散布诬蔑挑拨离间的言论。

④致辟：辟，法。《孔传》："致法，谓诛杀。"管叔：名鲜，周公之兄。商：指殷商故都。孔颖达疏："周公乃以王命……就殷都杀之。"

⑤蔡叔：名度，周公之弟。郭邻：地名。《集传》："苏氏曰：'郭，虢也。'"悬度之词，不可信。《孔传》："郭邻，中国之外地名。"难以确考，当是边远之地。

⑥以车七乘：《史记·管蔡世家》："放蔡叔，迁之，与车十乘，徒七十人从。"

⑦"降霍叔"二句：《孔传》："罪轻，故退为众人。三年之后乃齿录，封为霍侯，子孙为晋所灭。"

⑧蔡仲：蔡叔之子，字仲。克：能。庸：经常，常常。祗：敬。

⑨卿士：王朝或诸侯国的执政官。

⑩蔡：原为蔡叔度的封国，其地在今河南上蔡。因蔡叔度参与叛乱，平叛后蔡叔度被判处流放而国除。其子蔡仲，能改其父之过，且"克庸祗德"，并经过考察，遂复封于蔡，其地在今河南新蔡。《孔传》："叔之所封圻内之蔡，仲之所封淮汝之间。圻内之蔡，名已灭。故取其名，以名新国，欲其戒之。"

【译文】

周公当大宰,统率百官的时候,几个兄弟散布流言诽谤他。于是周公到达商地,杀死了管叔;用七辆车把蔡叔送到边远的郭邻,囚禁在那里;把霍叔降为庶人,三年之内不予录用。蔡仲能够经常敬重德行,周公任命他为卿士。蔡叔死后,周公便让成王把蔡仲封在蔡国。

王若曰:"小子胡①,惟尔率德改行②,克慎厥猷③,肆予命尔侯于东土④。往即乃封⑤,敬哉!尔尚盖前人之愆⑥,惟忠惟孝⑦;尔乃迈迹自身,克勤无怠,以垂宪乃后⑧;率乃祖文王之彝训⑨,无若尔考之违王命。

【注释】

①胡:蔡仲之名。

②率:遵循。

③猷:道。

④肆:故,因此。东土:指蔡仲的封地新蔡。其地处于淮汝之间的东部地区,因称东土。

⑤即:就,就任。

⑥尚:犹能,还能。盖:遮盖,引申为改变。愆:过错,罪咎。

⑦惟:思。

⑧垂宪:犹言垂范。宪,典范,榜样。

⑨率:遵照。彝训:尊长对后辈教导之辞。

【译文】

成王这样说:"年轻的姬胡!由于你遵循先祖文王的美德,改变你父亲蔡叔的过错,能够谨守为臣之道,因此我任命你在东土做诸侯。你前往你的封地就任,要谨慎呀!你要免于你父亲的过错,要思忠思孝;

希望你迈出新的步伐，能够勤劳不懈怠，从而成为你的子孙后代仿效的榜样；要遵循你祖父文王的教导，不要像你的父亲那样违背王命！

"皇天无亲，惟德是辅；民心无常，惟惠之怀①。为善不同，同归于治；为恶不同，同归于乱。尔其戒哉！慎厥初，惟厥终，终以不困；不惟厥终，终以困穷。懋乃攸绩②，睦乃四邻，以蕃王室③，以和兄弟，康济小民④。率自中⑤，无作聪明乱旧章⑥；详乃视听，罔以侧言改厥度⑦。则予一人汝嘉⑧。"王曰："呜呼！小子胡，汝往哉！无荒弃朕命⑨！"

【注释】

①惠：仁慈，仁爱。

②懋：勤勉，努力。攸：所。绩：事功。

③蕃：通"藩"，屏障，引申为捍卫、保卫。

④康济：使安居乐业。

⑤率：遵循。中：中正之道，正道。

⑥作聪明：自以为聪明，轻率逞能。旧章：指先王留存的典章法度。

⑦侧言：一偏之说，谓片面的言论。度：法度。

⑧嘉：赞许嘉奖。

⑨荒弃：废弃。

【译文】

"皇天对于人没有亲疏之别，只辅助有德的人；人们心中没有常主，只怀念仁爱的君主。做善事的方式虽各不相同，但都同样会达到安治；做恶事的手段虽各不相同，但都同样会导致动乱。你要警戒啊！谨慎对待事情的开始，对它的结局也要考虑，这样最终才不会困窘；若不考虑它的结局，最终一定会很困窘。努力做你所要做的事情，与你四邻的各国和睦相处，来保卫周王室，并使同姓兄弟国家之间亲密和谐，从而使百姓安居乐业。要遵循正道，不要自作聪明扰乱先王的成法；要审慎你的视听，不要因片面之言改变正常的法度。这样我就会嘉奖你！"王说："唉！年轻的姬胡啊。你去吧！不要废弃我的教导！"

周　官

【题解】

　　《孔传》本篇《序》:"成王既黜殷命,灭淮夷,还归在丰,作《周官》。"《史记·周本纪》:"成王……既绌殷命,袭淮夷,归在丰,作《周官》。"两者记载相同。此篇为成王所作。其内容为阐明周王朝设官、分职、用人之法。开始为史官叙事之辞,说明本篇的写作背景及立意。"王曰"以下为本篇正文,可分两段。第一段,谈设官分职。首先指明所设之官,接着便说明此官所应负的职责及权限,然后制定朝会、巡视制度,明确赏罚。条理分明,一目了然。围绕在天子周围的是"三公"、"三孤"。《大戴礼记·保傅》:"昔者,周成王幼,在襁褓之中,召公为太保,周公为太傅,太公为太师。保,保其身体;傅,傅其德义;师,导之教顺,此三公之职也。于是为置三少,皆上大夫也。曰少保、少傅、少师,是与太子宴者也。故孩提,三公三少固明孝仁礼义以导习之也。逐去邪人,不使见恶行。于是比选天下端士孝悌闲博有道术者,以辅翼之,使之与太子居处出入;故太子乃目见正事,闻正言,行正道,左视右视,前后皆正人。夫习与正人居,不能不正也。""三少"即本篇所言"三孤"。汉代初年贾谊《新书·保傅》记载与此基本相同。据此,则"三公"、"三孤"非成王始设,乃因成制而设,以下官职也是成王因成制而设。行政长官则以"冢宰"为首,下设司徒、宗伯、司马、司寇、司空,加上"冢宰"统称"六卿"。

"冢宰"既为"六卿"之首,亦为"六卿"之一。第二段,对所有官员提出要求。要点为:一、制定法令要慎重,其原则是"以公灭私,民其允怀"。如此,制定出的法令应坚定不移地推行,决不可半途而废。二、学习古代经典,不可"墙面"不学无术。三、要志高、勤俭、戒骄、戒侈。四、不作伪。五、居宠思危。六、推贤让能,举能其官。总的目的是"以佑乃辟","永康兆民"。

　　惟周王抚万邦①,巡侯、甸②,四征弗庭③,绥厥兆民④;六服群辟⑤,罔不承德⑥。归于宗周⑦,董正治官⑧。

【注释】

①抚:治理。万邦:万国,指众多诸侯国。万,极言其多。

②巡:视察。侯、甸:泛指诸侯国。

③庭:庭见,即朝见,表示宾服。

④绥:安。

⑤六服:《集传》:"侯、甸、男、采、卫并畿内为六服。"泛指各级各地诸侯国。辟:指诸侯国君。

⑥承德:谓服从德教。

⑦宗周:指周的首都镐京。

⑧董正:督察整顿。

【译文】

　　周成王统治天下,视察各诸侯国家,征讨四方尚未宾服的诸侯,使亿万百姓得以安居乐业;从而使王畿之外的侯、甸、男、采、卫、蛮夷六等诸侯国的国君,无不服从天子的德教。成王回到京都,监督百官,严肃政纪。

王曰:"若昔大猷①,制治于未乱②,保邦于未危③。"

【注释】

①大猷:伟大的谋略。猷,谋略。

②制治:谓制定法制。

③保邦:保卫国家。邦,国家。

【译文】

　　成王说:"古代那伟大的谋略,是在社会未乱之时,订立法制进行治理;在国家没有产生危险的时候,便采取保卫措施。"

　　曰:"唐虞稽古①,建官惟百,内有百揆四岳②,外有州、牧、侯伯③。庶政惟和④,万国咸宁⑤。夏商官倍,亦克用乂⑥。明王立政⑦,不惟其官,惟其人⑧。

【注释】

①稽古:考察古代。

②内:朝内。百揆:同"冢宰",百官之长。四岳:泛指四方诸侯。

③外:与"内"相对而言,指地方政府。州、牧:泛指地方政府。侯伯:泛指各级诸侯。

④庶政:泛指各类政务。和:和谐而适当,谓政务实施恰到好处。

⑤万国:泛指众多诸侯国。咸:皆,都。

⑥乂(yì):治理,安定。

⑦立政:谓设立官制。

⑧惟其人:指用人是否得当。

【译文】

　　又说:"考察远古唐尧虞舜时代,设立一百种官职,朝廷之内设有总理百官的百揆统率百官并统率四方诸侯,朝廷之外设有各州的行政长官以及侯伯之类的诸侯。各种政务都很和谐,众多诸侯国都太平安宁。到了夏代和商代,官职的设立增加了一倍,也能够把国家治理好。圣明的天子,建立官制,不在于官职的多少,而在于用人是否得当。

"今予小子,祗勤于德①,夙夜不逮②。仰惟前代时若③,训迪厥官④。

【注释】

①祗(zhī):恭敬。

②夙夜:早晚,昼夜。谓不分昼夜。不逮:不及,谓做不到。

③仰惟:仰首深思,形容渴望。时若:倒装句,即若是。时,通"是",此,犹言这些,指前代的传统。若,顺,谓遵循。

④训迪:教训开导。

【译文】

"现在,我小子恭敬而勤勉地推行德政,不分昼夜唯恐做不到。渴望遵循前代的传统,教育开导这些官吏。

"立太师、太傅、太保①,兹惟三公。论道经邦②,燮理阴阳③。官不必备④,惟其人⑤。

【注释】

①立:设立。太师:《孔传》:"师,天子所师法。"太傅:《孔传》:"傅,傅相天子。"太保:《孔传》:"保,保安天子于德义者。"太师、太傅、太保总称"三公",为辅佐天子的大臣。

②论道:谓阐明治国的大道。经邦:谓治理国家的谋略。

③燮(xiè)理阴阳：谓调理阴阳。《书经传说汇纂》引王樵曰："道者，
　即经纶邦国，和调阴阳之道也。惟三公以道为天子师，为能知其
　所以然之故。则使之论说于天子之前。故论道，皆所以经邦而
　燮理阴阳。经邦、燮理皆实事，则论道非空言也。"此说仅供
　参考。

④不必备：谓不必全部备齐，意思是宁缺勿滥。备，全，指三公全部
　备齐。

⑤惟其人：谓只有具备上述能力的人才可以担任。

【译文】

"设立太师、太傅、太保，这是三公。他们负责阐明治国的大道，提
出治理国家的谋略，具备调理天地化育的能力。这类官员不必凑数，一
定要有具备这种才德之人方可担任。

"少师、少傅、少保，曰三孤①。贰公弘化②，寅亮天地③，
弼予一人。

【注释】

①少师、少傅、少保：皆官名，总称"三孤"。《孔传》："孤，特也。言
　卑于公，尊于卿。特置此三者。"

②贰公：做公的副职。贰，副职。弘化：弘扬教化。

③寅亮：恭敬信奉。天地：谓天地之道。古人信奉天人合一的观
　念，天地之道即天道，而天道和人道是相通的。"皇天无亲，惟德
　是辅"（《蔡仲之命》）可证。天子虽然位尊，但必须有"德"，才能
　得到"皇天"的辅助；然而天子是人不是神，也存在这样或那样的
　错误思想。这些错误思想发展下去，必然造成严重后果，引起阴
　阳失调，从而失去"皇天"的辅助。吕祖谦说："阴阳以气言，天地
　以形言。燮理，运之者也；寅亮，承之者也。公、孤之分，于此著

矣。然'弼予一人'乃格君心之任。独于孤言之,而公之职反不
与焉。何也?'论道经邦,燮理阴阳'未有不自君心者也。"(见
《书经传说汇纂》引)就是说"三孤"的责任便在于不断地格除"君
心"中的错误思想,以保持阴阳和谐而不致失调,从而保证天子
获得"皇天"的辅助,其地位得以巩固。

【译文】

"设立少师、少傅、少保,这叫做三孤。作为三公的助手帮助弘扬教
化,恭敬地信奉天地的教化,帮助我治理天下。

"冢宰掌邦治,统百官,均四海①。
"司徒掌邦教,敷五典,扰兆民②。
"宗伯掌邦礼,治神人,和上下③。
"司马掌邦政,统六师,平邦国④。
"司寇掌邦禁,诘奸慝,刑暴乱⑤。
"司空掌邦土,居四民,时地利⑥。

【注释】

①"冢宰"三句:冢宰,百官之长。《集传》:"治官之长,是为冢宰。
　内统百官,外均四海,盖天子之相也。百官异职,管摄使归于一,
　是之谓统。四海异宜,调剂使得其平,是之谓均。"治、统、均是冢
　宰的职责范围。

②"司徒"三句:司徒,官名。六卿之一,负责教育。邦教,邦国教
　育。敷,布,传播。五典,即五常。父义、母慈、兄友、弟恭、子孝
　五种伦常道德。扰:《集传》:"驯扰兆民之不顺者,而使之顺也。"

③"宗伯"三句:宗伯,官名。六卿之一,负责礼乐。邦礼,国家的礼
　乐制度。治神人,管理祭祀天地鬼神之事。

④"司马"三句：司马，官名。六卿之一，负责军事。六军，统指朝廷
的军队。《周礼·夏官·司马》："凡制军，万有二千五百人为军。
王六军，大国三军，次国二军，小国一军。军将皆命卿。"

⑤"司寇"三句：司寇，官名。六卿之一，负责司法。邦禁，国家禁
令。诘，追究，查处。奸慝(tè)，邪恶之人。刑，惩罚。暴乱，指发
动暴乱的人。

⑥"司空"三句：司空，官名。六卿之一，负责管理国土。四民，士、
农、工、商四民。

【译文】

"大宰，执掌邦国大权，统率百官，使天下得以均平。

"司徒，掌握国家教育，传播五常之教，使亿万百姓和睦相处。

"宗伯，掌管国家礼乐制度，处理祭祀天地鬼神之事，以及国家各种
礼仪，从而使上下和睦相处。

"司马，掌管国家的军政，统率六军，平衡诸侯之间的关系。

"司寇，掌管国家禁令，追究那些暗中为非作歹之人，惩罚那发动暴
乱之人。

"司空，掌管国家的土地，顺天时，兴地利，使士、农、工、商各类百
姓，各得其所。

"六卿分职①，各率其属②，以倡九牧②，阜成兆民④。

【注释】

①分职：谓分清职守。

②属：指下属。

③九牧：指九州之内。

④阜成：使富足安定。

【译文】

"上述六卿,分清职守,分别统率他们的下属,从而在九州之内倡明政教,使亿万百姓丰衣足食而成就教化。

"六年,五服一朝①。又六年,王乃时巡②,考制度于四岳。诸侯各朝于方岳,大明黜陟③。"

【注释】

①五服:指侯、甸、男、采、卫五类诸侯国。一朝:每六年一次到京师朝会。

②时巡:指每十二年天子到各地视察一次。

③黜:罢免。陟:升,谓提拔。

【译文】

"每六年,侯、甸、男、采、卫五类诸侯都要到京师朝会。再过六年,天子便按时视察四方,在四岳那里考订制度,诸侯各按统属分别朝见四岳。大张旗鼓地惩罚罢免坏的,奖励提拔好的。"

王曰:"呜呼! 凡我有官君子,钦乃攸司①,慎乃出令。令出惟行②,弗惟反③。以公灭私,民其允怀④。学古入官⑤,议事以制,政乃不迷⑥。其尔典常作之师⑦,无以利口乱厥官⑧。蓄疑败谋⑨,怠忽荒政⑩。不学墙面⑪,莅事惟烦⑫。戒尔卿士,功崇惟志⑬,业广惟勤。惟克果断,乃罔后艰。位不期骄⑭,禄不期侈。恭俭惟德,无载尔伪⑮。作德,心逸日休;作伪,心劳日拙。居宠思危,罔不惟畏,弗畏入畏⑯。推贤让能,庶官乃和,不和政庞⑰。举能其官,惟尔之能;称匪其人⑱,惟尔不任。"

【注释】

①钦：敬。乃：你，你们。攸：所。司：主管，谓主管的职务。

②惟行：只有实行。惟，只有。

③弗：不，不要。惟：思，想。反：违反，违背。

④允：信。怀：归向，归服。

⑤入官：犹入仕，入朝为官。

⑥迷：迷途，歧途。

⑦其：表祈使，犹当。师：学习，此处指学习的根据。

⑧利口：能言善辩。官：指政务公务。

⑨蓄疑：积疑不决。败谋：败坏所谋之事，此处指国家大计。

⑩怠忽：怠惰轻率。荒：荒废。

⑪墙面：两字倒装，即面墙。谓面墙而立，形容不学无术，一无
　　所知。

⑫莅事：处理政务。莅，治理，处理。事，指政务。

⑬功崇：功高。惟志：谓立志要远大。《孔传》："功高由志，业广由
　　勤，惟能果断行事，乃无后难。言多疑必致患。"

⑭不期：不希望。

⑮载：事，引申为从事。

⑯弗畏入畏：《集传》："不知祗畏，则入于可畏之中矣！"

⑰厖（máng）：纷乱，杂乱。

⑱称：举荐。匪：同"非"。

【译文】

　　王说："唉！凡是我那些担任官职的君子，一定要恭谨地对待你们
所负责的事务，谨慎地发布命令。命令发布了一定要推行，不要想违
反。要出以公心，消灭私情，百姓就会相信并服从你了。学习古代的法
典之后再做官，讨论政务的时候要按照国家的法制，这样，政治就不会
走上歧途。你们应当把法典和常规当作学习的根据，不要以能言善辩

扰乱公务。许多问题犹豫不决,将会破坏国家大计,懒惰和轻率必然会荒废政务。不学习犹如面对墙壁什么也看不清,处理政务就会杂乱。警惕啊!你们这些官吏。功劳要高,在于立志远大;事业要大,在于勤奋。能够当机立断,就没有以后的艰难。地位高了不要骄横,俸禄多了不要奢侈。谦虚节俭才是美德,在培养品德时不要虚假。培养的是美德,不必然费苦心,声誉将日趋美好;做出的是诈伪,即使费尽心机,处境也会越来越艰难。居于被宠信的地位,能够感到危惧,就不会陷于可怕的境地;相反,不感到危惧,就会陷于可怕的境地。人人谦让,举荐贤能,众官便能和谐相处。众官不能协理政务,必定杂乱。举荐之人能够称职,这是你的能力;举荐之人不能称职,这说明你不能胜任。"

王曰:"呜呼!三事暨大夫①,敬尔有官②,乱尔有政③,以佑乃辟④,永康兆民,万邦惟无斁⑤。"

【注释】

①三事:《诗·小雅·雨无正》:"三事大夫,莫肯夙夜。"孔颖达疏据《郑笺》曰:"三事大夫,唯三公耳。"此说可据。《集传》:"三事即《立政》三事也。"亦可备一说。暨(jì):及,和。

②有官:拥有的官位及相应的职权。

③乱:治理,处理。有政:指所担负的政务。

④辟:君主。

⑤斁(yì):厌弃。

【译文】

王说:"唉!三公以下的官吏,要恭敬地对待你们的职责,处理好你们的政务,以辅佐你们的君主,使亿万百姓永远安康,天下万国就不会厌弃我们了。"

君　陈

【题解】

《孔传》本篇《序》:"周公既没,命君陈分正东郊成周,作《君陈》。"本篇是成王在周公去世之后任命君陈代替周公治理东郊殷民的策命之辞。全文可分三段。第一段,首先指出正是因为君陈具备"令德"才获得此次任命。其次要求君陈既要遵守周公所建立的常规,又要努力光大周公的遗训,以治理好殷民。第二段,首先指出周公遗训的精要在"明德",即推行圣明的德政;然后提出推行这种德政的一些具体措施。第三段,阐明德政的内容。要点是:一,不"依势"、"倚法"而"作威"、"以削"。二,施法宽、严有度,做到恰到好处。三,"尔无忿疾于顽,无求备于一夫。必有忍,其乃有济;有容,德乃大。"意蕴尤为深刻。张居正说:"篇中'敬典在德'一言,尤为纲要。盖以教化为先务,以修德为本原,自古帝王修身致治,用此道也。先儒谓《君陈》一命,乃成王真得实造之学。"(见《钦定书经传说汇纂》引)此说可以帮助我们加深对本篇思想内容的理解。

王若曰:"君陈①,惟尔令德孝恭②。惟孝友于兄弟③,克施有政④。命汝尹兹东郊⑤,敬哉!昔周公师保万民⑥,民怀其德。往慎乃司⑦,兹率厥常⑧,懋昭周公之训⑨,惟民其乂⑩。

【注释】

①君陈:《礼记·坊记》:"《君陈》曰"郑玄注"君陈,盖周公之子,伯禽弟也。"《孔传》:"臣名也,因以名篇。"孔颖达疏:"周公迁殷顽民于成周,顽民既迁,周公亲自监之。周公既没,成王命其臣名君陈,代周公监之。分别居处,正此东郊,成周之邑,以册书命之。史录其事,作册书为《君陈》篇名。"然《史记》的《周本纪》及《鲁周公世家》均未载此事,史阙有间,难以确考。

②令德:美德,指下文"孝恭"、"友于"而言。

③孝:对父母尽孝。友于:敬兄爱弟。

④克施有政:谓将上述美德推而广之,便能够施政于邦国。

⑤尹:治理。东郊:即周公迁殷顽民之处。

⑥师保:谓教育爱护。

⑦司:职责,职务。

⑧率:遵循。常:指周公留下的遗训、法规常典。

⑨懋昭:努力发扬光大。

⑩乂(yì):治理。

【译文】

王说:"君陈,你有美好的品德——对父母孝敬,对君主恭敬。孝敬父母,友爱兄弟,便能够发号施令了。命令你管理东都,你可要恭谨啊!过去,周公教育爱护亿万百姓,百姓怀念他的恩德。你前往东都要谨慎地对待你所管辖的政务,要遵守那周公所建立的常规,努力光大周公的遗训,把百姓治理好。

"我闻曰:'至治馨香①,感于神明。黍稷非馨,明德惟馨尔②。'尚式时周公之猷训③,惟日孜孜④,无敢逸豫⑤。凡人未见圣,若不克见;既见圣,亦不克由圣⑥。尔其戒哉!尔惟风,下民惟草⑦。图厥政,莫或不艰。有废有兴,出入自尔师虞⑧,庶言同则绎⑨。尔有嘉谋嘉猷⑩,则入告尔后于内,尔乃顺之于外,曰:'斯谋斯猷,惟我后之德⑪。'呜呼!臣人咸若时⑫,惟良显哉!"

【注释】

①馨香:谓传播极远的芳香,比喻好的政风影响。

②明德:圣明的德政。

③尚:表劝勉、祈使、命令等语气词。式:法度,准则,此处作动词用,谓遵从此法度准则。猷:谋略。训:指周公的遗训。

④孜孜:努力,勤奋。

⑤逸豫:安逸,享乐。

⑥"凡人"四句:《孔传》:"此言凡人有初无终。未见圣道如不能得见,已见圣道亦不能用之,所以无成。"此解甚当,从之。

⑦"尔惟风"二句:《孔传》:"民从上教而变,犹草应风而偃,不可不慎。"

⑧师虞:谓与众人一起考虑。师,众。虞,料想,考虑。

⑨绎:抽丝,引申为解析。

⑩嘉谋嘉猷:统谓好的谋略。

⑪我后之德:意谓我们有德的君主。

⑫咸若时:都如此。咸,皆,都。若,如。时,通"是",此。

【译文】

"我听说:'最好的政治会发出香气,感动神灵。不是祭祀的谷物发出香气,而是圣明的德政发出香气。'希望你尊奉这周公的谋略遗训,天天勤奋做事,而不要贪图安逸和快乐。人们没有认识到圣人之道,就不会看到成功之日;虽然已经认识圣人之道而不按圣人之道去做,也不能成功。你可要警惕啊!你是风,百姓是顺风而动的草。谋划你的施政措施,无论哪一点都要从艰难处考虑。什么要废弃,什么要兴办,先布告你所管辖的百姓,然后把百姓的考虑收集上来。对众人一致同意的,再拿来经过解析决定是否可行。你有好的谋略,就到朝内告诉给你的君主,然后在朝廷之外加以实施,说:'这些好的谋略都出自我们有德的君主。'唉!官吏能够这样做,就可以显示出君主的圣明来了。"

王曰:"君陈,尔惟弘周公丕训①,无依势作威②,无倚法以削③,宽而有制④,从容以和⑤。殷民在辟⑥,予曰辟,尔惟勿辟;予曰宥⑦,尔惟勿宥,惟厥中⑧。有弗若于汝政⑨,弗化于汝训⑩,辟以止辟⑪,乃辟。狃于奸宄⑫,败常乱俗,三细不宥⑬。

【注释】

①丕:大,伟大。

②依势:依仗自己的势力和权位。

③削:刻削,谓苛政。

④有制:谓不失法制。

⑤从容:举动,举措。和:适中,恰到好处。

⑥在辟:犹在治,谓依法被在押审理。辟,法,也引申为惩罚。

⑦宥:宽恕,赦免。

⑧中:谓合乎法律规定。

⑨若:顺从。

⑩弗化:谓不接受教育。

⑪辟:谓依法惩罚。止辟:谓制止犯法。

⑫狃(niǔ):习以为常,习惯。奸宄(guǐ):指犯法作乱的人。

⑬三:指上文所述三者。细:小。

【译文】

王说:"君陈,你要弘扬周公伟大的遗训,而不要凭借自己的势力去作福作威,不要依靠法制而行苛政,要做到宽和而有法度,举措要恰到好处。殷民中有触犯刑法应予惩办的,我说要给以某种惩罚,你不要只按我的意见便给予惩罚;我说要加以宽恕,你不要只按我的意见便予以宽恕,而应当看看这些意见合不合乎法律规定。有些人不顺从你的政令,不接受你的教育,如果惩罚了可以达到制止犯法的目的,就加以惩罚。习惯于做坏事,违反法制,伤风败俗,这三方面,即使犯罪很小,也不能宽宥。

"尔无忿疾于顽①,无求备于一夫②。必有忍③,其乃有济④;有容⑤,德乃大。简厥修⑥,亦简其或不修。进厥良⑦,以率其或不良⑧。惟民生厚⑨,因物有迁⑩。违上所命,从厥攸好⑪。尔克敬典在德⑫,时乃罔不变,允升于大猷⑬。惟予一人膺受多福⑭,其尔之休⑮,终有辞于永世⑯。"

【注释】

①忿疾:愤恨憎恶。顽:愚蠢而顽固的人。

②求备:谓对人对事要求完美无缺。一夫:一人。此处当指普通百姓。

③忍:容忍,忍耐,犹孟子所说:"不忍人之心。"(见《孟子·公孙丑上》)

④济:成功。

⑤容:宽宏大度。

⑥简:区分,辨别。修:善,此处指德善之人。

⑦进:提拔进用。

⑧率：表率，谓起表率作用。

⑨民生：民的本性。生，通"性"。厚：纯朴，淳厚。

⑩物：指外物外界。迁：变易。

⑪攸：所。好：喜好。

⑫典：指法制。在德：《集传》："在德者，得其典常之道而著之于身也。"

⑬允：信。大猷：大道。

⑭膺受：获得。

⑮休：美，指美名。

⑯有辞：谓称颂之辞。

【译文】

"你不要愤恨那些愚蠢的人，对于普通百姓不要求全责备。一定要忍耐，这样，你才能成功；能够宽容，德行才能光大。要区别出那些德行好的，也要区别出那些德行不好的。提拔贤良之人，以带动影响那些不良之人。百姓的本性是淳朴敦厚的，因外界的影响而有所变化，违反上面的政令，根据自己的喜好行事。你能够恭谨地对待法制，掌握法制的道理，这样就不会使你的政教产生大的变化，并使你的政教提高到大道的水平。这样，不但我能够获得许多幸福，你的美名也将永为后世之人所称颂。"

毕 命

【题解】

《孔传》本篇《序》："康王命作册毕，分居里，成周郊，作《毕命》。"《史记·周本纪》："康王命作策毕公分居里，成周郊，作《毕命》。"两处记载相同。本篇开头一段为史官叙事之辞，以下则是册命正文。正文可分三段。第一段，回顾治理殷民的历史："既历三纪。"自周公迁殷民于东郊至今，已经历了大约三十六年，可见治理殷民的艰难。康王将如此艰巨的任务交给"弼亮四世"的毕公，就是因为毕公不仅具备如此资历，而且具备如此德才："懋德，克勤小物"、"正色率下，罔不祗师言"。因而希望他在任内创建的"嘉绩"能够"多于先王"。第二段，要求毕公继承周公的传统。做法是："旌别淑慝"、"彰善瘅恶"，并牢记"政贵有恒，辞尚体要，不惟好异"。然后分析殷民难于治理的原因在于"商俗靡靡，利口惟贤，余风未殄"，又在于"兹殷庶士，席宠惟旧，怙侈灭义，服美于人"且"骄淫矜侉"，究其根本则在于"世禄之家，鲜克由礼"。一语破的，令人深思！尽管当时政体无法解决这一问题，但当时能够提出如此深刻的思想，实在难能可贵！应当说这种思想至今仍具有鲜活的生命力。第三段，"邦之安危，惟兹殷士"。治理好殷民的重要性于此可见，为此要求毕公"惟慎厥事"而"钦若先王成烈，以休于前政"。

篇中有一些言简意赅的语句，值得注意。

惟十有二年①,六月庚午,朏②。越三日壬申,王朝步自宗周③,至于丰④。以成周之众⑤,命毕公保釐东郊⑥。

【注释】

①惟十有二年:康王十二年。

②朏(fěi):新月刚刚生出的月光。

③宗周:镐京。

④丰:《孔传》:"文王所都。"详见《武成》第一段注⑤。

⑤成周:即洛邑,为周公所建。详参《洛诰》。周公应成王的请求,留守洛邑时,将殷之"顽民"迁至洛邑东郊,以加强对殷的遗民的控制与管理。

⑥毕公:名高,周文王之子,受封于毕,位居"三公"之一,因称毕公。保釐(xī):《集传》:"保,安。釐,理也。保釐:即下文'旌别淑慝'之谓。"东郊:即洛邑东郊,所迁殷民居住之地。

【译文】

康王十二年六月庚午日,新月露出光辉。又过了三日,到壬申这一天,王早晨从镐京出发到了丰邑。将成周的民众,交给毕公,命令毕公加以治理以保卫洛邑。

王若曰:"呜呼!父师①,惟文王、武王敷大德于天下②,用克受殷命③。惟周公左右先王④,绥定厥家⑤。毖殷顽民⑥,迁于洛邑,密迩王室⑦,式化厥训⑧。既历三纪⑨,世变风移,四方无虞⑩,予一人以宁。道有升降,政由俗革,不臧厥臧⑪,民罔攸劝⑫。惟公懋德⑬,克勤小物⑭,弼亮四世⑮,正色率下,罔不祗师言⑯。嘉绩多于先王⑰,予小子垂拱仰成⑱。"

【注释】

①父师:当时,毕公代周公为太师,因称父师。

②敷:布。

③用:因。克:能。

④左右:辅佐。

⑤绥:安。厥家:谓周王朝。

⑥毖(bì):谨慎。

⑦密迩:靠近,贴近。

⑧式:用。训:教育,教化。

⑨历:经过。纪:十二年为一纪,三纪为三十六年。此当为约数。孔颖达疏:"周公以摄政七年营成周,成王元年迁殷顽民。成王在位之年虽未知其实,当在三十年左右,至今应三十六年,是殷民迁周已历三纪。"

⑩无虞:无忧。

⑪臧:善,引申为表彰。

⑫劝:勉力。

⑬懋:勉力,谓发扬光大。

⑭小物:小事。

⑮弼亮四世:毕公为四朝元老,因称"弼亮四世"。《孔传》:"言公勉行德,能勤小物,辅佐文、武、成、康,四世为公卿。正色率下,下人无不敬仰师法。"弼亮,辅佐。四世,指文、武、成、康四代。

⑯祗:敬。师:师法,效法。

⑰嘉绩:美好的政绩。

⑱垂拱:垂衣拱手,形容什么都不做,多谓无为而治。仰成:依赖别人取得成功。多用作谦词。

【译文】

王说:"唉!太师毕公啊!只有文王和武王将伟大的德政普遍地推

行于天下,因而能够从殷商那里接受大命。周公辅佐文王、武王、成王,安定了我们周国。谨慎地对待殷的遗民,将他们迁到洛邑,靠近王室,以便用天子的法制德教教育他们。大约已经历了三十六年,社会变革,风气转移,四方已无可虑之事,我因而得以安宁。世道有升有降,从政者要变革的是殷的民俗,不表彰那善的,百姓就不会勤勉从事了。你不仅把德政发扬光大,又能够从小处做起,辅助四代君主,公正的风采成为天下的表率,没有不敬重你的言论的。美好的政绩应比先王还要多,我小子无所作为,坐享其成。"

王曰:"呜呼! 父师,今予祗命公以周公之事①,往哉! 旌别淑慝②,表厥宅里③,彰善瘅恶④,树之风声⑤。弗率训典⑥,殊厥井疆⑦,俾克畏慕。申画郊圻,慎固封守,以康四海⑧。政贵有恒⑨,辞尚体要⑩,不惟好异。商俗靡靡,利口惟贤,余风未殄⑪,公其念哉! 我闻曰:'世禄之家⑫,鲜克由礼⑬。'以荡陵德⑭,实悖天道⑮。敝化奢丽,万世同流⑯。兹殷庶士,席宠惟旧⑰,怙侈灭义⑱,服美于人。骄淫矜侉⑲,将由恶终⑳。虽收放心㉑,闲之惟艰㉒。资富能训㉓,惟以永年。惟德惟义,时乃大训㉔。不由古训,于何其训。"

【注释】

①祗:敬。

②旌(jīng)别:识别,区别。淑:善良。慝(tè):邪恶。

③宅里:指所管辖的区域。

④彰:表彰。瘅(dǎn):憎恨。

⑤风声:谓良好的社会风气。

⑥率:遵循。训典:指教令,法令。

⑦殊：异，不同。井疆：指居住区域。《孔传》："言当识别顽民之善恶，表异其里居。期其为善，病其为恶。立其善风，扬其善声。"

⑧"申画"三句：《孔传》："郊圻虽旧所规画，当重（chóng）分明之。又当谨慎坚固封疆之守备，以安四海。"申，申明。画，划分，指旧有的规划。郊圻（qí），郊区及都城周围。

⑨恒：持久。

⑩要：简约精要。

⑪殄（tiǎn）：断绝。

⑫世禄：世代享有爵禄的贵族。

⑬由：奉行，遵从。

⑭荡：放纵。陵：欺侮，轻蔑。

⑮悖：违背。

⑯"敝化"二句：《孔传》："言敝俗相化，车服奢丽，虽相去万世，若同一流。"

⑰席：凭借，依仗。旧：已往，原先。

⑱怙侈：放纵奢欲。

⑲骄淫：骄纵放荡。矜侉：自矜其能骄傲自大。

⑳恶终：坏的结局。

㉑收：收敛。放心：放肆之心。

㉒闲：限制，约束。

㉓资富：谓拥有财富。

㉔时：通"是"。大训：伟大的古训，指德、义。

【译文】

王说："唉！太师毕公啊！现在我恭敬地命令你担任周公担任过的职务，去吧！在你所管辖的区域之内识别出好人、坏人，表彰好人，憎恨坏人，树立起良好的风气。不遵守教令的，要为他们单独划定不同的区域疆界，以便使他们能够知道畏惧和向慕。并申明旧有的区划，谨慎固守封界,从而使四海安康。政令贵在持之以恒,发布政令的言辞,贵在简明扼要,不要喜好立异。商的风俗是无原则的顺从,并以能言善辩为贤,余风至今未断,你可要好好考虑啊! 我听说:'世代享受俸禄之家,很少能够遵从礼的。'骄傲放肆,轻侮有德之人,这实际上已违背了天道。奢侈的作风演化而为风气,后代的弊端发源于此。那殷商的众多官吏,凭借着以往的恩宠,放纵奢欲,因而失掉了义,以服饰的华美夸示于人。骄纵放荡自傲自大,一定会走向坏的结局。虽然已经收敛了他们放肆的思想,但防止他们走上邪路还是很艰难的。拥有财富而又能遵守古训,这样才可以长久。只有德和义才是伟大的古训,不依照古训,依照什么训诫呢?"

王曰:"呜呼! 父师,邦之安危,惟兹殷士。不刚不柔^①,厥德允修。惟周公克慎厥始,惟君陈克和厥中,惟公克成厥终。三后协心^②,同厎于道^③,道洽政治^④,泽润生民,四夷左衽^⑤,罔不咸赖^⑥。予小子永膺多福^⑦。公其惟时成周^⑧,建无穷之基,亦有无穷之闻。子孙训其成式^⑨,惟乂^⑩。呜呼! 罔曰弗克^⑪,惟既厥心^⑫;罔曰民寡,惟慎厥事^⑬。钦若先王成烈^⑭,以休于前政^⑮。"

【注释】

①不刚不柔:《孔传》:"宽猛相济。"王炎说:"恣其不从而以刚制之,则必怨;虑其难制而以柔遇之,则必玩。惟不偏于刚柔而处之以中,则德允修而商人化矣。"(见《书经传说汇纂》引)

②三后:指周公、君陈、毕公三人。因其主持治理殷民之政,故称三后。后,主,指主政者。

③厎(zhǐ):至。

④洽：符合。

⑤四夷：指四周边远地区少数民族。左衽：我国古代少数民族的服装，前襟向左掩。与中原人们右衽不同，因以"左衽"代称少数民族。衽，衣襟。

⑥赖：依赖，犹言宾服。

⑦膺：受。

⑧成周：洛邑。

⑨成式：成法。

⑩乂（yì）：治。

⑪弗克：不能，谓做不到。

⑫惟既厥心：《孔传》："惟在尽其心而已。"既，尽。

⑬惟慎厥事：《孔传》："惟在慎其政事，无敢轻之。"

⑭钦若：恭敬的遵从，引申为推进。成烈：伟大事业。

⑮休：美好。

【译文】

王说："唉！太师毕公啊！国家的安危，就在于能否治理好这些殷商遗民。施政既不要过于刚猛，也不要过于柔弱，这样他们的品德便可以培养好了。周公能够谨慎对待治理殷民的开始，君陈能够接着治理殷民使之趋于和谐而符合于大道，毕公将能够取得治理殷民最后的成功。三人同心协力，共同达到大道，使政治符合于大道，恩泽及于百姓，四方边远民族无不宾服，无不视为靠山。我小子永远承受这许多幸福。毕公啊！你要在这洛邑，建立无穷的基业，同时也拥有无穷的令闻美誉。后代子孙遵循你的成法将国家治理好。唉！不要说你做不到，而应当尽心竭力；不要说被管辖的民众太少，而应当谨慎地对待你的政务。恭敬地推进先王伟大的事业，从而取得比以前更加美好的政绩。"

君 牙

【题解】

　　《孔传》本篇《序》:"穆王命君牙,为周大司徒,作《君牙》。"是本篇为周穆王任命君牙为大司徒的册命之辞。可分两段。第一段,首先说明任命的依据。然后诉说内心的忧惧。"若蹈虎尾,涉于春冰",以比喻的形式,将忧惧的心情描述得那样生动形象且耐人寻味。接着提出要求:一、要求君牙做自己的心腹和股肱。二、要求君牙遵循旧制"弘敷五典,式和民则"。三、要求君牙要了解民众生计的艰难,并力图改善,使百姓获得安宁。这里所使用的比喻,同样生动形象且耐人寻味。四、要求君牙取得的政绩"追配于前人"。第二段,进一步强调遵循旧制的重要。通篇言简意赅,充分体现了"辞尚体要"的精神。

　　王若曰:"呜呼!君牙①,惟乃祖乃父,世笃忠贞②,服劳王家,厥有成绩,纪于太常③。惟予小子嗣守文、武、成、康遗绪,亦惟先正之臣④,克左右乱四方⑤。心之忧危,若蹈虎尾,涉于春冰⑥。今命尔予翼⑦,作股肱心膂⑧,缵乃旧服⑨。无忝祖考⑩,弘敷五典⑪,式和民则。尔身克正,罔敢弗正,民心罔中,惟尔之中⑫。夏暑雨,小民惟曰怨咨⑬;冬祁寒⑭,小民亦惟曰怨咨。厥惟艰哉！思其艰以图其易^⑮，民乃宁。呜呼！丕显哉^⑯，文王谟^⑰！丕承哉^⑱，武王烈^⑲！启佑我后人，咸以正罔缺^⑳。尔惟敬明乃训^㉑，用奉若于先王^㉒，对扬文、武之光命^㉓，追配于前人。"

【注释】

①君牙：人名。周穆王的大臣。

②世：世代。笃：确实。忠贞：忠诚纯正。薛季宣说："贞者正也。"马森说："守道之谓贞，无一事之不正也。"（见《书经传说汇纂》引）

③太常：画上日月用以记录功劳的旗子。《孔传》："其有成功见纪录书于王之太常，以表显之。旌旗画日月曰太常。"

④先正：尊称先王的老臣。正，一本作"王"。阮元本校正作"正"（见中华书局影印本《十三经注疏》附校勘记上册第252页上），当从。

⑤左右：辅佐。乱：治。

⑥"心之忧危"三句：形容忧危之甚。

⑦翼：辅助。

⑧股肱：比喻帝王左右辅佐得力的大臣。心膂：比喻亲信得力之人，犹心腹。

⑨缵：继承。

⑩忝：辱，有愧于。

⑪弘敷：大力宣传弘扬。五典：即五常，父义、母慈、兄友、弟恭、子孝五种伦常道德。

⑫中：正。

⑬怨咨：怨恨嗟叹。

⑭祁寒：大寒。祁，大。

⑮易:安,平安。

⑯丕:大。显:显扬,犹言发扬。

⑰谟:谋略。

⑱承:继承。

⑲烈:功业。

⑳正:正道。缺:缺失,缺漏。

㉑明:通"勉",努力。

㉒用:以。奉若:遵循。

㉓对扬:答谢,颂扬。

【译文】

穆王说:"唉!君牙,你的祖父、父亲,世世代代确实忠诚纯正,为王室勤劳服务,这些成绩记录在天子的太常旗上。我小子继承文王、武王、成王、康王的传统,希望先王的老臣能够辅佐我治理四方。我心怀忧惧,就像踏着老虎的尾巴,在春天将要融化的冰上行走一样。现在,我命令你辅佐我,做我的膀臂和心腹,继承你们祖先的职务。要无愧于你们的祖先,广泛地弘扬五常的教育,使民众和谐而遵守法纪。你自己端正,就没有敢不端正的了,老百姓心中缺乏正确的准则,你则是正确的准则。夏天酷热而多雨,百姓发出怨声与哀叹;冬天天气酷寒,百姓也发出怨声与哀叹。老百姓的处境真是艰难啊!想到老百姓的艰难,想办法改善他们的环境,老百姓就安宁了。唉!要大力发扬的,是文王的宏图!要努力继承的,是武王的事业!开导启发我们后来人,使他们都归于正道,而不要有所疏漏。你要尊敬并努力奉行这些训诫,好像遵循先王的遗训一样,颂扬文王、武王的伟大的遗命,努力赶上你的祖先。"

王若曰:"君牙,乃惟由先正旧典时式①,民之治乱在兹。率乃祖考之攸行②,昭乃辟之有乂③。"

【注释】

①先正：指先王老臣。旧典：旧有的法制。时：通"是"，此。式：准则。

②率：遵循。攸：所。行：做，谓做法。

③昭：显扬，光大。辟：君主。乂：治，谓治道。

【译文】

王说："君牙！你要继承你祖先的职务，遵守先王老臣的法制，以这些旧有的法制作为准则加以推行，百姓或治或乱，都看你是否能够这样做。遵循你祖先的做法，光大你君主的治道。"

冏 命

【题解】

《孔传》本篇《序》:"穆王命伯冏,为周太仆正,作《冏命》。"《史记·周本纪》:"王道衰微,穆王闵文武之道缺,乃命伯冏申诫太仆国之政,作《冏命》。复宁。"两处记载大体相同。本篇为周穆王任命伯冏为太仆正的册命之辞。全文可分两段。第一段,穆王表明自己怀着"怵惕惟厉""思免厥愆"的心情,以文、武为榜样,做到"侍御仆从,罔匪正人",从而使"出入起居,罔有不钦"且"发号施令,罔有不臧",实现"下民祗若,万邦咸休"的目的,意在说明任命的动因。第二段,首先将自己定位为"不良",恳切要求"左右前后有位之士,匡其不及,绳愆纠缪,格其非心"。然后要求伯冏在"慎简乃僚"的时候,做到"无以巧言令色,便辟侧媚,其惟吉士","尔无昵于憸人,充耳目之官",只有如此,才能"懋乃后德,交修不逮"。否则,任用小人,这些小人便会"迪上以非先王之典"。最后穆王严肃指出如果伯冏做不到这一点,就一定会受到严惩:"惟予汝辜。""辜"在古代是分裂肢体的刑罚(见《周礼·秋官·掌戮》),足见惩罚的严酷。

通篇语言简练恳挚,特别是穆王对自己的定位及其襟怀之坦荡,至今读来仍不免令人动容。篇中不少语句意蕴深沉隽永,尤应深加体味!

　　王若曰:"伯冏①,惟予弗克于德,嗣先人宅丕后②,怵惕惟厉③。中夜以兴,思免厥愆④。昔在文、武、聪明齐圣⑤,小大之臣,咸怀忠良,其侍御仆从⑥,罔匪正人⑦。以旦夕承弼厥辟,出入起居⑧,罔有不钦⑨;发号施令,罔有不臧⑩。下民祗若⑪,万邦咸休⑫。

【注释】

①伯冏(jiǒng):人名。周穆王时的贤臣。

②嗣:继承。宅:居。丕后:大后,指天子之位。

③怵惕(chù tì):惊惧,戒惧。厉:危险的境地。

④愆:过错。

⑤齐(jì)圣:王引之说:"引之谨案:齐圣,聪明睿智之称……毛以齐为正,杜以齐为肃又以为中,皆未当也。"(《经义述闻》卷六,江苏古籍出版社,高邮王氏四种之三,影印本151页下)齐,通"齋",明智。

⑥侍御仆从:统指仆役。朱熹说:"古者人君左右执贱役者皆士大夫。"(《书经传说汇纂》引)

⑦罔匪:没有不是。正人:正直、正派之人。

⑧起居:作息。

⑨钦:敬。

⑩臧:善。

⑪祗若:敬顺。

⑫休:美。

【译文】

　　穆王说:"伯冏,我未能培养好我的品德,继承先人的事业登上天子的大位,心中忧惧警惕,像是处于危险的境地。常常思考到半夜,考虑怎样才能使我避免过错。过去文王和武王是高瞻远瞩,明察万里的圣人,大小官吏都心怀忠良,他那左右近臣,没有一个不是正人君子。无论早晨和晚上都在辅佐他的君主,无论进出作息,无不恭敬从事;发布的政令,没有不正确的。百姓尊敬他,无数国家无不美好。

"惟予一人无良①,实赖左右前后有位之士②,匡其不及③,绳愆纠缪④,格其非心⑤,俾克绍先烈⑥。今予命汝作大正⑦,正于群仆侍御之臣,懋乃后德⑧,交修不逮⑨。慎简乃僚⑩,无以巧言令色⑪,便辟侧媚⑫,其惟吉士⑬。仆臣正,厥后克正;仆臣谀,厥后自圣⑭。后德惟臣,不德惟臣。尔无昵于憸人⑮,充耳目之官,迪上以非先王之典⑯。非人其吉,惟货其吉,若时,瘝厥官⑰。惟尔大弗克祇厥辟⑱,惟予汝辜⑲。"王曰:"呜呼,钦哉! 永弼乃后于彝宪⑳。"

【注释】

①无良:无善。

②左右前后有位之士:谓周围近臣,即上文所说的"侍御仆从"。

③匡:纠正。

④绳愆纠缪:依据准则纠正错误。

⑤格:纠正。非心:错误思想。

⑥俾:使。克:能够。绍:继承。先烈:祖先的事业。

⑦大正:官名。即太仆正,为"侍御仆从"之长,乃天子的内臣、近臣。

⑧懋:勤勉,努力。乃:你的。后:君主。

⑨交修:要求臣下匡助自己。孔颖达疏:"汝与同僚交更修进汝君智所不及之事。"《书经传说汇纂》引王樵说:"言左右前后非一

　　人,交以修君之所不逮为事也。"交,皆,俱。

⑩简:选拔。

⑪巧言令色:以花言巧语伪装媚态取悦于人。

⑫便辟(piánpì):谄媚逢迎之人。侧媚:以邪媚姿态取悦于人。

⑬吉士:贤人。

⑭自圣:自以为圣明。

⑮昵:亲近,亲宠。憸(xiān)人:奸佞的小人。

⑯迪:引导。典:法规。

⑰瘝(guān):病,引申为败坏。

⑱祗:敬。

⑲辜:罪,引申为惩罚。

⑳彝宪:《集传》:"彝宪,常法也。"

【译文】

　　"我不具备良好的品德,确实要依赖左右前后有地位的官吏,匡正我做不到的地方,按照准则纠正我的过错,除去我的那些错误的思想,使我能够继承先祖伟大的事业。现在,我命令你担任大正之官,匡正左右近臣,努力培养提高你的君主的品德,帮助我提高尚未达到的品德。谨慎地选拔你的官吏,不要任用那些花言巧语,伪装和善,逢迎谄媚,奸诈邪恶之人;任用的都应该是贤良之人。左右近臣都是正直之人,他的君主才能端正;左右近臣都善于谄媚逢迎,他的君主就会自以为圣明。君主的品德高尚在于近臣;君主的品德不高尚也在于近臣。你不要亲近小人,让这些小人充当你的耳目近臣,这些小人会引导君主违背先王的法规。不是因为这个人良善,而是由于财物便认为他良善,这样,便会败坏官职。由于你对君主如此大不恭,我就要惩罚你。"王说:"唉!可要恭敬啊!要永远辅助你的君主按照常法办事。"

中华经典名著
全本全注全译丛书
（已出书目）

读通鉴论

宋论

文史通义

鹖子·计倪子·於陵子

老子

道德经

帛书老子

鹖冠子

黄帝四经·关尹子·尸子

孙子兵法

墨子

管子

孔子家语

曾子·子思子·孔丛子

吴子·司马法

商君书

慎子·太白阴经

列子

鬼谷子

庄子

公孙龙子(外三种)

荀子

六韬

吕氏春秋

韩非子

山海经

黄帝内经

素书

新书

淮南子

九章算术(附海岛算经)

新序

说苑

列仙传

盐铁论

法言

方言

白虎通义

论衡

潜夫论

政论·昌言

风俗通义

申鉴·中论

太平经

伤寒论

周易参同契

人物志

博物志

抱朴子内篇

抱朴子外篇

西京杂记

神仙传